Werner Biermann

«*Der Traum meines ganzen Lebens*»
Humboldts amerikanische Reise

Rowohlt · Berlin

3. Auflage März 2015
Copyright © 2008 by Rowohlt · Berlin
Verlag GmbH, Berlin
Alle Rechte vorbehalten
Lektorat Julia Kühn / Jens Dehning
Karten auf Vor- und Nachsatz
Peter Palm, Berlin
Satz Documenta PostScript, InDesign,
bei Pinkuin Satz und Datentechnik, Berlin
Druck und Bindung
CPI books GmbH, Leck, Germany
ISBN 978 3 87134 601 9

INHALT

Das Kreuz des Südens 9

ERSTER TEIL

Erstes Kapitel
DAS «GEMISSHANDELTE» KIND 31

Zweites Kapitel
EINE PREUSSISCHE KARRIERE 54

Drittes Kapitel
ZWISCHENZEIT 71

Viertes Kapitel
DAS WUNDER VON MADRID 85

ZWEITER TEIL

Fünftes Kapitel
CUMANÁ 101

Sechstes Kapitel
CARACAS UND ARAGUA 129

Siebentes Kapitel
VOM ORINOCO ZUM RÍO NEGRO 152

Achtes Kapitel
CASIQUIARE 175

Neuntes Kapitel
KUBA 197

DRITTER TEIL

Zehntes Kapitel
CARTAGENA UND BOGOTÁ 219

Elftes Kapitel
IN DEN KORDILLEREN 239

Zwölftes Kapitel
QUITO UND DER CHIMBORAZO 252

Dreizehntes Kapitel
SONNENSTRASSE 275

Vierzehntes Kapitel
VON LIMA NACH ACAPULCO 293

VIERTER TEIL

Fünfzehntes Kapitel
MEXIKO 307

Sechzehntes Kapitel
ABSCHIED VON AMERIKA 326

Epilog 338

Dank 353
Literatur 354
Personenregister 359
Bildnachweis 365

DAS KREUZ DES SÜDENS

Die Nächte sind vollkommen. Ungeheure Mengen von Sternschnuppen, die über den klaren Himmel ins Meer stürzen, Wellenkämme, die phosphoreszierend aufblitzen, wenn sie brechen. Sie schauen und schauen und bekommen doch nie genug. Fünfzig Meilen vom Festland entfernt, folgen ihnen seit Tagen ein paar Landvögel, die sich manchmal in der Takelage des Schiffes ausruhen. Die *Pizarro* nimmt Kurs Richtung Südwest, Südamerika. Die Überfahrt ist *so schön, wie sie nur sein kann*. Am 27. Juni 1799 schneidet die Fregatte den Wendekreis des Krebses, sie treten in die «heiße Zone» ein, in die Tropen. *Am 27ten Juni sah ich zum ersten Mal meinen Schatten im Süden*, denn die Sonne steht mittags, wenn auch sehr steil, im Norden.

Obwohl die *Pizarro* kein besonders guter Segler ist, werden sie den neunhundert Meilen langen Weg von den Kanarischen Inseln nach Südamerika in zwanzig Tagen zurücklegen, *als ginge es auf einem Fluss hinunter*. Diese alte Seefahrtspassage nennen die Seeleute spöttisch *el golfo de las damas*, selbst vornehme Damen könnten hier segeln. Es ist derselbe Weg, den seit Kolumbus' erster Reise alle Schiffe zu den Antillen einschlagen. Der herrschende Passatwind kommt beständig aus nordöstlichen Richtungen und treibt die Schiffe verlässlich gegen Südwest.

Der eine der beiden Fremden, die halbe Nächte an Deck des spanischen Postschiffs verbringen, ist Alexander von Humboldt, ein Preuße mit dem Adelstitel eines Barons, auf den er freilich keinen Wert legt, denn er glaubt an die Ideale der Französischen Revolution; im September wird er dreißig. Sein Beruf? Schwer zu sagen. Am ehesten Bergbauingenieur. Er interessiert sich aber seit Jahren für ein ganzes Dutzend Fächer, angefangen bei Geologie, Botanik und Astronomie, eigentlich für alles, was einen tieferen Einblick in die *Zusammenhänge der Natur* gewährt. Zuletzt war er in Preußen als eine Art Staatssekretär für den Bergbau verantwortlich; eine glänzende Karriere, die er aber leichten Herzens drangegeben hat. Er ist aus Berlin aufgebrochen aus keinem geringeren Grund als dem einen: sich einen Traum zu erfüllen. Eine große Forschungsreise durch die tropischen Länder Amerikas zu unternehmen, darin sieht er die Bestimmung seines Lebens. Sein Freund Aimé Bonpland, ein *citoyen* der Französischen Republik, ist laut den offiziellen Reisedokumenten sein «Sekretär», in Wahrheit aber sein Gefährte und Kollege mit ganz eigenen wissenschaftlichen Kompetenzen. Der Fünfundzwanzigjährige ist Mediziner, hat als junger Schiffsarzt bereits an Reisen auf dem Atlantik teilgenommen, dann aber in Paris eine weitere Ausbildung absolviert, um Botaniker und Apotheker zu werden.

Seit dem Eintritt in die heiße Zone bewundern sie jede Nacht die Schönheit des äquatorialen Himmels, an dem immer neue Sternbilder vor ihren Blicken aufsteigen, je weiter sie nach Süden segeln. Ein *sonderbares Gefühl* entsteht, wenn man *die Sterne, die man von Kindheit auf kennt*, immer tiefer hinter sich hinabsinken und endlich verschwinden sieht, notiert Humboldt. Auch wer keine astronomischen Kenntnisse besitzt, fühlt, dass er nicht mehr in Europa ist, wenn das ungeheure Sternbild des *Schiffes Argo* oder die leuchtenden *Magellanschen Wolken* (ein Sternennebel) am Horizont erscheinen. *Alles trägt den Stempel des Fremdartigen.*

Das Fremdartige, das Exotische, das ist es, was sie suchen.

Windstillen wechseln mit Regenfällen ab. Am 1. Juli 1799 begegnen sie treibenden Wrackteilen, die von altem Tang überwuchert sind; Reste eines Schiffbruchs. Dieser Schiffbruch kann, wie sie erwägen, kaum in der Zone stattgefunden haben, in der sie segeln und wo das Meer beständig schön ist. Humboldt vermutet, dass die Trümmer von den stürmischen Meeren des Nordens kommen und nun wieder, *durch die außerordentliche Umdrehung, welche die Fluten des Atlantischen Ozeans in der nördlichen Hemisphäre erfahren*, allmählich hierhin getrieben wurden. Er ahnt mehr, als er weiß, dass es eine ständige zirkuläre Strömung im Nordatlantik gibt.

In der Nacht vom 4. zum 5. Juli sehen sie das *Kreuz des Südens* zum ersten Mal deutlich; stark geneigt erscheint es zwischen den Wolken, wie aufflammendes Silberlicht. In dieser Nacht, notiert Humboldt, geht *einer der Träume meiner frühesten Jugend in Erfüllung*. Damals, in seiner Kindheit auf Schloss Tegel bei Berlin, das er und sein Bruder Wilhelm *Schloss Langweil* nannten, im strengen Regiment der ehrgeizigen Mutter und der pedantischen Hauslehrer, gepeinigt vom Zwang nicht endender Studien – damals war dieser Traum entstanden, zuerst als Fluchtphantasie. Robinson, die Südsee, die Edlen Wilden. Nur weg aus Berlin, aus Europa.

Solche Träume, wird er später schreiben, *haben einen bedeutenden Einfluss auf unsere Entschlüsse, irgendwie wirkt eine geheime Anziehungskraft. Als ich mich mit dem Himmel beschäftigte, empfand ich eine bange Unruhe, die den Menschen, die ein sitzendes Leben lieben, ganz fremd ist.* Die Wunder, nach denen sie sich so sehnen, beginnen schon auf dem Meer. Oft segelt das Schiff mitten durch einen Schwarm Fliegender Fische hindurch, die fünf oder sechs Meter hoch springen und auf das Deck klatschen. Bonpland seziert sie; er findet heraus, dass sie eine enorm große Schwimmblase besitzen, die mehr als die Hälfte des Körpers einnimmt. Dies verleiht den Tieren ihre Leichtigkeit, glaubt er. Humboldt findet in der Schwimmblase vier Prozent Sauerstoff, zwei Prozent Kohlendioxid und 94 Prozent Stickstoff. Die Fliegenden Fische führen ein *unglückliches Leben*, meint Alexander, denn wenn sie aus dem Wasser flüchten, um der Gefräßigkeit der räuberischen Doraden zu entgehen, werden sie in der Luft ein leichtes Opfer der Fregattvögel und Albatrosse, die sie im Flug erhaschen.

Plötzlich herrscht auf dem Schiff eine merkwürdige Stimmung, gedämpftes Gemurmel unter der Besatzung, sorgenvolle Blicke.

Einige Passagiere bleiben unter Deck, sie liegen mit steigendem Fieber in ihren Kojen. Dann erwischt es auch einen älteren Matrosen, am Tag darauf die drei Sklaven eines spanischen Kommissars. *Der Keim eines bösartigen Fiebers ist unter uns*, schreibt Humboldt in sein Tagebuch. Die Luft unter Deck ist stickig, fürchterlich verdorben. *Miasmen.* Bonpland, der Arzt, fragt Kapitän Cagigal nach Chinarinde, um das Fieber zu bekämpfen. Es gibt aber an Bord keine Chinarinde, denn der Kapitän versichert, man wisse «aus Erfahrung», dass auf den Postschiffen «niemals jemand ernstlich krank» werde.

All dies begünstigt die Ausbreitung der Krankheit.

Ein weiterer Matrose erkrankt, außerdem noch zwei Passagiere, ein Asturier und ein Katalane. Alle leiden an dem gleichen heftigen Fieber. Der Asturier, einziger Sohn einer Witwe, ist nach Kuba unterwegs, um dort sein Glück zu machen, *hacer la América*. Er ist neunzehn Jahre alt, ein kluger und freundlicher Junge, Alexander hat sich oft mit ihm unterhalten. Er fällt in eine Art Raserei, sein schweißgebadeter Körper scheint zu glühen. Dann wird er still. Abends um sechs, bei Sonnenuntergang, erhält er die Letzte Ölung. Er stirbt. Langsam schlägt man die Schiffsglocke für den Toten. Alle liegen auf den Knien und beten. Die Leiche des Jungen im Mondschein – Humboldt wird diesen Anblick nie vergessen: *Vor wenigen Tagen heiter und froh in die Zukunft blickend, und nun ein Fraß der Fische.* Das leise bewegte Meer leuchtet im phosphoreszierenden Schein. Ein großer Seevogel, der das Land zu suchen scheint, schreit laut. Sonst ist es still. Um sechs Uhr morgens rutscht die Leiche, mit einem Sandsack an den Füßen, auf einem schrägen Brett über Bord und plumpst ins Wasser.

Wie lange werden sie noch auf diesem verseuchten Schiff aushalten müssen, das zur tödlichen Falle geworden ist? Alexander findet heraus, dass alle an Bord verfügbaren Seekarten ungenau sind; der Fehler liegt bei einer Größenordnung von 15 bis 20 Meilen, verglichen mit seinen eigenen Messungen. Der Kapitän will es nicht wahrhaben. Als Alexander ein paar Tage später aufgrund seiner täglichen astronomischen Ortsbestimmungen für den 13. Juli Land ankündigt, lächeln die Steuerleute nachsichtig. Man glaubt sich noch weit von der südamerikanischen Küste entfernt. Doch tatsächlich, am 13. Juli um sechs Uhr morgens, kurz nach Sonnenaufgang, wird «Land in Sicht» gemeldet: Es ist die große Insel Tobago, die vor der Küste liegt. Kapitän Cagigal umfährt das Nordkap, das sich *malerisch* vor ihnen ausbreitet. Der erste Blick auf die Neue Welt, auf Amerika: *Das blendende Weiß des Gesteins bildet einen schönen Kontrast zum Grün der Bäume, zu Palmen und zylindrischen und sehr hohen Säulenkakteen.* Die erwartungsvolle Ankunft an einer fremden Küste wird Humboldt immer begeistern, sooft er sie auch erleben mag.

Von der Höhe der Masten signalisieren die Posten ein feindliches Geschwader, Panik bricht aus, und die *Pizarro* dreht ab. Unter den Passagieren sind Kaufleute, die ihr ganzes Vermögen in Waren investiert haben, die sie in den Kolonien gewinnbringend verkaufen wollen. Wenn sie jetzt nicht entkommen, werden ihnen die Engländer, mit denen die Spanier und Franzosen im Krieg liegen, alles wegnehmen. Doch das Geschwader scheint unbeweglich stillzustehen, eine fern auf dem Horizont flirrende Fata Morgana. Stunden später erkennt man, dass es sich um eine Gruppe dunkler Felsen handelt, die aus dem Wasser ragt.

Die Seuche wütet weiter. Mehrere Passagiere beschließen nun, die Fahrt nicht bis Kuba fortzusetzen, sondern an der Küste von *tierra firme* an Land zu gehen und später mit einem anderen Schiff weiterzufahren. Aus Vorsicht hält auch Humboldt es für geraten, das Schiff zu verlassen. Der nächste Hafen heißt Cumaná, eine Stadt im spanischen Vizekönigreich *Nueva Granada*, Neu-Granada, an der Küste des heutigen Venezuela. Alexander und Aimé können nicht ahnen, dass aus diesem improvisierten Aufenthalt ein ganzes, sehr wichtiges Jahr wird: *Wir wären nie an den Orinoco, an den Casiquiare und den Rio Negro gekommen.* Später wird sich obendrein herausstellen, dass die *Pizarro*, die nach Kuba weitergesegelt, zu einer Zeit in Havanna ankommt, als dort das Schwarze Erbrechen grassiert (das man auch Gelbes Fieber nennt) und tausende Menschen tötet.

Während sie noch einen Weg durch die Inselwelt vor der Küste suchen, kommen mehrere kleine Fischerboote in Sicht. Der Kapitän will sie mit einem Kanonenschuss herbeirufen, doch die Fischer legen sich in die Riemen und flüchten. Jetzt soll der Steuermann Guille mit dem Boot vorausfahren und die Untiefen erkunden. Da aber Señor Guille als *piloto* ein vornehmer Herr ist, will er sich erst pudern, *denn putzen muss man sich immer, sei es auch vor einem Fischer.* In diesem Moment entdecken sie zwei Pirogen, die zwischen ihnen und der Küste entlangfahren. Ein zweiter Kanonenschuss, die kastilische Flagge wird gehisst, doch die aus riesigen Baumstämmen gefertigten Pirogen nähern sich nur langsam, die Männer bleiben misstrauisch. Humboldt und Bonpland sind begeistert: In jeder Piroge sitzen fast zwanzig Indianer, nackt bis an den Gürtel und, wie Alexander notiert, von sehr schlankem Wuchs. *Von ferne gesehen, hätte man sie für Statuen von Bronze halten können.* Erst als sie so nah sind, dass sie die spanischen Rufe von Bord vernehmen können, verlieren die Indianer ihr Misstrauen. Einige klettern sogar an Bord. Sie haben die Fregatte zunächst für ein englisches Schiff gehalten.

Diese Männer sprechen fließend Spanisch; sie stammen aus Cumaná. Sie sind mit den Booten unterwegs, um von einer nahen Insel Zedernholz zu holen. Sie geben den Leuten auf dem Schiff, die seit etlichen Wochen außer Fisch keine frischen Nahrungsmittel essen konnten, Orangen, Bananen, Kokosnüsse, auch einige frische Fische, die – wie Bonpland feststellt – vom Geschlecht der *Chaedoten* sind, Fliegende Fische, *deren Farbe wir nicht genug bewundern konnten.*

Alles, was sie in den Booten entdecken, sind *staunenswerte Reichtümer!* Riesige Blätter von *vijao*, große Bananenstauden, die schuppigen Panzer von *tatous* (auch *armadill* genannt, Gürteltiere), Früchte des Kalebassenbaums, kleine getrocknete Kürbisse, die den Eingeborenen als Trinkgefäße dienen … In Europa sind alle diese

Gegenstände nur im Museum und manchmal, in Wien und Paris, in botanischen Gärten zu finden. Das unendliche Fest der Augen, der Sinne – in diesem Moment hat es begonnen. *Alles erinnerte uns lebhaft daran, dass wir das Ziel erreicht hatten, nach welchem unsere Wünsche seit langer Zeit strebten.* Der *patrón* einer der Pirogen bietet sich an, bis Cumaná als Lotse an Bord zu bleiben. So nähern sie sich jener Küste, die Kolumbus auf seiner dritten Reise, 1498, für Europa entdeckte. Sie fahren an der kleinen Insel Cubagua vorbei; sie ist ganz verlassen, aber in der ersten Zeit der Entdeckung war sie berühmt wegen der Perlen. Indianische Zwangsarbeiter als Perlentaucher, geplatzte Lungen, Tote, aber wunderbare Perlen in Sevilla und Toledo, auch auf den großen Messen von Augsburg und Brügge. Die feineren europäischen Damen und die leidenden Indios, derlei Zusammenhänge interessieren Humboldt: das Prinzip des *gänzlich unmoralischen Kolonialsystems*. Damals produzierte diese Insel Reichtum und Luxus, es gab große Herrenhäuser, andalusische Patios mit Orangenbäumen und murmelnden Brunnen. Jetzt gibt es nur noch Dünen, wasserlose Trockenheit, erinnerungslose Leere.

Die letzte Nacht auf Deck, unter einem silbernen Mond. Der indianische Lotse Carlos del Pino findet in Alexander und Aimé zwei hingerissene Zuhörer – auch wenn Bonplands Spanisch noch in den Anfängen steckt. Er erzählt ihnen von Krokodilen, von riesigen Boas, von Tigern und von elektrischen Aalen, die mit ihren Stromschlägen ein Pferd töten können. Von riesigen Flüssen voller reißender Katarakte, von endlosen Wäldern, von buntbemalten Menschen, die Erde essen. Von Männern, die ihren Babys die Brust geben, von Steinen, die sich von allein fortbewegen können. Das ist es, was die beiden Europäer hören wollen. Sie hoffen, all diesen Dingen schon bald nach der Landung zu begegnen, und sie begreifen nicht, dass Carlos' Geschichten aus einem ungeheuer großen Raum stammen, einem viele hundert Meilen tiefen Hinterland. Humboldt fasst sofort Vertrauen zum Charakter und zu den Kenntnissen dieses Mannes, und Carlos del Pino wird die beiden Forscher sechzehn Monate lang begleiten, zum Orinoco und Rio Negro, als kenntnisreicher Führer und als wichtiger dritter Mann der Expedition.

Am 16. Juli 1799, mit Tagesanbruch, sehen sie eine grüne Küste, von hohen Bergen im Süden begrenzt. Um neun Uhr gehen sie vor Anker, genau einundvierzig Tage nach der Abfahrt von La Coruña, zwanzig Tage seit den Kanarischen Inseln. Die Kranken schleppen sich aufs Deck, um den hoffnungsvollen Anblick eines Landes zu genießen, das ihren Leiden ein Ende setzen soll. Smaragdgrünes Wasser, das gegen einen gleißenden Strand schwappt, hohe Kokospalmen, deren lange Blätter sich sanft im Wind wiegen, zylindrische Kakteen vor einem makellos blauen Himmel. Und am Ufer Flamingos, Reiher und Pelikane. Sobald er den Strand betritt, steckt Humboldt ein Thermometer in den Sand: Es zeigt 37 Grad.

Carlos führt sie durch die indianische Vorstadt von Cumaná, zeigt ihnen sein Haus und seinen Garten. Das ganze Viertel wird gerade neu errichtet, nach einem verheerenden Erdbeben, das vor anderthalb Jahren den größten Teil der Stadt zerstörte. Carlos erzählt, dass sie damals, im Dezember 1797, zuerst einen starken Schwefelgeruch bemerkten, zugleich schlugen an vielen Stellen blauviolette Flammen aus der Erde – eine halbe Stunde später folgte der erste große Stoß. Die meisten Bewohner Cumanás hatten sich glücklicherweise schon ins Freie geflüchtet, und so verloren nur wenige das Leben.

Sie machen dem Gouverneur der Provinz ihren Antrittsbesuch. Don Vicente Emparán, Baske und ehemaliger Schiffskapitän der königlichen Marine, ist verblüfft von den Papieren, die sie ihm vorlegen: eine Sondergenehmigung des spanischen Königs erlaubt dem *barón Federico Alejandro de Humboldt*, einer ausländischen Privatperson, in den spanischen Kolonien zu reisen und zu forschen. Eine solche Genehmigung hat es nie zuvor gegeben. Mit Emparán kommen sie sofort ins Gespräch über mögliche Forschungsgegenstände, denn dieser Gouverneur interessiert sich für alles, was mit Naturkunde zusammenhängt. Er zeigt ihnen seine

Bibliothek mit Büchern über Chemie und Technik, seine schönen Möbel aus einheimischen Edelhölzern und Baumwolle, die mit wunderbaren lokalen Farben gefärbt ist. Er beherrscht sogar den zeitgenössischen Wissenschaftsjargon: Er frage sich seit langem, ob wohl die Luft in den Tropen weniger Sauerstoff enthalte als die in Spanien und ob die Tatsache, dass eiserne Gegenstände in den Tropen schneller rosten, mit der hohen Feuchtigkeit der Luft zusammenhängen könne, wie er sie mit einem Hygrometer gemessen habe. *Für das Ohr eines Reisenden kann der Name des Vaterlandes nicht angenehmer sein als für uns die Wörter Stickstoff, Eisenoxyd und Hygrometer.*

Am Abend lassen sie die Instrumente ausschiffen: vierzig größere Geräte und sehr viel Werkzeug. Sie öffnen die Kisten und stellen erleichtert fest, dass alle Instrumente unbeschädigt sind. Und noch am selben Tag mieten sie ein geräumiges Haus, dessen Lage für astronomische Beobachtungen vorteilhaft ist. Es liegt etwas oberhalb des Zentrums und verfügt über ein Flachdach. Freier Blick auf die Sterne. Und innen angenehm kühl, wenn der Seewind durch die offenen Fenster weht. Alles lässt sich schnell und einfach regeln, wie er an diesem ersten Tag *Bill*, seinem Bruder Wilhelm, schreibt: *Wir haben für 20 Piaster monatlich ein ganz neues, freundliches Haus gemietet, nebst zwei Negerinnen, wovon eine kocht. An Essen fehlt es hier nicht, nur leider existiert jetzt nichts Mehl-, Brot- oder Zwiebackähnliches. Die Stadt ist noch halb im Schutt vergraben.* Die Sehnsucht nach Brot, gutem deutschem Brot, wird ein beständiges Thema bleiben.

Die Stadt Cumaná, in der 16 000 Menschen leben, liegt an einem Meerbusen, *schön wie der von Toulon*, dahinter im Halbkreis ein Kranz hoher und dicht mit Urwald bewachsener Berge. Die Häuser sind aus weißem Chinabaum- und Atlasholz gebaut. Am ersten Morgen werden sie früh geweckt vom fremden Gesang tropischer Vögel, von schwerduftenden Blüten und dem zänkischen Gekreisch der Papageien; sie bewundern die kleinen Kolibris, die mit sirrendem Flügelschlag aus den Blüten trinken, die reglosen Leguane, die nur ab und zu die lange Zunge hervorschnellen lassen, um ein Insekt zu fangen. Halbnackte Kinder laufen kreischend hinter faustgroßen Schmetterlingen her.

Wir sind hier in dem göttlichsten und vollsten Lande.

Es ist ein Land der Wunder, das ersehnte exotische Paradies. Wie benommen vor Glück, wissen sie nicht, womit sie anfangen sollen. Sie sammeln Pflanzen, sie zerschlagen Steine mit dem Hammer, um deren kristalline Struktur zu untersuchen, sie ziehen die Luft in Flaschen und analysieren sie. *Und welche Bäume!,* schwärmt Humboldt. Die Kokospalmen sind 50 bis 60 Fuß hoch, es gibt prachtvolle rote und violette Trompetenblüten, Pisang und eine Gruppe von Bäumen mit riesigen Blättern und handgroßen, sehr wohlriechenden Blüten. Und welche Farben der Vögel, der Fische, selbst der Krebse, sie sind rot und himmelblau.

Wie die Narren laufen wir bis jetzt umher. In den ersten drei Tagen konnten wir nichts bestimmen, weil man immer einen Gegenstand wegwirft, um einen anderen zu ergreifen. Bonpland versichert, dass er von Sinnen kommen werde, wenn die Wunder nicht bald aufhören ... Ich fühle, dass ich hier sehr glücklich sein werde ...

Die Wunder werden nicht aufhören, niemals.

Die Ufer des *Río Manzanares* sind beschattet von Mimosen, Erythrineen, Ceibas und anderen Bäumen von riesenhafter Gestalt; mit goldgelben Blüten breitet sich auf ihnen ein ganzer Teppich von Bromelien aus. Der Fluss ist eine unschätzbare Wohltat in einem heißen Land, wo *man Lust hat, sich mehrmals des Tages zu baden.* Die Kinder bringen einen großen Teil ihres Lebens im Wasser zu, und alle Einwohner, *selbst die Damen der reichsten Familien,* können schwimmen, wie der Nichtschwimmer Humboldt staunend feststellt. Abends besuchen sie oft Carlos del Pino in der indianischen Vorstadt, *eine Gesellschaft sehr schätzbarer Personen,* wie Bonpland findet. Bei hellem Mondlicht stellt man Stühle ins Wasser, Männer und Frauen sind leicht bekleidet, und die Indios und die Fremden verbringen miteinander *einige sehr angenehme Stunden* in der rasch hereinbrechenden Tropennacht, zigarrenrauchend, unter einem

Am Ufer des Manzanares in Cumaná verbrachten Humboldt und Bonpland, auf Stühlen im flachen Wasser sitzend, viele Abende. Die tropische Landschaft Venezuelas, die Pflanzen und Tiere, faszinierten die beiden Forscher: Sie *kommen von Sinnen, wenn die Wunder nicht aufhören.* Auf Humboldts Spuren in Venezuela malte Ferdinand Bellermann zahlreiche Bilder wie dieses, entstanden um 1844.

leuchtenden Himmel aus Glühwürmchen. Alexander notiert sogar den Klatsch solcher Gespräche, der sich von ähnlichem Tratsch in Bayreuth oder Göttingen, wie er meint, nicht wesentlich unterscheidet: wie trocken es doch dieses Jahr wieder sei und welchen Überfluss an Regen es gerade in der Nachbarprovinz gebe; in welchem Luxus die Damen von Caracas oder gar Havanna schwelgten, während man hier durchaus bescheiden und still, dafür aber doch sehr viel ruhiger und angenehmer lebe.

Die indianische Abendgesellschaft, mit den beiden seltsam nach Pariser Mode gekleideten Europäern in der Mitte, lässt sich durch die kleinen Krokodile (oder *Bavas*, wie sie hier heißen) nicht beunruhigen, die sich den Menschen nähern, die gemütlich plaudernd im Wasser sitzen. Sie sind nur drei bis vier Fuß lang, haben aber sehr spitze Zähne. *Normalerweise greifen sie die Menschen nicht an.* Bisweilen schwimmen nachts Delphine vom Meer in den Fluss hinein und erschrecken die Badenden mit dem Wasser, das sie prustend aus ihren Blaslöchern spritzen. Man kann fast meinen, dass sie sich einen derben Spaß mit den Menschen erlauben.

Nahe bei den Häusern, vor allem in der indianischen Vorstadt, leben Tausende von Galinazo-Geiern, es sind die Schakale unter den Vögeln, ununterbrochen damit beschäftigt, die Kadaver toter Tiere aufzureißen und die Brocken zu verzehren. Wo immer Humboldt ein bisschen den Boden aufwühlt, ist er über die Masse organischer Substanzen erstaunt, die sich verwandelt und zersetzt. Es sind die Überreste einer unzähligen Menge Reptilien, Würmer und Insekten. *Ich sah indianische Kinder Tausendfüßler oder Scolopender von 18 Zoll Länge aus dem Boden hervorziehen und essen.*

In einem Brief an Wilhelm beschreibt er all die Dinge, die er sieht – und auch einige, die er bis jetzt nur aus den Erzählungen von Carlos del Pino kennt. Postkartenflunkereien. *Wunderbare Pflanzen, Zitteraale, Tiger, Armadille, Affen, Papageien und viele echte halbwilde Indianer, eine sehr schöne und interessante Menschenrasse ... Außerhalb der Stadt wohnen die Kupferindianer, von denen die Männer fast alle nackt gehen. Die Hütten sind von Bambusrohr, mit Kokosblättern gedeckt. In den meisten Häusern stehen selbst nachts die Türen offen, so gutmütig ist hier das Volk. Auch sind hier mehr echte Indianer als Neger.*

In Cumaná entwickeln Alexander und Aimé einen Lebensstil, den sie über Jahre pflegen werden, wann immer sie sich in Städten aufhalten: tagsüber die disziplinierte, oft sogar harte wissenschaftliche Arbeit, abends die Vergnügungen. Beinahe täglich sind sie Gäste des Gouverneurs Emparán; die ganze bessere Gesellschaft Cumanás bemüht sich um sie, die Menschen *bestürmen uns mit Freundschaft und Liebe.* In ihrem eigenen Haus empfangen sie ihre neuen Freunde, Europäer, Kreolen und Indios, und bewirten sie. Humboldt füllt sein Journal nach solchen Besuchen mit herrlichen kleinen Beobachtungen: *Selbst indianische Damen besuchen uns, und wenn man fragt, wie sie sich befinden, sagen sie: Sehr gut, danke, nur das Monatsblümchen fließt schlecht bei der Hitze.* Sie staunen nicht schlecht über so viel entspannte Offenheit. Alexander und Aimé müssen oft stundenlang vor ihren Besuchern immer wieder die gleichen Experimente vorführen: wie ein Frosch sich durch galvanische Berührung bewegen lässt, wie zwei farbige Gase in der Röhre des Eudiometers sich *gegenseitig verzehren* (neutralisieren) oder wie, durchs Fernrohr betrachtet, die Sonne plötzlich eigenartige Flecken bekommt. Jeder darf mal durchgucken. Die vornehmen kreolischen Mädchen zeigen ein nie endendes Interesse an allem, was man im fernen Madrid *bei Hofe* gerade so anstellt, womit man sich kleidet und parfümiert. Wie geht es dem König, der Königin, den Prinzen? Hat die Königin wirklich ein Verhältnis mit Minister Urquijo?

Und *jeder will den Mond und die Sonne sehen, vor allem aber Läuse unter dem Mikroskop.* Läuse sind auch bei den vornehmsten, in besticktes Musselin gekleideten Damen so häufig, dass diese sich ohne Ziererei sofort zu lausen beginnen, wenn Alexander sein Mikroskop hervorholt. Die Frauen unterscheiden jede der unter dem Mikroskop erschreckend groß und gefährlich wirkenden Läuse mit ihrem indianischen Namen. *Man könnte eine Fauna über so einen Kopf schreiben,* notiert er. *Seit einigen Tagen, da die Damen merken, dass wir uns über ihren Läusereichtum lustig machen, bringen sie eine Negerin oder eine mulattische Sklavin mit, an der sie die Läuse suchen.*

Fast jeden Abend besuchen sie Gesellschaften und Tanzveranstaltungen, wobei sie auch zum ersten Mal mit *vornehmen freien Negern* zusammentreffen. Die schwarzen Frauen bemühen sich eifrig und amüsiert, den Europäern die neuesten Tänze beizubringen. Da gibt es zwar auch noch die ganz steifen spanischen, wie sie am Hof in Madrid vor zweihundert Jahren in Mode waren, aber man liebt vor allem die Tänze der Afrikaner, deren Rhythmen bereits in die formstrenge europäische Musik eindringen. *Wir tanzen hier fast alle Tage, teils mit Negern modische Tänze (80 schwitzende*

Neger in feinem Musselin, wir schwitzen alle, aber der Schweiß ist nicht unangenehm). Da ist ein sehr schneller Tanz mit dem Namen *samba*, dann einer, bei dem sich die Tänzer wie Tiere bewegen, *los animalitos*, und schließlich die *Anglaisen* und *Menuette*, die brandneu von den französischen Inseln (Haiti) herüberkamen und jetzt, von Afrikanern getanzt, *Menuett Congo* heißen. Einer adeligen jungen Freundin in der Gegend von Kleve schreibt Humboldt: *Glauben Sie mir, nicht in Goch oder Bayreuth, hier unter den Tropen sollte der Mensch leben.*

Seit der Seuche an Bord der *Pizarro* fürchtet er allerdings die Krankheiten dieser heißen Landstriche; man sagt ihm scherzend, jeder Europäer, der nicht in den ersten sechs Monaten sterbe, habe eine gute Chance, mit heiler Haut davonzukommen. Niemand weiß, wie diese Krankheiten entstehen – oder wie man sich vor ihnen schützen könnte. Also beginnt er, gemeinsam mit Bonpland, dem Arzt, sich mit den Tropenkrankheiten zu befassen. Es ist ein jahrelanges Kopfzerbrechen, eine ewige Grübelei, die zu nichts führen kann, da beide den Zusammenhang zwischen der Krankheit, den Erregern und den sie übertragenden Insekten nicht kennen – und auch nicht herausfinden können.

Wie alle Mediziner ihrer Zeit sind sie davon überzeugt, dass das Fieber in erster Linie durch schlechte, faule Dämpfe hervorgerufen wird, *Miasmen*, die in heißen Gebieten aus sumpfigem Gelände aufsteigen, *mala aria*, schlechte Luft, Malaria. Er wird jahrelang unter nichts so sehr leiden wie unter den Moskitos, die am Orinoco *den Himmel verfinstern*; dass sie es aber sind, die mit ihren Stichen den Erreger übertragen (*Plasmodium vivax* aus der Speicheldrüse der Mücke) und damit die Krankheit auslösen, wird erst ein ganzes Jahrhundert später bekannt, als einer seiner fernen Nachfolger 1898 die Rolle der Anopheles-Mücke als Überträgerin entdeckt. Sein Freund Aimé, der *arme Bonpland*, wird schon bald an der Malaria erkranken und während der ganzen Reise häufig unter schlimmen, wenn auch meist nur drei Tage dauernden Fieberschüben, den *tercianas*, leiden.

Da man in Cumaná rechnet, dass von vier Briefen, die man nach Europa schickt, drei wegen des Seekrieges verlorengehen, muss er, was er seinen Freunden mitteilen möchte, dauernd wiederholen – und möglichst oft verschiedenen Schiffen nach Spanien mitgeben. Er beginnt, eine Art von wissenschaftlichem Netzwerk zu knüpfen, unter anderem mit dem Nationalinstitut in Paris, der Sternwarte in Gotha, dem Botanischen Garten in Wien, dem Naturalienkabinett in Madrid. *Eine spanische Brigantine aus Cadiz, die hier vor Anker gekommen ist, verschafft mir die angenehme Gelegenheit, Ihnen ein Lebenszeichen von mir zu geben ... Wir haben schon eine große Menge Pflanzen, Insekten, Muscheln gesammelt. Ich habe viel gezeichnet und mich auch vorzüglich mit der Zerlegung der Luft beschäftigt.*

Er übermittelt zahlreiche Messergebnisse und Beobachtungen botanischer, physikalischer und astronomischer Art, die für europäische Forscher nützlich sein können. Zugleich schreibt er die Briefe auch als Mittel der Selbstdarstellung, als PR-Kampagne. Er weiß, seine Freunde werden seine Abenteuerberichte in Europa fortlaufend veröffentlichen – was ihn schon während der Reise zu einem weltberühmten Mann machen wird, den schließlich sogar US-Präsident Jefferson unbedingt kennenlernen will. Seine *Ruhmsucht*, die ihm sein Bruder Wilhelm schon immer vorhält, wird allerdings gemildert durch Humor. Er habe herausgefunden, schreibt er, dass die Tiger und Krokodile keinerlei Rassismus pflegen *und sich gar nicht genieren, auch nicht ekeln, und einen weißen wie einen schwarzen Mann für einen gleich guten Bissen halten.*

Er gibt auch sofort weiter, was seine indianischen und kreolischen Freunde ihm erzählen: *Melden Sie doch dem Hofrat Blumenbach, dass in dieser Provinz (Neu-Andalusien) ein Mann lebt, der so viel Milch hat, dass er, da seine Frau nicht selbst stillen kann, solches seit fünf Monaten ganz allein tut. Seine Milch unterscheidet sich nicht im Geringsten von Frauenmilch.* Er glaubt es vielleicht selbst nicht, sagt sich aber: *Die Böcke der Alten gaben doch auch Milch.*

Ihr Haus liegt am zentralen, von hölzernen Arkaden umgebenen

Platz. An bestimmten Tagen spielt sich hier ein *niederschmetterndes Schauspiel* ab. Direkt vor ihrem Haus werden Sklaven zum Kauf angeboten, die von den Küsten Afrikas verschleppt wurden, stattliche junge Männer, fünfzehn bis zwanzig Jahre alt. Sie müssen sich mit Kokos-Öl einreiben, damit ihre Haut in der Sonne glänzt und das Muskelspiel gut zur Geltung kommt. Aber es gibt auch die anderen, die während der Überfahrt im dunklen, stickigen Schiffsbauch abgemagert, erschöpft und krank geworden sind; und wer von ihnen an Bord starb, wurde *den Haien überlassen*. Viele Pflanzer aus der Umgebung urteilen nach dem Zustand der Zähne über das Alter und die Gesundheit der Sklaven. Sie öffnen ihnen mit Gewalt den Mund, *wie man es in Europa auf den Pferdemärkten zu tun pflegt*.

Der aufgeklärte Baron Humboldt und der *Citoyen* Bonpland, die Jünger der Französischen Revolution, sind empört. *Unter allen europäischen Regierungen war Dänemark die erste, welche den Sklavenhandel abschaffte, und doch waren die ersten Sklaven, die wir zum Verkauf angeboten sahen, auf einem dänischen Negerschiff gekommen.*

Das revolutionäre Frankreich hat die Sklaverei nach Aufständen in Haiti (Saint Domingue) 1794 beendet. Nun sind Liverpool und Bristol die wichtigsten Häfen der Sklavenschiffe und die bedeutendsten Umschlagplätze – Sklaven für die Baumwoll-Plantagen im Süden der jungen USA und für die Karibik, vor allem für *Zuckerinseln* wie das britische Barbados. Es ist Humboldt unerträglich, dass auf den Antillen die europäischen Sklavenhalter *ihre menschlichen Besitztümer mit glühenden Eisen brennen*, um sie zu identifizieren *wie entlaufene Kühe*, wenn sie entflohen sind. Er wird sein ganzes Leben lang gegen die Sklaverei kämpfen und noch ein halbes Jahrhundert später, als weltberühmter Greis, in den Wahlkampf der USA eingreifen – mit der Frage der Abschaffung der Sklaverei, die er für *das größte aller Übel* hält, welche jemals die Menschheit betroffen haben. Denn die Sklaverei verrohe beide, den Sklavenhalter und den Sklaven.

Als sie einmal weit nach Mitternacht in einer kleinen Barke

den Manzanares hinabfahren und an Zucker-Pflanzungen vorbeikommen, sehen sie *die Freudenfeuer der Neger*. Sklaven und Freudenfeuer? Gekräuselter Rauch steigt zu den Wipfeln der Palmen auf und hüllt den Mond in einen rötlichen Schein. Die schwarzen Männer tanzen im flackernden Licht der Feuer und singen *zur rauschenden, eintönigen Musik einer Gitarre*. Im Tagebuch formuliert Humboldt es härter, nicht so abgewogen wie in seinem späteren Bericht: *Schwere Arbeit die ganze Woche über und die Nacht vom Sonntag zum Montag vertanzt oder mit fürchterlichen Misstönen zur Gitarre verbrüllt.* Er hat nie zuvor afrikanische Musik gehört, und er versteht auch nicht, dass Menschen, die sechs Tage lang bis zur Erschöpfung arbeiten müssen, an ihrem einzigen freien Abend nicht schlafen, sondern ein rauschendes Fest feiern. Dann aber sagt er sich, dadurch werde wohl *ein Leben voll Entbehrung und Schmerz ein wenig versüßt*.

Alles ist fremd. Alles will von ihm verstanden werden.

Die Barke, in der sie, auf weichen Jaguarfellen ruhend, an den tanzenden Sklaven vorübergleiten, bringt sie über den Golf von Cariaco zur Halbinsel Araya. Dort treffen sie *die ersten ganz frei lebenden Indianer*. Humboldt hat diesen Moment seit seinen Jugendjahren herbeigesehnt. Anders als beinahe alle Europäer, sieht er in den Indios weder «Barbaren» noch «Wilde», auch keine «edlen Wilden» und erst recht keine «Kinder», wie es, scheinbar wohlmeinend, Friedrich Schiller in Jena lehrt; Alexander spürt, dass alle diese Zuschreibungen letztlich nur die Unterdrückung und Ausbeutung rechtfertigen sollen, denen man die Indios seit dreihundert Jahren unterwirft. Zuerst einmal, sagt er, sind es *sehr gutmütige Menschen*.

Er versucht herauszufinden, was sie arbeiten, wovon sie leben, welches ihr Gewerbe ist. *Sie fanden die Frage sehr lustig.* Sie leben von Fischen und Krebsen, die sie ohne Mühe fangen, wenn sie Hunger haben. Fast alle besitzen Ziegen, die sie wild herumlaufen lassen. Die Frauen sind die geschickteren Handwerker, sie fertigen schöne Keramiken und Geschirr, allerdings mit der Hand, ohne Töpferscheiben. Humboldt und Bonpland werden köstlich bewirtet: mit frischem Fisch, mit Früchten und vor allem mit gutem Trinkwasser. Man lädt sie ein, über Nacht zu bleiben: *In diesem Lande fühlt sich jeder geehrt, unter dessen Bedachung man seine hamake* (Hängematte) *aufschlagen will.*

Man zeigt ihnen die *piedra de los ojos*, den Augenstein. Er wird in der ganzen Gegend als außergewöhnlich, ja als Wunder betrachtet; schon Carlos del Pino hat ihnen davon erzählt. Wenn man einen Fremdkörper im Auge hat, hält man so ein Steinchen nahe ans Auge, und schon setzt ein heftiger Tränenfluss ein, der den Gegenstand herausspült. Doch damit nicht genug. Legt man den Stein auf eine glatte Fläche und lässt ein bisschen Zitronensaft darauftropfen, dann beginnt er zu «laufen». Er bewegt sich. Die Eingeborenen halten ihn deshalb für einen Stein und ein Tier zugleich. Humboldt entzaubert den ganzen Vorgang, was er später bereut: Die Augensteine sind Teile von Muschelkalk, bei der Berührung mit Zitronensaft entwickelt der Kalk Kohlensäure, unter deren Druck sich die Steinchen wegbewegen. *Diese Erklärungen fanden allerdings wenig Beifall.*

Es sind nur zwei Tage, die sie mit den *frei lebenden Indios* verbringen, ein kurzer Eindruck. Erst später, in den endlosen Dschungelgebieten am Oberen Orinoco, wird er indianische Völker kennenlernen, die noch wirklich in ihrer eigenen Kultur, ihren eigenen Religionen und Mythen, ihren uralten kosmologischen Vorstellungen leben. Bis dahin wird er seine Methode sehr verfeinert haben. Sie klingt einfach und ist doch fast eine Erkenntnistheorie: alles so genau es geht beobachten und, wenn möglich, messen; immer mehr Daten und Material sammeln, aber niemals die Dinge zu schnell erklären wollen. Die Erkenntnis des Zusammenhangs folgt später. Zurückhaltend urteilen. Und genau wissen, dass sich nicht alles untersuchen lässt. *Alles, was zur Seele des Menschen spricht*, entzieht sich den Messungen.

Die *Wunder* hören nicht auf, an keinem Tag dieser fünf Jahre dauernden Forschungsreise durch Süd- und Mittelamerika, die sie über reißende Ströme führen wird, durch bedrohliche Dschungel, in tiefe Höhlenlabyrinthe hinein und schließlich auf die eisigen Höhen der höchsten Vulkane der Welt. Humboldt und Bonpland werden die Helden einer abenteuerlichen und gefahrvollen Reise, die zugleich eine der bedeutendsten Forschungsreisen des 19. Jahrhunderts sein wird – und die erste Forschungsreise, die ausschließlich wissenschaftlichen Zwecken dient, keiner Eroberung, keinen kolonialistischen Interessen, keinem nationalen Machtgewinn. In Cumaná beginnt sie. Und noch viele Jahre später wird er schreiben, dass ihm trotz aller Reisen auf dem Orinoco und dem Amazonas, trotz der Wunder der hohen Kordilleren in Ecuador und Peru und der Schönheiten Mexikos nichts so gegenwärtig sei wie jenes staubige und heiße Stück Erde, Cumaná, wo sich damals, im Juli 1799, *der Traum meines ganzen Lebens erfüllt hat.*

# ERSTER TEIL

Erstes Kapitel

DAS «GEMISSHANDELTE» KIND

Wie ist dieser Traum des jungen Alexander entstanden, diese verführerische Sehnsucht nach den Tropen? Merkwürdigerweise geht keiner seiner vielen Biographen der Frage wirklich nach. Einige von ihnen haben so lange in der Kindheit unseres Helden gesucht, bis sie entweder über das «Bluterbe», also die Vorfahren, eine schlüssige Erklärung für seine einzigartige Persönlichkeit zu finden glaubten, oder indem sie nach Indizien eines frühen Talents, einer zielgerichteten Begabung suchten. In Humboldts Fall sehen wir demnach den kleinen Alexander, schon ganz als künftigen Wissenschaftler, in den Wiesen von Schloss Tegel – nicht spielen, sondern bereits forschen: «Aus der Liebe zu Pflanzen, Tieren, Steinen und Sternen sollte sich der nachdenkliche Naturforscher entwickeln», schreibt einer der Humboldt-Biographen.

Die wahre Geschichte des jungen Alexander von Humboldt ist sehr viel komplizierter und geheimnisvoller. Man kann sie nur verstehen, wenn man eine längere Tagebuch-Notiz heranzieht, die er als 32-Jähriger in Bogotá verfasst und mit dem Zusatz versehen hat: *Nie drucken lassen*. Diese Aufzeichnung beschreibt das entscheidende Erlebnis des jungen Alexander: eine ungeheure Krise, einen vollständigen Zusammenbruch am Ende der Jugendjahre.

Aber auch seine eigenartige Rettung daraus.

Frühsommer des Jahres 1790. Der zwanzigjährige Alexander von Humboldt unternimmt seine erste größere Reise, die ihn durch Flandern und Holland nach London führen soll. Sein Begleiter ist der berühmte Autor Georg Forster, dessen Buch «A Voyage Round The World» viel gelesen wird. Es beschreibt eine der Reisen des legendären James Cook durch die Südsee, an der Forster in jungen Jahren teilgenommen hat, wundervolle Geschichten von lieblichen Inseln, von Tahiti, von liebenswürdigen, friedlichen Menschen, die ganz in Harmonie mit der Natur leben. *Die Südsee, das Paradies.*

In Ostende sieht Forster die ersten merkwürdigen Symptome bei seinem Schützling: Beim Anblick des Meeres erwacht in Alexander eine *brennende Sehnsucht,* und er beginnt zu weinen. *In einem jungen Gemüt,* schreibt er später in Bogotá, *das achtzehn Jahre im väterlichen Hause gemisshandelt und in eine dürftige Sandnatur eingezwängt worden ist, glimmt und glüht es wunderbar auf, wenn es, seiner eigenen Freiheit überlassen, auf einmal eine Welt von Dingen in sich aufnimmt.* Der Junge am Strand von Ostende versteht selbst am allerwenigsten, was mit ihm geschieht. Tage später, in seinem Zimmer in der Londoner Plumstreet, erwacht er morgens und spürt noch die Tränen, die ihm über die Wangen laufen. An der Wand hängt ein Stich, Schiffe laufen in einen südlichen Hafen ein, und wieder weint er. Forster ist ratlos.

Alexander verspürt ein großes *Streben nach Ländern, in denen wir durch grenzenlose Räume von den Unsrigen getrennt sind.* Er will die größtmögliche Entfernung zwischen sich und die Seinen legen, er will weg, am besten bis ans Ende der Welt. Die drohende Rückkehr nach Berlin zieht sich wie ein Gewitter über ihm zusammen. *Der arme Forster quälte sich zu ergründen, was so dunkel in meiner Seele lag.* Eines Tages liest Alexander einen «Anschlagzettel», ein Plakat *nach englischer Sitte: Junge Leute, welche ihr Glück außerhalb Europas suchen wollen... als Matrose, als Schreiber... Das Schiff ist segelfertig nach Bengalen. Mit welchen Empfindungen las ich diese Einladungen!*

Flucht! Das scheint einen Augenblick lang der Schlüssel zur Lösung seiner Probleme zu sein. Es wäre der definitive Abschied von seinem bisherigen Leben gewesen, und zwar auf immer, denn nach englischer *Presssitte* wäre eine Rückkehr nach Berlin kaum noch möglich gewesen. Er ist ganz nahe dran, aufzubrechen, diesen *tollen Streich* zu begehen. *Jugendliche Torheiten*, wie er später schreibt, *die aber zeigen, was damals in mir vorging* – nämlich: *Ich wäre in die fernste Südsee geschifft, und hätte ich nie einen wissenschaftlichen Zweck erfüllt.*

Was das bedeutet? Erst einmal zeigt es, dass Alexander von Humboldt im Alter von zwanzig Jahren keineswegs von einer *Forschungsreise* träumt. Vielmehr ist er so traurig und verzweifelt, dass er sich am liebsten zur britischen Kriegsmarine verpflichten würde, um seine Familie und seine Heimat nie wiedersehen zu müssen. Sein ganzes bisheriges Leben lang hat er sich *eingeengt* gefühlt, *engbrüstig*. Ein *unbestimmtes Streben nach dem Fernen und Ungewissen, die Gefahren des Meeres, der Wunsch, Abenteuer zu bestehen und mich in eine Wunderwelt zu versetzen*, das reizt ihn. Dagegen wird ihm *alles, was auf bürgerliche Verhältnisse Bezug hatte, verächtlich, jede Gemächlichkeit des häuslichen Lebens und der feineren Welt ekelte mich an.*

Es ist eine tiefe Krise. Aufbäumen. Rebellion. Fluchtphantasien. *Ich schrieb verrückte Briefe an meine Freunde und wurde mir selbst von Tag zu Tag unverständlicher.* Über Paris kehren Forster und er zurück. *Ich hatte entfernte Pläne geschmiedet.* Neun Jahre später wird er in Cumaná landen.

Alexander von Humboldt wurde am 14. September 1769 in Berlin geboren, in der vornehmen Stadtwohnung seiner Familie, Jägerstraße 22. Bei seiner Taufe waren die höchsten Kreise der preußischen Gesellschaft und des Hofes anwesend, darunter auch der Prinz von Preußen, der spätere König Friedrich Wilhelm II. Major Alexander Georg von Humboldt, der Vater, stand in hohem Ansehen am Hof. Als Offizier im Heer Friedrichs des Großen hatte er sich in allen drei Kriegen gegen Österreich hervorgetan. Eine Zeichnung zeigt ihn mit Perücke und Zopf im Stil der Zeit, maskenhaft vornehm, mit viel Schminke. Bei Hofe war er der Kammerherr einer Prinzessin, verdiente aber sein Geld hauptsächlich mit dem Glücksspiel: Er hatte vom König das Monopol des preußischen Zahlenlottos gepachtet. Beträchtliche zusätzliche Einnahmen erzielte er durch einige königliche Privilegien für den Tabakhandel.

Alexanders Mutter, Marie Elisabeth von Humboldt, geborene Colomb, stammte aus einer französisch-hugenottischen Familie. Der Major hatte die mehr als zwanzig Jahre jüngere Frau 1766 geheiratet. Sie war bereits Witwe und brachte nicht nur ihren 1763 geborenen Sohn Ferdinand, sondern auch den großen Reichtum ihres verstorbenen Mannes Friedrich Ernst von Holwede mit in die Ehe: neben dem Stadthaus, in dem Alexander zur Welt kam, vor allem das nordwestlich von Berlin gelegene Schloss und Gut Tegel, ein ehemaliges Jagdschloss des Kurfürsten Friedrich Wilhelm mit einem schönen Reigen von Pachthöfen ringsherum. Marie Elisabeth hatte von Holwede außerdem noch das große Gut Ringenwalde in der Neumark geerbt, das mit gutem Gewinn verpachtet war.

Die Familie der Mutter stammte aus dem südfranzösischen Languedoc. Knapp hundert Jahre zuvor, um 1685, mussten die Colomb, wie zehntausende andere hugenottische Familien, wegen ihres protestantischen Glaubens aus Frankreich flüchten; sie kamen nach Preußen, wo der Große Kurfürst sie willkommen hieß. Alexanders Großvater machte in Berlin schnell als Direktor einer Spiegelmanufaktur sein Glück. Manche Biographen Humboldts haben Alexanders «Neigung zu Wissenschaft und Kunst» vom «südfranzösischen Bluterbe» der Mutter abgeleitet, was immer das sein mag. Die meisten Quellen beschreiben die Mutter als formal, herrisch, ehrgeizig und gefühlskalt. Falls sie ihre Söhne geliebt hat, so ging diese Liebe vollkommen in einem strengen und ehrgeizigen Erziehungsprogramm auf.

Alexanders Geburtsjahr 1769 sah Ereignisse, die später für sein Leben bedeutsam wurden. Im August, einen Monat vor Alexander, kam in Ajaccio auf Korsika ein Junge namens Nabulione Buonaparte zur Welt, der sich später, entsprechend seiner Karriere, italienisch Napoleone und schließlich französisch Napoleon Bonaparte nannte. So oft durchkreuzte Napoleon Alexanders Pläne, dass der Korse beinahe als Humboldts Antagonist in einem großen dramatischen *plot* erscheint. Der Konflikt zwischen französischem und britischem Imperialismus um die Beherrschung Europas und vor allem der Kolonien prägte die ganze Epoche.

James Watt ließ seine neueste Erfindung, die Dampfmaschine, patentieren; Arkwrights mechanische Spinnmaschine aus demselben Jahr vollzog einen technologischen Schritt, der wesentlich die industrielle Revolution in England in Gang setzte – und damit den unersättlichen Hunger auf Baumwolle und afrikanische Sklaven auslöste, die für die Ernte der weißen Blüten auf den riesigen *cotton fields* in den britischen Kolonien benötigt wurden. Humboldt wird zeitlebens ein entschiedener Gegner der Sklaverei sein und sich für ihre Abschaffung einsetzen.

1769 vollendete auch Louis Antoine de Bougainville seine abenteuerliche Weltumseglung – drei Jahre bevor James Cook seine Reisen begann – und machte die Menschen in Paris und ganz Europa mit den sonderbarsten Pflanzen bekannt, die er aus Südamerika mitgebracht hatte; Humboldt wird den bewunderten Mann 1798 in Paris kennenlernen. Und südlich von Quito in Ecuador brach in Alexanders Geburtsjahr der fast 6000 Meter hohe Vulkan Cotopaxi aus; die Asche verdunkelte den Tag, und die Menschen mussten Handlaternen entzünden. Drei Jahrzehnte später wird Alexander die hohen Vulkane dieser Andenregion untersuchen, auch den Cotopaxi, *den schönsten der Nevados*.

In die Wiege gelegt wurde Alexander sein Abenteurertum nicht – er war ein eher kränkliches Kind. Zusammen mit seinem zwei Jahre älteren Bruder Wilhelm und dem sechs Jahre älteren Halbbruder Ferdinand wurde er von Hauslehrern (Hofmeistern) unterrichtet und erzogen, die der Baron sorgfältig ausgesucht hatte; der Erste von ihnen war Joachim Heinrich Campe. Er vertrat die neuen pädagogischen Ideen von Jean-Jacques Rousseau, wie sie in

«Émile ou De l'éducation» (1762) mit dem für die Pädagogik richtungweisenden Gedanken einer kindgemäßen, freien, individuellen Erziehung formuliert worden waren. Campe verfasste 1781 ein Buch über die Entdeckung Amerikas, das Alexander als Zwölfjähriger verschlang, und gründete später seinen eigenen Verlag, in dem auch Alexanders erste Bücher erschienen. Aber der fortschrittliche Pädagoge und Schriftsteller schied leider schon 1775, als Alexander noch kaum sechs Jahre alt war, als Erzieher der drei Jungen auf Tegel aus. Nie wieder hat jemand den Versuch unternommen, die Kinder kindgemäß, frei und individuell zu erziehen.

1777 kam Gottlob Johann Kunth, der neben der ungeliebten Mutter die Schicksalsfigur im Leben des jungen Alexander wurde: Er unterrichtete die Jungen selbst nur in den Sprachen, in Französisch vor allem, aber er wählte die Lehrer für alle anderen Fächer aus dem Kreis der Berliner Professoren aus und bestimmte damit – in Absprache mit der Mutter – die Inhalte und die Richtung der Erziehung. Auch nach dem Tod des Majors Humboldt 1779 blieb er als einziger Berater der Mutter und Vollstrecker ihrer Pläne in Tegel. Obendrein verwaltete er die Güter und das Vermögen. Neunzehn Jahre lang, bis nach dem Tod der Mutter, war er der unumschränkte Herrscher in einer Welt, in der sich die Kinder, Alexander vor allem, *gemisshandelt* fühlten.

Was auf den ersten Blick wie eine privilegierte, elitäre Ausbildung erscheint, war ein pädagogisches Schreckensregime mit ständigem Lernzwang und perfekter Kontrolle der ausgelieferten Kinder, eine Art Gehirnwäsche. Streng reglementierte Tage ohne Spiel und Spaß. Wilhelm und Alexander wurden von einem Reigen ehrfurchtgebietender Herren, Professoren allesamt, wie kleine Lernmaschinen behandelt, wie Hohlformen, in die man das für nützlich erachtete Wissen eingoss. Sie sollten «Jünger der Aufklärung» werden und waren eher «Monster des Rationalismus», wie Forster fand. Der ganze Unterricht war obendrein auf den zwei Jahre älteren Wilhelm zugeschnitten, Alexander lief einfach so mit. Kein Wunder, dass Wilhelm als äußerst begabt galt. Beispielsweise

Tegel war ein Jagdschloss des preußischen Königs, ehe es über Humboldts Mutter in den Besitz der Familie kam. Auf *Schloss Langweil* waren die Kinder Wilhelm und Alexander einem strengen Unterricht durch Privatdozenten ausgesetzt. Kupferstich aus dem 18. Jahrhundert.

glänzte er im Griechischen so sehr, dass man Alexander, der nicht folgen konnte, diesen Unterricht ganz erließ. Alexander war ständig krank, litt unter heftigsten Kopfschmerzen.

Entgegen all den Geschichten vom intellektuellen, kulturellen und musischen Glanz auf Schloss Tegel, die seit anderthalb Jahrhunderten tradiert werden, muss man feststellen: Die Humboldt-Söhne erlebten ein vollständiges Ausgeliefertsein, eine Tortur ohnegleichen. Oder eben doch nicht ohnegleichen: Wenn man die Erinnerungen preußischer Adelssöhne betrachtet, die zu «tüchtigen Offizieren» erzogen werden sollten, beispielsweise das spätere Schultrauma des Otto von Bismarck, dann war eine solche Erziehung bis weit in das 19. Jahrhundert hinein in dieser Klasse durchaus normal. Ein jugendliches Elend, das oft den Gedanken an Selbstmord aufkommen ließ.

Tegel, das war das *traurige Leben*, das Alexander später beklagte, unter Menschen, *denen ich in keiner einzigen Empfindung begegnete, in tausendfältigem Zwang, in entbehrender Einsamkeit, in Verhältnissen, in denen ich zu ständiger Verstellung gezwungen wurde.* Und doch waren die Urheber dieses traurigen Lebens *Leute, die mir wohlwollten.*

Die wenigen freien Stunden nutzte Alexander zur Flucht. Flucht aus der kontrollierten Enge, Flucht in die offenen Räume der Phantasie: Leseabenteuer, Bücherwelten. Er las Bougainvilles «Autour du monde» und Forsters «A Voyage Round The World». Die Sehnsucht nach den Tropen war eine allgemeine europäische Erscheinung geworden, für manche heftig wie ein Fieber (das noch hundert Jahre später Gauguin nach Tahiti treiben wird). Seit Thomas Morus' «Utopia» (1516) gab es die Vorstellung von südlichen, paradiesischen Landschaften, in denen glückliche Naturmenschen, edle Wilde, friedlich lebten – ohne die Spannungen und Neurosen der zivilisierten Welt. Hinzu kam die sensationelle Geschichte des «Robinson Crusoe» (1719), jenes schiffbrüchigen Seemanns, den es auf eine einsame Insel (in der Orinocomündung, wie man damals glaubte) verschlagen hatte.

Alles passte zur neuen Art der Naturbetrachtung und -empfindung, die Rousseau formulierte und die dann Goethe in seinem «Werther» (1774) beschrieb. Es wirkte stark auf den sehnsüchtig-aufmerksamen Geist Alexanders und vielleicht mehr noch auf sein *Gemüt*, wie das schöne Wort lautete.

Bernardin de Saint-Pierres Roman «Paul et Virginie» (1778) war lange Zeit das Lieblingsbuch des jungen Humboldt: eine Liebesgeschichte in der tropischen Landschaft der Südsee, auf der Isle de France (heute Mauritius), die ihn zu Tränen rührte. Später wird er das Buch sogar auf seine Reise mitnehmen, wo er und Bonpland es in den – allerdings nicht ganz so paradiesischen – Urwäldern des Orinoco mehrmals lesen.

Anders als Wilhelm war Alexander künstlerisch enorm begabt; er erhielt Zeichenunterricht bei dem damals in Berlin sehr bekannten Daniel Chodowiecki. Als Sechzehnjähriger beherrschte er die komplizierten Techniken des Kupferstichs und der Radierung. 1786 war sogar ein Bild von ihm auf der Kunstausstellung der Berliner Akademie zu sehen: «Die Freundschaft weint über der Asche eines Verstorbenen».

Um diese Zeit wurde seine rebellische Haltung, die er kaum noch unterdrückte, als Spott und Sarkasmus spürbar. Schon der Fünfzehnjährige galt in der feinen Gesellschaft als «un petit esprit malin», als ein böses Schandmaul, als maliziöser Schlingel und Spötter. Allerdings richtete er seine Spottlust auch auf sich selbst. Wilhelm machte ihm den Vorwurf, er benehme sich wie einer mit einem «boshaften Herzen», während er doch im Grunde ein «sehr guter Mensch» sei. Allerdings auch «schrecklich eitel». Damit geißelte Wilhelm, der später selbst alles tun wird, um berühmt zu werden, die «eitle Ruhmsucht» des jüngeren Bruders. Ja, Alexander wollte berühmt werden, möglichst im ganzen Land, am besten sogar auf der ganzen Welt. Und zwar indem er etwas «äußerst Nützliches» leisten wollte. Am besten so viel Wissen erlangen und unter der Menschheit verbreiten, dass die Welt dadurch um vieles glücklicher würde – was die schreckliche «Ruhmsucht» moralisch wieder ins Lot brächte. Wilhelm hingegen – auch nicht gerade uneitel – wollte «sich selbst als Mensch vervollkommnen»; er begriff sich als Kunstwerk und arbeitete beständig an dessen Verbesserung.

Um 1786, als Sechzehnjähriger, lernte Alexander über einen seiner Lehrer den jüdischen Arzt Marcus Herz kennen, dessen junge Frau Henriette eine der gefeierten Schönheiten Berlins war. Ihr Salon wurde für die Brüder Humboldt zur ersten Befreiung aus der geistigen Enge von *Schloss Langweil* und zum entscheidenden Bildungserlebnis. Man lauschte hier zeitgenössischer Dichtung und neuester Musik, man diskutierte die Ideen Kants und Lessings, Moses Mendelssohns und Friedrich Nicolais. Alles geschah

Alexander als Fünfzehnjähriger, zurechtgemacht mit Puder und Perücke. Im Rückblick schrieb er, er sei ein «gemisshandeltes Kind» gewesen. Er wollte weg aus Berlin. *Ich wäre in die fernste Südsee geschifft, und hätte ich nie einen wissenschaftlichen Zweck erfüllt.*

in großer Gedankenschärfe, aber auch in großem Gefühlsüberschwang; stets ging es, in der Rhetorik des Freundschaftskultes der Epoche, um übervolle Herzen und heiße Tränen, um banges Hoffen und süßestes Sehnen. Die Wörter «Innerlichkeit» und «Empfindsamkeit» kamen in Mode: Gefühlsstärke, Abwendung von der Außenwelt, eine intime Art des Bei-sich-selbst-Seins, die freilich mit einigen auserwählten anderen, den *theuren Freunden*, geteilt wurde.

Schaut man sich die Gästelisten dieser «Dienstagsgesellschaften» an, hat man ein komplettes «Who is who» der beginnenden Frühromantik. Revolution in allen Dingen, weg mit alten Normen und Zöpfen, das Subjekt wird entdeckt, das herrliche Ich betritt die Bühne. Es verlangt, sich selbst zu durchschauen, sich vor sich selbst zu enthüllen. Es fühlt nicht nur, es untersucht seine Gefühle; es denkt nicht nur, es reflektiert seine Gedanken. Alles wird geteilt und mitgeteilt. Alexander schrieb glühende Briefe an Henriette Herz, wahre Herzensergüsse, Liebesbeteuerungen, aber in demselben Stil schrieb er bald auch an zwei, drei seiner engsten Freunde. Manche glauben, Henriette Herz sei Alexander damals nähergekommen als jemals wieder eine andere Frau. Jedenfalls ist eine solche Frau niemals bekanntgeworden.

Manchmal waren die Brüder auch, nur ein paar Häuser von ihrer Stadtwohnung in der Jägerstraße entfernt, Gäste des Salons von Rahel Levin, einer nicht sehr schönen, doch umso klügeren jungen Frau, die später den Publizisten Varnhagen von Ense heiratete. In einem Tagebuch beschrieb Rahel mit drei knappen Wörtern die Problemkreise ihrer Zeit, wie sie sie sah: «Krieg, Negerhandel, Frauen». Es war bestürzend, wie sie die Lage der Frau einschätzte; dabei versuchte sie allerding bewusst außer Acht zu lassen, dass sie Jüdin war. Sie wollte sich, wie die meisten Gäste ihres Salons, aus dem Judentum «emanzipieren». Tatsächlich hat nie wieder eine Gruppe aufgeklärter Juden eine derart wichtige Rolle im deutschen Geistesleben gespielt, ohne doch wirklich gesellschaftlich dazugehören zu dürfen. Der Erwerb von Grundbesitz, die freie Wahl des Wohnortes, Beamtentum, Handwerk, Gerichtsbarkeit und Armee – die wichtigsten Bereiche waren den Bürgern jüdischen Glaubens in Preußen verschlossen, mochten sie in ihren Salons auch noch so glänzen.

Um diese Zeit weitete sich die latente Unruhe Alexanders, das ganze Unglücklichsein seiner Adoleszenz, zu einer manifesten Krise aus. Da Kunth und die Mutter ihm jetzt gestatteten, alleine auszugehen, begann er, Leute zu besuchen – auch «unempfohlen» –, die ihm interessant erschienen. So lernte er Karl Ludwig Willdenow kennen, den nur vier Jahre älteren, aber bereits bekannten Botaniker. *Ich fand einen jungen Menschen, der unendlich mit meinem Wesen harmonierte. Ich bestürmte ihn mit Besuchen.* Willdenow schenkte dem Besucher einen Reishalm, die erste *ausländische Pflanze*, die Alexander je sah. Zum ersten Mal befasste er sich jetzt mit Botanik, studierte Willdenows Werk «Flora Berolinensis». Es dauerte nur drei Wochen, und er war ein *enthusiastischer Botanist*. Die unbekannten Pflanzen aus Ländern mit fremd klingenden Namen, all die Orchideen, Palmen und Mammutbäume im Botanischen Garten Berlins wiesen ihn schlagartig auf die unendliche

Größe und Vielfalt der Welt hin. Angesichts dieser exotischen Pflanzen brach das Fernweh offen aus, erst recht als Willdenow davon sprach, er wolle möglichst bald eine Forschungsreise in *entfernte Weltteile* machen.

Der Wunsch, Willdenow zu begleiten, ließ ihm Tag und Nacht keine Ruhe. Es wurde ihm *zur Gewohnheit, unbändige Wünsche nach weiten und unbekannten Dingen zu hegen*, heimlich natürlich. Wie in einer Art Fieber dachte er an nichts anderes mehr. *Ich träumte mich nach beiden Indien* (er meint Indien und Amerika). Es muss ein Schock für ihn gewesen sein, als klar wurde, dass Willdenows Reise in absehbarer Zeit wegen fehlender Finanzmittel nicht zustande kommen würde. Es machte ihn krank. *Flussfieber, Nervenübel*, die Vorzeichen der großen Krise. Die gerade so heftig geweckten und sofort wieder vernichteten Hoffnungen trieben ihn in die Verzweiflung, die ihren Höhepunkt im folgenden Jahr in London erreichte, auf der Reise mit Forster.

Im Frühjahr 1789 ging er nach Göttingen, wo Wilhelm bereits seit dem vergangenen Jahr studierte. Die Göttinger Universität war die jüngste und wohl auch die beste deutsche Hochschule; da das Kurfürstentum Hannover zu England gehörte, war sie aber genau genommen gar keine deutsche Universität. Humboldt lernte hier, weit weg von Preußen, etwas kennen, das er sein Leben lang schätzte: britischen *common sense*. Er hatte großartige Lehrer, den Altphilologen Christian Gottlob Heyne, den Physiker Georg Christoph Lichtenberg, den Anthropologen Johann Friedrich Blumenbach. An einen Freund schrieb er: *Ich höre Archäologie bei Heyne in dem großen Bibliothekssaal, mit Abgüssen von antiken Plastiken umringt, bei Lichtenberg ein Privatissimum über Licht, Feuer und Elektrizität ... Heyne ist unstreitig der hellste Kopf.* Das *Privatissimum* war ein physikalisches Experimentalkolleg. Georg Christoph Lichtenberg, der heute eher als Satiriker und Aphoristiker gelesen wird, hatte in England studiert und lehrte einen ganz eigenen Ansatz zum Verständnis der Natur, der Humboldt sofort überzeugte: Man müsse immer «das Ganze der Natur» betrachten. Darauf hat

Humboldt später seine gesamte Forschung aufgebaut: nicht nur die spezialisierte Einzelkenntnis zu suchen, sondern den Zusammenhang aller Naturerscheinungen.

Wenn es schon die große Reise nicht geben konnte, so doch wenigstens die kleinen Fluchten. Einer seiner neuen Göttinger Freunde war der junge holländische Arzt und Botaniker Steven Jan van Geuns, mit dem er im Herbst 1789 seine bisher größte Reise machte: über Heidelberg und Bruchsal in die Pfalz, den Rhein hinab und über Westfalen zurück nach Göttingen. Acht Tage verbrachten sie unterwegs in Mainz als Gäste Georg Forsters, des *Weltumseglers*. Forster war mit einer Tochter Heynes verheiratet.

Das freche und sarkastische «Schandmaul» wurde diesem Mann gegenüber still und ehrfürchtig: Georg Forster, nun Mitte dreißig, hatte als Jugendlicher seinen Vater Johann Reinhold Forster auf dessen Reise mit James Cook begleitet und, da der Vater mit einem Publikationsverbot belegt war, in drei Bänden von dieser «Voyage Round The World» berichtet; Alexander liebte das Buch seit langem. Es repräsentierte sogar eine ganz neue literarische Gattung, weil Forster zum ersten Mal in seine geographische Beschreibung auch die Menschen der Südsee einbezog. Er schilderte sie einfühlsam und mit einem erstaunlich vorurteilsfreien Blick, fast wie ein moderner Ethnologe. *Welch glückliche Vertrautheit*, schreibt Alexander über die Tage in Mainz. Auch Forster bestand, wie Lichtenberg in Göttingen, auf der «Universalität der Beobachtung», der Verallgemeinerung der Naturansicht.

Von den Ereignissen, die seit wenigen Wochen aus Paris berichtet wurden, waren sie fasziniert, vor allem Forster: Noch war schwer einzuschätzen, welche Bedeutung dieser Aufstand des Volkes, der Sturm auf die Bastille, die Demonstrationen vor dem königlichen Palast in den Tuilerien, die erregten Debatten im Nationalkonvent und auf den Straßen, haben würde; alles war gänzlich neu und unvergleichlich. Ein Epochenwechsel, meinte Forster. Er war radikal gegen die Verhältnisse in den autoritären deutschen Kleinstaaten eingestellt und deshalb voller Hoffnung, der revolutionäre Funke möge auf die deutschen Länder überspringen. Alexander ließ sich von der allgemeinen Begeisterung anstecken; er spürte, dass die neuen Ideen von Freiheit, Gleichheit, Brüderlichkeit sein eigenes Leben betrafen, nicht zuletzt weil sie sein eigenes, von ihm verachtetes Milieu, die preußische Adelsschicht, stürzen und entmachten mussten. Jetzt wurde ihm *hell, was in mir selbst schon lange aufgedämmert war.*

Es waren nur acht Tage, doch die Begegnung mit Forster hatte entscheidende Folgen für Alexanders Leben. Die allererste war die Ermutigung, sich als neugierigen, universell fragenden und forschenden Menschen zu akzeptieren, der verstehen will, wie die Welt beschaffen ist. Forster gab ihm eine erste konkrete Anregung für ein wissenschaftliches Unternehmen: Alexander möge doch bei der Weiterreise einen kleinen Abstecher nach Unkel am Rhein machen, um die dortigen Basaltvorkommen zu untersuchen. So entstand Humboldts erstes Buch, das im folgenden Jahr, 1790, bei Campe, seinem alten Lehrer, erschien: «Mineralogische Beobachtungen über einige Basalte am Rhein». Es ist Georg Forster gewidmet. Da Humboldt als preußischer Untertan an einer «ausländischen» Universität, in Göttingen, studierte, veröffentlichte er es anonym, verschickte aber, stolz wie jeder junge Autor, die meisten der 300 Exemplare mit handschriftlichen Widmungen an Freunde und Kollegen.

Nach dem zweiten Semester in Göttingen schlug ihm Forster die bereits geschilderte Reise an den Niederrhein, nach Holland und England vor, während der Alexanders ungelöste Probleme zur offenen Krise drängten. Er war längere Zeit krank gewesen, nahm aber die Einladung begeistert an. Sie fuhren mit dem Schiff den Rhein hinunter, reisten von Düsseldorf nach Flandern, um Brügge und Gent zu besuchen, ehe sie nach England übersetzten. Forster nahm ihn in London in die großen Bibliotheken und Sammlungen mit und stellte ihn den britischen Forschern vor, Sir Joseph Banks, der mit James Cook gesegelt war, und Henry Cavendish, der dem jungen Preußen von der neuen Chemie Lavoisiers erzählte. Antoine Laurent de Lavoisier hatte den Sauerstoff entdeckt und war dabei, wenn auch noch umstritten, die ganze bisherige Chemie zu verändern – mit seiner richtigen Deutung der Oxidationsprozesse als Aufnahme von Sauerstoff, einer Erkenntnis, die ihn zum Begründer der modernen organischen Chemie machte.

Die plötzliche *Sehnsucht nach der Tropenwelt* beim Anblick des Ozeans, die zerbrochenen Träume von der Reise mit Willdenow, die unbegreiflichen Tränen des Zwanzigjährigen in der Plumstreet, das plötzliche Gefühl totaler Freiheit, der Horror vor der Rückkehr in die *moralische Sandwüste* Berlin, die ungeheure Lust, mit einem *tollen Streich* aus dem ganzen bisherigen Leben auszusteigen und es dadurch zu widerlegen, die langen Spaziergänge von Highgate und Hampstead mit Forster, die verlockenden «Anschlagzettel» der britischen Marine, schließlich der Zusammenbruch: Es war die entscheidende Krise im Leben Alexander von Humboldts. Forster schrieb an seinen Schwiegervater Heyne in Göttingen: «Ich glaube, sein Körper leidet, weil die rein logische Erziehung der Herren Berliner seinen Kopf gar zu sehr mitgenommen hat.»

Zurück reisen sie über Paris. Sie erleben die revolutionäre Begeisterung der Bevölkerung, die großen Hoffnungen, tanzende Menschen auf den Straßen. Alexander zählt diese Tage, an die er noch als alter Mann wehmütig denken wird, zu den eindrucksvollsten seines Lebens. Der preußische Baron erlebt in Paris auch die Abschaffung des Adels – und findet das großartig. Paris wird später, nach seiner amerikanischen Reise, für Jahrzehnte seine frei gewählte Heimat.

Am 11. Juli 1790 sind sie wieder in Mainz. Sie wissen nicht, dass sie sich nie wiedersehen werden. Forster wird sich bald nach der Rückkehr dem radikalen örtlichen Jakobinerclub anschließen und später, nach der Besetzung von Mainz durch französische Truppen, als Abgesandter nach Paris reisen, um über einen Anschluss der «freien Republik Mainz» an Frankreich zu verhandeln. Als enttäuschter Revolutionär, verarmt und einsam, stirbt der große

Forscher und glänzende Schriftsteller 1794 in Paris – zuletzt auch entsetzt über den Weg, den die Revolution einschlägt. Der Terror im Inneren, die Schaffung der Revolutions-Tribunale zur willkürlichen Aburteilung politischer Gegner, die Guillotine, die Hinrichtung auch der Königin nach einem kurzen Scheinprozess – das alles hat ihn verzweifelt gemacht.

Alexander hat jetzt seine *entfernten Pläne* geschmiedet.

Auf einmal zeigt sich, wie zielstrebig er sein kann. Er gibt das Göttinger Studium auf, es ist seinen *heimlichen Zwecken* nicht dienlich. Im August 1790 geht er nach Hamburg, um an der Handelsakademie von Johann Georg Büsch zu studieren: eine volks- und finanzwirtschaftliche, sehr praxisnahe Ausbildung. Er lernt Bilanzen zu erstellen, Statistiken auszuwerten; er studiert «Handelsgeographie», erarbeitet sich die nationalen und internationalen wirtschaftlichen Beziehungen.

Der Blick weitet sich. Er lebt *zufrieden, wenn auch nicht froh*, arbeitet so konzentriert wie nie zuvor und nimmt wenig am gesellschaftlichen Leben der als steif empfundenen Hansestadt teil. Das alte Reisefieber flackert immer wieder auf. So träumt er davon, mit dem jungen russischen Studenten, mit dem er das Zimmer teilt, einfach aufzubrechen, irgendwohin. *Böthlingk aus Petersburg ist sehr reich.*

Doch er unterdrückt den Fluchtimpuls, denn zum ersten Mal hat er einen konkreten Plan für sich selbst entworfen, einen Plan, der nicht von Kunth oder der Mutter vorgegeben ist: Er will Bergbaufachmann werden. Er hält das für ein Studium, das noch am ehesten einige seiner weitgespannten neuen Interessen berührt, Geologie, Mineralogie, Technik ... Es vermittelt ein konkretes Berufswissen, mit dem man überall auf der Welt, auch außerhalb Europas in den *heißen Landstrichen*, ein willkommener Fachmann ist, und es lässt sich der Mutter und Kunth gegenüber durchaus plausibel verkaufen: als Vorbereitung auf die von der Mutter ersehnte Karriere im preußischen Staatsdienst.

Dass er Exemplare seiner «Basalte» auch an den berühmten Geologen Abraham Werner, den Leiter der Freiberger Bergakademie, und an den Chef des preußischen Bergbauwesens, Minister von Heinitz, schickt, zeigt, dass er angefangen hat, seine fernere Zukunftsplanung, wenn auch zögernd, selbst in die Hand zu nehmen. Im Juni 1791 geht er nach Freiberg, auf die berühmte Bergakademie, die beste Bergbau-Universität seiner Zeit und die älteste technische Hochschule der Welt mit Studenten aus aller Herren Länder. Freiherr von Heinitz, der zuständige preußische Minister, hat auf das Schreiben und das Büchlein wie erwartet reagiert: Er verspricht dem *Herrn Baron Alexander von Humboldt*, ihn nach der Freiberger Ausbildung als Assessor im Bergdepartement anzustellen. Die leitenden Posten im Staat, auch im Bergbau, sind sowieso den Sprösslingen des Adels vorbehalten.

Alexander arbeitet in Freiberg sehr hart. *Ich stehe alle Tage um fünf Uhr auf und gehe sogleich auf die Grube um anzufahren ...* Drei Tage in der Woche muss er wie ein gewöhnlicher Bergmann einfahren und mit Schlägel und Eisen arbeiten, Kohle machen, alles von der Pike auf. Es erfüllt ihn mit Stolz, dass er das durchhält. Nach drei Wochen *bluteten die Hände wenigstens nicht mehr*. Nachmittags die Kollegs, die Vorlesungen, abends die Ausarbeitungen. *Meine Beschäftigungen sind überaus abwechslungsreich und dem innersten Wunsch meines Herzens angemessen*, schreibt er einem englischen Kommilitonen. Von diesem innersten Wunsch – seinem Reiseplan – lässt er sich von nun an gleich einem Kompass unbeirrbar leiten.

Alexander lebt im Hause der Bergmannsfamilie Freiesleben; der Vater ist Schichtmeister, mit dem erst 16 Jahre alten Sohn Johann Karl, seinerseits bereits ein versierter Bergmann, freundet er sich an. Gefühlsüberschwang, Schwärmerei, leidenschaftliche Briefe an Karl, der dabei doch unter demselben Dach wohnt – es wird eine Freundschaft fürs Leben. Karl wird später Leiter des gesamten sächsischen Bergbaus, macht also ungefähr die Karriere, die Alexander für sich immer ablehnen wird.

Auch mit anderen Freiberger Kommilitonen bleibt er ein Leben lang verbunden: mit Leopold von Buch wird er zahlreiche Untersuchungen im Alpen-Hochland vornehmen; Andrés Manuel del Río, ein Spanier, wird später Professor an der Bergbau-Universität in Mexiko-Stadt, wo Alexander ihn 1803 wiedersehen wird. Bevor er nach Freiberg kam, war del Río bereits Schüler von Lavoisier in Paris, und Alexander erhält von ihm viele wichtige Hinweise auf die neuen Ideen in der Chemie, die Rolle des Sauerstoffs und die Ordnung des periodischen Systems der Elemente. Über die Chemie Lavoisiers findet Alexander Kontakt zu vielen jungen Gelehrten in ganz Europa, einer neuen Generation von Forschern, die allesamt Anhänger der neuen organischen Chemie sind.

Keinen einzigen Tag ist er krank. Wenn er will, kann er alles lernen; er kann auch jede körperliche Arbeit verrichten. Alexander bewältigt das dreijährige Studienpensum in nur neun Monaten. Unter Tage macht er eine *merkwürdige Entdeckung*, die allerdings allen Bergleuten seit langem vertraut ist: Er findet Pflanzen, die unter Lichtabschluss, in völliger Dunkelheit, wachsen. Allerdings ergrünen sie nicht, sondern bleiben auf eine kränkliche Weise farblos-blass – sie vollziehen, wie man heute weiß, keine Photosynthese und bilden deshalb kein Chlorophyll: kryptogamische Pflanzen. Humboldts eingehende Untersuchungen dieser Unterweltpflanzen und seine – wie es sich für einen Botaniker gehört – lateinisch geschriebene Arbeit darüber, die *Florae Fribergensis specimen*, macht den Bergbaustudenten ganz nebenbei zum Begründer der Höhlenbotanik. Später, in Venezuela, in den ungeheuren Tiefen der Guacharo-Höhle, wird er diesem Phänomen wieder begegnen. Sein erstes Buch, das von den *Basalten*, zeigt ihn als Geologen, sein zweites Buch, das er Carl Ludwig Willdenow widmet, als Botaniker.

Im März 1792 ist er mit dem Studium fertig. Eines Morgens bricht er ohne Abschied auf, besteigt heimlich die Kutsche, wie es seit Goethes Flucht aus Wetzlar vor der spannungsreichen Liebe zu Charlotte Buff alle Liebenden machen, wenn sie den «Werther» gelesen haben. Dem jungen Freiesleben, seinem *geliebten theuren*

Karl, hinterlässt er einstweilen nur einen gefühlvoll-romantischen Brief.

Minister Heinitz hält sein Versprechen und holt ihn als Assessor an die Bergbehörde in Berlin. Alexander lernt hier die drei fähigsten Bergbaufachleute seiner Zeit kennen: den Bergrat Karsten sowie die beiden Oberbergräte Graf Reden und Freiherr vom Stein, den späteren Staatsminister, den Alexander allerdings menschlich unerträglich findet wegen der *Härte, mit der er Menschen antreibt.* Heinitz schickt ihn zur Einarbeitung in verschiedene Bergbau-Departements, in Kohlebergwerke, Kupferminen, Manufakturen, Porzellanfabriken. An seinen alten Lehrer und jetzigen Verleger Campe schreibt Alexander, er empfinde jetzt, *selbst etwas wert zu sein, einfach weil man es anderen ist.* Er habe in den letzten Jahren *an Selbständigkeit zugenommen.* Er versuche, mit nur ganz geringen Bedürfnissen auszukommen, um eine *möglichst große Unabhängigkeit* zu erringen. *Das Studium der Natur füllt meine ganze Muße (Freizeit) aus, es gewährt ein reines Vergnügen, dem ich kein anderes gleichzuschätzen weiß...Jetzt bin ich als Assessor beim Bergdepartement angestellt.*

Im Sommer 1792 schickt Heinitz ihn nach Franken, in das für Preußen neugewonnene Fürstentum Ansbach-Bayreuth, das von Karl August Graf von Hardenberg, dem späteren Staatskanzler, für Preußen verwaltet wird. Alexander muss zwei Monate lang Gruben, Salinen, Vitriolwerke (Kupfer) und Manufakturen besichtigen, Betriebsabläufe analysieren, Bilanzen erstellen, Maßnahmen vorschlagen. Er schreibt einen Bericht, der seine Vorgesetzten, Hardenberg vor allem, begeistert. Hardenberg, Stein, Heinitz – Humboldt arbeitet inmitten einer Gruppe von Männern, die zum Teil fünfzehn Jahre später, nach dem katastrophalen Zusammenbruch im Krieg gegen Napoleon, als die «Reformer Preußens» gelten werden. Wie sein Bruder Wilhelm, der preußischer Minister wird, hätte auch Alexander einer von ihnen sein können. Doch das hätte ihn nicht interessiert.

Beschwerliche Reisen, die er jahrelang absolviert wie ein Training, führen ihn durch die sehr ausgedehnten preußischen Länder. Auch in der Kunst des Reisens übt er sich, vor allem in Geduld und einer gewissen Geringschätzung körperlicher Strapazen. Die mit über hundert Tagen längste dieser Dienstreisen unternimmt Alexander in Hardenbergs Auftrag von September 1792 bis Mitte Januar 1793. Von Ansbach geht es über Bayreuth, München, Rosenheim, Traunstein, Reichenhall, Berchtesgaden, Salzburg und Linz nach Wien, die Rückreise führt über Mähren, Schlesien, Krakau, Breslau und das Riesengebirge, endlose Kutschfahrten durch winterliches, mal tief gefrorenes, mal matschiges Land, dampfende, erschöpfte Pferde, verlorene Dörfer, hungernde preußische Untertanen. Oft strecken sich bettelnde Hände zur Kutsche des Barons. Vorurteilsfrei erkennt er die jämmerliche Lage der Menschen, vor allem der leibeigenen Bauern.

Wien, damals viel bedeutender als das provinzielle Berlin, begeistert ihn. Die hiesigen Forscher sind fast so sehr *Avantgarde* wie jene in Paris. Das riesige habsburgische Reich mit dem Mittelmeerhafen Triest hat schon mehrere überseeische Forschungsreisen durchgeführt. Österreich als maritime Macht. Alexander befreundet sich mit den Botanikern der Gärten von Schönbrunn, die ihm ihre *fremden Gewächse* zeigen; er hört zum ersten Mal von den (Froschschenkel-)Versuchen des Italieners Luigi Galvani und den durch Berührung mit Metall hervorgerufenen Muskelkontraktionen – ein Gebiet, das ihn jahrelang faszinieren wird. Galvani führt diese Erscheinungen auf eine «animalische Elektrizität», das heißt elektrische Entladungen im tierischen Körper, zurück, was, wie sich zeigen wird, ein Irrtum ist, allerdings ein Irrtum, der einen völlig neuen Abschnitt der Elektrizitätslehre einleitet.

Physisch und mental erschöpft kommt er in Berlin an. Jetzt wird er krank, ist fast einen ganzen Monat lang bettlägerig. Diese Krankheiten sind immer schon periodisch aufgetreten, doch jetzt ist es schlimmer denn je, manchmal hat er *Fieber*, dann *Flussfieber*, dann einfach *Nervenübel*. Man darf annehmen, dass sie psychosomatischen Ursprungs sind – Reaktionen auf die große psychische Überlastung. Und auf die einstweilige Unerfüllbarkeit seiner tiefsten Wünsche.

Er ist sich nicht sicher, ob er durchhält mit seinen *entfernten Plänen* ...

Das Vermögen der Familie ist inzwischen, wie er in Berlin feststellt, weiter gewachsen. Marie Elisabeth von Humboldt hat im Vorjahr, 1791, ein weiteres Gut erworben: Falkenberg bei Berlin. Im Grunde hat sie mit den Ländereien das ganze Dorf gekauft, einschließlich der Höfe der Pächter. Humboldt hört ihr auf Schloss Tegel zu, er widerspricht nicht, doch er verabscheut das ganze System der adeligen Privilegien: Es bedeutet Knechtschaft oder Leibeigenschaft der Bauern und ihrer Familien, brutale Prügelstrafen, die den Gutsherren – und nur ihnen – als «Züchtigungsrecht» ausdrücklich erlaubt sind. Es erinnert ihn an das beim Militär übliche «Spießrutenlaufen», bei dem manchmal Soldaten totgeschlagen werden. Dieses ungeliebte Preußen führt jetzt obendrein, gemeinsam mit Österreich, Krieg gegen das revolutionäre Frankreich, um dort das «ancien régime» mit der Herrschaft des Adels wieder aufzurichten. Alexander wird es später hassen und leidenschaftlich anklagen, wenn weiße Plantagenbesitzer in Südamerika auf dem Rücken ihrer Sklaven die Peitsche tanzen lassen, aber niemals wird er die Vorstellung teilen, Europa sei die «Zivilisation» und Amerika die «Barbarei».

Er ist jetzt dreiundzwanzig Jahre alt, ihn *ekelt* seine adelig-großbürgerliche Umgebung an, und am liebsten wäre er schon vor Jahren abgehauen *in die fernste Südsee*. Doch seit der Reise mit Forster weiß er wenigstens, dass es eine Lösung seiner Probleme gibt – eine *Forschungsreise*. Forschen und Reisen: Dieses Modell würde einerseits seinem heftigen Wunsch entgegenkommen, aus der *moralischen Sandwüste Berlin* und den verachteten *preußischen Verhältnissen* zu flüchten. Es würde andererseits sein Bedürfnis erfüllen, etwas Großes und Bedeutsames zu leisten und zum Fortschritt der Menschheit beizutragen.

Und berühmt werden kann man auf diese Weise auch.

Der endgültige Entschluss zu dieser Forschungsreise – von der er nicht weiß, dass er sie erst in sechs Jahren antreten kann – wird jetzt gefasst, 1793 in Berlin, in jener Zäsur zwischen dem Ende seines Assessor-Dienstes und seinem Eintritt in ein Amt, für das er sehr ernsthaft arbeiten wird, während ihm zugleich immer bewusst bleibt, dass es nur eine «Zwischenlösung» ist. Auf jeden Fall muss er sich auf diese große Reise erst noch vorbereiten. Denn das hat er erkannt: In der Geschichte der Entdeckungs- und Forschungsreisen ist nicht mehr der Typ des Abenteurers vom Schlag eines Pizarro oder Aguirre gefragt. Auch die Epoche der Niebuhr, Cook, Bougainville, Malaspina oder Forster ist vorbei. Es geht längst nicht mehr darum, ferne Länder zu entdecken, zu erobern und einem Herrschaftsbereich einzuverleiben; es geht darum, sie zu *verstehen*, sie geistig zu erschließen. Dafür muss er sich besonders qualifizieren und ein klar definiertes Ziel haben: Wohin willst du reisen, und welchen wissenschaftlichen Zweck willst du dort erfüllen? Unter anderem muss der Forschungsreisende seine Messgeräte bedienen und warten können, er muss die Sprachen beherrschen, die in den von ihm bereisten Gegenden gesprochen werden, er muss die Geschichte, die Kultur, die grundlegenden Ideen der Menschen kennen, denen er begegnen wird. Der Forschungsreisende dieser Epoche ist, wie Hanno Beck, einer seiner Biographen, so schön gesagt hat, «ein von der Vernunft legitimierter Abenteurer». Für Alexander verspricht es die Auflösung aller seiner Widersprüche.

Dass er genau um diese Zeit anfängt, in völliger Heimlichkeit Spanisch zu lernen, zeigt, dass er das Ziel bereits festgelegt hat: Es sind die tropischen Gebiete des spanischen Amerika. Er nimmt die von der Mutter gewünschte Karriere im preußischen Staat scheinbar an, doch er verwandelt sie im Sinne seiner Interessen und macht etwas ganz Eigenes daraus. Im Mai 1793 reist Humboldt von Berlin nach Bayreuth, um seinen Dienst als Bergmeister für Oberfranken anzutreten. Zwei Monate später schreibt er seinem Freund Karl Freiesleben unter dem Siegel der Verschwiegenheit: *Ich berei-*

te mich ohne Unterlass auf ein großes Ziel vor – es ist seine geplante Reise in die *heißen Landstriche,* in die Tropen der Neuen Welt. Er muss dieses Ziel noch lange verbergen, aber in genau sechs Jahren wird er bei Cumaná an der südamerikanischen Küste landen.

Zweites Kapitel

EINE PREUSSISCHE KARRIERE

Im Mai 1793 tritt er seine Stelle als Oberbergmeister in Franken an. Sein Amtssitz, in dem er auch eine große Privatwohnung bezieht, ist das ehemalige Jagdhaus des Markgrafen in Steben (heute ein schönes Humboldt-Museum). Drei Wochen später wird ihm eine ungewöhnliche Ehre zuteil: Man ernennt ihn zum Mitglied der Akademie der Naturforscher Leopoldina, ohne dass er, wie es die Statuten eigentlich verlangen, einen Doktortitel besäße. Streng genommen hat er, außer den zwei Semestern in Göttingen, nicht einmal ein wissenschaftliches Fach studiert. Er ist Autodidakt, aber er hat zwei recht bedeutende Arbeiten veröffentlicht. Der Leopoldina-Wahlspruch *Nunquam otiosus* – «Niemals müßig» – könnte jetzt tatsächlich sein Motto sein.

Unermüdliche Arbeit, anstrengende Ritte durch die ihm anvertrauten, ausgedehnten Bezirke, unendlich viele technische und administrative Aufgaben: Der 23-jährige Humboldt ist Chef von Bergwerken, Fabriken, Manufakturen, Salinen. Er entwickelt jetzt den Lebens- und Arbeitsstil, den er fast bis ins hohe Alter hinein beibehalten wird: zuerst die unmittelbaren täglichen Aufgaben lösen, dann den eigentlichen Interessen nachgehen; wenig schlafen. Seine Forschungen laufen weiter: Experimente, Lektüre, Korrespondenzen. Diesen Teil seiner Arbeitsstunden nennt er *Muße*.

Er beginnt, die fränkische Landschaft und die Menschen dieser Region zu lieben; in Steben wächst ihm zum ersten Mal so etwas wie Heimat entgegen. Er schreibt an Freiesleben, er könne nie die

Bauernhäuser am Spitzberg *in Nebel gehüllt und einzeln erleuchtet sehen ..., ohne mich der Tränen zu enthalten.* Und dann der bezeichnende Satz: *Diesseits des Meeres finde ich mir so einen Ort nicht wieder.* Aber eben nur diesseits.

Er arbeitet hart, doch er sieht, dass viele der ihm Untergebenen, auf ihre Weise, sehr viel härter arbeiten. Die Bedingungen der bergmännischen Arbeit sind beinahe unerträglich. Er kann sie nicht grundlegend verändern, aber er gründet auf eigene Faust ein zu dieser Zeit einzigartiges Unternehmen: die «freie Bergschule», eine Art Berufsschule für junge Bergleute, die er persönlich aufbaut und mit eigenem Geld unterhält. Er heuert Fachleute für den Unterricht an und unterrichtet auch selbst: Rechnen, Rechtschreibung, Gebirgslehre (Geologie), Bergrecht, Geschichte des Bergbaus. Die jungen, halb analphabetischen Arbeiter sollen stolz sein können auf ihren Beruf. *Ich hielt es für besser, wenigstens etwas zu leisten, als einfach nichts zu tun, bloß weil man nicht alles leisten kann*, schreibt er seinem Minister, der Rechenschaft verlangt. *Wenn es auch ein Genuss ist, durch neue Entdeckungen das Gebiet unseres Wissens zu erweitern, so ist es eine weit menschlichere und größere Freude, etwas zu erfinden, das mit der Erhaltung einer arbeitsamen Menschenklasse in Verbindung steht ...* Heinitz ist so angetan, dass er anordnet, der preußische Staat möge Herrn Baron von Humboldt seine diesbezüglichen Auslagen ersetzen.

Für die *arbeitsame Menschenklasse*, seine Bergleute, erfindet er eine Sicherheits-Grubenlampe, einen *Lichterhalter*, der so konstruiert ist, dass er keine Explosionen auslöst, wenn in den Stollen Grubengas (Methan) austritt; eine Vorform der späteren Grubenlampe von Davy. Außerdem entwickelt und baut er eine Art Atemmaske oder *Respirationsmaschine*, die einer heutigen Gasmaske schon recht ähnlich ist. *Mein eifrigster Wunsch war es nicht, die Mischung der bösen Grubenwetter zu kennen, sondern gegen die Not und das Unglück, das die bösen Wetter verbreiten, Mittel zu finden.*

Offensichtlich haben seine Vorgesetzten, vor allem Harden-

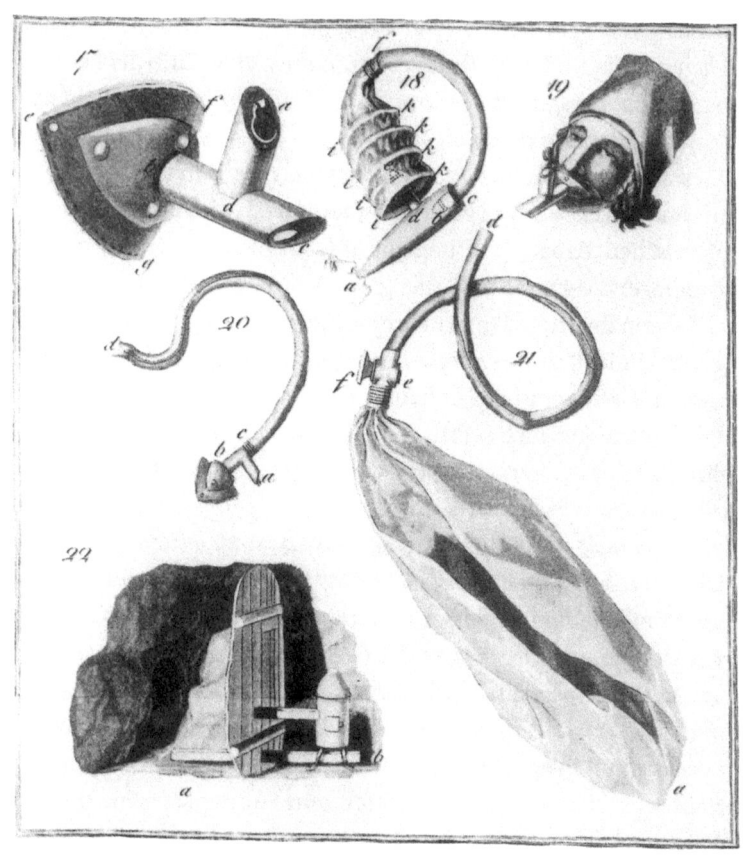

Das von Humboldt entwickelte Atmungsgerät zur Rettung verunglückter Bergleute. Der preußische Bergrat schrieb: *Mein eifrigster Wunsch war es …, gegen die Not und das Unglück, das die bösen Wetter verbreiten, Mittel zu finden.*

berg und Heinitz, ihn genau im Blick; sie sind von dem jungen Bergbaufachmann dermaßen beeindruckt, dass sie ihn für größere Aufgaben vorsehen. An Freiesleben schreibt Alexander, man wolle ihn versetzen *als Bergrat nach Berlin, wahrscheinlich mit 1500 Talern Gehalt (hier habe ich 400 Taler), ich soll nur wenige Monate in Berlin bleiben und dann die Direktion in Westfalen übernehmen mit 2–3000 Talern.* Das wäre, wenn er sie wollte, die große Karriere, mit einem siebeneinhalb Mal so hohen Gehalt. Aber *ich sage dir, guter Karl, ich schlage aus ... und kehre hierhin als Oberbergmeister zurück. Meine alten Pläne sind dieselben; ich nehme in 2 Jahren den Abschied.*

Zur gleichen Zeit erlebt sein Bruder Wilhelm weniger anstrengende Jahre. Er war 1790, nach abgeschlossenem Jura-Studium, Referendar am Berliner Kammergericht geworden, doch schon bald aus dem Staatsdienst ausgeschieden, um sich als 24-Jähriger dem Privatleben, das heißt der «Kultivierung der eigenen Persönlichkeit», zu widmen, ein Leitbild der frühen Romantik, in dem er den «höchsten Genuss» des menschlichen Daseins sieht. 1791 hat er Carolina von Dacheröden geheiratet, eine schöne, gebildete und äußerst wohlhabende Frau. Caroline ist herzlich mit Charlotte von Lengefeld befreundet, der Gattin Friedrich Schillers. Da Wilhelm vollendet das Griechische beherrscht und seine ideale Welt der antike Hellenismus ist, hat er sich mit Schiller und Goethe, den beiden Großen seiner Zeit, die man bald die «Weimarer Klassik» nennen wird, befreundet, vor allem mit Schiller. 1794 übersiedelt Wilhelm von Humboldt sogar mit seiner Familie nach Jena, in die kleine Universitätsstadt an der Saale.

Dort, während eines ersten Besuches, lernt auch Alexander Schiller und Goethe kennen. Goethe beschreibt im Tagebuch, beinahe hymnisch für einen bedächtigen 44-jährigen Mann, das mitreißende Fluidum des jungen Bergbaubeamten, der «alles in Bewegung setzt, was mich von vielen Seiten interessieren kann, ich darf ihn wohl in seiner Art einzig nennen, denn ich habe niemanden gekannt, der mit einer so bestimmt gerichteten Tätigkeit eine solche Vielseitigkeit des Geistes verbände. Es ist incalculabel, was er noch für die Wissenschaft tun kann».

Da sich Alexander ausgiebig mit galvanischen Experimenten über die Erregung von Muskel- und Nervenfasern durch chemische Substanzen beschäftigt, bieten sich Themen an, die Schiller als studierten Mediziner interessieren könnten, zumal Alexander sich eher zu Schiller hingezogen fühlt, in dessen Stücken er die

Humanität und den eindrucksvollen Freiheitswillen findet, die ihm selbst wichtig sind. Auch Schiller scheint den «jüngeren Humboldt» zu mögen, zumindest am Anfang ihrer Beziehung: «Er ist jetzt in Deutschland gewiss der Vorzüglichste in seinem Fache und übertrifft an Kopf vielleicht noch seinen Bruder, der gewiss sehr vorzüglich ist.»

Für die von Schiller herausgegebenen «Horen» verspricht Alexander einen Aufsatz zu schreiben: «Die Lebenskraft oder Der rhodische Genius», der 1795 erscheinen wird. Es ist ein Versuch, in literarischer Form das Rätsel vom Wesen des Lebens zu untersuchen: Was geschieht im Moment des Todes, *wenn das Leben aus einem zuvor blühenden Organismus flieht, wenn der Körper sehr schnell verfällt und sich zersetzt?* Das, was zuvor den Organismus und seine unendlich vielen Funktionen gesteuert hat, *das Phänomen des Lebendigen gegenüber der toten Materie*, nennt Alexander in seinem Aufsatz «Lebenskraft». Er meint das nicht animistisch, etwa von einer «Seele» ausgehend, sondern ganz konkret chemisch-physikalisch.

In diesen Tagen in Jena entsteht zwischen Goethe, Schiller und den Humboldt-Brüdern bereits eine enorm dynamische Konstellation, die nur deshalb nicht offen problematisch wird, weil Alexander schon nach wenigen Tagen wieder nach Franken zurückmuss. Es handelt sich unter anderem auch um ein Eifersuchtsdrama: Schiller hat große Mühe gehabt, ein engeres, freundschaftliches Verhältnis mit Goethe zu finden; ihr «Freundschaftsbund» war gerade erst vor ein paar Monaten geschlossen worden. Seitdem hat sich alles, wie von Schiller lange schon sehnsüchtig ersehnt, um Fragen der Dichtkunst gehandelt. Doch da taucht Alexander auf und droht, Goethes Interessen wieder auf das Feld der Naturwissenschaften zu lenken, das ihn zeitlebens fesselt. Goethe lässt sich begeistern von dem jungen Mann, der überall in den Naturwissenschaften zu Hause ist und jedenfalls alle ihre Zweige in großartiger Synopse überblickt und eine Fülle von Anregungen gibt. Was Goethe dabei fasziniert, ist nicht die isolierte Betrachtung einzelner Phänomene, sondern

Alexanders Versuch, sie in Zusammenhang mit dem Ganzen der Natur zu sehen.

Zurück in Steben, schickt Alexander Goethe seine bisherigen Schriften und kündigt eine weitere an: «Über die Vegetation im Inneren des Erdkörpers». Die Korrespondenz der Humboldt-Brüder mit Goethe ist übrigens aufschlussreich. Wilhelms Briefe an den verehrten Meister sind immer ausführlich, inhaltlich bedeutsam und stilistisch völlig durchgearbeitet: kleine Kunstwerke. Alexanders Briefe an Goethe sind kurz und knapp, sie beziehen sich auf eine geplante Verabredung, geben Hinweise auf ein Buch, begleiten einen Aufsatz. Während Wilhelm, wenn er Goethe schreibt, bereits an die Nachwelt denkt, die seine Briefe ja auch tatsächlich für «klassisch» hält, hat Alexander immer nur praktisch-zweckbezogen mit Goethe korrespondiert. Offensichtlich hat er sogar einen Haufen Goethe-Briefe, nachdem er sie gelesen und beantwortet hat, in den Papierkorb geworfen – er verwahrte Briefe, anders als sein Bruder, auch dann nicht auf, wenn sie von bedeutenden Zeitgenossen stammten.

In Franken freundet Alexander sich mit einem Mann an, den er vielleicht mehr als jeden anderen lieben wird: den Leutnant Reinhard von Haeften, der in der Garnison Bayreuth dient. Haeften ist der Einzige von Alexanders engsten Freunden, der keinerlei naturwissenschaftliche Interessen hat. Alexander erzählt Karl Freiesleben von dieser schicksalhaften Begegnung und sagt: *Reinhard ist mein einziger und stündlicher Umgang.* Reinhard von Haeften ist verlobt und plant seine Heirat, um danach aus dem Militärdienst auszuscheiden und sich um das Gut seiner Familie, in der Nähe von Goch am Niederrhein, zu kümmern.

Der Frage nach Alexanders sexueller Neigung sind seine Biographen entweder ganz ausgewichen («... hat sein Leben der Wissenschaft gewidmet und keine Zeit für Frau und Familie gehabt»), oder sie haben sie in herzerfrischender Naivität abgehandelt: Zwar könne man «nicht leugnen», schreibt Hanno Beck, dass aus den Briefen Alexanders an Karl Freiesleben oder Reinhard von

Haeften «eine stark gefühlsbetonte, leidenschaftliche Zuneigung» spreche, dies sei aber nur «dem Freundschaftskult des ausgehenden 18. Jahrhunderts» zu verdanken. Der große Forscher Humboldt – schwul?

Es gibt bei vielen Biographen eine verzweifelte Suche nach Liebesgeschichten, nach erotisch-sexuellen Beziehungen zu Frauen in Alexanders Leben, um den Verdacht der Homosexualität abzuwehren – nach dem schlichten Schema: Wer Frauen liebt, kann keine Männer lieben. Dass Humboldt selbst dann, wenn sich erotisch-sexuelle Beziehungen zu Frauen nachweisen ließen (was bisher nicht der Fall ist), sehr wohl auch Gefallen an Männern gehabt haben kann, diese Erkenntnis liegt jenseits dieser einfachen Muster.

Natürlich ist es für seine wissenschaftliche Bedeutung unerheblich, wie Humboldts Sexualleben aussah (und ob es ein solches vielleicht zeitweilig gar nicht gab), aber es ist sicher falsch zu behaupten, er habe nur «im Dienste der Wissenschaft» auf Frauen – die sich seine früheren Biographen obendrein auch nur als Ehefrauen vorstellen können – verzichtet. Humboldt hat sich nach der Reise, als 35-jähriger Mann, in Paris niedergelassen und ein vergleichsweise ruhiges Leben geführt; in einem solchen Leben wäre auch Platz für eine Frau, sogar für eine Ehefrau, gewesen. Er lebte aber in Paris mehr als zwanzig Jahre stets mit Männern zusammen. In lateinamerikanischen Quellen gibt es erbitterte Klagen über einen Alexander von Humboldt, der sich in Quito der «ausschweifendsten Sittenlosigkeit» und der «unreinen Liebe» in den Spelunken der Stadt überlässt, immer in Begleitung «sittenloser junger Männer».

Jedenfalls hat er Reinhard von Haeften geliebt, das zeigen die Briefe: *Ich lebe nur noch durch dich, lieber theurer Reinhard, und ich kann nur glücklich sein, wenn ich bei dir bin.* Es gelingt ihm allerdings, auch mit der Verlobten Reinhards, Christiane von Waldenfels, eine dauerhafte freundschaftliche Beziehung zu finden. Sie alle bleiben nach der Eheschließung von Reinhard und Christiane eng befreundet.

Im Februar 1795 unterbreitet Heinitz, sein zuständiger Minister, ihm das unglaubliche Angebot, die Gesamtleitung des schlesischen Bergbaus zu übernehmen. Doch *meinem alten Plane folgend* schlägt er diese Offerte und *den Oberbergrat mit 2000 Talern Gehalt* aus. Trotzdem befördert ihn der Minister, und Humboldt kann sogar noch ein paar zusätzliche persönliche Freiheiten für sich aushandeln, vor allem das Recht auf Beurlaubung für Studienreisen. Im Mai schreibt er Goethe: *Der König hat mich zum Oberbergrat gemacht mit der Erlaubnis, ihm in seinen Provinzen zu dienen oder durch wissenschaftliche Reisen nützlich zu werden.*

Bald darauf, im Juli 1795, lässt er sich beurlauben, um eine wissenschaftliche Reise durch die Schweiz und Oberitalien zu unternehmen. Er hat sehr viel Geld ausgegeben, um Messgeräte zu kaufen, die besten und teuersten seiner Zeit, die meisten hat er aus London und Paris kommen lassen: Chronometer, Barometer, Hygrometer, Sextanten, Kompasse, viele Thermometer, Werkzeuge ... Er will sich mit den geologischen Verhältnissen der Alpen, des Hochgebirges vor allem, vertraut machen.

Mit Reinhard von Haeften reist er ein paar Wochen durch die Schweiz; offensichtlich diskutieren sie dabei eine ganz neue Idee: Sie wollen sich später einmal für längere Zeit ganz zurückziehen aufs Land und mit ein paar Freunden und ihren Frauen und Kindern eine Gemeinschaft bilden, um *abseits der Zivilisation zu leben und zu arbeiten*, irgendwo am Vierwaldstätter See. Vielleicht gehen sie auch alle zusammen nach Amerika, nach Kuba oder Mexiko? Alles ist offen. Als Reinhard nach Goch zurückmuss, kommt Karl Freiesleben in die Schweiz, und sie reisen weiter nach Italien. In Pavia besuchen sie den Physiker Antonio Scarpa und auf seinem Landsitz in Como Alessandro Volta. Volta experimentiert mit Fröschen, und sie führen spannende Diskussionen über Galvanismus, Elektrizität und Muskelelektrizität. Alexander und Karl studieren die Lagerungsverhältnisse der Gesteine, die an den Tag tretenden, übereinanderliegenden Schichten. Humboldt nimmt Hunderte von Höhenmessungen vor, zumeist barometrisch, also über den von der Höhe abhängigen Luftdruck, aber auch trigonometrisch: Die Höhenberechnung über die Winkel einer zuvor gemessenen Grundlinie erfordert sehr aufwendige Rechenoperationen nach komplizierten Formeln (Laplace'sche Formel), die er von Mal zu Mal besser beherrscht. In Genua sehen sie zum ersten Mal das Mittelmeer. Auf dem Rückweg sammelt Humboldt von dort bis zur Höhe des St. Gotthard die Messdaten für sein erstes zeichnerisch dargestelltes Höhenprofil: *Ich begriff die Idee, ganze Länder darzustellen wie ein Bergwerk.*

Er beobachtet auch zum ersten Mal, ohne es allerdings zu vertiefen, die Verteilung der Pflanzen nach der Höhenlage, das heißt nach den klimatischen Verhältnissen. Im allgemeinen Denken der Zeit sind die Klimazonen vor allem horizontal über die Erde verteilt, vom Äquator nach Norden und Süden zu den Polen. Humboldt sieht die dritte Dimension: Wenn man im Hochgebirge aus einer tiefen Talsohle zum Gipfel hinaufsteigt, wandert man in eine kältere Zone. Jahre später, auf den hohen Andengipfeln direkt unterhalb des Äquators, wird er diesen Fragen genauer nachgehen, denn dort liegen alle Klimazonen vertikal übereinander, von der tropischen bis zur arktischen. Die *Pflanzengeographie* wird eines der Fächer, die Humboldt überhaupt erst begründet.

Wieder in der Schweiz angekommen, schreibt er im Oktober an Christiane von Waldenfels: *Sagen Sie Reinhard, dass mir der Luzerner See so gefallen hat wie das erste Mal. Es bleibt die lieblichste Gegend der ganzen Schweiz, und wenn wir nicht zusammen nach Amerika wandern, so müssen wir dahin, um, abgesondert von den sogenannten gebildeten Menschen, ein stilles glückliches Leben zu führen ... Der Platz für das Haus, alles ist gewählt. Lächeln Sie nicht, meine Liebe, meine Luftschlösser bleiben es nicht immer.*

Das folgende Jahr 1796 wird entscheidend für ihn. Im Februar besucht er anlässlich einer Dienstreise nach Berlin auch seine Mutter in Tegel. Sie ist schwer krank, *liegt auf den Tod*. Wilhelm und Caroline sind ebenfalls bei ihr. Marie Elisabeth von Humboldt leidet an

Brustkrebs und hat ungeheure Schmerzen, die sich selbst mit einer starken Opiumtinktur kaum noch lindern lassen.

Dennoch beginnt er, mit Reinhard und dessen Frau Christiane eine neue Italienreise zu planen, *meine Mutter mag tot oder lebendig sein*. Haeften hat seinen Abschied aus der preußischen Armee genommen, finanziell ist er als Gutsbesitzer vollkommen unabhängig. Zum ersten Mal scheint Humboldt jetzt sogar seine eigenen *ferneren Pläne*, die immer im Mittelpunkt standen, zurückzustellen: *Alle meine Pläne sind den deinigen untergeordnet. Ich weiß keine Seelenruhe zu finden, wenn ich dich nicht in einer frohen Lage weiß. Meine Amerikanische Reise wird also dann ausgesetzt und nicht eher angetreten, als bis du dich entschieden hast, ob du in Italien bleiben oder nach Deutschland, wie ich vermute, nach 2–3 Jahren zurückkehren willst.*

Am 19. November 1796 stirbt seine Mutter in Tegel. Die Nachricht stürzt ihn keineswegs in tiefe Trauer, er hatte nie ein inniges Verhältnis mit der strengen und gefühlskalten Frau, und er hält den Tod der unheilbar Kranken für eine Erlösung. Vielmehr ist es sein Unabhängigkeitstag. Am 3. Dezember wird die Baronin von Humboldt in der Dorfkirche von Falkenberg beigesetzt; es wäre genug Zeit gewesen, nach Brandenburg zu reisen, aber Alexander bleibt in Franken. Auch *Bill*, Alexanders Bruder Wilhelm, kommt nicht, wohl aber ihr (Halb-)Bruder, der Rittmeister Ferdinand von Holwede.

Die Baronin hat ein vollkommen durchdachtes Testament hinterlassen, das Gottlieb Johann Kunth jetzt vollstreckt: Wilhelm erbt das Schloss Tegel (das er später, nachdem Schinkel es um- und ausgebaut hat, auch mit seiner Frau Caroline bewohnt), Alexander erbt das Gut Ringenwalde, außerdem Bargeld, Hypotheken und Pfandbriefe: rund 90 000 Taler. Nach heutigen Begriffen ist er auf einen Schlag vielfacher Millionär. Er macht ohne zu zögern den größten Teil seines Vermögens flüssig und für seine Reisepläne verfügbar, als er im folgenden Jahr das Gut Ringenwalde für 72 000 Taler verkaufen kann. Er zögert keinen Moment, den Staatsdienst, in dem er so erfolgreich war und in dem ihm noch immer eine unvergleichliche Karriere winkt, aufzugeben – zum Ende des Jahres 1796 scheidet er aus.

Wenige Tage nach dem Tod der Mutter erklärt er in mehreren Briefen, dass er sich jetzt ausschließlich mit der Vorbereitung seiner großen Reise beschäftigen wolle. An Willdenow: *Meine Reise ist unerschütterlich gewiss. Ich präpariere mich noch einige Jahre und sammle Instrumente, ein bis anderthalb Jahre bleibe ich in Italien, um mich mit Vulkanen genau bekanntzumachen, dann geht es ... nach Westindien.* Seinem alten Freiberger Lehrer Abraham Werner, der einer der führenden Vulkanologen ist, schreibt er: *Ich bereite mich jetzt ernsthaft zu einer großen Reise außerhalb Europas. Doch gedenke ich vorher, die Vulkane zu studieren. Ohne diese Naturkraft zu kennen, würde ich Fehler auf Fehler häufen.* Er müsse auch noch ausgiebige praktische Erfahrungen mit Messinstrumenten sammeln, um sich mit Vulkanismus zu beschäftigen, am Vesuv, am Ätna, am Stromboli ... außerdem noch mit Botanik. Und mit der Analyse der Luft. Ach ja, und mit Anatomie ... *Ich gehe in vier Tagen von hier nach Jena, um mich dort unter Loder mit Anatomie zu beschäftigen. Ich habe dort die Freude, noch einige Zeit mit meinem Bruder Wilhelm und seinem Weibe zusammen zu leben. Gegen den Julius gehen wir alle zusammen über Wien nach Italien.* Und er fügt hinzu: *Möge bis dahin Friede den Völkern geschenkt sein.*

Denn es herrscht Krieg. Beinahe das ganze vergangene Jahr hindurch hat die französische «Italienarmee», 40 000 Mann unter dem Kommando Napoleon Bonapartes, von Südfrankreich aus die oberitalienischen Gegenden erobert, in einem Krieg gegen Italien und das habsburgische Reich zugleich. Napoleon hatte sich schon um 1793 den neuen Machthabern um Robespierre angedient und sich bei der Belagerung und Eroberung des aufbegehrenden Toulon als harter Militärführer verdient gemacht, schließlich auch einen versuchten Aufstand gegen die Schreckensherrschaft in Paris in Geschützfeuer erstickt. Man hat ihn zum Divisionsgeneral befördert und ihm den Oberbefehl über die Armee gegeben. Er hat den Männern seines Heeres «reiche Beute» versprochen. Der Krieg liegt wie ein unüberwindliches Hindernis zwischen Humboldt und den italienischen Vulkanen. Mantua wird belagert, Mailand ist genommen, die Kämpfe gehen immer weiter. *Im Mai denke ich, nach Italien zu gehen, meine Mutter mag tot oder lebendig sein,* hat er geschrieben. Daran ist einstweilen kaum zu denken. In den Februartagen 1797 dringt zwar die Nachricht von der militärischen Niederlage und Kapitulation Österreichs nach Jena, doch bis zu einem Frieden, der eine unbeschwerte Privatreise gestattet, wird es noch lange dauern. Alexander widmet sich in Jena mit Enthusiasmus einer Vielzahl von Tätigkeiten. Jeder Hügel in der Umgebung wird barometrisch vermessen, die Messtechnik dauernd verfeinert. Er lernt auch, seine kostbaren Geräte selbst zu reparieren, zerbrochene Kanülen zu erneuern, Vakuum herzustellen, Quecksilber einzufüllen. Im nahen Gotha, auf der Kuppe des Seebergs, steht die neueste und modernste Sternwarte Deutschlands, ausgestattet mit vorzüglichen Instrumenten aus England. Franz von Zach ist der Leiter dieses Observatoriums. Als Erster in Deutschland arbeitet er mit dem Spiegelsextanten, dessen Handhabung Alexander von ihm lernt («Sextant», weil dieses Gerät einen 60-Grad-Winkel zeigt: ein Sechstel des Kreisumfangs). Er wird später auf seinen Reisen hauptsächlich die Sonne als Bezugspunkt nehmen, da diese sich im künstlichen Horizont des Spiegelsextanten viel schärfer abbildet als die eher schwach scheinenden Sterne. Außerdem lässt sich die Skala am Tag viel besser ablesen als bei künstlichem Licht. Auf dem Meer freilich wird er stets den echten Horizont (die «Kimme») für seine Messungen benutzen.

Die Vollendung seiner Arbeit über die gereizte Muskel- und Nervenfaser setzt praktische anatomische Kenntnisse voraus, deshalb widmet er sich wieder physiologischen Experimenten *(habe täglich 6–7 Stunden präpariert)* im «Anatomischen Theater», einer Art Anatomie-Schaubude mit Rängen für das Publikum. Hier arbeitet er unter der Anleitung von Justus Christian Loder. Er hält von Loder nicht viel, findet ihn *kopflos* (er meint: unsystematisch), aber *das Mechanische lernt man gut bei ihm*. Überhaupt sieht er in Jena *Geisteslähmung unter den Lehrern, aber Geistestätigkeit unter den jungen Leuten*. An Karl in Freiberg schreibt er: *Ich bin recht eigentlich in ein Studentenleben zurückgetreten. Da ich mich zu meiner westindischen Reise jetzt sehr ernsthaft vorbereite und mich dort vorzüglich mit den organischen Kräften abzugeben gedenke, so ist Anatomie jetzt mein Hauptstudium.* Die *organischen Kräfte*: er ist immer noch dem Geheimnis des Lebens auf der Spur.

Er arbeitet im Anatomischen Theater häufig mit Goethe, der sich durch Humboldts Gegenwart immer stärker seiner eigenen naturwissenschaftlichen Interessen erinnert; auch Herzog Karl August, Goethes Fürst, ist manchmal dabei. Humboldt arbeitet mit Tieren, hauptsächlich Hunden, die er für sein Buch «Versuche über die gereizte Muskel- und Nervenfaser» seziert. Seine frühere Vorstellung von der *Lebenskraft* muss er aufgeben, er findet keinen Hinweis darauf. Das Buch erregt nach seinem Erscheinen sofort Aufsehen, wird ins Französische übersetzt – und öffnet ihm alle Türen, als er später nach Paris kommt.

Während Alexander sich mit Goethe enger befreundet, intrigiert der von ihm so grenzenlos bewunderte Friedrich Schiller heftig gegen ihn: Belegt ist es in einem Briefwechsel, doch muss man annehmen, dass Schiller auch in Gesprächen derartige Meinungen geäußert hat. Christian Gottfried Körner schreibt ihm: «Alexander von Humboldt ist mir ehrwürdig durch den Eifer, mit dem er sein Fach betreibt ...» Schiller widerspricht: «Ich fürchte, trotz seiner Talente wird er in seiner Wissenschaft nie etwas Großes leisten. Eine zu kleine, unruhige Eitelkeit beseelt sein ganzes Wesen. Ich kann an ihm keinen Funken eines reinen, objectiven Interesses abmerken – und wie sonderbar es auch klingen mag, so finde ich in ihm, bei allem ungeheuren Reichtum des Stoffes, eine Dürftigkeit des Sinnes, die bei dem Gegenstande, den er behandelt, das schlimmste Übel ist.»

Körner tritt noch einmal für Alexander ein: «Dein Urteil über Alexander von Humboldt scheint mir doch zu streng ... Sein Bestreben, alles zu messen und zu anatomieren, gehört zur scharfen Beobachtung, und ohne diese gibt es keine brauchbaren Materialien für den Naturforscher.» Und er schließt verständnisvoll: «Menschen dieser Art sind immer in ihrem Wirkungskreis zu beschäftigt, als dass sie von dem, was außerhalb vorgeht, große Notiz nehmen sollten. Dies gibt ihnen den Anschein von Härte und Herzlosigkeit.»

Kein Funken eines objektiven Interesses? Eine kleine, unruhige Eitelkeit? Dürftigkeit des Sinnes? Und dann der schlimmste Vorwurf Schillers: «Es ist der nackte schneidende Verstand (Humboldts), der die Natur, die immer unfasslich und unergründlich ist, schamlos ausgemessen haben will und mit einer Frechheit, die ich nicht begreife, seine Formeln zu ihrem Maßstabe macht.» Ein grundlegendes Missverständnis, das nicht allein aus Schillers Eifersucht zu erklären ist. Schiller will, dass «die Natur angeschaut und tief empfunden» werde, und zwar «in ihren einzelnen Erscheinungen wie in ihren höchsten Gesetzen». Er hält aber Alexander für einen «viel zu beschränkten Verstandesmenschen», der «keine Einbildungskraft» besitze. Es ist die von Schiller geforderte «verzückte Anschauung der Natur» gegen die Humboldt unterstellte «eiskalte Vermessung der Natur»: ein Missverständnis, das bis in die heutige Zeit hineinreicht, wenn Humboldt, auch in Romanen, als gefühlskalter und letztlich tumber Verstandesmensch dargestellt wird. Dabei hat Alexander die Unterscheidung, die auch eine Grenze darstellt, selbst getroffen – beinahe sogar wie ein Schiller'sches Prinzip: *Alles, was angesichts der Natur zur Seele des Menschen spricht, entzieht sich völlig den Messungen.* Und «angeschaut und tief empfunden» hat Humboldt die Natur gewiss nicht weniger als Schiller, das zeigen seine Bücher. Alexander, der von diesen brieflichen Äußerungen nichts ahnt, bewundert Schiller ungetrübt und anhaltend, auch noch nach seiner Rückkehr von der Amerikareise. Erst im hohen Alter wird man ihm Schillers Briefe mit den Schmähungen zeigen, die er aber nie kommentiert.

Jena ist eine typische deutsche Kleinstadt mit grunzenden Schweinen und Misthaufen auf den Straßen, doch Humboldt genießt das überschaubare gesellschaftliche Leben, trifft Goethe, Schiller, Loder und die Brüder Keutsch, die er noch aus Freiberg kennt. Christian und Mathias Keutsch stammen von der Antilleninsel Saint Thomas, die zu Dänemark gehört. Und im Gespräch mit ihnen fasst er jetzt den Plan, auf die dänischen Inseln in der Karibik zu gehen. Er bittet einen anderen Bekannten, den Diplomaten Graf Christian Günther von Bernsdorff, der bald dänischer Außenminister sein wird, um einen Schutzbrief: *Ich bleibe 1–2 Jahre in Italien und segle dann nach Westindien. Ich kann dem Verlangen nach den Tropen nicht widerstehen und dann, dann möchte ich wohl auch Ihre dänischen Inseln besuchen und werde Ihres Schutzes bedürfen.* Er sucht irgendeine Eingangstür nach Westindien, nach Amerika. An eine Reise von Spanien aus in diese «westindischen» Länder ist kaum zu denken, denn Spanien hat noch nie einem ausländischen Forscher eine derartige Reise durch seine Kolonien gestattet.

Er vertieft sich in Jena auch immer wieder in die wunderbaren Bücher seiner Jugend, liest Bougainville, Forster, die ganze Literatur der Reisenden, studiert La Condamines Bericht über die Äquatorvermessung (1735–1745 in Ecuador) und die recht fabulösen Berichte von Solano und Iturriaga über den Oberen Orinoco. Eine der Jenaer Damen sagt über Alexander, «den Naturforscher, den Diplomaten, den witzigen, stets mit Elektrisiermaschinen und galvanischen Säulen hantierenden», er sei «ein hübscher Mann und unbezweifelt der schönere der beiden Humboldts». Die Gemälde aus dieser Zeit zeigen Alexander mit dunkelblondem Haar (oder ist es ein helles Braun?); mit seinem direkten Blick aus graublauen Augen und seinem eigenartigen Lächeln strahlt er eine Liebenswürdigkeit aus, der man die böse Spottlust nicht ansieht.

In Jena lebt auch eine junge, kluge und – wie Goethe, Schiller und alle anderen finden – besonders schöne Frau, Amalie von Imhoff; sie ist zwanzig, sieben Jahre jünger als Alexander, und das Kleinstadtgeflüster sagt ihr nach, sie habe sich in Alexander verliebt. Oder umgekehrt? Wilhelms Frau Caroline sieht in Amalie bereits die künftige Schwägerin. Aber an diesem einen Punkt kennen sie alle ihren Alexander nicht.

Gemeinsam bereiten die Humboldt-Brüder die Italienreise vor; der eine will die Vulkane untersuchen, der andere eher auf den Spuren Goethes und Tischbeins wandeln. Doch die kleinen Kinder Wilhelms werden krank, die Abreise muss verschoben werden. Goethe, der zunächst mit der «Karawane», wie er spottet, mitreisen wollte, entscheidet anders, es ist ihm alles «zu quecksilbrig». Die Karawane, das sind vier Männer, zwei davon mit ihren Frauen, fünf Kinder, zwei davon fieberkrank, zwei Dienstmädchen, ein Diener: das sind also Haeften mit Christiane und Wilhelm mit Caroline, die Kinder, dazu ein Freund Carolines, Wilhelm von Burgdorf, und Alexander, verteilt auf drei große Kutschen. Zusätzlich zu allem Gepäck noch vier große Kisten mit Alexanders Instrumenten.

So macht sich die Reisegesellschaft auf den Weg nach Süden.

In Dresden erkrankt Caroline schwer, der Aufbruch verzögert sich. Alexander wird ungeduldig. Die «Friedensschlüsse» in Italien haben keinen Frieden gebracht, und Napoleon beginnt, die Verhältnisse in Europa gänzlich umzustürzen. Im Februar 1797 ist er über Mantua bis nach Wien vorgedrungen, Kaiser Franz II. hat seine habsburgischen Völker zur Massenerhebung aufgerufen, Bonaparte ist nach Oberitalien zurückgekehrt, hat Venedig besetzt und in Genua die Ligurische Republik begründet, einen Vasallenstaat. Er hat Italien nicht befreit und emanzipiert, sondern vergewaltigt, und alles läuft auf einen großen, Jahre dauernden Krieg zu, den zwei der imperialistischen europäischen Großmächte, Frankreich und England, um Kolonien, Rohstoffquellen und Absatzmärkte führen – auch in den amerikanischen Ländern und der Karibik. Napoleon durchkreuzt damit ein ums andere Mal die Pläne Alexanders, denn der Seekrieg zwischen französisch-spanischen und englischen Flotten macht die Meere beinahe unbefahrbar.

Am 25. Juli 1797 bricht Alexander ganz allein auf, vielleicht ist er auch all der Familienidyllen und des Kindergeschreis ein bisschen überdrüssig. Er reist über Prag nach Wien, wo er fast drei Monate lang bleibt, um sich trotz allem weiter auf seine geplante «Reise nach Westindien» vorzubereiten.

Drittes Kapitel

ZWISCHENZEIT

Wien ist der kulturelle Mittelpunkt Deutschlands, die einzige deutsche Weltstadt und die einzige, die es halbwegs mit Paris und London aufnehmen kann. Schon bei seinem Aufenthalt vor vier Jahren hat Alexander hier *mehr Gutmütigkeit und echte Humanität* gefunden als in Berlin. Er lebt bequem im Hotel, hört an der Universität gezielt einige Vorlesungen, besucht die Salons und akademischen Zirkel und knüpft weitere Kontakte. So zu *den Jacquins*, das sind Nikolaus Joseph von Jacquin und sein Sohn Franz Joseph. Der Vater hat die großen österreichischen Forschungsreisen zur Zeit Maria Theresias eröffnet, als Habsburg sich noch als Seemacht verstand; der Sohn ist Professor der Chemie und Botanik und, wie Humboldt, ein Anhänger der neuen Theorie von Lavoisier.

Im Botanischen Garten Schönbrunn freundet sich Alexander mit dem jungen Josef van der Schot an; er gilt als «Gärtner», ist aber ein enorm kenntnisreicher Botaniker und leitet den Universitätsgarten am Rennweg. Dort sieht Alexander eine nie zuvor erblickte Vielfalt von «westindischen Pflanzen», Gewächsen aus der tropischen Zone Amerikas. Josef van der Schot wird einer der engsten Freunde Alexanders. Bald schon sieht er in ihm den idealen Partner und Begleiter für die geplante Große Reise; Reinhard von Haeften wird dafür nicht infrage kommen, er ist kein Wissenschaftler, und außerdem ist er verheiratet und Vater eines Kindes.

Alexander bleibt fast drei Monate in Wien.

Einmal besucht ihn Böthlingk, der junge Russe, mit dem er in Hamburg die Stube teilte und der ihm damals sagenhaft reich

Alexander von Humboldt nach einer Zeichnung von François Gérard. Es ist bis heute nicht sicher, ob das Bild vor oder nach der amerikanischen Reise entstand. Jedenfalls wurde Alexander stets bedeutend jünger dargestellt, als er tatsächlich war.

erschien; er ist tatsächlich reich, viel reicher als Humboldt. *Er hat 40 000 Rubel Einkünfte jährlich.* Jetzt planen sie, zusammen «nach Westindien» zu gehen: *Wir denken über Spanien und Teneriffa die Reise anzutreten.* Es ist nicht klar, welches das eigentliche Ziel in Amerika sein sollte, jenseits von Teneriffa. Aus dem Plan wird nichts; offenbar musste Böthlingk aus familiären Gründen nach Petersburg zurückkehren. Auf jeden Fall will Alexander zuerst nach Italien, denn: *Das vulkanische Feuer ist eine gewaltige Kraft, die man agieren gesehen haben muss, bevor man Europa verlässt.* Er wird die italienischen Vulkane erst nach seiner Rückkehr aus Amerika kennenlernen, da werden sie ihn nicht mehr beeindrucken können.

Reinhard und Wilhelm, die Familienväter, sorgen sich, ob man «bei diesen unsicheren Zuständen» überhaupt mit den Kindern nach Italien fahren solle. Wilhelm entschließt sich deshalb, einstweilen nach Paris zu gehen. Alexander plant einen Studienaufenthalt in der schweizerischen Bergwelt, als sich bei ihm per Brief ein alter Freund aus Freiberger Tagen meldet, der Geologe Leopold von Buch. Er gilt als exzentrisch, als äußerst ungesellig, aber er ist ein Wissenschaftler von Format, *ein trefflicher genievoller Mensch, der viel und richtig beobachtet – aber das ganze Wesen – wie aus dem Mond.*

Sie verabreden sich, den Winter hindurch in der Gegend um Salzburg gemeinsam meteorologische und barometrische Messungen durchzuführen. Auch Reinhard und Christiane von Haeften wollen für zwei, drei Monate nach Salzburg kommen. *Mein Plan ist noch immer*, so schreibt er jetzt, offensichtlich in einem neuen Gefühlsüberschwang, an Josef van der Schot in Wien, *Mitte Februar nach Italien aufzubrechen und Sommer 1799 wieder in Deutschland zu sein, wo immer Sie mich haben wollen.*

Die Hoffnung, dass Napoleon seine Feldzüge bald beendet, erfüllt sich nicht, und jetzt legen die Engländer auch noch eine Seeblockade um Westeuropa. Er hat das Gefühl, in einer Falle zu sitzen, die sich immer enger und auswegloser um ihn schließt. Verzweifelt schreibt er an den jungen Jacquin: *Könnte ich doch nur nach Westindien – aber wenn man sechs Wochen zur See ist, bringt einen ein Kaperschiff dahin zurück, wo man ausgelaufen ist.*

Aus den geplanten zwei, drei Monaten in Salzburg wird ein halbes Jahr; eine Art Wartestellung, die er aber, wie jede andere Zeit während dieser Epoche, zu nutzen versteht. Es ist vielleicht sogar die wichtigste Phase seiner Vorbereitungen auf die große Reise. Er besitzt die besten und teuersten Messgeräte; gemeinsam mit Leopold von Buch beginnt er, alles zu messen, was sich mit seinen Geräten erfassen lässt, entsprechend der alten Forderung Galileis:

«Messen, was man messen kann, und messbar machen, was man noch nicht messen kann»: die Lage der Eiskapelle am Fuße des Watzmann, die Höhen fast sämtlicher Berge im Salzburger Land, die Polhöhe Salzburgs, den Sauerstoff- und Kohlendioxidgehalt der Luft in Abhängigkeit von den Höhenlagen, die Luftfeuchtigkeit und, mit seinem neuen Cyanometer, die «Bläue des Himmels», also die Durchsichtigkeit der Atmosphäre. Dazu kommen die astronomischen Bestimmungen, Sonnenhöhen, Positionen der Sterne und Planeten, etwa der Venus; er hantiert überall mit seinem Sextanten und lernt seine dicken «Ephemeriden» immer besser zu nutzen, die astronomischen und nautischen Jahrbücher, die zum raschen Aufsuchen der Gestirne und der genauen Positions-, Orts- und Zeitbestimmung dienen.

Er beherrscht jetzt auch die mathematische Auswertung seiner Messungen perfekt, all diese Umrechnungsformeln, Rechenprozesse, für deren Lösung er die Infinitesimalrechnung (Differenzial- und Integralrechnung) anwenden muss. Dazu sphärische Trigonometrie und ein Dutzend anderer Dinge. Die beiden Forscher konstatieren, ganz praxisbezogen, dass alle verfügbaren Landkarten ziemlich große Fehler aufweisen, zum Beispiel weichen die offiziellen bayerischen Landeskarten um circa zehn Kilometer von den tatsächlichen Gegebenheiten ab. Und sie stellen unabhängig voneinander fest, dass der Sauerstoffgehalt der Luft mit steigender Höhe abnimmt.

An vielen langen Winterabenden auf der gemeinsamen Stube schreibt Humboldt beim flackernden Licht der Öllampen den zweiten Teil seiner «Versuche über die gereizte Muskel- und Nervenfaser». Er beschäftigt sich auch mit ganz neuen Fragen, beispielsweise versucht er die Keimung von Samen zu beschleunigen, indem er *oxygenierte Salzsäure* (Chlorwasser) hinzugibt. Anders gesagt: Er ist der Erste, der sich wissenschaftlich-experimentell mit der «Ernährung der Pflanzen» auseinandersetzt, dem Einfluss der Wasseraufnahme oder der Beschaffenheit des Bodens auf das Wachstum. An van der Schot schreibt er: *Ich habe viel von Pflanzen und dem*

Einfluss des Sonnenlichts, der Elektrizität, des Barometerstands (des Luftdrucks, d. Verf.), *des Sauerstoffgehaltes der Atmosphäre auf den Lebensprozess in den Pflanzen darin gehandelt.*

Erst der Chemiker Justus von Liebig hat vierzig Jahre später diese Studien Humboldts aufgegriffen und erfolgreich weitergeführt, als er über den Stoffwechsel von Tieren und Pflanzen forschte, über Mineraldüngung und über die Verbesserung der menschlichen Ernährung.

Salzburg, das ist ein harter, arbeitsamer, voll ausgefüllter Winter, obwohl schließlich auch sein bester Freund Reinhard von Haeften mit Frau Christiane gekommen ist. Sie sind neben Leopold von Buch fast sein einziger gesellschaftlicher Umgang. Der Rest ist Arbeit: In Versuchen und Messungen schafft Alexander sich systematisch die Vergleichsgrundlagen für seine Forschungen in den Tropen. Vielleicht an keinem Ort hat er während der ganzen Reisevorbereitung mehr gearbeitet als in Salzburg. Und trotzdem: Keinen einzigen Tag ist er krank. Er betreibt niemals körperliches Training, er holt einfach alles, was er an Kraft jeweils braucht, aus seinem Körper heraus; die Jahre seit Ende des Studiums haben ihn abgehärtet.

Humboldt beobachtet die Politik, das heißt, die Kriege Napoleons. *Die politischen Angelegenheiten machen mich melancholisch. Man ist an allem gehindert. Die Welt wird versperrt,* schreibt er Ende April an den jungen Jacquin in Wien. Reinhard muss abreisen. Wilhelm ist in Paris. Auch Leopold von Buch fährt ab.

Doch plötzlich kommt Bewegung in die festgefahrene Situation.

Denn jetzt taucht Lord Bristol auf, ein steinreicher englischer Globetrotter, *halb toll, halb Genie,* der Alexander zu einer Expedition nach Oberägypten einlädt, die etwa acht Monate dauern soll, von Kairo den Nil aufwärts in komfortablen Barken bis zu den Katarakten von Assuan. Archäologen sollen an Bord sein, Kunstexperten, Zeichner – und eine waschechte Gräfin, eine abgelegte Mätresse Friedrich Wilhelms II., die sich dem Lord, der auch über einen anglikanischen Bischofstitel verfügt, angeschlossen hat. Humboldt schreibt: *Der Seekrieg hindert mich, kommenden Herbst meine westindische Reise anzutreten. Ich werde deshalb den Winter wahrscheinlich in Ägypten verbringen, ich reise mit dem wunderbaren alten Lord Bristol.* Er fügt hinzu, er habe zwar noch nie an ein nicht-tropisches Land gedacht, *dennoch konnte ich der Versuchung nicht widerstehen, Länder zu besuchen, die in der Geschichte der Kultur eine so bedeutende Rolle spielten.* Das alles war zwar nie sein Traum, doch eine solche Reise ist viel sinnvoller, als in kalten europäischen Städten zu warten, dass endlich das Meer frei werde, der Weg in die Tropen. Er will diese *Zwischenzeit* ausnutzen, vielleicht sogar von Ägypten nach Vorderasien weiterreisen.

Um sich einige noch fehlende Instrumente für die Ägyptenreise zu beschaffen, fährt er Ende April nach Paris, über München, Augsburg, Stuttgart und Rastatt, wo gerade der Friedenskongress tagt. In Straßburg liest er in der Zeitung, Lord Bristol sei auf Befehl des Pariser «Direktoriums» in Mailand verhaftet worden. Als Spion. Der «geheime Zweck seiner geplanten Ägyptenreise» sei es gewesen, «auf irgendeine Weise gegen Frankreich und zum Vorteil Englands» zu arbeiten.

Am 12. Mai trifft Alexander in Paris ein. Während er noch unterwegs war, viele Tage und Nächte in holpernden Kutschen, hatten die Ereignisse begonnen, sich zu überstürzen: Napoleon war Ende 1797 aus Italien nach Paris zurückgekehrt, und die Regierung will ihn jetzt auf einen neuen Feldzug nach Ägypten schicken. Das revolutionäre Frankreich fordert das britische Imperium nicht in Europa heraus, sondern in Ägypten und im Vorderen Orient. Denn von hier reicht der britische Herrschaftsbereich bis nach Indien, und England beherrscht auch die Handelsrouten zwischen dem indischen Subkontinent und dem Mittelmeer. Der aufstrebende französische Imperialismus wirft dem alten britischen Imperialismus den Fehdehandschuh hin.

Napoleons Flotte verlässt Toulon, die «ägyptische Expedition» beginnt: hundert Kriegsschiffe, vierhundert Transportschiffe, dreißigtausend Soldaten, eine Armee mit einem Schwarm von Gelehrten, mit Theater, Ballett, Bordellen. Es wird, nebenbei, ein beispielloser kultureller Raubzug, die altägyptischen Kunstwerke beginnen, die Pariser Museen und Plätze zu füllen, Statuen, Obelisken... Alexander findet solch imperiales Gehabe nicht weniger empörend als die religiös begründeten Eroberungen früherer Zeiten. Trotzdem bleibt er den grundlegenden Errungenschaften der Revolution immer treu, schon wegen der *Ausrottung des Feudalsystems und aller aristokratischen Vorurteile, unter denen die ärmeren und edleren Menschenklassen so lange geschmachtet haben.*

Seine Ägyptenpläne muss er begraben.

Humboldt lässt sich bei Wilhelms Familie im «Hotel Boston» in der rue Colombier nieder – wo wenig später auch Reinhard und Christiane eintreffen, die bis August bleiben. Alexander ist für den Kreis der französischen Naturforscher kein Unbekannter; etliche seiner Untersuchungen sind auf Französisch erschienen, er korrespondiert seit zwei Jahren mit Mitgliedern des Nationalinstituts, obendrein hat sein Bruder Wilhelm ihn angekündigt wie einen neuen Kometen am Forscherhimmel. Er ist noch nicht einmal zwei Wochen in Paris, da misst er auf dem Observatorium die magnetische Inklination, liest im «Institut de France» (Nationalinstitut) über «Expériences sur le Gaz nitreux et ses combinaisons avec l'Oxigène». Sein Französisch ist exzellent, das immerhin hat er dem strengen Kunth zu verdanken. Schon fünf Tage später sein Vortrag: «L'état exact de l'atmosphère». Er wiederholt vor einer Physiker-Kommission seine aufregenden galvanischen Experimente. Binnen weniger Wochen ist er im Kreise der französischen Gelehrten eine Berühmtheit.

Paris im Mai. Die Stadt, die im 19. Jahrhundert die «Hauptstadt der Welt» sein wird, ist eine quirlige Metropole, fünfmal so groß wie Berlin. Neben London ist es das Zentrum der Wissenschaften. Die Instrumentenindustrie übertrifft sogar die von London oder Genf. Alexander fühlt sich im Mittelpunkt all dessen, was ihm wichtig ist, wenn er auch die Entwicklung der Revolution, für die er vor knapp zehn Jahren Sand gekarrt hat, in einigen Tendenzen abscheulich findet. Nach dem kalten und nur der Arbeit gewidmeten Aufenthalt in Salzburg genießt er das gesellschaftliche Leben, die Zirkel, die Salons, das geistreiche Gespräch, die abgeklärten und häufig bösen Scherze. Er erscheint – und er bezaubert alle. Eine seiner größten Begabungen ist diese: Freunde zu gewinnen.

Alexander arbeitet am Observatorium, perfektioniert seine messtechnischen Kenntnisse und kauft weitere Geräte, die allerneuesten, die es nur hier gibt. Anfang Juni ist er dabei, als in Lieursaint ein großes internationales wissenschaftliches Projekt zu Ende geht, der Schlussakt einer fast weltweiten, koordinierten Messung, der «Vermessung der Welt». Das letzte Teilstück ist die Basismessung für den Meridianabschnitt zwischen Dünkirchen und Barcelona, unter anderem zur Festlegung eines verbindlichen Längenmaßes, des «Ur-Meters». Es geht aber um sehr viel mehr, letztlich um die Form der Erde. Man weiß seit langem, dass sie nicht vollkommen rund sein kann, aber worin besteht die Abweichung von der perfekten Kugelform? Zwei Theorien stehen sich gegenüber: Sie sei hoch und schmal, also nach oben und unten, zu den Polen, gestreckt, sagt die eine Theorie; im Gegenteil, sagt die andere, sie ist an den Polen abgeplattet und am Äquator leicht wulstig.

Alexander erlebt *zwei überaus fröhliche Tage* in Lieursaint. Auch der greise, aber immer noch unternehmungslustige Forscher und Weltumsegler Bougainville ist dabei, der noch vor James Cook die erste große wissenschaftliche See-Expedition um die Welt – und durch die Südsee – geleitet hatte, von der er 1769, im Geburtsjahr Alexanders, zurückgekehrt war. Er ist ein Idol. *Autour du monde* war immer eines der Lieblingsbücher des jungen Alexander auf *Schloss Langweil.*

Jetzt scheinen die Dinge sich günstig zu entwickeln. Vermittelt von Bougainville, tritt das Ministerium an Humboldt heran und lädt ihn ein: zur Teilnahme an einer neuen wissenschaftlichen Weltumseglung! Sie soll von Bougainville geleitet werden und um die ganze Welt führen. Doch dann zieht sich ein ganzes Netz von

Intrigen zusammen, und die Regierung findet plötzlich den 70-jährigen Bougainville zu alt. Sie überträgt dem Kapitän Thomas Nicolas Baudin das Kommando. *Ausgerechnet Baudin.* Denn über ihn, der zuvor schon in österreichischem Auftrag gesegelt war, hat man Alexander bereits in Wien einige nicht sehr vorteilhafte Tatsachen mitgeteilt: dass er, statt sein Schiff auftragsgemäß nach Triest zu bringen, unterwegs an der afrikanischen Küste Sklaven erstanden und die «Ware» mit horrendem Gewinn in den Antillenhäfen wieder verkauft hat. Ein Sklavenhändler als Expeditionschef! Fünf Jahre soll die Reise dauern. Sie soll von Le Havre über den Pazifik nach Mexiko und Kalifornien, nach Südamerika, zurück nach Madagaskar und Afrika und dann bis hinunter zum Südpol führen.

Die Wahl unserer Gefährten war vortrefflich, lauter junge kenntnisvolle kräftige Menschen. Wie scharf jeder den anderen ins Auge fasste, wenn er ihn zum ersten Mal sah: vorher ganz fremd und dann so viele Jahre einander nahe sein. Als Alexander eines Abends in sein Hotel in der rue Colombier zurückkehrt und mit dem Mann an der Rezeption ein paar Worte wechselt, sieht er einen jungen Mann, den er bereits flüchtig kennt, da er ebenfalls hier wohnt. Alexanders Aufmerksamkeit wird von der verbeulten Botanisiertrommel gefesselt, die der junge Mann, mitten in einer der größten Städte der Welt, bei sich trägt. Er spricht ihn an, sie kommen ins Gespräch über unbekannte Pflanzen in Paris, über Botanik, und schnell stellt sich heraus, dass der Franzose ebenfalls auf der Teilnehmerliste von Baudins Expedition steht.

Sein Name ist Aimé Bonpland. 1773 geboren und damit knapp vier Jahre jünger als Alexander, ist Aimé der Sohn eines Chirurgie-Professors; seine Mutter war Tochter eines Handelskapitäns, in seiner Familie ging es immer um Wissenschaft und Seefahrt. Aimé hörte medizinische Vorlesungen bei Corvisart, dem (späteren) Leibarzt Napoleons. Dann ließ er sich zur Marine abkommandieren und fuhr zur See. Letztes Jahr ist er zum Doktor der

Medizin promoviert worden, aber seine ganze Leidenschaft gehört der Botanik.

Aimé und Alexander teilen vieles: die Sehnsucht nach fernen, fremden Welten, die es zu erforschen gilt, und die politischen Überzeugungen, denn für beide ist die Französische Revolution das einschneidende politische Ereignis. Beide beschäftigt auch dieselbe rätselhafte Frage (die bereits ein halbes Jahrhundert vor Darwin sehr aktuell ist), die Frage nach der Wanderung der Pflanzen und ihrer Anpassung an verschiedene Klimazonen. Sie gehen beide, obwohl eher agnostisch gestimmt, noch von einer einmaligen Schöpfung aus. Die Idee, dass bestimmte Formen überall auf der Welt unabhängig voneinander entstanden sein könnten, liegt außerhalb ihrer Vorstellungskraft.

Viele seiner Freunde, auch Reinhard, sind unzufrieden damit, dass Humboldt sich *den Gefahren einer fünfjährigen Reise ausgesetzt sehen will,* aber sein Entschluss steht *eisern fest.* Er schreibt, er würde sich selbst *verachtet haben, wenn ich eine solche Gelegenheit versäumt hätte. Bougainville wollte mir seinen 14-jährigen Sohn anvertrauen, damit er sich früh an die Gefahren des Seelebens gewöhne…* Wilhelm hingegen unterstützt die Pläne seines Bruders vollkommen. «Alexander ist gemacht», verkündet er, «Ideen zu verbinden, Ketten von Dingen zu erblicken, die ohne ihn Menschenalter hindurch unentdeckt bleiben würden. Ungeheure Tiefe des Denkens, unerreichbarer Scharfblick, eiserner Fleiß, ausgebreitetste Gelehrsamkeit.»

Die lebenslange Humboldt-Brothers-PR-Kampagne.

Wilhelm und Caroline wollen ihn nach Le Havre begleiten. *Wir waren alle mit der Idee so vertraut, dass diese Abreise wie ein Fest schien…* Anfang August, strahlend schöne Sommertage, festliche Abschiedsstimmung. Da erreichen dramatische Depeschen Paris. Am 1. August hat eine britische Flotte unter dem Kommando Lord Nelsons die ankernde französische Flotte bei Abukir vernichtet. Auch in Italien gärt es wieder. Das Direktorium rechnet mit Krieg. Baudin und seine Teilnehmer haben stündlich den Auslaufbefehl erwartet. Doch jetzt stoppt die Regierung das Unternehmen, streicht die vorgesehenen Mittel, die Weltreise wird verschoben. *Welch ein unnennbarer Schmerz, als in 14 Tagen alle, alle diese Hoffnungen scheiterten.* Nach vier Monaten verheißungsvoller Vorbereitungen wird das Projekt gestoppt, weil man das Geld, 300 000 Livres, für den Krieg verwenden will. *Mit Kummer sah ich alle meine Aussichten vernichtet; da beschloss ich, nur so bald als möglich, wie es auch sei, von Europa wegzukommen.*

Die Realisierung seiner Pläne wird allerdings angesichts der weltpolitischen Lage immer fragwürdiger. Da taucht eine weitere schillernde Figur auf, der schwedische Konsul Skjöldebrand, ein Kenner der maghrebinischen Länder, der auf seinem Weg von Stockholm nach Algier in Paris Station macht. Der Schwede bietet Alexander an, mit ihm – also unter dem Schutz eines schwedischen Diplomaten – nach Algier zu fahren. Er will ihm obendrein die Genehmigung verschaffen, in Nordafrika zu reisen und zu forschen, *terra incognita*, wissenschaftlich gesehen, denn bis jetzt, so freut sich Alexander, hat noch kein Mineraloge die hohe Bergkette des Atlas-Gebirges erkundet. Er muss Bonpland nicht lange überzeugen, als sein Reisegefährte mitzukommen.

Am 15. Oktober 1798 lässt er sich von der preußischen Gesandtschaft in Paris einen für 18 Monate gültigen Pass ausstellen: «Alexander Friedrich von Humboldt, 28 Jahre alt, Größe 5 Fuß und 4 Zoll, hellbraune Haare, graue Augen, große Nase, sehr großer Mund, wohlgeformtes Kinn, von Windpocken gezeichnetes Antlitz». Als Reiseziele sind Marseille und Algier angegeben. Alexander schreibt selbstironisch auf das Kuvert, in dem er den Pass aufbewahrt: *großes Maul, dicke Nase, aber menton bien fait*, gutgeschnittenes Kinn.

Also nach Algier, über Marseille.

Der Abschied kommt am 20. Oktober 1798: *Ich trat nie eine Reise mit so gutem Mute an. Diese Stimmung verdanke ich größtenteils meinem Bruder und der Li* (seiner Schwägerin Caroline). *Fremde Stärke erhebt. Der Abschied war tief empfunden. Als Li den Kleinen* (Alexanders Neffen Theo) *zu mir emporhob, hätte ich fast die Haltung verloren. Aber ... wir blieben alle, wie man in solchen Augenblicken des Lebens sein soll. Ich sah mir Bonpland an, mit dem ich eine so weite Reise unternehmen sollte.* Er denkt bei der «weiten Reise» natürlich an ein paar Monate in Afrika, nicht an fünf Jahre Amerika. Welche Verheiratung! *Meine Augen sahen Wilhelm am längsten. Er sah sehr heiter aus, und das tat mir unendlich wohl. Die letzte Miene eines Menschen ist so wichtig für den Eindruck, den er zurücklässt.* Er sieht sein Leben, sehr klarsichtig, als *ewiges Anknüpfen und Trennen*. Aber *eine geheime Stimme sagte uns, dass wir uns wiedersehen würden*, so schreibt er in das Tagebuch, das er an diesem 20. Oktober 1798 beginnt.

Mit der Postkutsche, der *Diligence*, reisen sie in sechs Tagen nach Marseille, über Macon, Lyon und Avignon: *Bis Lyon brauchten wir vier Nächte, wovon wir eine, die erste, im Wagen zubrachten. Elende Gesellschaft.* Am 27. Oktober abends erreichen sie Marseille, sie beziehen Zimmer im «Hotel des Ambassadeurs» und gehen am nächsten Morgen zum preußischen Konsul, der seinen Pass stempelt. Sie packen die Instrumente aus, *ein fürchterlicher Anblick, der Theodolit in Stücken, ebenso das Ébouloir und viele Thermometer. Bonpland verlor mehr den Mut als ich.* Abends gehen sie in die Komödie: *Unendlicher Knoblauchgestank.*

Sechs Wochen, bis Mitte Dezember, warten sie vergeblich auf die *Jaramas*, die schwedische Fregatte, die sie abholen soll. Mehrmals täglich steigen sie den Berg hinauf zur Kirche *Notre-Dame de la Garde* und suchen den Horizont ab. Einmal unternehmen sie einen Ausflug nach Toulon, wo im Hafen das alte Expeditionsschiff von Louis Antoine de Bougainville liegt, *La Boudeuse*, eines der stolzen Schiffe seiner Jugendträumereien. Ein sentimentaler Augenblick: *Ich lag wohl an die zehn Minuten am Fenster und sah auf den hellen Spiegel* (des Meeres), *endlich vermisste man mich, aber ich hätte weinen mögen, als ich an die gescheiterten Pläne dachte.*

Die schwedische Fregatte, die sie abholen soll, wird nie kommen; sie ist im Sturm bei Cadiz schiffbrüchig geworden. *Zertrümmerte Hoffnungen*, notiert er. Im Hafen liegt ein kleiner Schoner, den Alexander jetzt mit dem Mut und der Entschlossenheit der Verzweiflung für eine Überfahrt nach Tunis chartert. Die Verabredung mit dem Kapitän ist perfekt, aber kurz vor der Abreise gibt es eine kleine ärgerliche Szene: Das Vieh, das als Nahrung für die Reise an Bord genommen wird, gackert und grunzt ausgerechnet in der großen Kajüte, die Alexander für sich und Aimé vorgesehen hat, vor allem für die kostbaren Instrumente. *Wir verlangten, dass die Kajüte freigemacht werde.*

Eine Stunde später laufen bei den Hafenbehörden neue Nachrichten ein: In der «Berberei», so heißt es, werde jeder aus Frankreich kommende Passagier sofort ins Gefängnis geworfen – eine Reaktion des Dei von Tunis auf die napoleonische «Schändung» des von Christen «verunreinigten» Ägypten. Angeblich sitzen jetzt da drüben die Dolche locker, und die Berber schneiden allen Franzosen die Köpfe ab. Denn da das Osmanische Reich vor ein paar Tagen der antifranzösischen Koalition von Russland, Österreich, England, Portugal, Neapel und dem Vatikan beigetreten ist, befindet sich nun auch der Dei von Algerien, der ein osmanischer Vasall ist, mit Frankreich im Krieg.

Die französischen Hafenbehörden verbieten Humboldt die Ausreise.

Die Politik macht mich melancholisch. Napoleon erscheint Alexander jetzt beinahe wie eine antagonistische Kraft, die sich allen seinen Plänen entgegenstemmt. Italien verschlossen, Algerien verschlossen, die Meere unsicher. Nach Paris zurück will er nicht, nach diesem großen Abschied. *Wir mussten die Ausführung unserer Pläne verschieben und entschlossen uns daher, den Winter in Spanien zu verbringen.* Im Frühling wollen sie von Cadiz oder Cartagena einen neuen Versuch machen, nach Afrika zu kommen: nach Tunis, nach Ägypten oder nach Smyrna (die damals griechische, heute türkische Stadt Izmir).

Die *Zwischenzeit* scheint kein Ende zu nehmen.

Erst sehr viel später wird er begreifen, dass es gerade die immer neuen Wartezeiten waren, in Jena, Dresden, Salzburg, Wien und

Paris, die seine Reisevorbereitungen so außergewöhnlich solide gemacht haben: «Während ihn die dauernden Verzögerungen zur Verzweiflung bringen wollten, hatte ihn das Schicksal begünstigt, indem es ihm eine Form der wissenschaftlichen Vorbereitung abverlangte, wie sie kein anderer Reisender bis dahin aufweisen konnte», schreibt Hanno Beck.

Am 15. Dezember reisen sie ab, um in Spanien zu überwintern; sie reisen *langsam und angenehm*, über Nîmes, Montpellier (wo sie am Weihnachtstag sind) und Perpignan. Die Pyrenäengipfel sind schon schneebedeckt, doch in den Tälern blühen Blumen, Bäume, Gemüse. Alexander sieht zum ersten Mal Palmen. Am 5. Januar 1799 betritt er das Land, in dem sein Schicksal sich völlig wenden wird. Er wird plötzlich in der Lage sein, sein ursprüngliches, sein erstes Ziel ganz direkt anzugehen: eine Forschungsreise in den *heißen Ländern* Amerikas, den tropischen Zonen.

In den spanischen Kolonien.

Viertes Kapitel

DAS WUNDER VON MADRID

Was nachträglich so plausibel erscheint: von Spanien in die spanischen Kolonien Amerikas zu reisen, wäre für Humboldt ein völlig abwegiger Gedanke gewesen. Die spanische Kriegsflotte war vor zwei Jahren weitgehend von den Engländern versenkt worden, und seitdem lagen die englischen Kreuzer unbehelligt vor jedem spanischen Hafen. Außerdem hatte noch nie zuvor ein Nicht-Spanier die Erlaubnis erhalten, in die Kolonien zu reisen, um dort zu forschen.

Über den gewundenen Serpentinenweg von Le Perthus und den Gebirgspass La Junquera betreten sie Spanien; von Gerona nach Barcelona reisen sie ganz gemütlich in fünf Tagen. In Barcelona nehmen sie Quartier in der «Fontana de Oro», die ein schönes Flachdach hat, auf dem Alexander nachts seine astronomischen Ortsbestimmungen vornehmen kann. Anfang Februar sind sie vier Tage in Valencia. Die üppige Vegetation im spanischen Vorfrühling erscheint Alexander wie ein ewiger Garten. In Briefen an Willdenow in Berlin erzählt er von den Dattelpalmen und Traubenfrüchten, die das ausgeklügelte maurische Bewässerungssystem hervorbringt: *Ihr Armen, die Ihr euch kaum erwärmen könnt, während ich mit triefender Stirn unter blühenden Orangen und auf Äckern herumlaufe, die, durch tausend Kanäle bewässert, fünf Ernten tragen.*

Postkartentexte eines glücklichen Reisenden.

Unterwegs beginnt ein Programm, das sie jetzt jahrelang praktizieren: Sie sammeln Pflanzen, führen astronomische Ortsbestimmungen und barometrische Höhenmessungen durch, beobachten die magnetische Inklination. Manchmal gibt es Probleme, wenn sie am hellen Tag arbeiten; das einfache Volk umlauert sie misstrauisch. Wir haben oft unter dem Auszischen des Pöbels leiden müssen. Einmal, zu Mattorel, beobachtete ich auf freier Straße, von 30 Zuschauern umgeben, die sich zuschrien, dass ich den Mond anbete. Die Messgeräte sind sehr groß und seltsam konstruiert, und die Leute haben nie zuvor dergleichen gesehen.

An einem eiskalten 23. Februar erreichen sie Madrid. Humboldt schreibt an Reinhard: *Seit 5 Tagen bin ich hier und schwelge in allen Pflanzen des südlichen Amerikas, die der botanische Garten enthält.* Offenbar hat er seine Algerienpläne in Madrid sofort modifiziert, denn er fährt fort: *Ich denke nicht mehr an Afrika und reise von hier mit dem Paketboot nach Teneriffa und wahrscheinlich in die gesunden dänischen West-Inseln zum Keutsch ...*

Was hat er herausgefunden? Dass man von Spanien über die Kanaren zu den dänischen Jungferninseln reisen kann?

Er stellt fest, dass man in Frankreich und Deutschland erhebliche Vorurteile gegenüber Spanien hat, das als rückständig gilt. Er lernt sehr viele Forscher kennen, die vollkommen auf Augenhöhe mit ihm diskutieren: Felipe Bauza, den Geographen und Forschungsreisenden, Cavanillas, der an der botanischen Expedition von José Celestino Mutís in Südamerika teilgenommen hat, den deutschstämmigen Christian Herrgen, der wie Humboldt bei Abraham Werner in Freiberg studiert hat und jetzt Professor für Mineralogie ist, Juan Bautista Muñoz, den Direktor des *Archivo General de Indias* (Indien-Archiv, gemeint ist Amerika), in dem die historischen Dokumente der Kolonialgeschichte aufbewahrt werden. Auch die Brüder Thalacker, deutsche Färbereifachleute, arbeiten in Madrid. *Keine europäische Regierung hat beträchtlichere Summen geopfert, um die Kenntnis der Pflanzen zu verbessern, als die spanische.*

Humboldt erkennt schnell, dass *am spanischen Hof alles lediglich auf persönlichen Einfluss* ankommt; jetzt entsinnt er sich wieder seines Titels und bemüht sich um eine Audienz beim König. Er will von Spanien aus mit einem spanischen Schiff in die Karibik, dann auf die dänischen Inseln. Er hat den sächsischen Gesandten kennengelernt, Philipp Baron von Forell. Der Sachse ist selbst ein begeisterter Mineraloge und Sammler von Gesteinsproben, der sogar schon von Humboldt gehört hat. Forell ebnet ihm den Weg zum Ersten Staatssekretär, dem ebenfalls noch sehr jungen Mariano Luis de Urquijo, mit dem er befreundet ist.

Urquijo ist gerade zwei Tage vor Alexanders Ankunft in Madrid in das höchste Staatsamt berufen worden, eine Art Ministerpräsident des Königs. Die üblichen bösen Zungen behaupten zwar, er verdanke diese Stellung hauptsächlich seiner «stattlichen Figur» und seiner «Stärke als Mann» als derzeitiger «Günstling» der Königin; doch Urquijo sieht sich als Reformer: Er will die Auswüchse einer verfehlten Kolonialpolitik (gegen die in Caracas bereits die ersten Revolten ausgebrochen sind) mildern; er will in den Kolonien das hauptsächlich auf Sklaverei beruhende Wirtschaftssystem reformieren; er bekämpft die Privilegien der Kirche und tritt für wissenschaftlichen und gesellschaftlichen Fortschritt ein. Er wird es sein, der später in Spanien die Abschaffung der Sklaverei durchsetzt.

Was genau ist im März 1799 in Madrid passiert?

Humboldt hat nie darüber gesprochen. Doch die Dokumente im spanischen *Archivo Histórico Nacional*, aber auch in Lateinamerika, wo zum Beispiel bei der *Banco Central* in Quito Humboldts Pass liegt, machen nachvollziehbar, was sich ereignet hat. Forell hat ein Treffen mit Urquijo organisiert. Alexander hat von seinem neuen Plan gesprochen, über die Kanarischen Inseln in die Karibik zu segeln. Und Urquijo hat offenbar erwidert: Aber warum gehen Sie denn nicht direkt in unsere spanischen Kolonien? Man staunt, was sich jetzt, nach jahrelangem Warten, binnen weniger Tage zugunsten Humboldts bewegt.

Urquijo nimmt den preußischen Reisenden mit nach Aranjuez in die königliche Residenz und stellt ihn Carlos IV. vor, der ihn *sehr freundlich* empfängt. Alexander muss den Monarchen beeindruckt haben: durch seinen Charme, seine entspannte Selbstsicherheit, die weitgespannten Ideen, die er vorträgt, und durch sein ausgezeichnetes Spanisch. Denn Alexander hat seit mindestens sechs Jahren, verheimlicht wie eine beständige Sünde, Spanisch gelernt.

Am 11. März reicht Humboldt ein Gesuch um die Erlaubnis zu einer Forschungsreise durch die spanischen Kolonien beim König ein; es fängt an mit einem kurzen Bericht über seine beruflichen und wissenschaftlichen Leistungen, der *Notice sur la vie litteraire de Mr. de Humbold* (sic), wie ein spanischer Hofarchivar den Bericht überschreibt. Baron Forell, der Sachse, hat Urquijo auch klargemacht, dass Humboldt als moderner Bergbaufachmann in Spanisch-Amerika sehr nützliche Arbeit leisten kann. Schon vier Tage später, am 15. März, teilt Urquijo mit, der König habe «gern die nötige Erlaubnis erteilt, Herr von Humboldt möge übersetzen nach Amerika, um seine bergmännischen Studien und andere nützliche Entdeckungen, die er sich zur Aufgabe gestellt hat, fortzusetzen. Zu diesem Zweck wird das zuständige Büro einen Pass für ihn und seinen Diener ausfertigen ...» In diesem wenige Tage später ausgestellten Dokument heißt es: «Da der König Herrn *Huulbald* aus Preußen und seinem Sekretär die Erlaubnis gegeben hat ... befiehlt Seine Majestät ...»

Herr Huulbald aus Preußen.

Der König befiehlt in diesem Pass allen Amtspersonen, Humboldt in Amerika keine Hindernisse zu bereiten. Doch das ist Alexander zu wenig; seine Forschungsabsichten sind viel tiefer und umfassender, als aus diesem Papier hervorgeht. Außerdem reicht es nicht zu sagen, man möge ihm «keine Hindernisse» bereiten; er verlangt klare Garantien für seine und Bonplands Sicherheit, freies Reisen innerhalb der Kolonien, Schutz der Instrumente, auch vor Eingriffen abergläubischer Beamter oder fanatischer Kleriker, sowie ungehindertes Sammeln von Materialien – und Gleiches für Bonpland, damit Aimé im Falle von Humboldts Tod über die Ausrüstung und die Sammlungen verfügen kann. Alexander, der jetzt ganz betont *el Baron Alejandro Federico de Humboldt* ist, geht sehr weit.

Er riskiert alles.

Im März sind Alexander und Aimé noch mehrfach am Hof in Aranjuez; sie werden auch der Maria Luisa von Parma vorgestellt, jener hässlichen Königin, die Goya schonungslos porträtiert hat. Man kann annehmen, dass der Künstler, der gerade zum Ersten Hofmaler des Königs ernannt wurde, bei den Abendgesellschaften in Aranjuez dabei ist. Bei einer dieser Gesellschaften geht Humboldt in den Park, baut seine Geräte auf und vermisst unter den staunenden Augen der Höflinge die genaue geographische Position des Schlosses. Am 20. April schreibt er an Willdenow: *Das Emporsteigen des neuen Günstlings Chevalier Urquijo habe ich so glücklich zu nutzen gesucht, dass ich dem König und besonders der Königin aufs dringendste empfohlen ward. Beide Monarchen haben mich aufs wunderbarste ausgezeichnet ...*

Dann erhält er endlich einen Pass, in dem tatsächlich alles berücksichtigt ist, was er verlangt hat. Es wird ihm und Bonpland gestattet, nach «Amerika und anderen überseeischen Besitzungen» (zum Beispiel den damals spanischen Philippinen) zu gehen und wissenschaftlich zu arbeiten.

Der König befiehlt allen Generalkapitänen, Kommandanten, Gouverneuren, Oberrichtern und überhaupt «allen Personen, die es angeht», besagtem Herrn und seinen Assistenten jeden Gefallen zu tun, ihnen jede Hilfe und jeden Schutz zu gewähren, die sie brauchen. Das Wunder von Madrid: *Nie war einem Reisenden mit der Erlaubnis, die man ihm erteilte, mehr zugestanden worden, nie hatte die spanische Regierung einem Fremden mehr Vertrauen bewiesen.*

Humboldt ist Spanien gegenüber sein Leben lang loyal geblieben. Auch wenn er die kolonialen Verhältnisse schonungslos schildert, bleibt er immer differenziert. Er wird in Amerika Bergwerke und Bewässerungsanlagen untersuchen, wird ein halbes Dutzend Gutachten abliefern, er wird Kopien aller botanischen und geo-

Dieser Pass, ausgestellt von Minister Urquijo und unterschrieben von König Carlos IV., gewährte Humboldt für seine Forschungsreise in den spanischen Kolonien außergewöhnliche Vollmachten. Das etwas zerfledderte Dokument wird heute in Quito aufbewahrt.

logischen Sammlungen an die Institute in Madrid schicken. Und er wird eines der ersten Bücher, die er nach seiner amerikanischen Reise veröffentlicht, Carlos IV. widmen. Es erscheint 1808, genau in dem Moment, in dem dieser König durch die «Revolte von Aranjuez» gestürzt und durch Napoleons Bruder Joseph ersetzt wird.

Alexander hat gegenüber dem Hof erklärt, er wolle alle Kosten der Reise aus eigenen Mitteln bestreiten; dadurch sieht er seine Unabhängigkeit garantiert. Er ist mit vergleichsweise wenig Geld nach Spanien gereist, gerade genug, um zu überwintern und vielleicht ein paar Monate in Algerien zu verbringen. Nun braucht er Zahlungsmittel *für zwei bis drei Jahre*, wie er glaubt, um in den Kolonien zu reisen. Seit seiner Jugend ist er mit den Kindern Moses Mendelssohns und der Familie David Friedländers befreundet. Jetzt gibt ihm das Berliner Bankhaus Mendelssohn & Friedländer sofort, ohne irgendwelche Sicherheiten oder Bürgschaften zu verlangen, Kredit «in jeder gewünschten Höhe» – abgewickelt über das Madrider Bankhaus des Marqués d'Iranda. Von diesem Marqués sagt Alexander, er habe *uneigennützig und in väterlicher Liebe* für seine, Alexanders, finanzielle Bewegungsfreiheit gesorgt.

An David Friedländer in Berlin schreibt er jetzt: *Werfen Sie einen Blick auf den Weltteil, den ich von* (dem damals natürlich spanischen) *Kalifornien bis zum Patagonenlande zu durchlaufen gedenke – welch ein Genuss in dieser wunderbar großen und neuen Natur! So unabhängig, so frohen Sinnes, so regsamen Gemüts hat wohl nie ein Mensch sich jener Zone genähert. Ich werde Pflanzen und Tiere sammeln, die Wärme, die Elektrizität untersuchen ... geographische Längen und Breiten bestimmen, Berge messen – aber dies alles ist nicht Zweck meiner Reise.* Und dann formuliert er – einem Banker gegenüber – sein wissenschaftliches Programm: *Mein eigentlicher, einziger Zweck ist, das Zusammen- und Ineinanderweben aller Naturkräfte zu untersuchen, den Einfluss der toten Natur auf die belebte Tier- und Pflanzenschöpfung.* Und Alexander erzählt David Friedländer auch von *diesem ewigen Treiben in mir (als wären es 10 000 Säue), es wird nur durch die stete Richtung nach etwas Großem und Bleibendem erhalten... Vielleicht begünstigt das Schicksal meine Pläne.*

Am 13. Mai brechen Humboldt und Bonpland von Madrid nach La Coruña auf, wo die Seereise beginnen soll. Urquijo hat sie an den Brigadier Don Rafael Clavijo empfohlen, den Chef der gesamten spanischen Seepost. Und der empfiehlt ihnen eine Fregatte, die nach Havanna und Mexiko segeln soll und die gesamte Juni-Post für die Kolonien an Bord hat. Es gibt nur zwei regelmäßige Postlinien, das eine «Paketboot» geht von Spanien nach Kuba/Mexiko, das andere nach Buenos Aires, allerdings ist dieser Dienst wegen des Seekriegs sehr eingeschränkt. Die *Pizarro* ist nicht besonders schnell, doch gilt der Kapitän, Don Manuel Cagigal, als tüchtiger Seemann.

Am 5. Juni 1799 um 14 Uhr werden auf der *Pizarro* die Anker gelichtet und die Segel gehisst. Einige Zuschauer rufen spöttisch vom Kai, es lohne sich nicht, *adiós* zu sagen, das Schiff werde die englische Blockade sowieso nicht durchbrechen. Am Tag zuvor hat Alexander an Karl Freiesleben geschrieben: *Welch ein Glück ist mir eröffnet! Mir schwindelt der Kopf vor Freude. Ich gehe ab mit der spanischen Fregatte Pizarro... Von dort mehr, mein guter Herzensfreund. Der Mensch muss das Gute und Große wollen. Das Übrige hängt vom Schicksal ab.*

Vor dem Hafen von La Coruña lauern zwei britische Kriegsschiffe; man muss auf einen günstigen Moment warten, die Blockade zu durchbrechen. Eine letzte, allerletzte Zwangspause. Alexander schreibt an Kapitän Baudin: Falls die französische Expedition doch noch zustande kommen sollte, wolle er sich ihr irgendwo in Südamerika anschließen, in Montevideo oder Santiago oder Lima.

Wilhelm, dem Alexander regelmäßig berichtet, schreibt aus Paris an Goethe in Weimar: «Alexander ist den 5. Juni von Coruña auf einem spanischen Schiff unter Segel gegangen. Bei seiner Abreise trug er mir noch die herzlichsten Grüße an Sie und Schiller auf. Er macht eine einzig schöne Reise und ist ein glücklicher und beneidenswerter Mensch. Es ist selten, dass das Schicksal einen

Menschen so begünstigt, das zu werden, wozu ihn die Natur bestimmt hat. Er hat sich nie auf seinem Wege irremachen lassen.»

Der Herkulesturm von Coruña, das älteste Leuchtfeuer Europas, gleitet vorbei, dann, um neun Uhr abends, das Licht einer Fischerhütte von Sisarga, *das Letzte, was uns von der Küste Europas zu Gesicht kam*, das Abendland versinkt hinter ihnen. Jahrelang, beinahe seit den tränenreichen Jugendtagen in London, hat er auf diesen Moment hingearbeitet. Und doch ist es auch ein einsamer Abschied, der ihn ganz auf sich selbst zurückwirft: *Der Augenblick, da man zum ersten Mal von Europa scheidet, hat etwas Ergreifendes ... Im Begriff, gleichsam den Schritt in ein neues Leben zu tun, ziehen wir uns unwillkürlich in uns selbst zusammen, und über uns kommt ein Gefühl des Alleinseins, wie wir es nie empfunden.* Dieses letzte kleine Licht, das als flackernder Punkt in der Nacht verschwindet, bezeichnet für ihn *die Küste des Heimatlandes*. Dieses Heimatland ist Europa.

Irgendwo da draußen lauern die britischen Kriegsschiffe; doch plötzlich kommt schlechtes Wetter auf, peitschender Regen, dann segeln sie in eine ausgedehnte Nebelbank. Sie haben Glück, sie sind den Briten entwischt. Beim schwachen Schein der Blendlaterne liest er in den Nächten die Skalen der Instrumente und Thermometer ab; ständige Meerwasseruntersuchungen, um seine Messreihen nicht abreißen zu lassen, auch wenn manchmal am silbernen Horizont, im Mondlicht, ein englischer Konvoi auftaucht, sodass alles Licht auf der *Pizarro* gelöscht werden muss. Wie ein Ozeanograph – den es noch gar nicht gibt – beobachtet er die Meeresströmung, die zwischen den Azoren, Portugal und den Kanarischen Inseln zirkuliert. Er grübelt über die Entstehung dieser Ströme und hält unter anderem das *zeitweise Abschmelzen des Polareises* am Nordpol für eine der möglichen Ursachen.

Am 11. Juni steht das Schiff fast still, als ein riesiger Schwarm von Medusen (Quallen) vorbeizieht. Bonpland untersucht einige von ihnen und erkennt verschiedene Arten, darunter auch Bündel von *Dagysa notata*, einem Weichtier, das schon Sir Joseph Banks beschrieben hat. Nächtlicher Sternschnuppenregen, der immer stärker wird. Eine Schwalbe, die sich auf die Marsstange setzt, vierzig Meilen vom Land entfernt. *Was mag einen Vogel veranlassen, so weit zu fliegen?* Zehn Tage nach der Abreise kommen die Kanarischen Inseln in Sicht, auf der Reede von Santa Cruz de Teneriffa werfen sie Anker; zum ersten Mal betreten sie außereuropäischen Boden, *afrikanischen*, wie Humboldt geologisch korrekt anmerkt.

Im Hafen von Santa Cruz, der *großen Karawanserei auf dem Weg zwischen Europa und Amerika*, werden sie von einem *hochgewachsenen, sehr gebräunten Frauenzimmer* angesprochen, einer *Capitana* mit ihrer Gruppe eindeutig zurechtgemachter Frauen; *sie bestürmen uns mit der Bitte, mit an Bord gehen zu dürfen* für eine Stunde, eine Nacht – was Humboldt nicht interessiert und was obendrein verboten ist. In diesem Hafen *ist die Ausschweifung sehr diszipliniert.* Es beeindruckt ihn aber, dass die Mädchen ohne Zuhälter arbeiten und sich ihre Anführerin, die *Capitana*, selbst wählen.

Man zeigt ihnen einen kleinen botanischen Garten, in dem ein Marquis von Nava seit einigen Jahren versucht, amerikanische Gewächse zu akklimatisieren, um sie nach Südeuropa auszuführen. Humboldt und Bonpland begeistern sich an Brotfruchtbäumen aus Tahiti, Zimtbäumen von den Molukken, Kaffeebäumen aus Arabien und Kakaobäumen aus dem tropischen Amerika. In Orotava staunen sie zudem – noch ganz Gefangene ihrer mitteleuropäischen Vorurteile – über die Menge *sehr gebildeter, auch wissenschaftlich interessierter Menschen, mit Geschmack an Literatur und Musik*, wie man sie in London oder Paris antreffe. Neben vielen Spaniern lernen sie einen Franzosen kennen, Monsieur Le Gros, der an einer der Fahrten Baudins teilgenommen hat, und den englischen Kaufmann John Cologan, der wiederum mit James Cook befreundet war. Und dann erst die Frauen! Alexander staunt über die *Bildung der Weiber* (das Wort hat damals keinerlei despektierliche Bedeutung). *Da fühlten wir recht, dass der Aufenthalt in Teneriffa nicht bloß für den Naturforscher von Interesse ist.*

In diesen Tagen besteigt er – der sich so sehr nach den italienischen Vulkanen sehnte – mit Bonpland, Le Gros und einem Gärtner der Familie Cologan den Pico de Teide. Sie nehmen nur einige Thermometer, das Barometer und den Chronometer mit, um die anderen kostbaren Instrumente, die im Schiff gut verstaut sind, nicht zu gefährden. 1530 *Toisen*, also knapp 3000 Meter hoch über der Küste, übernachten sie unter zwei überhängenden Felsen; am nächsten Morgen brechen sie früh nach dem *Piton*, dem Gipfel, auf. Zwei Stunden später erreichen sie das Plateau, bis zu dem die *Neveros* ihre Maultiere treiben, um Eis und Schnee zu sammeln, die sie in den Städten als Kühl- und Speiseeis verkaufen. Alexander und Aimé stellen beim Aufstieg eine Temperaturabnahme von je einem Grad Celsius pro 94 Toisen fest, etwa 183 Meter.

Dicht unter der Grenze des ewigen Schnees, bei heftigem Westwind, erstarren sie vor Kälte. Noch nie war Humboldt in einer solchen Höhe. Zum ersten Mal blicken sie auf Schichten von Wolken herab, die tief unter ihnen liegen. In rund 3700 Metern Höhe, am schroffen Kraterrand, fertigt Alexander eine Zeichnung des inneren Kraters an und steigt dann, mit einigen Messgeräten, so tief wie möglich in den Krater hinab, *tiefer als irgendein Naturforscher*. Die anderen folgen nacheinander. *Im Krater brannten die Schwefeldämpfe Löcher in unsere Kleider*, die Hände erstarren trotz der Dämpfe vor Kälte. *Gott, welche Empfindung in dieser Höhe.* Er nimmt in gut verschließbaren Flaschen einige Proben der Luft, die er an Bord analysiert, wo er *wie in einem Laboratorium* arbeitet: Sie enthält nur 18 Prozent Sauerstoff, während die Luft auf Meereshöhe ganze 27 Prozent aufweist. Er hat die Abhängigkeit des Sauerstoffgehalts der Luft von der Höhe schon in Salzburg entdeckt, gemeinsam mit Leopold von Buch.

Schon beim Aufstieg haben Humboldt und der Pflanzenspezialist Bonpland die verschiedenen Vegetationszonen registriert: *Wir sahen, wie sich die Gewächse nach der mit der Höhe abnehmenden Temperatur in Zonen verteilten. Diese Zonen liegen wie Stockwerke übereinander.* Die erste Zone nennt Alexander die *Zone der Reben*,

Ein Drachenbaum auf Teneriffa

dort wachsen Datteln, Bananen, Zuckerrohr, Ölbaum, Getreide und Wein. Die zweite Zone ist die *Zone des Lorbeers*. Hier gibt es Wälder, viele Quellen, Wild- und Edelkastanien, auch immergrüne Bäume aus der Familie der Myrten. Die dritte Zone ist die *Zone der Kiefern*, sie fängt in etwa 1800 Metern Höhe an und enthält fast nichts als einen prächtigen Kiefernwald. Die vierte ist die *Zone des Retama*, des Ginsters, und die fünfte die *Zone der Gräser*, die sich auf beinahe nacktem Gestein halten – in der Höhe der unzugänglichsten Pyrenäengipfel.

In Orotava steht ein Drachenbaum, *Dracaena Draco*, dessen Umfang er mit 45 Fuß misst. Vor 400 Jahren, zur Zeit der Guanchen, der Ureinwohner, war er schon so dick wie jetzt. Alexander erinnert sich an den viel kleineren Drachenbaum im Botanischen Garten zu Berlin, der damals ein heftiges Fernweh in ihm ausgelöst hat, an Willdenow und die Reiseträume. Heimweh verspürt er nicht, übrigens nie. Überall, wo er hinkommt, findet er es schöner als in Europa, beinahe überall möchte er bleiben, sich sogar niederlassen. An Reinhard schreibt er: *Fast mit Tränen reise ich ab. Könntest du diese tausendjährigen Wälder von Lorbeerbäumen sehen, diese Trauben, diese Rosen! Mit Aprikosen mästet man hier die Schweine. Alle Straßen wimmeln von Kamelen.*

Die englischen Schiffe, die tagelang vor Santa Cruz de Teneriffa lauerten, sind verschwunden, und sie haben keinen Augenblick zu verlieren, diese Gegend zu verlassen. Am 24. Juni ist Abfahrt, drei Tage später schneidet die *Pizarro* den Wendekreis des Krebses. Aimé liegt seekrank unter Deck. Am 4. Juli sieht Alexander zum ersten Mal das Kreuz des Südens, dann nähern sie sich dem Äquator, mittags steht die Sonne im Norden.

Am 16. Juli 1799 erreichen sie die südamerikanische Küste bei Cumaná.

ZWEITER TEIL

Fünftes Kapitel

CUMANÁ

Im Jahre 1978 lebte ich eine Zeitlang in Venezuela. Wenn ich morgens das Haus verließ, kam ich an der «Wäscherei Humboldt» vorbei. Es gab Bäckereien, Apotheken, Schulen, Parks und Restaurants mit dem Namen Humboldt; vor dem Planetarium Humboldt sah ich sein Standbild, und oben auf der *silla*, dem Berg über Caracas, war an klaren Tagen das große, turmhohe Hotel Humboldt sichtbar. Der höchste Gipfel des Landes heißt, natürlich, Pico Bolívar, doch schon der zweithöchste ist der Pico Humboldt (4942 Meter), und gleich daneben erhebt sich der Bonpland-Berg. Bereits in der Grundschule lernen die Kinder, dass es *el baron Alejandro de Humboldt* war, der «allen unseren Pflanzen und Tieren ihre Namen gegeben hat», wie mir Professor Hilario Pisani Ricci, der wohl beste Humboldt-Kenner des Landes, in Erinnerung an seine eigene Kindheit schmunzelnd erzählte. Humboldt gilt in ganz Amerika als der «zweite Entdecker», nach Kolumbus; bei seinen Entdeckungen ging es jedoch weder um Eroberung und Unterwerfung noch um koloniale Ausbeutung, sondern um wissenschaftliche und humanitäre Ziele. «Er hat uns Lateinamerikanern, die so oft gekränkt und gedemütigt wurden, unseren Stolz zurückgegeben.»

Humboldts Name kommt auf den Karten dieser Erde häufiger vor als der irgendeines anderen Menschen. Natürlich gibt es entlang seiner Reiseroute, von Spanien über Venezuela, Kuba, Kolumbien, Ecuador, Peru und Mexiko bis in die Vereinigten Staaten, zahlreiche Orte und Plätze, die seinen Namen tragen, angefangen mit dem berühmten Humboldt-Blick auf Teneriffa. Auf Dutzenden von *plazas* und in Parks, vor Bibliotheken und Universitäten stehen Humboldt-Büsten. Es ist schwer herauszufinden, wie viele Pflanzen nach ihm benannt sind, es müssen hunderte sein, darunter kenne ich eine zarte, bezaubernd schöne Lilie. In den USA, wo Humboldt sich gegen Ende seiner fünfjährigen Reise nur sechs Wochen als Gast von Präsident Jefferson aufhielt, trägt ein Dutzend Städte seinen Namen, ähnlich ist es in Kanada. Allein im US-Staat Nevada gibt es einen Gebirgszug, einen Salzsumpf, eine Stadt, einen See, einen Landkreis *(County)* und gleich mehrere Humboldt-Nationalparks mit bis zu 4000 Meter hohen Gipfeln und einem Fluss, nun ja, mit dem Namen *Humboldt River*. Der *Humboldt Redwoods State Park*, Fort Humboldt, Humboldt County und die Humboldt Bay liegen in Kalifornien.

Auch außerhalb Amerikas findet man seinen Namen auf allen Kontinenten, angefangen bei einer antarktischen Pinguin-Art bis zu Bergen in Neuseeland, einer Bucht in Neuguinea oder einem Gebirge in China. Auf dem antarktischen Kontinent liegt die *Humboldt Mountain Range*, und am anderen eisigen Ende der Welt, knapp unterm Nordpol, schiebt sich der größte Gletscher Grönlands, der hundert Kilometer breite Humboldt-Gletscher, langsam ins Meer. Auf dem Mond gibt es einen Humboldt-Krater und das große *mare Humboldtianum*. Ich bin sicher, all dies hätte Alexanders Eitelkeit geschmeichelt, aber auch seine Spottlust herausgefordert.

«Die Welt liebt Alexander», schrieb Wilhelm von Humboldt, leicht neidisch, und er meinte die Welt der Salons von Berlin und Paris. Heute liebt «die Welt» in Alexander den Forscher, der wie kein anderer vor oder nach ihm ungeheure Anstrengungen auf sich genommen und dabei sein Vermögen und sein Leben riskiert hat, um für sich und *für das Menschengeschlecht* herauszufinden, ob und wie das *Zusammen- und Ineinanderwirken aller Naturkräfte* verstanden werden kann. Nicht die einzelnen Ergebnisse seiner Forschungen sind bis heute wichtig – viele sind längst überholt und widerlegt –, sondern sein brennender Wunsch, zu *verstehen* – die wechselseitigen Zusammenhänge aller Erscheinungen zu erkennen, die den Menschen umgeben und ihn bedingen. Ein halbes Jahrhundert bevor der Begriff der «Ökologie» überhaupt entstand, war Humboldts Interesse bereits eindeutig ökologisch, holistisch orientiert. Er wollte das naturwissenschaftliche Wissen seiner Zeit nicht nur systematisch erweitern, sondern in einer Vision des «Kosmos» zusammenfassen – ehe es sich in hundert Einzeldisziplinen aufspaltete, die kaum Kenntnis voneinander nehmen. Er wünschte, dass dieses Wissen verbreitet und möglichst allen Menschen, die er für «gleichmäßig zur Vernunft begabt» hielt, zugänglich gemacht werde. Für ihn standen immer der Mensch, seine Lebensumstände, sogar sein *Glück*, im Mittelpunkt aller Interessen; er analysierte die koloniale Gesellschaft ebenso unerbittlich wie die preußische, er kritisierte scharf die Bedingungen, unter denen Indios und Afrikaner in Abhängigkeit oder in Sklaverei lebten. Er kämpfte zeitlebens für die Menschenrechte, wie sie die Französische Revolution formuliert – und später selbst verraten – hat. Es war sein Bestreben, *den Zusammenhang zwischen der materiellen und der moralischen Welt in ein helles Licht (zu) setzen.*

Eines Tages, im Februar 1978, fuhr ich nach Cumaná. Es war der Anfang einer fünfundzwanzigjährigen, wenn auch oft unterbrochenen Reise, die mich immer wieder auf Humboldts Spur setzte, die mir seine Landschaften und sein Denken erschloss, in Urwäldern und in Bibliotheken, allein oder mit meinem Kamerateam, in Myriaden von Moskitos auf dem Oberen Orinoco oder in der dünnen Luft unterhalb des Chimborazo-Gipfels. Es war ein Abenteuer. Und doch hatten wir es, verglichen mit Humboldt und Bonpland, sehr leicht: Wenn wir durch die reißenden Katarakte von Maipures fuhren, dann nicht in Pirogen, sondern in Schlauchbooten mit starken Motoren. Wir konnten selbst tief in den unendlichen Urwäldern des Orinoco jederzeit über Funk eine kleine Chartermaschine herbeirufen, um von einem unwirtlichen Ort im Dschungel zu einem anderen zu gelangen, oder manchmal sogar, am Rande einer holprigen Piste, zu einem kleinen Hotel mit Duschen und Betten. Wir waren geimpft gegen Gelbfieber, das Alexander so fürchtete, und hatten prophylaktische Mittel gegen Malaria und andere Krankheiten eingenommen. Unsere Fotoapparate und Filmkameras machten das mühsame Zeichnen unnötig, das Humboldt und Bonpland jahrelang betreiben mussten; statt wie sie Tausende von Seiten in Notizbüchern zu füllen, konnte ich auf Band sprechen und lange Interviews aufnehmen.

In Cumaná fing es an.

Ein tropischer Morgen, schnell und steil steigt die Sonne auf. Schon flimmert die Natur im gleißenden Licht, als wolle sie den neuen Tag feiern. Sie nehmen nur wenig Gepäck mit, Wasser und Proviant, ein paar Instrumente wie den Sextanten, das Barometer, das Hygrometer und einige Thermometer; außerdem die Bogen saugfähigen Papiers, die Aimé zum Trocknen der Pflanzen braucht. Alles passt auf zwei Maultiere. Nach sechswöchigem Aufenthalt in Cumaná ist es ihre erste größere Reise.

Außer ein paar Treibern sind mit Humboldt und Bonpland noch Carlos del Pino und zwei weitere Männer unterwegs. Bei dem einen handelt es sich um den Spanier Matias Yturbiri, einen ehemaligen Schiffszimmermann, der die Lust an einem Leben in Europa verloren hat und jetzt oben in den Bergen einen kleinen Bauernhof betreibt; der andere ist ein unscheinbarer, schweigsamer Mann aus Cumaná, den Humboldt vor ein paar Tagen als Diener angeheuert hat: José de la Cruz. Es wird sich herausstellen, dass Cruz, der Sohn eines Spaniers und einer schwarzen Sklavin, ein zäher und verantwortungsbewusster Reisegefährte ist. Er wird auf allen späteren Reisen, über die großen Ströme und ins Hochgebirge, fünf Jahre lang die besonders kostbaren Instrumente hüten, vor allem das Chronometer, von dessen Verlässlichkeit viele andere Messungen abhängen. Irgendwann wird Humboldt seinen José eindeutschen und ihn *Joseph* nennen. Er wird ihn sogar mit nach Europa nehmen.

Am rechten Ufer des Manzanares, im kühlen Schatten hoher Bäume, folgen sie einem Saumpfad nach Cumanacoa. Die Berge des Brigantin, die ganze Landschaft, erinnern Alexander an Tirol und die Schweiz. Manchmal gehen sie an einzelnen kleinen Höfen vorbei, die Hütten stehen inmitten eines mit Bambus umzäunten Platzes. Dahinter beginnt sofort wieder der Urwald, der *unendliche Pflanzenfilz*.

Sie dringen immer tiefer in den Wald vor, unter einem dichten Dach von Baumwipfeln, durch die sich Lianen mit roten und gelben Blütenbüscheln schlingen, weiter ins Gebirge hinauf, und Alexander misst mit dem Barometer ständig die wachsenden Höhen. Bonpland gerät in einen rauschhaften Zustand angesichts der Menge unbekannter, *nie gesehener* Pflanzen, wie Humboldt mit europäischem Blick meint. Natürlich sind die meisten dieser Pflanzen nicht nur längst «gesehen», sie haben auch Namen, indianische Namen. Aber jetzt gibt ihnen Aimé wissenschaftliche, lateinische Bezeichnungen. Tief im Urwald, in dem sie den Bächen folgen, fühlt Alexander sich nur noch als *fremder, geduldeter Gast* in der Natur. *Der Mensch erscheint nicht als gebietender Herr, der willkürlich über die Erdoberfläche verfügt, sondern als reisender Gast.*

Dann wird der Weg gefährlich, auch für die Lasttiere, ein schmaler, steiler Saumpfad an tiefen Abgründen entlang. Sie sehen wildwachsende Melonen und Orangen, große und süße Früchte. Bonpland ahnt, was auf ihn zukommt, und schickt einen der Maultiertreiber zurück zu Vicente Emparán mit der Bitte, der Gouverneur möge ihm 800 Bogen Papier nachsenden. Bei jedem Schritt, sagt Alexander, spürt man, dass man sich nun im Mittelpunkt der heißen Zone befindet, auf einem Kontinent, wo alles riesenhaft ist, die Berge, die Flüsse und die Pflanzenwelt. Dieselben Lianen, die auf der Erde kriechen, erklimmen auch die Wipfel der Bäume und ranken sich an die hundert Fuß hoch von einem zum anderen Stamm. Diese Verschlingungen der Schmarotzergewächse machen es schwierig, Blüten, Früchte und Blätter, die verschiedenen Arten angehören, auseinanderzuhalten. Sie gehen im Schatten dieser Gewölbe, *durchnässt wie in einem Dampfbad*. Sie sehen Vogelnester in Gestalt von Flaschen oder kleinen Taschen, die an Ästen aufgehängt sind. *Bewunderungswürdige Drosseln*, deren Gesang sich mit dem heiseren Geschrei der Papageien und Aras vermischt.

Die erste Missionsstation der Kapuzinermönche ist die von San Fernando. Die christianisierten *Chaimas*-Indios leben in kleinen Hütten mit dünnen Wänden aus Lianen und Lehm. *Große Reinlichkeit*. Der *conuco*, der Gemeindegarten, liegt außerhalb des Dorfes; Männer und Frauen arbeiten morgens und abends je eine Stunde für die Gemeinschaft, sie pflanzen, neben ihrem Gemüse, auch Zuckerrohr und Indigo, die der Missionar vermarktet. Mitten im Dorf am großen Platz, der *plaza mayor*, die Kirche und das Haus des Missionars, daneben die *casa del rey*, das Haus des Königs, *eine Art Karawanserei, von unendlichem Wert in einem Land, wo das Wort Wirtshaus noch völlig unbekannt ist*. In der *casa del rey* hängen sie ihre Hängematten auf.

Weiße dürfen normalerweise nicht länger als eine Nacht hier verweilen, dann müssen sie weiter – aus Gründen der Sittlichkeit, wie der Missionar sagt. Im Tagebuch beschreibt Alexander ihn als einen *alten, fetten, esslustigen Mann. Er versicherte mit genialischer Freimütigkeit, dass manchen Menschen Bücher und Unterhaltung das Liebste wären; er aber glaube, gutes Essen und Wein sei das Beste in dieser Welt. Katalonischer Wein, gutes Fleisch, gesunder Schlaf und allenfalls ein bisschen Gartenarbeit, einen Zweig in die Erde gesteckt, der bald essbare Früchte trage, das sei sein Genuss*. Humboldt wird in den Missionen, diesen einsamen Vorposten der spanischen christlichen Zivilisation, noch allerhand merkwürdige Männer kennenlernen; manche scheinen in Jahrzehnten der Isolation gänzlich verrückt geworden zu sein. Dieser hier ist nur ein schlichter Hedonist.

Humboldt sammelt auf dieser Reise das Material für eine große ethnologische Studie, wie sie so genau kaum jemals zuvor erarbeitet wurde; er beschreibt dabei auch die Herrschaft der Missionare sehr objektiv.

Die *Chaimas* sind klein, durchschnittlich wohl 1,57 Meter, sie haben große Münder, neugierige Augen, oft mit einem Ausdruck der Güte, ein kurzes Kinn, schöne weiße Zähne, *aber nicht so stark wie bei den Negern*. Übrigens sind diese Menschen *keineswegs kupferfarben, sondern beinahe weiß*. Sie haben eine heftige Abneigung gegen Kleidung. Wenn man sie zu früh zwingt, auf ihre Nacktheit zu verzichten, flüchten sie in die Wälder. Trotz der Ermahnungen und Drohungen der Mönche bleiben Männer wie Frauen innerhalb ihrer Häuser nackt. Draußen tragen sie eine Art Baumwollhemd. Wenn es regnet, ziehen sie aber das Hemd aus und lassen sich lieber auf den nackten Leib regnen.

Der Missionar klagt, dass «Anstand und Schamgefühl» bei den jungen Mädchen genauso wenig wie bei den jungen Männern zu finden sei; sie gelten als hemmungslos. Die Männer heiraten mit vierzehn, die Mädchen mit zwölf, was die Mönche richtig finden, weil dadurch die ohnehin nicht zu unterdrückende Sexualität wenigstens innerhalb der heiligen Ehe praktiziert wird. Alexander fragt sich, ob diese *frühe Mannbarkeit* von der Hitze kommt oder von der Rasse. Oft werden zehnjährige Mädchen schwanger von dreizehnjährigen Vätern.

Sehr genau sieht Humboldt die besonderen Lage der Frauen, einen *Zustand der Entbehrungen und Leiden*. Sie müssen die härtesten Arbeiten verrichten. *Wenn wir am Abend die Menschen aus ihren Gärten heimkehren sahen, trug der Mann nichts als das Messer (machete), die Frau war gebeugt von einer großen Bananenlast, im Arm trug sie ein Kind, und zwei weitere saßen oft noch oben auf der Traglast.*

Der Missionar erzählt ihnen, die *Chaimas* empfänden *keine Betrübnis* beim Tode der Eltern oder ihrer Weiber. Niemand fürchtet den Tod, stattdessen haben sie eine *frohe Unbefangenheit des Gemüths* diesen Dingen gegenüber. Die Frauen reden in Gegenwart ihrer Männer nie Spanisch, obwohl sie es besser sprechen als diese; die eifersüchtigen Männer beschuldigen sie sonst der Untreue, des heimlichen sexuellen Umgangs mit Weißen.

Weil in den Missionen alles, auch die *geringfügigsten Verrichtungen des Haushalts*, nach unwandelbaren Vorschriften der Missionare geregelt wird, haben sich die missionierten Indios in *gehorsame, aber stupide Geschöpfe* verwandelt. Ihre Nahrung ist gesicherter denn je, ihr Betragen ist vielleicht friedlicher als zuvor (als sie noch Widerstand leisteten). Aber Humboldt erkennt, dass sie dafür ihre Freiheit aufgeben mussten und die *traurige Einförmigkeit* des Missionsregiments ihr Leben verdüstert hat. Die Mönche hemmen von Generation zu Generation die Entwicklung der Geisteskräfte, *unterdrücken alles, was den Geist erheben könnte*. Und nur deshalb leben die Eingeborenen in den Missionen in einem *Zustand der Unkultur*.

Alexander widerlegt die europäischen Vorurteile in Bezug auf die Sprachen der Indianer, die einen viel größeren Reichtum und feinere Schattierungen besitzen, als man vermutet. Ihre Struktur steht in völligem Widerspruch zu den europäischen Sprachen. Wenn die Indios überhaupt Spanisch lernen, sprechen sie es seltsam und falsch und veralbern sich selbst als *Indios muy latinos*. Sie erlernen aber spielend jede andere Indiosprache, auch die großen Sprachen wie Quechua und Guaranie. Denn die alle besitzen einen ähnlichen *inneren Mechanismus*, selbst wenn sie kein gemeinsames Wort haben. Die Zeitwörter der Chaimas – so berichtet er Wilhelm, der sich dafür besonders interessiert – haben *außerordentlich komplizierte Tempora, zwei für das Präsens, vier Präterita, drei für das Futur*.

Humboldt vergisst nie das *furchtbare Gemälde von der Eroberung Amerikas*, auch nicht den Sklavenhandel mit Indios, der mit derselben unmenschlichen Härte betrieben wurde wie der mit den Afrikanern; auch führten beide zur gleichen Folge: *Sieger und Besiegte verwilderten durch den Durst nach Reichtum und den Missbrauch der Gewalt durch die europäischen Völker*.

In Arenas, einem größeren Dorf, wollen sie endlich jener Wundergeschichte genauer nachgehen, von der ihnen Carlos del Pino und andere schon so oft erzählt haben. Hier lebt der Bauer Francisco

Lozano, der in der ganzen Provinz und darüber hinaus bekannt, ja berühmt ist. Als seine Frau nach der Geburt eines Jungen schwer krank wurde, so berichtet man Humboldt, drückte der Vater das Kind an seine Brust, um es zu beruhigen. Das Kind sog an der Brustwarze, und *die Reizung bewirkte die Ansammlung der Milch,* von der Francisco bis dahin nie etwas gespürt hatte. *Die Milch war fett und süß.* Die Brust schwoll allmählich an, und der Vater stillte sein Kind fünf Monate lang zwei- bis dreimal täglich.

Das liegt inzwischen vierzehn Jahre zurück, aber Augenzeugen versichern ihnen, es sei alles so gewesen und der Knabe habe damals neben der Vatermilch keine andere Nahrung erhalten. Lozano selbst befindet sich gerade nicht in Arenas und kann nicht befragt werden – als er aber nach seiner Rückkehr von dem Interesse der Europäer hört, besucht er sie in Cumaná, erzählt seine Geschichte und ist auch einverstanden, dass Bonpland ihn untersucht. Bonpland findet die Brustwarze, *wie bei Frauen, die Kinder gestillt haben, sehr ausgedehnt und runzelig.*

Humboldt selbst, der sich häufig über die «Wundergläubigkeit» der Menschen in Cumaná amüsiert, schreibt noch Jahre später, die Fälle seien *nicht eben selten,* wo männliche Brüste Milch enthielten. Im Hannöverschen habe es einen Bock gegeben, der Tag für Tag gemolken wurde und mehr Milch gab als die Ziegen. Und auch die «alte Literatur» berichte häufig davon, zum Beispiel Alexander Benedictus, der Anatom von Verona, der im 15. Jahrhundert die Geschichte eines Syrers erzählt, der, *um sein schreiendes Kind nach dem Tod der Mutter zu besänftigen, es an die Brust drückte.* Die Milch stellte sich sofort in großen Mengen ein. Die Vater- und Bocksmilch beschäftigt Humboldt auch als Frage nach den *letzten Ursachen,* dem Zweck der körperlichen Phänomene. Denn es sei *eine alte Verlegenheit der Philosophen,* zu erklären, warum Männer überhaupt Brustwarzen haben.

In der Nähe der verstreut liegenden Dörfer sehen sie große Pflanzungen, Tabak, Indigo, Kakao, sogar Baumwolle. Als Sohn eines Mannes, der in Preußen mit Tabak *en gros* handelte, interessiert sich Alexander besonders für den Anbau von Tabak. Nur Weiße haben «vom König», das heißt von der staatlichen Verwaltung, das «Privileg» erhalten, diesen begehrten Stoff anzubauen – der Tabak von Cumanacoa gilt in allen spanischen Ländern als der beste nach dem kubanischen. Wer Tabak ohne Genehmigung anbaut, muss damit rechnen, dass die königlichen Aufseher seine Ernte verbrennen. Es gibt keinen freien Handel, die Tabakbauern können nur an den Staat selbst verkaufen; für eine *arroba* (11,5 Kilogramm) gut zubereiteten Tabak erhalten sie drei Piaster, die gleiche Menge wird in königlichem Auftrag für zwölf bis fünfzehn Piaster weiterverkauft. Das staatliche Handelsmonopol – welches auch den preußischen Major Humboldt reich gemacht hatte – ist verständlicherweise bei den Pflanzern verhasst, und Humboldt erkennt hier zum ersten Mal die wirtschaftlichen Hintergründe ihrer Bestrebungen, unabhängig vom spanischen Mutterland zu werden – wie es die britischen Kolonisten in Boston und Philadelphia vor ein paar Jahren vorgemacht haben. Eine latente Auflehnung ist überall bei den Pflanzern spürbar.

Drei Tage erholen sie sich auf dem Hof von Matías Yturbiri, der sie von Cumaná hierhin geführt hat. In 800 Metern Höhe finden sie reiche Viehweiden, gesunde Milch, ein angenehmes Klima mit Temperaturen von kaum 23 Grad in der Sonne. Trotzdem wachsen hier noch Baumwollpflanzen, Kaffeebäume und Zuckerrohr. Am 14. September, Alexanders Geburtstag, sind sie irgendwo zwischen dem Tumiriqui und San Antonio unterwegs; nie erwähnt er im Tagebuch seine oder Bonplands Geburtstage, auch nicht diesen, seinen dreißigsten. Aber vielleicht erlebt er die Landschaft wie ein unglaubliches Geschenk? *Gott! Welche Pflanzenwelt, Vögel von wunderschönem Gefieder, Wälder von Mahagoni und Brasilienholz, Cedrella, Palmen! Welche Wohlgerüche! Schmetterlinge so groß wie Sperlinge, Spinnen, die Kolibris fressen, Flamingos, 30erlei Papageien...*

In Caripe finden sie beim Kloster das Hospiz der aragonesischen Kapuziner, ein paar Hütten um einen großen Platz. Im Schatten stehen Bänke, auf denen in Gruppen alte Männer sitzen, die plaudern oder ihren Rosenkranz beten, es sind kranke und gebrechliche Mönche, die Jahrzehnte ihres Lebens in den Wäldern auf abgelegenen Stationen verbracht haben. Die meisten leiden an Malaria. Humboldt und seine Begleiter werden mit großer Zuvorkommenheit empfangen. *So viel ist sicher, dass wir bei unserem Aufenthalt in den Klöstern und Missionen nie eine Spur von Unduldsamkeit wahrgenommen haben.* Sie sind ja Ausländer, Humboldt ist obendrein Protestant, was immer noch so viel wie Ketzer bedeutet. Aber es gibt kein erkennbares Misstrauen, keine inquisitorischen Fragen, nie einen Versuch polemischer Religionsgespräche. Einige ganz junge Mönche sind soeben aus Spanien eingetroffen und bereiten sich in Caripe auf ihren Dienst in den Missionen vor. Einer von ihnen hat, wie Alexander fasziniert feststellt, die brandneue spanische Übersetzung von Chaptals «Chemie» dabei. Er habe sich vorgenommen, sagt der junge Mönch, dieses Werk in den Jahren seiner Einsamkeit, *in der er für den Rest seiner Tage sich selbst überlassen bleiben sollte*, zu studieren. *Ich zweifle aber, ob diese Lernbegierde sich an den Ufern des Río Tigre erhalten möchte.*

Die Kapuziner sind keineswegs so aufklärungsfeindlich und orthodox, wie Alexander angenommen hat: In der Zelle des Guardiáns, in der er als Ehrengast übernachten darf, steht eine ziemlich große und bedeutende Sammlung wissenschaftlicher Werke, darunter auch das französische «Traité de l'électricité» von Nollet, das er selbst vor ein paar Jahren durchgearbeitet hat.

Morgens, beim Läuten der Glocke, gehen Humboldt und Bonpland mit den Missionaren zur Kirche, um der *Doktrin* der Eingeborenen, das heißt dem Religionsunterricht; zuzusehen. Aimé findet es sehr gewagt, Neubekehrte in kirchlichen Dogmen unterrichten zu wollen, erst recht, wenn sie kaum spanisch sprechen. Die Mönche wiederum sprechen nicht die Sprache ihrer Schützlinge. Alexander notiert im Journal ein typisches Beispiel der Sprachverwirrung und der interkulturellen Missverständnisse: die Verwechslung der Wörter *infierno* (Hölle) und *invierno* (Winter) bei den Indios. Da überdies das Wort «Winter» für die *Chaimas* einfach nur Regenzeit bedeutet, setzen sie Hölle mit heftigem Regen gleich; sie glauben, die Hölle der weißen Menschen müsse ein Ort sein, wo die Sünder auf ewig von heftigen tropischen Regengüssen überschüttet werden. Vor dieser Art von Hölle haben sie nicht gerade eine seelenerschütternde Angst.

Was aber dem Tal von Caripe die größte Anziehung verschafft, weiß Humboldt, *das ist die Felsenhöhle der Guacharo-Vögel*. In einem Land, wo man das Wunderbare gläubig liebt, ist eine riesige Felsenhöhle, aus der ein Fluss entspringt und die von tausenden Nachtvögeln bewohnt wird, ein unerschöpflicher Gegenstand der Unterhaltung. Dieses *Guacharo-Wunder* gehörte zu den ersten, von denen ihnen Carlos del Pino erzählt hat – neben dem Augenstein von Araya und dem Bauern von Arenas, der sein Kind stillt.

Am 18. September 1799 machen sie sich auf den Weg, begleitet von den Ordensleuten des Klosters und einigen vornehmen indianischen *Alkalden*. Bald gehen sie im flachen Wasser kleiner Bäche, bald im Schatten einer steilen Felswand über einen sehr schlüpfrigen und morastigen Pfad. Die Indios hauen mit ihren Macheten den Weg frei. Nach der letzten Biegung (etwa da, wo ich hundertneunzig Jahre später mein Auto auf dem Parkplatz abstellen werde) stehen sie plötzlich vor dem Eingang einer riesigen Höhle, einem gigantischen zackigen Loch in der senkrechten Wand des Felsens. *Mit Schrecken erblickten wir den ungeheuren Schlund der Höhle!* Ringsherum die *majestätische Pflanzenwelt der Tropen*, an der sich bis heute nichts geändert hat: Heliconien, Pragapalmen, Trompetenbäume mit riesigen, hängenden Blüten, violette Bignonia, purpurfarbene Dolichos und prächtige Solandra mit riesigen, orangefarbenen Blüten. Auf den Zweigen hüpfen buntglänzende Pirole herum, und flirrende kleine Kolibris trinken aus den Blüten.

Sie dringen tief ins *schauderhafte Innere der Höhle* vor und lassen dabei ein Maßband ablaufen; bei etwa 130 Metern Entfernung ist das Tageslicht so schwach, dass sie Fackeln entzünden müssen. Jetzt hört man schon fern, aus dem Schlund der Höhle, das heisere

Mit Schrecken erblickten wir den ungeheuren Schlund der Höhle. Die «Cueva del Guacharo» bei Caripe in Venezuela erinnerte Humboldt an die Unterwelt der Griechen mit den stygischen Vögeln. Noch heute leben in der zehn Kilometer tiefen Höhle mehr als vierzigtausend dieser Guacharos.

Geschrei der Guacharos. Sie folgen dem kleinen Fluss, der aus der Höhle kommt, immer tiefer hinein. Am Rand des Flüsschens wachsen seltsame Pflanzen, die, je weiter man eindringt, umso blasser und farbloser werden, da sie kein Chlorophyll bilden können. Sie stammen aus Fruchtkernen, die die Guacharos unverdaut ausscheiden und die überall keimen, wo sie sich im dünnen Erdreich festsetzen können. Selbst in der vollkommenen Dunkelheit der Höhle findet man sie, wenn auch auf bizarre Weise verkümmert, mit dünnen Stämmchen und kleinen zitternden Blättern. Es ist unmöglich, diese Pflanzen botanisch zu identifizieren. Für die Indios sind es *von der Erde verbannte Gewächse*. Alexander fühlt sich an die Zeit in den Freiberger Bergwerken erinnert, als er derlei Pflanzen untersucht und in seinem Buch beschrieben hat. Höhlenbotanik, sagt man heute.

Es ist schwer, sich eine Vorstellung von dem furchtbaren Lärm zu machen, den Zehntausende der Vögel in der dunklen Höhle verursachen; ein Lärm, dessen Echo in der riesigen Grotte widerhallt. Die Indios binden Fackeln an lange Stangen, um ihnen die Nester der Vögel zu zeigen, 50 bis 60 Fuß hoch, in Nischen und auf Vorsprüngen. 474 Meter vom Eingang entfernt (die Höhle ist, was sie nicht wissen, zehn Kilometer tief) stehen sie inmitten der aufgeregt und empört schreienden Vögel, die sie umflattern und ihre Exkremente über ihnen absondern. Bonpland gelingt es im flackernden Licht der Harzfackeln, zwei der Vögel zu schießen, *nachdem man an 12 vergebliche Schüsse da getan, wo die Menge am größten war.* Humboldt macht eine erste Skizze dieses *den Naturforschern bisher unbekannt gewesenen* Vogels. Er bestimmt ihn wissenschaftlich – und nicht ohne Stolz – als *Steatornis caripensis v. Humboldt.*

Der Guacharo gehört zur Gruppe der Tagvögel, hat aber hier eine vollkommen nächtliche Lebensweise entwickelt; Licht macht ihn offensichtlich blind. Erst bei völliger Dunkelheit verlässt er die Höhle, um im nächtlichen tropischen Urwald Futter zu suchen. Er hat, wie Alexander ihn beschreibt, *die Größe europäischer Hühner, den Rachen des Ziegenmelkers* (auch Nachtschwalbe), *den Wuchs der Geier mit einem krummen Schnabel.* Die Augen sind blau und klein. Die Spannweite der Flügel beträgt viereinhalb Fuß, etwa 1,35 Meter. Er ist kein Raubvogel, sondern ernährt sich von Körnern und Früchten. Die Lebensweise der Guacharos hat über Zehntausende von Jahren ein ganz eigenes biologisches System in der Höhle hervorgebracht, man würde es heute Biotop nennen. Es basiert auf den Millionen von Körnern, die von den Vögeln Jahr um Jahr in die Höhle geschafft werden und die die Voraussetzung für das Leben einer Vielzahl kleiner Tiere bedeuten. Zum Beispiel gibt es sehr viele Feldmäuse, die sich von anderen Feldmäusen nur dadurch unterscheiden, dass sie in der stockdunklen Höhle fast blind – oder jedenfalls extrem lichtempfindlich – geworden sind. Berührt man sie im Licht der Lampen, stecken sie panisch den Kopf in die weiche Erde und halten still.

Seit Jahrhunderten kommen einmal im Jahr, am Johannistag, die Indianer zur *cosecha de manteca*, zur «Fett-Ernte», in die Höhle. Sie töten Tausende der Vögel, indem sie sie mit Stangen erschlagen, und weiden die jungen Vögel – und nur sie – sofort aus. Denn deren Bauchfell ist besonders reich mit Fett durchwachsen. Draußen vor der Höhle brennen dann die großen Feuer, über denen das Fett der getöteten Vögel geschmolzen und in Tongefäßen gesammelt wird. Es ist unter dem Namen *manteca* (Butter) oder *aceite* (Öl) des Guacharo bekannt: ein sehr reines Fett, das lange aufbewahrt werden kann, ohne ranzig zu werden. Eine *Ernte* bringt bis zu 160 Flaschen der *manteca*, eine Menge, von der Humboldt findet, dass sie *in keinem Verhältnis zu der Metzelei steht, welche die Indianer jährlich anrichten.* Die Indianer müssen den Missionaren das zum Unterhalt der Kirchenlampen erforderliche Öl liefern, den Rest verbrauchen sie selbst.

Die Eingeborenen sind dabei aber nie so weit in die Höhle eingedrungen wie an diesem Tag mit den europäischen Forschern (was übrigens den Vögeln das Überleben als Art in den Tiefen des Höhlensystems sichert). Obwohl bereits christianisiert, sind die Indios überzeugt, dass sich im hinteren Teil der Höhle die Geister ihrer

Es gelang Bonpland, zwei der Vögel zu schießen – und Alexander machte eine Zeichnung des in Europa ganz unbekannten Vogels, dem er stolz seinen eigenen Namen gab, Steatornis caripensis v. Humboldt.

Vorfahren aufhalten. Der Mensch solle eine *heilige Scheu* vor Orten bewahren, welche weder *zis*, die Sonne, noch *nana*, der Mond, jemals bescheint. *Zu den Guacharos gehen* bedeutet, *zu den Vätern zu gehen*, zu sterben. Am Eingang der Höhle nehmen die Zauberer die *piaches* vor, nächtliche Zeremonien, um den Obersten Häuptling aller bösen Geister, *ivorokiamo*, zu beschwichtigen. Alexander, der ständig interkulturelle Vergleiche vornimmt und Analogien sucht, denkt *an die Alten*, die Griechen, an deren Unterwelt *(Tartaros)* und an die über dem unterirdischen Fluss *(Styg* oder *Styx)* flatternden Todesvögel, die stygischen Vögel. Es ist sein Versuch, das Fremde begreifbar und weniger fremd zu machen. Allerdings nimmt er dem Fremden damit auch das Eigenartige, das Unvergleichliche. Er europäisiert es.

Wieder draußen, *waren wir froh, dem widrig kreischenden Geschrei der Vögel entronnen zu sein.*

Heute braucht man von Cumanacoa mit dem Auto kaum eine Stunde, um zum «Monumento Nacional Alejandro de Humboldt» zu gelangen. Da jedes helle Licht in der Höhle verboten ist, haben wir die Guacharos beim flackernden Schein von Karbidlampen gefilmt; sie waren genauso empört wie knapp zwei Jahrhunderte zuvor. Im Unterschied zu Alexander und Aimé allerdings wussten wir ziemlich viel über die Welt der Mikroben und Bakterien, welche in der Höhle wimmeln – eine besorgte Unruhe, wie sie Humboldt nicht kannte. Ich fand es auch durchaus unangenehm, mir meinen Weg über Millionen von Kakerlaken hinweg zu bahnen. Der Bach fließt immer noch, auch wenn frühere Besucher wie Loren A. McIntyre berichten, er sei versiegt. Wir haben ihn knietief durchwatet. Möglicherweise hängt die Wassermenge von den Jahreszeiten ab; wir waren in der Regenzeit dort. An der Stelle, wo die kleine Expedition Humboldts in knapp 500 Metern Tiefe haltmachte, steht seit 1959, dem hundertsten Todesjahr Humboldts, in beinahe ewiger Dunkelheit eine marmorne Tafel mit einem aufmunternden Sonett von Felix Calderon; die Höhle spricht darin mit dem Besucher: *Ich verberge in meinem Inneren weder ein Untier / Noch den wilden Löwen oder den grauen Wolf / Auch nicht den Engel des Bösen, der die Seele bedroht / Fürchte dich nicht, tritt ein in mein Reich / Wenn auch das Wunder dein Herz erschrecken lässt / Halt es wie Humboldt, der tapfere Edelmann...*

Vielleicht den eindrucksvollsten Teil des ganzen Schauspiels haben Humboldt und Bonpland verpasst, weil sie noch am selben Tag ins Kloster zurückwollten: den nächtlichen Ausflug der Guacharos. Umgeben vom Duft der Nachtblüten standen wir in der Dunkelheit vor der Höhle; es war absolut still, selbst aus der Höhle klang kein Geschrei mehr. Plötzlich war die Luft erfüllt von flatternden, kreisenden Schatten und vibrierte von einem merkwürdigen Geräusch, einem harten trockenen *Klack*, wie wenn Holz gegen Holz knallt. Es ist der Ton der Nachtvögel, den sie gleich einem Sonar aussenden, um sich zu orientieren, tausende, zehntausende Klacks in der tropischen Nacht. Die Guacharos (es leben mehrere zehntausend in der Höhle) kreisten über unseren Köpfen, feindselig, erregt, doch ohne das wütende Geschrei, das sie in der Höhle anstimmen. Wir sahen sie in der Dunkelheit kaum, spürten sie aber ganz nah. Dann machten sie sich auf in den Wald, um Nahrung zu suchen. Wir haben nicht auf ihre Rückkehr im Morgengrauen gewartet, zu stark war das Bedürfnis nach einer Dusche und einem sauberen Bett.

Da Alexander und Aimé den Rückweg von Caripe abkürzen wollen, wandern sie auf geradem Weg zum Meer, nach Cariaco, von wo sie ein Küstenboot nach Cumaná nehmen wollen. In dem sonst quirligen Hafenstädtchen Cariaco mit über 6000 Einwohnern scheint das öffentliche Leben wie gelähmt, mehrere hundert Menschen sind am *Wechselfieber* erkrankt und liegen apathisch in ihren Hängematten, viele sind bereits gestorben. Alexander glaubt, dass es der ungemein fruchtbare Boden der heißen Zone sei, der gemeinsam mit den anhaltenden Regengüssen der vergangenen Wochen die Gesundheit der Menschen bedrohe. Dieser Boden erzeuge gasartige Ausdünstungen, die, der Luft beigemischt, die Krankheit verursachten. Bei diesen *Miasmen* handele es sich um Verbindungen von Stickstoff, Phosphor, Wasserstoff, Kohlenstoff und Schwefel, und sie entstünden im Tal von Cariaco genauso wie seit über zweitausend Jahren in der römischen Campagna, wobei aber die Hitze des Tropenklimas ihre verderbliche Kraft noch verstärke.

Hinzu kämen die schädlichen *Ausdünstungen* eines großen Sumpfgebietes nahe der Stadt, die vom ständigen Nordwind in den Ort und in die Behausungen getrieben würden. Alexander und Aimé sammeln in vielen Gesprächen mit den Kranken die grundlegenden Informationen über das *Wechselfieber* (Malaria), das Aimé zufolge desto eher in typhöse Fieber ausarte, je näher die Kranken bei den Sümpfen und ihren fauligen Ausdünstungen wohnten. Ganze Familien ehemaliger Sklaven, die hier kleine Pflanzungen besitzen, liegen seit dem Eintritt der Regenzeit matt und krank in ihren Hängematten.

Die beiden Forscher können nicht wissen, dass alle ihre Beobachtungen stimmen bis auf ein entscheidendes Detail, das sie zwar kennen, aber nicht in Zusammenhang mit der Krankheit bringen können: die Insekten. Sie bevorzugen die sumpfigen Gebiete als Brutstätten, werden vom Nordwind in die Stadt geweht und übertragen den Erreger der Krankheit. Deshalb ist die Trockenlegung der Sümpfe, die Humboldt dem Bürgermeister dringend empfiehlt, eine durchaus richtige Maßnahme.

Man erzählt ihnen, dass die Pflanzer von Cariaco früher ihr Geld hauptsächlich mit Kakao verdienten. Europa lechzt nach Kakao, dem man aphrodisische Wirkungen nachsagt; der Liebestrank, auch *Theobroma* genannt, Speise der Götter, wird vor allem in Adelshäusern und bei reichen Bürgern getrunken. Trotzdem vermindern sich hier in Cariaco die einst sehr großen Kakao-Pflanzungen. Vor sieben, acht Jahren gab es noch eine Viertelmillion Kakaobäume um die Stadt herum, jetzt *wandert* der Kakao langsam weg, von West nach Ost, er *frisst* den jungfräulich gemachten Boden und hinterlässt nach einigen Jahren ein ausgelaugtes Land. Humboldt begreift als Erster, dass jede Monokultur – er hat nicht das Wort, aber doch die Anschauung – den Boden verwüstet, der erodiert. Deshalb werden jetzt in Cariaco andere Kulturarten bevorzugt, Baumwolle und Zucker, die obendrein gleich im ersten Jahr Ernte geben, während der Kakao-Baum erst nach etwa acht Jahren zum ersten Mal Früchte trägt.

Auch hier, in diesem offenen Hafenstädtchen, das *Schleichhandel* mit dem nahen Trinidad pflegt, trifft Humboldt viele Menschen *mit einem umfassenden Ideenkreis*. Von Trinidad, das erst vor zwei Jahren britisch geworden ist und mit den jungen USA in Verbindung steht, kommen auch die Ideen gewissermaßen als Schmuggelware ins Land; Alexander erkennt *eine entschiedene Vorliebe für die Regierungsform der Vereinigten Staaten*. Die Pflanzer sind empört, dass die staatliche Verwaltung, das heißt letzten Endes der ferne Hof in Madrid, ihnen dauernd sinnlose und unangemessene Auflagen macht. Immer wieder hören Alexander und Aimé, mit welcher Begeisterung man die Namen der Gründungsväter Franklin und Washington ausspricht. Die jetzt amerikanischen, damals aber englischen Kaufleute haben in Boston 1776 vorgemacht, was die Pflanzer auch hier mehr und mehr als richtig empfinden. Humboldt und stärker noch Bonpland spüren, dass die *Stimmung der Gemüther*, die Idee der Unabhängigkeit, bald zur offenen Revolte gegen Spanien führen wird. Die Ideale der Französischen Revolution sind Ideen, *deren Folgen ungefährlich geblieben wären, hätte das Madrider Ministerium nicht fortgesetzt alle Interessen der Kolonisten gekränkt und allen Wünschen widersprochen.*

Im Jahr zuvor hat es in Caracas bereits den Versuch einer Revolte gegeben. Gleichzeitig musste man Unruhen und Aufstände der Sklaven in Coro, Maracaibo und hier in Cariaco niederschlagen. Die schwarzen Anführer sind zum Tode verurteilt und aufgehängt worden. Ein Pflanzer in Cariaco, der acht Negersklaven besaß, hat sechs davon durch Auspeitschen auf barbarische Weise umgebracht und damit den Aufstand der Sklaven ausgelöst. Der Mörder ist bisher nicht einmal bestraft worden. Das Gesetz, der Arm der Gerechtigkeit, ist *so weit weg von den Plantagen und Haciendas, dass er die Sklaven nicht zu schützen vermag.* Wird dennoch einmal eine gerichtliche Untersuchung angeordnet, heißt es immer, der Sklave sei keineswegs an der Prügelstrafe gestorben, sondern an einer Krankheit, am Fieber, an der übermäßigen Hitze. Humboldt wendet sich in den Gesprächen in Cariaco vor allem gegen einzelne, lokale Regelungen, die «human» sein sollen, weil sie zum Beispiel die genaue Form der Peitschen festlegen oder die Anzahl der Schläge, die *auf einmal* gegeben werden dürfen. Nein, sagt er, die Sklaverei als Ganzes muss abgeschafft werden.

Frühmorgens schiffen sie sich nach Cumaná ein. Außer ihnen reisen achtzehn Passagiere in dem kleinen Segelkanu, das mit Rohzucker, Bananen und Kokosnüssen beladen ist. Es ist kaum Platz für die Kisten mit den Instrumenten und botanischen Sammlungen. Gegen drei Uhr morgens fahren sie in die Mündung des Río Manzanares ein. Der Gouverneur und ihre anderen Freunde eilen herbei, man umarmt sie wie Überlebende, die unerwartet wieder auftauchen.

Sie haben das Gefühl, nach Hause zu kommen.

An seinen Bruder schreibt er, er habe eine *göttliche Reise* ins Innere gemacht; man habe viele Klapperschlangen, auch zwei Fuß dicke und 30 Fuß lange Nattern, Krokodile und Skorpione gesehen. *An Giftspinnen und Mücken aller Art fehlte es nicht.* So genau Humboldt sein Leben lang in wissenschaftlichen Fragen bleiben wird, so sehr gestattet er sich in seinen privaten Briefen einige dichterische Freiheit. Raritätenkabinett, Jägerlatein, gezielte Storys für die europäische Presse. Neun Meter lange *Nattern* gibt es nicht, an *Krokodilen* sind sie bisher nur den recht kleinen Bavas begegnet, und die *Tiger*, von denen er häufig erzählt, verdanken sich einem gezielt von ihm missbrauchten Übersetzungsfehler: *el tigre* ist der Name des amerikanischen Jaguars. Hanno Beck, einer der bedeutendsten deutschen Humboldt-Kenner, sagt sehr schön: «Das alles sind geschickt gesetzte Lichter, die ihn bewusst oder unbewusst selbst beleuchteten. Er ließ sich keine Gelegenheit entgehen, die Phantasie der Menschen seiner Zeit zu beschäftigen, um sie für sich zu gewinnen.»

Das beherrscht er zunehmend: die Phantasie seiner Mitmenschen zu beschäftigen, nicht nur in Europa. Einem alten Bekannten, dem in den USA lebenden Kaufmann Ludwig Bollmann, schreibt er über seine letzten Jahre in Europa und erklärt, dass der *derzeitige sittliche Zustand Europas fürchterlich* sei und er schon *lange begierig war, Europa auf viele Jahre zu verlassen.* Dann äußert er eine sehr gezielte Bitte: *Da sich so viele Menschen für meine Reise interessieren, so bitte ich Sie, in 1 oder 2 der gelesensten amerikanischen Zeitungen (solche, die auch nach England gehen) die Notiz einrücken zu lassen, dass H. sehr gesund und glücklich Anfang Julius mit seinen physikalischen und astronomischen Instrumenten in Cumaná angelangt sei, von wo aus er «under the protection of his Catholic Majesty» (ich habe Gründe zu diesem Zusatz) mit seiner Arbeit in den Gebieten von Nueva Andalucia begonnen hat. Verzeihen Sie, lieber Bollmann, diesen kleinen Auftrag, und lassen Sie den Artikel so einrücken, dass er nicht von mir eingeschickt aussieht.*

Sie haben in Cumaná einen jungen Franziskaner kennengelernt, fray Juan Gonzales, der einige Jahre *in der verlorensten Mission* am ganzen oberen Orinoco zugebracht hat, in Esmeralda, einem Ort, der *in einem üblen Ruf steht wegen der zahllosen Menge schädlicher Insekten, von denen die Luft stets erfüllt ist*. Da wollen sie hin. Bruder Juan erzählt auch von einem geographischen Wunder, einem Fluss, der zwei riesige Ströme, den Orinoco und den Amazonas, miteinander verbindet. In der europäischen Gelehrtenwelt hält man so etwas für ganz unmöglich; der herrschenden Auffassung zufolge sind alle Fluss-Systeme immer vollkommen voneinander getrennt.

Da Alexander eine möglichst genaue Karte von *Nueva Andalucia* entwickeln will, braucht er einen gut vermessenen, also gesicherten geographischen Punkt, auf den er alle seine künftigen Messungen beziehen kann. Wenn er die genaue geographische Länge von Cumaná kennt, hat er einen festen Punkt für die chronometrischen Bestimmungen, auch für den Fall, dass er unterwegs bei bedecktem Himmel keine Monddistanzen nehmen oder Jupiter-Trabanten beobachten kann. Ein solcher Fixpunkt *würde sich günstig durch eine für den 28. Oktober erwartete Sonnenfinsternis in Cumaná ergeben.* Das sagen ihm seine astronomischen Almanache, die er aus Europa mit sich führt.

Am 21. Oktober, eine Woche vor der Sonnenfinsternis, gedenken die Menschen in Cumaná mit einem besonderen Gottesdienst und einer Prozession jener Nacht vor 33 Jahren, in der das schrecklichste Erdbeben stattfand, an das man sich erinnern kann. Es kam völlig überraschend, erst gab es einen ungeheuren Schlag, dann eine Serie von gewaltigen Stößen. An vielen Stellen riss die Erde auf, stülpte sich um, riesige Wasserfontänen spritzten hoch und verbreiteten einen schwefeligen Geruch. Nach wenigen Minuten waren die meisten Häuser eingestürzt und hatten die Menschen unter sich begraben. Eine enorme unterirdische Kraft durchlief die ganze Gegend und bewegte wellenförmig die Erdoberfläche. Diese Welle riss alles, was die ersten Stöße überstanden hatte, mit sich fort. *Die Luft schien aus Wasser zu bestehen,* so erinnern sich die Menschen. Durch die ungeheuren, wochenlangen Regengüsse schwollen die Flüsse an und überschwemmten das Land, sodass die folgenden Jahre sehr fruchtbar waren. Die Stöße schwächten sich zwar ab, wiederholten sich aber beinahe jeden Tag, vierzehn Monate lang. Die meisten Hütten der Indios blieben wegen ihrer Bauweise aus Holz und Palmblattdächern verschont. Nach einem *uralten Aberglauben* feierten die Indios mit Festen und Tänzen *den Untergang der Welt und ihre bevorstehende Wiedergeburt.*

Ein paar Tage später, am Vorabend der erwarteten Sonnenfinsternis, machen Humboldt und Bonpland einen Spaziergang außerhalb des Ortes, da geschieht etwas, womit sie in Cumaná schon längst nicht mehr rechnen. Sie werden überfallen. *Ich hörte jemand hinter uns gehen,* schreibt Humboldt ins Tagebuch, *und als ich mich umsah, erblickte ich einen Mann von hoher Gestalt, nackt bis auf den Gürtel, mit einer Keule bewaffnet.* Es ist ein *Zambo*, ein indianisch-afrikanischer Mischling. Alexander und Aimé sind unbewaffnet und allein. Alexander weicht dem ersten Keulenschlag durch einen Sprung zur Seite aus. Der nächste Schlag trifft Aimé am Kopf, nahe der Schläfe. Er stürzt zu Boden. Er ist ohne Bewusstsein, vielleicht tot. Ungeachtet der Gefahr kniet Alexander neben dem Freund nieder, untersucht ihn, hilft ihm aufzustehen. Merkwürdigerweise ist der Zambo seelenruhig weitergegangen. Jetzt schlägt die Angst der Europäer in Wut um, sie verfolgen den Mann, greifen ihn an, ringen mit ihm. Dem Zambo gelingt es, ein großes Messer zu ziehen, aber jetzt tauchen Männer auf, die den Überfall von fern gesehen haben. Sie umringen den Zambo. Ohne Widerstand lässt er sich festnehmen und ins Gefängnis bringen. Bonpland hat in der folgenden Nacht Schmerzen und hohes Fieber; am nächsten Tag geht es ihm besser, er assistiert Alexander bei der genauen Vermessung der Sonnenfinsternis; aber noch zwei oder drei Monate hindurch leidet er an Gleichgewichtsstörungen.

Sie fragen nach dem merkwürdigen Verhalten des Zambos und erfahren, dass er auf einem Korsarenschiff aus Haiti gedient hat und infolge eines Streits mit dem Kapitän im Hafen von Cumaná an Land gesetzt worden war. Diese *Misshandlung* habe in ihm, wie er aussagt, das Verlangen nach Rache geweckt, dem er nicht habe widerstehen können, als er die beiden Fremden Französisch reden hörte, die Sprache seines verhassten Kapitäns. Humboldt und Bonpland freuen sich später, als sie erfahren, dass der Täter aus dem Gefängnis entfliehen konnte, denn *bei den hiesigen Zuständen müssen die Gefangenen sieben bis acht Jahre auf ein Urteil warten.*

Plötzlich hat Alexander große Sorgen. Geldsorgen.

Die 500 Piaster, welche ich bar nach Cumaná gebracht, waren nun ihrem Ende nahe. Ich hatte die Pizarro nur auf die Versicherung verlassen, dass ich in Cumaná auf meine Havaner Wechsel ohne Schwierigkeit Geld ziehen könne. Das geht aber nicht, niemand akzeptiert hier Wechsel, die für Havanna bestimmt sind. Sie fürchten bereits, dass sie auf die Orinoco-Reise verzichten und, wegen des Geldes, direkt nach Havanna gehen müssen. *Dem Orinoco so nahe, ihn nicht gesehen zu haben! Wegen der elenden Geldgeschäfte!*

Er wartet ab, ohne eine Entscheidung zu treffen. Warten hat er gelernt. Er versucht überhaupt, Entscheidungen zu vermeiden. Die eine große hat er getroffen, eine Lebensentscheidung; alles andere wird sich ergeben. Er fürchtet *alles, was von eigener Willkür und sogenannter Wahl des Besseren abhängt.* Ist nicht die ganze Tropenreise, die er jahrelang forciert durchzusetzen versuchte, nur deshalb zustande gekommen, weil er in der ausweglosen Lage in Südfrankreich an Spanien dachte, *um dort im milden Klima zu überwintern?* In dieser Wartestellung vergehen drei Wochen, *die nicht zu den süßesten in meinem Leben gehörten.*

Es ist eine merkwürdige Zeit, voll von ungewöhnlichen atmosphärischen Erscheinungen. Jeden Abend überzieht roter Dunst, vom Meer aufsteigend, wie ein Schleier den blauen Himmel. Die Hitze der Nächte ist *erstickend.* Der Seewind bleibt gänzlich aus. Das Volk hält die roten Dünste und das Ausbleiben des Seewindes für die denkbar schlechtesten Vorzeichen. *Ein wahrhaft vulkanisches Klima!* Am 4. November 1799, nachmittags, umhüllen riesige schwarze Wolken die Gebirge. Gegen vier Uhr hören sie einen ungewöhnlichen Donner, wie in ganz großer Höhe. Heftiger Wind setzt ein, dann ein Gewitterregen. Der Sturm peitscht die dicken Tropfen gegen die Häuser. Alexander und Aimé bauen begeistert ihre Geräte auf. Sie messen gerade die elektrischen Entladungen der Atmosphäre, als sie einen heftigen Erdstoß spüren. Sekunden später den nächsten. Sie sehen, wie die Menschen schreiend aus ihren Häusern rennen.

Sie erleben ihr erstes Erdbeben.

Voller Angst versammeln sich die Menschen auf dem Platz vor der Kirche, manche beten laut, andere halten sich umarmt. Die schwarzen Wolken, die rötlichen Nebel, die unmäßige Nachthitze, das Erdbeben – alles wird als Folge der Sonnenfinsternis betrachtet. Um neun Uhr abends bebt der Boden noch einmal, dann nicht mehr. Der Eindruck des Erdbebens ist umso größer, notiert Humboldt, als es, vielleicht nur zufällig, von seltenen meteorologischen Veränderungen begleitet war. In einer der folgenden Nächte sehen sie *die außerordentlichsten leuchtenden Meteore.* Vier Stunden lang ist der Himmel von Tausenden von Feuerkugeln und Sternschnuppen übersät, die in großen Bögen immer von Norden nach Süden niederfallen. Sie lassen *Lichtstreifen von 8 bis 10 Längengraden* hinter sich zurück; viele Sternschnuppen haben einen ungeheuer großen Kern, *so groß wie die Jupiterscheibe.* Die Phosphoreszenz der Lichtstreifen dauert sieben bis acht Sekunden, und die Feuerbälle scheinen am Nachthimmel wie in einer farbigen Explosion zu zerplatzen. Gegen vier Uhr morgens kommen viele Einwohner Cumanás aus ihren Häusern, um zur Frühmesse zu gehen. Beim Blick zum Himmel bricht Panik aus; die Älteren erklären, eine ganz ähnliche Erscheinung sei vor 33 Jahren dem großen Erdbeben vorausgegangen.

Es geschieht aber nichts.

Diese Erscheinungen am Nachthimmel faszinieren Humboldt. Nach seiner Rückkehr wird er jahrelang die kosmischen Phänomene dieser Nacht recherchieren. Erstaunt wird er feststellen, dass die Meteore und Feuerbälle an sehr vielen Orten der Welt gesehen wurden, am Äquator, im südlichen Amerika, in Labrador – und auch in Deutschland. In dem Dörfchen Itterstädt bei Weimar hat der Pfarrer Zeissing an jenem Tag ab sechs Uhr früh, *welches mit der Zeit von 2 Uhr nachts in Cumaná zusammentrifft*, die gleichen Erscheinungen am Himmel protokolliert.

Sie gehen daran, ihre Reisejournale zu ordnen, die Barometerhöhen auszuwerten (das heißt, nach komplizierten Formeln auszurechnen) und 200 Pflanzenbeschreibungen auszufeilen, die sie vor Ort nur skizzieren konnten. An Franz Xaver von Zach, den Direktor der Sternwarte auf dem Seeberg bei Gotha, schreibt er: *Wir haben 1600 Pflanzen getrocknet, fast 600 größtenteils neue, unbekannte und kryptogamische beschrieben und die schönsten Muscheln und Insekten gesammelt.* Alexander hat obendrein die genaue geographische Länge und Breite von mehr als 15 Ortschaften bestimmt, welche später zu Fixpunkten seiner Karte vom Inneren des Landes werden sollen.

Auf den Meeren herrscht immer noch der Krieg zwischen England und Frankreich. Nur wenige Schiffe laufen Cumaná an; und immer wieder werden spanische Schiffe, die auf dem Rückweg von den Kolonien sind, von englischen Kriegsschiffen – oft auch von Korsaren, die heimlich für England arbeiten – angegriffen und versenkt. Es betrübt ihn, dass in diesem schrecklichen Krieg, der ihn *melancholisch* macht, so viele Briefe verlorengehen. Deshalb bittet er alle seine Briefpartner, dass sie, wenn sie einen Brief erhalten, mindestens die Informationen über seine Forschungen weitergeben. An Reinhard von Haeften schreibt er, er habe in den vier Monaten seit seiner Ankunft schon siebzehn Briefe an ihn und Wilhelm geschickt, ohne je eine Antwort erhalten zu haben. *Sollten denn alle, alle verlorengehen?*

Sein Vertrauen darauf, dass das Schicksal klüger entscheidet als er in seiner *Willkür*, erweist sich als berechtigt: Seine Geldprobleme lösen sich auf unerwartete Weise. Gouverneur Vicente Emparán, mit dem sie inzwischen befreundet sind, bietet ihm *auf die edelmütigste Weise aus eigenen Mitteln die Summe von 1000 Piastern. Ich solle sie ihm wo und wann ich wolle wiederzahlen.* In der Hoffnung, ihm dieses Geld später von Havanna aus erstatten zu können, nimmt Humboldt das Angebot an. *Das Angebot eines Schuldscheins beleidigt schon den Geber.* Er lernt wieder einmal *wahre spanische Größe* kennen.

Die Reise an den Orinoco ist gerettet. *Wundersam sind Ursache und Wirkung in einem Menschenleben verwebt.* Er vertraut jetzt seinem Schicksal vollkommen.

Das Warten bringt Humboldt und Bonpland auch die Freundschaft von Männern ein, die ihnen bald schon, in Caracas, in großer Gastfreundschaft ihre Häuser (und ihre Haciendas) öffnen werden – Männer, die ausgezeichnete Gesprächspartner sind, weil sie seit langem über die Probleme der kolonialen Abhängigkeit nachgedacht haben. Sie kommen gerade aus Spanien zurück und machen in Cumaná Zwischenstation. Es sind der Marquéz Juan José del Toro, der ein prominenter Unterzeichner der Unabhängigkeitserklärung von 1811 sein wird, und sein Bruder Francisco José del Toro. Mit ihnen reisen der Brigadier von Caxigal, der später Generalkapitän Venezuelas werden wird, und der Graf Martin von Tovar. Auch er wird später ein führendes Mitglied der Unabhängigkeitsbewegung sein. Sie alle sind einflussreiche, aufgeklärte und gegen das Kolonialsystem eingestellte Spanier.

Die letzten Tage sind ausgefüllt mit Tanzveranstaltungen, Abschiedsbesuchen und -empfängen. Sie haben viele Freunde gewonnen, Weiße und Schwarze, Mulatten und Mestizen, Männer und Frauen. Carlos del Pino und José de la Cruz, sein treuer *Joseph*, werden sie begleiten. Noch einmal die *samba* und das *menuett congo* im Schweiß der Tanzenden. Umarmungen, gute Wünsche. Der Abschied. Man weiß nie, ob man von einer solchen Reise zurückkommt. Am Abend des 19. November 1799 gleitet die Barke mit der *vela latina*, dem dreieckigen lateinischen Segel, an der Küste entlang. Über dem Festland geht der Mond auf. Sie schauen zurück auf die weißen Häuser, die hohen Kokospalmen, die schroffen Felsen, die Ruine des Schlosses San Antonio. *In diesem Augenblick fühlten wir doppelt: den Reiz der Landschaft und den Schmerz über unsere Abreise. Vier Monate zuvor hatten wir diese Küste wie ein neu entdecktes Land betreten.* Und jetzt verlassen sie Cumaná wie eine Heimat. *Es war das erste Land, das wir in einer Zone berührt hatten, auf die alle meine Wünsche seit meiner Jugend gerichtet waren.*

Sechstes Kapitel
CARACAS UND ARAGUA

Sie segeln westwärts, immer an der Küste entlang, die ihnen Schutz vor Korsaren bieten soll. Einmal kommt ihnen eine britische Fregatte bedenklich nahe, doch die Engländer kümmern sich nicht um sie; man hält sie für Schmuggler auf dem Weg nach Jamaica. Zwei Tage nach der Abreise sehen sie, wie die gebirgige Küstenlandschaft plötzlich hoch aufsteigt; eine fast senkrechte Felsenwand von 2000 Metern Höhe erhebt sich aus dem Meer. Es ist die Seeseite der *silla* (Sattel), des doppelten Berges von Caracas. Die Stadt liegt jenseits dieses Sattels in knapp tausend Metern Höhe, eine *Stadt des ewigen Frühlings*, wie ihm seine neuen Freunde sagen. Dagegen ist La Guaira, der kleine Hafen, den sie anlaufen, *vielleicht der heißeste Ort unserer ganzen Reise.*

Die Hafenbehörden raten ihnen, nicht direkt in La Guaira zu übernachten, sondern in dem etwas entfernt gelegenen Dörfchen Maiquetia (wo heute der internationale Flughafen von Caracas liegt). In La Guaira wütet das Gelbfieber, eine Krankheit, die man hier früher kaum kannte. Zwei Jahre zuvor ist der Hafen für nichtspanische Schiffe geöffnet worden, und jetzt glauben viele *Caraqueños*, nordamerikanische Seeleute hätten die Krankheit eingeschleppt. Wie in Europa, so schreibt man auch hier die schlimmsten Krankheiten gern den Ausländern zu.

Der steile Weg über die Berge und den hochgelegenen Pass nach Caracas erinnert Alexander an die Alpenpfade über den St. Gotthard und den St. Bernhard. Die Maultiertreiber, die er angeheuert hat, schreien unentwegt auf die mit Humboldts Kisten beladenen

Tiere ein, die den Weg aber offensichtlich gut kennen. Es ist ein anstrengender Aufstieg von der Küste bis in 1200 Meter Höhe, wo sie für die Nacht im Gasthof *La Venta* einkehren (heute würde man von der Küste bis nach Caracas mit dem Auto kaum eine halbe Stunde über die Brücken und durch die Tunnel benötigen – wenn die Straße nicht ununterbrochen, Tag und Nacht, von Fahrzeugen verstopft wäre).

Am Morgen genießen sie einen unvergleichlichen Blick, die *prachtvolle Fernsicht* bis weit über das Meer und die benachbarten Küsten. Unmittelbar zu seinen Füßen, winzig klein, sieht Humboldt das Dorf Maiquetia mit seinen weißen Häusern und Kokospalmen und die in den Hafen La Guaira einlaufenden Schiffe. Er findet diesen Ausblick *außerordentlich*, weil man beinahe senkrecht, wie von einem mehr als tausend Meter hohen Turm, herabblickt. Sie steigen weiter hinauf und überqueren den Pass, für den er die Höhe von 1462 Meter misst; dann geht es über Serpentinenwege 500 Meter tiefer in das Tal, in dem Caracas liegt, vom Meer abgewandt im «ewigen Frühling».

Caracas ist mit 40000 Einwohnern die Hauptstadt eines spanischen Generalkapitanats, eines Verwaltungsbezirks mit fast einer Million Menschen in sieben Provinzen; es ist auch der Sitz der hohen Gerichtsbarkeit. Die Straßen sind breit und rechtwinklig geschnitten, mit schönen *plazas* und *parques*, wie in allen spanischen Städten. Sie stellen sich dem Generalkapitän vor, und Don Manuel Guevara y Vasconcelos erweist sich als freundlicher und zuvorkommender Mann, zumal er längst von seinem Amtskollegen in Cumaná, Don Vicente Emparán, über die Bedeutung Humboldts informiert worden ist.

Sie mieteten ein großes, freistehendes Haus im oberen Teil der Stadt, im Trinidad-Viertel. Oft füllt sich das langgestreckte Tal, auf das sie herabblicken, mit Wolken. Dann sieht es aus wie ein riesiger milchiger See. Jagt der Wind die Wolken auseinander und zerfetzt sie, sehen sie aus wie Nebelschwaden, und Alexander fühlt sich an Deutschland erinnert, vor allem an den Harz, *ein finsterer und me-*

lancholischer Anblick. Humboldt, der die tropische Hitze fast wie ein Lebenselixier liebt, hat viel gefroren in diesem «ewigen Frühling» von Caracas, auf Höhen von 800 bis 1800 Metern.

Aimé und Alexander freuen sich über die politisch und kulturell aufgeschlossenen Menschen, die sie, auch dank ihrer neuen adeligen Freunde, kennenlernen. In vielen spanischen Familien liest man französische und italienische Autoren, man liebt Musik und veranstaltet überall Hauskonzerte; allerdings gibt es – anders als in Mexiko, Bogotá und Havanna, wohin sie noch kommen werden – keine Kunstakademie. Und auch kein naturwissenschaftliches Institut. Die Naturwissenschaften werden hier *vollständig vernachlässigt*. Immerhin hat ein eingewanderter Franzose, Monsieur Delpeche, kürzlich die erste Buchdruckerei von Caracas eingerichtet – und deshalb regelmäßigen Ärger mit dem sittenstrengen und politisch konservativen Klerus. Die Kirche fürchtet, dass manche Bücher, wie man es ja in Frankreich gesehen habe, von der Aufklärung zur Gottlosigkeit und von dort direkt zum Umsturz führen, zur Revolution.

Humboldt und Bonpland sind erstaunt, eine hohe gesellschaftliche *Gleichheit der Klassen und Individuen* festzustellen, bis sie begreifen, dass sich diese Gleichheit auf einen rassistischen Gedanken stützt – und nur Weiße betrifft. Alle Menschen, deren Blut nicht mit afrikanischem oder indianischem Blut *vermischt* ist, gehören zu einer Art Adel: *todo blanco es caballero*, jeder Weiße ist ein Adliger. Es ist seit der Vertreibung der Mauren und Juden aus Spanien vor dreihundert Jahren und der Eroberung Amerikas immer dieselbe Idee, die *limpieza de sangre*, die Reinheit des Blutes. Wenn die Hautfarbe das entscheidende Kriterium ist, kann sich jeder noch so arme Weiße, selbst wenn er barfuß gehen muss, jedem *Mischling* überlegen fühlen; und über die reichen Weißen kann er sagen, dass die am Ende auch nicht weißer seien als er selbst.

Die «großen Familien» wetteifern darin, diesen preußischen Baron mit seinen offensichtlich exzellenten Verbindungen zum spanischen Hof einzuladen. Neben den Ustáriz, den Toro und Tovar lernen sie auch die weitverzweigte Familie Bolívar kennen, die einen der Ihren, den kaum sechzehnjährigen Sprössling Simón, gerade vor einem Jahr zum Studium nach Madrid geschickt hat (Alexander und Aimé werden ihn nach ihrer Rückkehr in Paris kennenlernen). Alexander entwickelt eine Vorliebe für starken Kaffee und *liqueur*, weniger für den harten Zuckerrohrschnaps, den hier viele trinken. Das komfortable Leben in der Stadt ist wie eine Atempause vor den Entbehrungen der großen Reise, die sie durch trockene und verlorene Steppengebiete bis in die Urwälder des Oberen Orinoco führen wird. Sie genießen die vielen Empfänge, Bälle, Konzerte. Das Theater von Caracas ist groß, es fasst 1500 Besucher, und *gottlob* ist das Parterre nach oben offen. Man kann *gleichzeitig die Schauspieler und den gestirnten Himmel* sehen, und wenn Alexander mitten in einem klassischen Stück von Calderón oder einem modischen Singspiel aus Madrid beobachtet, dass sich der Jupiter zeigt, stürzt er hinaus und rennt nach Hause.

Die astronomischen und geographischen Messungen, das Sammeln und Beschreiben unbekannter Pflanzen und Insekten, die ganze wissenschaftliche Arbeit, alles geht immer weiter. Caracas, sogar die Innenstadt, erscheint ihnen wie ein großer Garten, sie sehen überall Kokospalmen, Bananen und Ananas, sogar Pfirsiche und Äpfel, wenn auch leider *keine Kirschen* – denn offensichtlich hat er plötzlich einen halben Tag lang Sehnsucht nach den süßen Kirschen aus dem Garten von Schloss Tegel.

Zehntausende von Kaffeebäumen in der Ebene stehen in Blüte, sie sind *der freundlichste Anblick*, Millionen weißer und rosafarbener Blüten, zusammen mit den erst grünen, dann roten Kaffeekirschen. Es fasziniert sie, Pflanzen zu sehen, die gleichzeitig blühen und Früchte tragen wie der Kaffee- und der Kakaobaum, der hier in großen Plantagen angebaut wird. Außerdem produziert man Zuckerrohr, Baumwolle ... alles Produkte, für die Sklaven eingesetzt werden.

Seine fortlaufenden Studien zum *Skandal der Sklaverei*: Gleich zu Anfang ermittelt er, dass auf eine Million Menschen im Generalkapitanat 60 000 Sklaven kommen, ein Verhältnis von ungefähr 1:15. Demzufolge ist jeder sechzehnte Mensch ein afrikanischer Sklave (das entspricht einem Anteil von 6,6 Prozent an der Gesamtbevölkerung). Aber auf Kuba und einigen anderen karibischen Inseln liegt das Verhältnis bereits bei 1:3 (25 Prozent Sklaven). Humboldt schätzt später, nach jahrelanger Recherche, dass es um das *amerikanische Mittelmeer* herum (südamerikanisches Festland, karibische Inseln, karibische Küste Mexikos, Südküste der USA) etwa 1,5 Millionen afrikanische Sklaven gibt.

In den Salons von Caracas, bei vielen hitzigen Diskussionen, erkennen sie, dass die meisten der wirtschaftlich aufgestiegenen Kreolen und viele Spanier, vor allem die Plantagenbesitzer, längst begonnen haben, über die Unabhängigkeit der Kolonien von Spanien nachzudenken. Es hat unter der Führung von José España zwei Jahre zuvor einen ersten Aufstand gegeben, den die spanischen Soldaten niedergeschlagen haben; die meisten Teilnehmer, so weit sie nicht hingerichtet wurden, sitzen im Gefängnis. Es sagt viel über Alexanders und Aimés persönlichen Mut, dass sie demonstrativ einige dieser Männer besuchen, vor allem Don Pedro Lavie, der in seiner Zelle im feuchten Verlies schon sehr krank geworden ist.

Wie sehr auch das Mutterland Spanien seine Kolonien isoliert zu halten versucht – in einer Art von intellektueller Blockade mit Zensur und Einfuhrverbot für viele ausländische Bücher und Zeitschriften –, so werden doch alle neuen Ideen, die man in Paris und Madrid kennt, auch in Caracas diskutiert, sogar erregter noch als dort, weil sie hier von brennender Aktualität sind. Die reichen Plantagenbesitzer befinden sich dabei in einem unauflösbaren Widerspruch: Einerseits wollen sie die wirtschaftliche Selbstbestimmung, die Loslösung vom Mutterland, andererseits fürchten sie, mit der Unabhängigkeit werde unvermeidlich auch die Abschaffung der Sklaverei kommen. Auf ihre Sklaven und das ganze Produktionssystem aber wollen sie nicht verzichten. Doch es gibt auch reiche *hacenderos*, die dafür eintreten, den Sklaven schon jetzt für den Fall der Unabhängigkeit die Freiheit zu versprechen. Natürlich haben sie dabei einen Hintergedanken: Sie wollen die Sklaven bei der kommenden *Revolución* als Verbündete im Kampf, sie wollen sich, wie Humboldt sagt, *den Beistand unerschrockener, an Entbehrungen gewöhnter und für ihren eigenen Vorteil kämpfender Menschen sichern.*

Das Verhältnis der schwarzen Sklaven zu ihren weißen Herren ist aber naturgemäß nicht auf vertrauensvolle Gemeinsamkeit gerichtet. Seit 1792 sind die Arbeitsbedingungen auf den Plantagen und in den Zucker-Siedereien wegen des ungeheuren Zuckerbooms in Europa unerträglich verschärft worden, vor allem in Saint Domingue, aber auch auf Barbados, Kuba und anderen Zuckerinseln. Die Sklaven brauchten nicht unbedingt französische Vorbilder, um ihre Lage als unmenschlich zu erkennen, aber sie können sich jetzt auf die revolutionäre Idee der Gleichheit aller Menschen berufen. Die weiße koloniale Sklavenhaltergesellschaft birgt, wie ein bohrendes schlechtes Gewissen, in ihrem Inneren eine verheimlichte, aber ungeheure Angst; die Angst vor Sklavenaufständen. Bei manchen auch die Angst vor dem christlichen Höllenfeuer und der ewigen Verdammnis als Strafe. *Es ist ein Herkommen in Caracas unter der feineren Welt, im Testament drei bis fünf Sklaven freizugeben. Jetzt starb eine Dame, die im Testament 30 Sklaven auf einmal freilässt.*

Auch dem Frieden mit den Indios traut man niemals ganz. Die als eher duldsam geltenden Indios haben ihren Widerstand gegen die gewaltsame Unterwerfung niemals restlos aufgegeben; erst vor kaum zwanzig Jahren, 1781, haben sie den bisher letzten organisierten Versuch unternommen, die spanische Herrschaft abzuschütteln und das Inkareich wieder zu errichten. Es war ein großer, verzweifelter Aufstand. An der Spitze von 40 000 Kämpfern eroberte Túpac Amaru (nach dem sich knapp 200 Jahre später die «Stadtguerilla» von Uruguay *Tupamaros* nennen wird) große Teile von Peru. Dieses Streben nach Unabhängigkeit, schreibt Humboldt, *verwandelte sich in einen grausamen Krieg, wobei die Weißen obsiegten.* Man wundere sich ohnehin, dass eine so kleine Zahl von

Weißen immer *obsiegen* und jahrhundertelang jeden Widerstand unterdrücken konnte, sagt er. Dies sei nur durch ihre grenzenlose Bereitschaft zur Gewalt zu erklären.

Noch nie hat jemand in Caracas die *silla* bestiegen, den doppelten Berg, und jetzt wird Humboldts Plan einer Erstbesteigung beinahe zu einem gesellschaftlichen Ereignis. Mehrere Adelssprösslinge verkünden in der Stadt, sie wollten an diesem kuriosen Abenteuer teilnehmen, der Gouverneur will Sklaven als Träger zur Verfügung stellen. Auch ein Handwerker, der Schlosser Pedro Conde, fragt an, ob er sich anschließen dürfe, außerdem ein sehr wissbegieriger Jugendlicher, den sie hier *Bellito* nennen, den kleinen Bello (es ist der später in Lateinamerika berühmt gewordene Schriftsteller und Politiker Andres Bello). Schließlich hat sich eine Gruppe von zwanzig Teilnehmern gebildet. Zur verabredeten Zeit jedoch lässt sich außer drei Adelssöhnen, Bellito, dem Schlosser und den Sklaven niemand blicken.

Es ist der Silvesterabend des Jahres 1799. Die Gruppe übernachtet in Procesion, fast noch am Fuß des Gebirges, doch Alexander und Aimé bleiben wach, weil sie mehrere Jupiter-Messungen vornehmen. Um fünf Uhr früh brechen sie auf, insgesamt achtzehn Personen, davon neun Sklaven. Es ist ein schöner, kühler Morgen. Der Weg wird immer schmaler und steiler, dann endet er. Sie müssen noch nicht klettern, sich aber stark vornüberbeugen, um das Gleichgewicht zu halten. Bald sind sie in dichten Nebel eingehüllt. Dann wird es so steil, dass sie ihre Hände zur Hilfe nehmen müssen, um vorwärts zu kommen. Auf halber Höhe bleiben die Adelssöhne einfach zurück, es ist ihnen doch zu beschwerlich. Sie behalten auch die Hälfte der Sklaven da – und mit ihnen den Proviant und das Wasser. Humboldt und seinen Begleitern – Aimé, Carlos del Pino, José de la Cruz, Bellito, der Schlosser Pedro und vier oder fünf Sklaven – bleiben für den Aufstieg nur noch ein paar Nüsse und Oliven. Unten in der Stadt vergnügen sich einige Leute an ihren teuren Teleskopen und beobachten, wenn die nebligen

Wolken aufreißen, diese kleinen Figuren, die sich den Berg hinaufarbeiten, immer hinter diesem seltsamen Preußen her.

Für ihre pflanzengeographische Forschung hält Aimé fest: Oberhalb des Waldes, bis zur Höhe von 1000 toisen (ungefähr 1950 Meter), gibt es nur Savannen mit Gräsern, kleinen Liliengewächsen und Brombeerstauden. Außerdem Pflanzen aus der Familie der Alpenrosen. Noch jahrelang grübeln sie über ein Problem, das sie nicht lösen werden – die Geschichte der Pflanzen. *Ich sage Geschichte, denn mag auch die Vernunft dem Menschen Hypothesen über den Ursprung der Dinge untersagen, so quälen uns doch unlösliche Fragen nach der Verteilung der Geschöpfe über den Erdball nichtsdestoweniger.*

Denn die identischen Pflanzen aus den europäischen Alpen, den Pyrenäen und den südamerikanischen Gebirgen existieren isoliert voneinander, in den dazwischenliegenden Zonen gibt es sie nicht. Wie lassen sich aber die Pflanzenwanderungen durch Regionen von so abweisenden klimatischen Verhältnissen, *die gegenwärtig vom Weltmeer bedeckt sind*, erklären? Noch sehr lange, bis 1812, wird Alexander dieses Problem beschäftigen, erst dann wird er die Idee einer «Wanderung» ganz aufgeben: *Je mehr man die Verteilung der Organischen Wesen studiert, desto geneigter wird man, die Vorstellung von der Wanderung als nicht gänzlich befriedigende Hypothese zu betrachten.*

Der Himmel über der *silla* wird an diesem 1. Januar 1800 immer finsterer; kalter Nebel umhüllt sie. Sie laufen Gefahr, zu nah an den Gebirgsgrat zu geraten, wo der Felsen fast 2000 Meter tief beinahe senkrecht abstürzt. Zum Glück treffen jetzt einige Sklaven mit Proviant bei ihnen ein, die man ihnen geschickt hat. Immer wieder halten sie an, um die Geräte aufzubauen und ihre Messungen vorzunehmen. Ein scharfer Wind streicht den Berg hinauf, und auf einmal sind die Wolken verschwunden. In 2631 Meter Höhe stehen sie auf dem Kamm. Auf der einen Seite sehen sie tief unten das karibische Meer. Wie schon auf ihrem Weg nach Caracas von der *Venta* aus, aber doppelt so hoch, genießen sie einen einzigartigen Blick über das Meer im Norden – und können jetzt zugleich zur anderen Seite hinabblicken in das weite Tal und auf die Stadt. Wem ein solcher Blick in die Tiefe Schwindel bereitet, sagt Humboldt, der soll besser *ein paar Schritte vom Absturz entfernt stehen bleiben.*

Während Alexander mit der Beobachtung der magnetischen Inklination beschäftigt ist, setzen sich ganze Schwärme von Bienen auf seine Hände und sein Gesicht. Mit eiserner Disziplin versucht er stillzuhalten, ist aber nahe daran, die Instrumente fallen zu lassen. Es sind bloß Engelchen, sagen seine Begleiter, *angelitos*, eine Bienenart, die nicht sehr aggressiv ist. Nachmittags beginnt der Abstieg. Dichte Wolken umhüllen sie. Mit der hereinbrechenden Dunkelheit beginnt ein Albtraum, sie erkennen das Gelände nicht mehr, tasten sich langsam bergab. Da sie mit ihren Stiefeln auf dem nassen abschüssigen Pfad wegrutschen, ziehen sie sie aus und gehen barfuß. Abends wird er ins Tagebuch schreiben: *Selten so gelitten. Mit Besinnung und Energie übersteht man alles.*

Unterhalb der Wolken, im *pejual*, der Region der stark riechenden Staudengewächse, ist Bonpland wieder entzückt von der Schönheit der Befarien und ihrer großen Purpurblüten. *Wer hier Pflanzen sammelt, hat die Qual der Wahl.* Sie gehen jetzt in einer Reihe hintereinander, halten sich an den Händen, um nicht abzustürzen. Wenn Aimé eine Pflanze näher untersucht, bleiben alle stehen, um auf ihn zu warten. Alexander ist besorgt, weil einer der Sklaven, *ein großer Kongoneger*, eines der Geräte einfach so auf dem Kopf trägt, ohne es weiter festzuhalten. Um zehn Uhr abends treffen sie, ermüdet und von Durst gequält, auf dem Talgrund ein.

Seinen Freunden in Europa berichtet er von all ihren Abenteuern und zählt auch ihre bisherigen Leistungen auf: sechstausend getrocknete Pflanzen, überwiegend von Bonpland gesammelt, davon sechshundert genau klassifiziert und beschrieben; außerdem Insekten, Muscheln, Steine. Tausende von Messdaten der verschiedensten Bereiche. Fünfzig Zeichnungen von Vögeln, Tieren und Landschaften. An Baron von Forell, den sächsischen Gesandten in Madrid, schreibt er über das Leben in Caracas: *Wenn nur die Auf-*

Der größte Vogel der Neuen Welt, der Condor *(vultur gryphus)*, der überall in Südamerika im Hochgebirge beheimatet ist. Dieser Stich nach einer Zeichnung von Humboldt zeigt, dass der Forscher ein sehr genauer Beobachter war.

klärung weiter verbreitet wäre, aber die Unmoral ist es dafür umso weniger. – Und wie soll ich Ihnen die rührende Gastfreundschaft beschreiben, mit der man uns behandelt? Vor der Rückkehr nach Europa werde ich Mühe haben, mich zu ent-hispanisieren.

Am späten Nachmittag des 7. Februar 1800, nach zwei Monaten Aufenthalt, bricht die Karawane wieder auf, vier Männer, vier Maultiere, davon zwei mit Instrumenten, Papier und Kleidung beladen. *Wir verließen Caracas in der Abendkühle, um die Reise zum Orinoco anzutreten. Mitgenommen in bar 131 Pesos und in 2 Anweisungen 600 Pesos.* Sie werden die Stadt nie wiedersehen, doch Alexander wird sich ihrer immer erinnern, besonders im Jahre 1811, bei der Erklärung der Unabhängigkeit von Spanien und der – vorübergehend niedergeschlagenen – Revolution, bei der so viele ihrer Freunde in den Kerker geworfen oder standrechtlich erschossen werden. Bald darauf, am 26. März 1812, wird Caracas durch ein großes Erdbeben in Schutt und Asche gelegt: In weniger als einer Minute ist die Stadt völlig zerstört. Es gibt 12 000 Tote. *Die Erinnerung an unsere Abreise ist heute* (so schreibt er 1812) *schmerzlicher für uns, als es vor einigen Jahren war. Unsere Freunde sind in den blutigen Revolutio-*

nen umgekommen; die Stadt, die ich beschrieben habe, ist nicht mehr vorhanden.

In der Gegend von Antimano, weit außerhalb der Stadt, blühen die Pfirsichbäume. Sie übernachten in einer Zuckerpflanzung. Alexander wünscht das Haus zu sehen, in dem die Sklaven untergebracht sind: Man zeigt ihm die kleine Baracke, in der achtzig Männer in großer Enge leben, die Pritschen in drei, vier Stockwerken übereinander, ohne Abtritt. Es erinnert ihn an eine preußische Kaserne. Im Hof ein Dutzend Feuer, an denen gekocht wird. Und wieder die unbegreifliche *lärmende Fröhlichkeit* der Schwarzen.

Bei Don José de Manterola und einigen anderen Pflanzern im Aragua-Tal sehen sie einen ersten Versuch, den Sklaven das Leben etwas erträglicher zu machen. Diese Pflanzer haben ihren Sklaven gestattet, zu heiraten, und sie haben ihnen ein kleines Stück Land überlassen, das sie am Samstagabend und am Sonntag bebauen. Die Sklaven ziehen Hühner und besitzen oft auch ein Schwein. Ihre Herren rühmen sich sehr, spottet Alexander, wie gut es doch ihre Sklaven hätten – *ebenso wie die Grundherren im nördlichen Europa, die gern den unglaublichen Wohlstand der leibeigenen Bauern rühmen*. Die Herren wissen das Sklavenschicksal *nach Herrenart in allen Weltteilen gar reizend zu schildern*. Dabei hört man sie täglich ihre Sklaven *perra* und *perro* schimpfen, Hündin und Hund, und die so Beschimpften müssen vor dem Herrn, wenn sie mit ihm reden, auf die Knie fallen *und andere Schändlichkeiten mehr*.

Sie ziehen durch San Mateo, Maracay und Turmero, *reizende Dörfer* in größtem Wohlstand, Pflanzungen von Zuckerrohr, Indigo, Baumwolle, Kaffee. Es sind Dörfer mit mehreren tausend Bewohnern, mit stattlichen Häusern, oft mit einer mit dorischen Säulen geschmückten Kirche. Beim Verlassen des Dorfes Turmero erblicken sie in einiger Entfernung einen *seltsamen Gegenstand*, der sich am Horizont wie ein abgerundeter Hügel darstellt. Es ist aber kein Hügel, sondern ein einzelner riesiger Baum, der berühmte *Zamang del Guayre* (ein Saman oder Regenbaum). Die weitausladenden Äste dehnen sich wie ein gigantischer Sonnenschirm, der

Wipfel, dessen senkrechter Schatten von Alexander und Aimé genau um zwölf Uhr mittags gemessen wird, hat einen Umfang von 576 Fuß, etwa 185 Meter, was einem Durchmesser von fast sechzig Metern entspricht. Schmarotzerpflanzen zerstören bereits die Rinde dieses uralten Riesen, von dem Alexander glaubt, dass er mindestens so betagt ist wie der Drachenbaum auf Teneriffa, er muss schon bei der Ankunft der ersten Spanier existiert haben (tatsächlich existiert er auch heute noch, zweihundert Jahre später: riesig, aber kahl und abgestorben, ein Monument seiner selbst, steht er auf einer Verkehrsinsel inmitten der großen Straße von Caracas nach Maracay).

Immer am Valencia-See entlang ziehen sie durch eine blühende Landschaft, bewohnt von armen spanischen Familien und Mestizen. Alles zeigt einen ungewöhnlichen Sinn für Schönheit: hübsche Häuser stehen unter Gruppen von Ceiba-Bäumen, deren große gelbe Blüten sich mit den purpurfarbenen Blüten der Erithryna vereinigen, die Felder sind sorgsam bestellt. Humboldt kommt zu der paradoxen Einsicht, dass alles so wohlgeordnet ist, *weil eine freie, tätige, an Arbeit gewöhnte Bevölkerung am Werk ist, die zu arm ist, um sich Sklaven leisten zu können.*

Es ist ihre Art zu reisen, langsam, aufmerksam und immerzu beobachtend. Alles erscheint als Einzelheit, taucht auf und bleibt zurück, unerwartet, abwechslungsreich, erst später, wenn man die Einzelheiten bedacht und diskutiert hat, fügen sie sich zusammen und lassen sich verallgemeinern. Dann kann er über den Indigo-Anbau sagen, dass diese Pflanze mehr als jede andere den Boden erschöpft und auslaugt, wenn sie mehrere Jahre hintereinander angebaut wird. Der Ertrag verringert sich ständig, während weiter südlich, in Cucuta, neuer jungfräulicher Boden eine reiche Ernte mit schönster Farbkraft liefert. Verwüstungen durch exzessive Landwirtschaft – nie zuvor hat jemand diesen Zusammenhang erkannt.

Humboldt weiß aber auch, dass vieles noch einer späteren sorgfältigen Recherche vorbehalten bleibt, zum Beispiel die Daten des globalen Indigo-Handels, der den Wohlstand im Aragua-Tal mit beeinflusst. Die Ostindische Gesellschaft etwa verkauft in London 5,5 Millionen Pfund Indigo jährlich. Diese beträchtliche Einfuhr aus den britischen Kolonien in Asien lässt die Preise abstürzen, auch im Aragua-Tal. Zucker, Kaffee, Kakao und Baumwolle unterliegen ebenfalls bereits einem globalen Wettbewerb. In schwachen Umrissen erscheint zum ersten Mal die Idee eines Weltmarktes, dessen regionale Faktoren einander überall beeinflussen.

Der ehemalige Student der Hamburger Handelsakademie sammelt überall Dokumente über Preisentwicklungen, Statistiken, Ausfuhrmengen der kolonialen landwirtschaftlichen Produktion, vor allem für Indigo, Baumwolle und Zucker. Hier im Aragua-Tal kommt noch, wie in der Gegend von Cumaná, der Kakao hinzu. Die Geschäftsunterlagen, die seine Gastgeber ihm überlassen, zeigen, dass der Jahresumsatz fast fünf Millionen Piaster beträgt. Nach Humboldts Berechnung verbraucht Europa jährlich etwa 23 Millionen Pfund Kakao und sechsmal so viel Kaffee. Dieser Konsum Europas stimuliert die Produktion in Amerika – und damit die Sklaverei. Für tausend Kakao-Bäume rechnen seine Gastgeber einen Sklaven. Mit 300 000 Kakaobäumen und 300 Sklaven kann man schon einen schönen Gewinn von 100 000 Piaster jährlich erzielen.

In den Bibliotheken seiner Freunde schlägt Alexander nach, was frühere Reisende über Kakao (*cacahuetl* bei den Azteken) und Schokolade (*xocolatl* bei den Maya) geschrieben haben; manche empfanden schon beim bloßen Anblick des «schwarzen Tranks» Ekelgefühle, andere hingegen lieben die Schokolade «närrisch». Seit dem europäischen Barock gehört der Kakao zu den Getränken der sehr feinen Salons, Madame de Sévigné am Hof Ludwigs XIV. hat darüber – und über die angeblich lustfördernde Wirkung – viel geschrieben. Wer eine Tasse davon getrunken hat, berichtet schon ein Freund des Hernán Cortes, der hält eine ganze Tagesreise aus, ohne etwas essen zu müssen. Tatsächlich wird Humboldt noch Jahre später an den Kakao denken, den sie als haltbaren Proviant an den

Orinoco und auf die Bergtouren ins andinische Hochgebirge mitnehmen. Er enthält viele nährende und anregende Stoffe.

Sie machen Station auf der Hacienda de Cura, einer Pflanzung des Grafen Tovar, den sie im vergangenen Oktober in Cumaná kennengelernt haben und mit dem sie gemeinsam nach Caracas gereist sind. Tovar hatte eines Tages, vor Jahren, festgestellt, dass er viel mehr Land besitzt, als er bebauen kann. Daraufhin schenkte er etlichen seiner Sklaven die Freiheit und teilte manche seiner Besitzungen in kleine Höfe auf, die er den Freigelassenen überließ. Dieser Versuch – mehr als ein vorsichtiger Versuch ist es nicht – beweist Alexander, *dass die unglücklichen Sklaven sehr wohl Bauern, Pächter und Grundbesitzer sein können.*

Den Aufenthalt auf der bequemen Hacienda genießt er sehr: *Stark gefrühstückt, Fleisch, Eierkuchen mit Platanus* (Bananen). Er findet das Leben einerseits *indianisch gemächlich,* andererseits *nach Art der wohlhabenden Leute. Wir baden zweimal täglich, essen drei Mal und legen uns drei Mal zur Ruhe. Es ist tausendmal gesagt worden, aber der Reisende fühlt sich stets neu bewegt, es zu wiederholen: die spanischen Kolonien sind das Land der Gastfreundschaft.*

Einmal sehen sie abends auf dem Dorfplatz von Cura die Vorführung einer «Laterna Magica», unter anderem mit Bildern aus Paris und Berlin. Die Bilder vom Schloss und von der Prachtstraße Unter den Linden machen ihm wenig Eindruck. Stattdessen liest er abermals – und im Wechsel mit Aimé – die Südsee- und Liebesgeschichte von *Paul et Virginie.* Der Valencia-See erinnert ihn an den Genfer See, und so liest er auch noch einmal Rousseau und denkt an den Felsen von Meillerie. Er schreibt: *Am Gestade eines Sees, in einer ausgedehnten Waldung, am Fuße eines mit ewigem Eis bedeckten Berges ist es nicht die physische Größe der Gegenstände, die uns mit Bewunderung erfüllt. Was zu unserer Seele spricht, das, was so tiefe Empfindungen erregt, entzieht sich unseren Messungen und den Formen der Sprache.*

Ach, Schiller.

Die Pflanzer konfrontieren ihn mit einem Problem. Der Wasserspiegel des Valencia-Sees ist seit Jahren kontinuierlich gesunken, die alten Ufer liegen viele Meilen vom jetzigen See entfernt, frühere Inseln sind nun fest mit dem Land verbunden. Warum? Gibt es, wie die Pflanzer meinen, irgendwo einen unbekannten Abfluss? Eine Art Leck, durch welches das Wasser verschwindet? Humboldt untersucht das Problem. Und er erkennt einen Zusammenhang, der erst in unserer Zeit Allgemeingut geworden ist. Wenn bis zur Mitte des 18. Jahrhunderts, wie man ihm sagt, die Berge um Valencia von Wäldern bedeckt waren, dann ist es wahrscheinlich *die Zerstörung der Wälder, wie sie die europäischen Kolonisten in unvorsichtiger Eile überall vorgenommen haben,* die das Problem verursacht, weil dieses Abholzen *das völlige Versiegen oder zumindest die Abnahme der Quellen zur Folge hat.* Ökologisches Denken, lange vor dem Begriff. *Durch das Fällen der Bäume, welche die Bergabhänge bedecken, bereiten die Menschen den kommenden Geschlechtern einen gefährlichen Wassermangel.*

Die Pflanzer glauben ihm nicht.

Humboldt hat recht behalten, bis heute ist der Wasserspiegel immer weiter gesunken. Auch ein Fleck namens *Burro,* der zu seiner Zeit noch eine Insel war, liegt inzwischen auf einer Landzunge; ein paar Wochenendhäuser der gehobenen Klasse mit Pool und «aire acondicionado» stehen dort, wo vormals ein paar aus Rohr gebaute Hütten in der Sonne brüteten. Humboldt besucht die Insel, *die von sehr armen Mestizen-Familien bewohnt ist, sie haben aber Bananen, Manioc, Milch von ihren Ziegen, Fisch aus dem See.* Eine Hütte, ein Stein, auf dem Feuer gemacht wird, die Frucht einer Kalebasse zum Wasserschöpfen, viel mehr nicht.

Einer der Mestizen hat aber eine *ungemein schöne Tochter*, und man erzählt ihnen, dass gerade ein paar Tage zuvor eine Gruppe weißer Jäger auf die Insel gekommen war, um zu jagen. Vor allem aber seien sie wild entschlossen gewesen, sich zu amüsieren. Der besorgte Mann zwang seine schöne – und wohl auf der Insel auch etwas vereinsamte – Tochter, einen sehr hohen und dichtbelaubten Saman zu ersteigen, er selbst schlug sein Nachtlager unter dem

Baum im Freien auf. Erst als die Jäger abgereist waren, ließ er das Mädchen wieder herabsteigen. *Diese Sittenstrenge findet man nicht immer bei den Insulanern.*

Seit Wochen hören sie von einer seltsamen Erscheinung, der sie nun auf den Grund gehen wollen: Es handelt sich um einen Baum, der einen milchähnlichen Saft geben soll. Die Leute nennen ihn den «Kuhbaum» *(palo de vaca)* oder auch «Milchbaum» *(árbol de leche)*. Wie sie herausfinden, ähnelt sein Saft einem weichen Käse oder angedickter Milch. Die Einheimischen ritzen die Rinde ein, fangen die Milch auf, trinken sie oder tunken beim Frühstück ihr Brot hinein. Die Forscher probieren – und finden den Saft schmackhaft, *sehr angenehm balsamisch riechend, wie Muttermilch*. Sie trinken ihn an zwei Tagen abends vor dem Schlafengehen und in der Frühe, ohne eine schädliche Wirkung zu verspüren. Dieser Kuhbaum existiert völlig außerhalb ihres wissenschaftlichen Koordinatensystems, kein europäischer Botaniker hat je von einer solchen Pflanze gehört. Er beflügelt noch lange ihre Phantasie. *Ich gestehe, dass unter der großen Zahl merkwürdiger Erscheinungen, die mir auf meinen Reisen vorgekommen sind, nur wenige meine Einbildungskraft so stark beeindruckten wie der Anblick des Kuhbaums.* Er wird dem Baum in seiner späteren Reisebeschreibung *Voyage de Humboldt et Bonpland, Relation historique,* viele Seiten widmen.

Plötzlich begreifen sie, dass sie keineswegs genügend Zeit haben für eine derart gemütliche Reise. Man erwartet den Eintritt der Regenzeit diesmal sogar früher als in anderen Jahren. Sie verabschieden sich von ihren Freunden Toro und Tovar. Es herrscht Karneval, *alles war froh und munter,* wenn auch die Spiele für seinen Geschmack *zuweilen einen etwas rohen Charakter annahmen.* Am 5. März, in der Nacht nach dem Abschiedsfest, notiert Humboldt: *Unbeschreibliche Hitze und wegen vielen Kaffeegenusses und zu viel liqueur krank.* Er hat einen Kater. Ein paar Tage später schreibt er: *Die Sehnsucht, mitten unter den Wilden des Orinoco zu leben, erleichterte mir den Abschied von den Freunden, die wir in den Tälern von Aragua zurückließen. Wir verließen den 6ten März 1800 das Haus des Marqués del Toro, mit dem wir vier Monate lang in innigster Verbindung gelebt hatten.*

Nun steht ihnen die Durchquerung der *Llanos* (Ebenen) bevor, eines riesigen Gebietes, das mit 1300 Kilometern Länge und über 500 Kilometern Breite größer als Deutschland ist; ein ungeheuer ausgedehntes Becken, das sich in der Regenzeit in ein gigantisches, sehr flaches Überschwemmungsgebiet verwandelt. Heute führt eine Nationalstraße hindurch, und einmal, gegen Ende der Regenzeit, sah ich hier überall blühende Bäume, riesige Schwärme von Ibissen und Störchen – und Tausende von Kühen, die bis zum Bauch im Wasser standen wie amphibische Geschöpfe. Humboldt aber ist hier noch vor Beginn der Regenzeit unterwegs.

Die Sonne steht fast im Zenit. Der Boden hat dort, wo er nackt ist, eine Temperatur von über 50 Grad. Das Gras ist längst zu Staub geworden, die Erde überall aufgebrochen, und in den schlammigen Resten von Tümpeln und Seen versuchen Schlangen und Krokodile, die Trockenzeit zu überleben. Kein Windhauch ist zu spüren, trotzdem wirbelt überall Staub herum, gejagt von kleinen heißen Luftströmungen. Diese Sandwinde, die unvermeidlich in Augen und Ohren, in Nase und Mund eindringen, erhöhen die erstickende Wärme der Luft. Ringsherum die endlose Ebene, durch die sie reiten, *eine stille Einsamkeit wie ein mit Tang bedeckter Ozean.* Siebenundzwanzig glühende Tage und heiße Nächte liegen vor ihnen, ehe die Flussfahrt beginnen wird. Sie stopfen sich die letzten großen Blätter der Rhopala-Pflanze innen in die Hüte, um sich so vielleicht gegen Hitzschlag zu schützen.

Die Llanos sind sehr unsicher. Ehemals raubte man bloß Rindvieh, man tötete es, wie die Gauchos in Argentinien, nur um die Haut zu gewinnen, das Fleisch überließ man den Geiern. Jetzt hat man angefangen, Reisende anzugreifen. Die Raublust ist besonders auf Kleidungsstücke gerichtet, auf schöne Pferde und Maultiere, auf kostbare Sättel, auf Geld. Uhren interessieren die Räuber überhaupt nicht. Dagegen wird der Reisende zumeist, wenn er ein Weißer ist, an einen *chaparro* gebunden und kräftig ausgepeitscht. Die Räuber sind Zambos, Mulatten, Mestizen ... *man gibt dem Weißen einen Theil dessen zurück, was die bunte Kaste von der Tyrannei der weißen Kaste leidet.*

Nachdem sie mehrere Nächte hindurch geritten sind und am Tag vergebens unter den dünnen Blättern der Palmwäldchen Schutz vor der Sonne gesucht haben, kommen sie an einen Weiler namens El *caimán* (Das Krokodil), der einer befreundeten Familie in Caracas gehört. Sie hoffen auf frisches Wasser, auf Milch. Es gibt aber *nur gelbliches, schlammiges und stinkendes Wasser.* Das wird wochenlang so bleiben. Einmal wittern ihre Maultiere eine Wasserstelle, sie lassen sie frei, folgen ihnen, träumen schon von einem erfrischenden Bad. Doch sie finden nur eine trübe, schlammige, warme Brühe. Sehnsüchtig nach dem Nass werfen sie sich trotzdem hinein. Kaum sind sie eingetaucht, als sich am anderen Ufer ein paar Krokodile hungrig ins Wasser gleiten lassen.

Sie kommen nur langsam voran. Die trägen Maultiere mit dem Gepäck bestimmen das Tempo, nicht die Reittiere. Außen und innen ist alles ausgetrocknet, die Landschaft, der Mund. Die Augen schmerzen im grellen Licht. Luftschichten von ungleicher Hitze spielen ihnen flirrende und verwirrende *mirages* vor, Erscheinungen, die man in der arabischen Wüste *fata morgana* nennt. Sie sehen einen riesigen See in der Ferne, ein Gebirge, sogar ein Dorf, das vor ihnen zurückweicht und das sie nie erreichen werden.

Nach einer Woche kommen sie nach Calabazo, einen großen Ort mit fünftausend Einwohnern. Sie werden im Hause von Don Miguel Cousin mit der üblichen Gastfreundschaft empfangen. Auf der riesigen ausgetrockneten Steppe ringsherum hungern ungefähr hunderttausend Stück Vieh, doch Alexanders Mitgefühl gilt noch mehr den *Pferden von der schönen spanischen Rasse*: Jedes Jahr wechselweise von schrecklicher Trockenheit und schlimmsten Überschwemmungen geplagt, von Insektenstichen und den Bisswunden der großen Fledermäuse gequält, *führen sie ein beschwerliches Leben.*

In Calabazo lernen Alexander und Aimé einen Mann kennen,

den sie ihr Leben lang nicht vergessen werden, Carlos del Pozo. Carlos ist der erste Mann, von dem Humboldt sagt, er sei ein Genie. Erstaunlich ist schon, dass er hier im verlorenen Calabazo die modernsten Messgeräte und Maschinen besitzt, etwa eine Elektrisiermaschine mit großen Scheiben, Elektrophore, Batterien, Elektrizitätsmessgeräte – kurz, ein Instrumentarium, fast ebenso vollständig wie das der europäischen Forscher. Aber das eigentlich Unbegreifliche ist, dass keines dieser Geräte aus Europa oder den Vereinigten Staaten stammt. Nicht einmal aus Caracas. Carlos del Pozo hat sie alle selbst hergestellt – obwohl er sie nie zuvor gesehen hat und nie jemanden um Rat fragen konnte. Er kennt die *elektrischen Erscheinungen,* wie sie von den fortgeschrittensten Forschern Europas untersucht wurden, nur auszugsweise aus den Schriften von de la Fond und Benjamin Franklin. Carlos ist gerade dabei, eine Elektrisiermaschine zur Erzeugung von Strom zu bauen, mit Zündern. *Er lebt in der verlorensten Steppe Venezuelas ganz seiner Wissenschaft, seit er den Entschluss gefasst hatte, sich durch eigene Anstrengung alles zu verschaffen, was er in den Büchern beschrieben fand.* Bisher haben die Menschen in der Kleinstadt ihn für einen Verrückten gehalten, vielleicht eine Art Zauberer, der mit Maschinen Blitze erzeugen kann. Der Besuch zweier europäischer Forscher, die öffentlich seine Geräte bewundern, die vollkommen auf dem Stand europäischer Technik sind, macht ihn unendlich glücklich. *Herr Pozo konnte die Freude nicht fassen, als er unsere Instrumente sah, Geräte, die er nicht selbst gebaut hatte und die den seinigen nachgeahmt schienen.* Humboldt schreibt sofort an den Generalkapitän Guevara y Vasconcelos in Caracas und erzählt, er habe in Calabazo *eine wenig begüterte, aber sehr talentierte und in der experimentellen Physik hoch gebildete Person, Carlos del Pozo,* kennengelernt, der Generalkapitän möge sich doch seiner *fördernd* annehmen.

Immer wenn ich diese Geschichte eines einsamen, genialen Erfinders lese, denke ich an den Oberst Aureliano Buendía aus «Hundert Jahre Einsamkeit» von Gabriel García Márquez, der in dem verlorenen Kaff Macondo ganz allein herausfindet, dass die Erde eine Kugel ist, «rund wie eine Orange», und von seiner Frau ermahnt wird, er solle sich doch bitte wenigstens in Gegenwart der Kinder mit derlei haarsträubendem Unsinn zurückhalten. Humboldts Reisebeschreibungen sind eine bedeutende Inspirationsquelle für alle lateinamerikanischen Schriftsteller, die sich hundertfünfzig Jahre später dem *real maravilloso*, der «wunderbaren Wirklichkeit», widmen und damit den «magischen Realismus» begründen. Der Erste von ihnen, der Kubaner Alejo Carpentier, fährt Mitte des 20. Jahrhunderts, mit Humboldts Reisebericht auf den Knien, den Orinoco hinauf...

Carlos del Pozo weist sie auf die Existenz eines eigenartigen Fisches hin, der hier in den Flüssen lebt: «elektrische Aale» oder *gymnotus electricus*, die sehr gefährliche Stromschläge austeilen, wenn man ihnen zu nahe kommt. Sofort ist Humboldt fasziniert. Seit langem untersucht er die organische Elektrizität von Tieren, jahrelang hat er galvanische Experimente betrieben. Es gibt diese Zitteraale, *tembladores*, fast überall in Südamerika in den Systemen des Orinoco und des Amazonas, man bekommt sie aber wegen der ungeheuren Wassertiefe kaum je zu sehen. Nur in den kleineren Flüssen der Llanos, die während der Trockenzeit zu schlammigen Tümpeln werden, hat man eine Chance, sie zu fangen.

Humboldt setzt pro Aal zwei Piaster Belohnung aus, aber die Indios bringen drei Tage lang keinen einzigen, obwohl sie behauptet haben, der Fang sei ganz einfach und ungefährlich, solange man nur Tabak kaue, wenn man den Fisch berühre. Diese Fabel, sagt Humboldt, ist ebenso verbreitet wie unter den Matrosen der Glaube an den Einfluss des Knoblauchs auf die Magnetnadel. Schließlich sagen die Indios, sie wollten «mit Pferden fischen», *embarbascar con caballos*. Die Forscher wissen nicht, was das bedeuten soll. Bald haben die Indios etwa dreißig wilde Pferde und Maultiere zusammengetrieben, die sie mit Schreien und Peitschenhieben in den Tümpel jagen. Ein unvergleichlicher Kampf beginnt, und niemand weiß, wer dabei siegen wird. Das Stampfen der Pferde, ihr Galopp durch das flache Wasser treibt die Fische aus dem Schlamm hervor und macht sie aggressiv. Zum ersten Mal erhascht Humboldt einen Blick auf die seltenen Tiere, sie sind olivgrün mit gelben Flecken, wie Schlangen, etwa anderthalb Meter lang. Die Zitteraale berühren die Bäuche der Reittiere und versetzen ihnen heftige elektrische Schläge – 500 bis 600 Volt (und, wie man heute weiß, 1000 Watt) stark. Die Pferde fliehen ans Ufer und werden von den Indios mit Peitschen zurückgetrieben.

Lange Zeit scheint es, als ob die Zitteraale den Sieg über die Pferde davontragen könnten. Mehrere Pferde sind von den Stromstößen wie betäubt, einige fallen ohnmächtig ins Wasser. Andere keuchen mit gesträubter Mähne und *mit wilder Angst im verstörten Auge*, stehen wieder auf und versuchen zu entfliehen. Doch die Indianer treiben sie unerbittlich wieder hinein. Bonpland fürchtet, der Kampf werde mit dem Tod aller Pferde enden. Aber schließlich hat sich die elektrische Spannung der *Gymnoten* entladen. Sie sind jetzt so harmlos wie normale Fische ihrer Größe. Fünf der Zitteraale können harpuniert werden.

Noch nie zuvor sind diese Fische anatomisch und physikalisch untersucht worden. Ihre Schwimmblase enthält 4 Prozent Sauerstoff und 96 Prozent Stickstoff, darin unterscheiden sie sich kaum von anderen Fischen. Die «elektrischen Organe» nehmen fast zwei Drittel der Länge ein, achtzig bis neunzig Zentimeter. Doch die anatomische Untersuchung liefert keine Erklärung für die Fähigkeit der Aale, starke Stromschläge auszuteilen. Im Selbstversuch, allerdings mit «geschwächten» Fischen, finden sie einiges heraus: Wenn zwei Männer sich bei der Hand halten, während nur der eine den Fisch berührt, erleiden doch beide fast denselben Schlag. Es bleibt unklar, wodurch der Fisch, wenn er seine «Ladung geleert» hat, sie wieder aufladen kann – und wie lange das dauern mag. Es sind *weder Batterien*, sagt Humboldt, noch *elektromotorische Vorrichtungen*, die dem Fisch seine Fähigkeit verleihen. Jahre später wird Alexander in Paris zusammen mit seinem Freund, dem französischen Physiker Gay-Lussac, ähnliche Versuche machen, diesmal mit Zitterrochen.

Der Fang der Zitteraale mit Pferden. Der *gymnotus electricus* teilt sehr gefährliche Stromschläge von über 500 Volt aus. Dieser Holzstich von 1870 zeigt den dramatischen Kampf der Pferde gegen die Fische.

Am 24. März 1800 verlassen sie Calabazo, sehr befriedigt über ihre physiologischen Versuche und ihren neuen Freund Carlos, mit dem sie viele Jahre in Kontakt bleiben werden. Sie dringen in den südlichen Teil der Llanos ein. Es ist trockener denn je, wüstenhaft, sogar die Palmen verschwinden jetzt ganz, oft bleiben die Maultiere erschöpft und störrisch stehen, Windwirbel jagen Staubfahnen in die Höhe, und der feine Sand klebt in den Gesichtern der Reisenden und verstopft Ohren und Nase.

Nach vielen Tagen beginnt die Landschaft, sich langsam zu verändern. Sie verlassen die Steppe, setzen über einen kleinen Fluss, den Rio Guárico, und schlagen ihr Biwak auf. Sehr große Fledermäuse, *zweifellos zur Familie der Phyllostomen gehörend und fast ebenso gefährlich wie Schlangen, Krokodile und Tiger*, schwirren die ganze Nacht hindurch über ihren Hängematten herum, Alexander hat Angst, sie würden sich jeden Augenblick auf ihre bloßen Gesichter stürzen, sich festkrallen und ihr blutsaugerisches Geschäft beginnen. Ein paar Tage später, am 27. März 1800, treffen sie in San Fernando de Apure ein. Sie gehen sofort zum Fluss hinunter, dessen bewaldete Ufer ihnen nach der trockenen Steppe besonders schön vorkommen. Der Apure, ein Nebenfluss des Orinoco, ist hier noch nicht sehr breit, gerade 206 toisen (400 Meter), wie sie am nächsten Tag messen. Auf der anderen Seite beginnt der Urwald. *Dies war das Ziel unserer Reise auf dem flachen Land, denn die drei Monate April, Mai und Juni brachten wir auf den Strömen zu.*

Siebentes Kapitel

VOM ORINOCO ZUM RÍO NEGRO

Das Boot gleitet über die Savanne, an Palmen vorbei, die sich aus der weiten Wasserfläche erheben. Schwärme von Ibissen bevölkern einzelne Baumkronen, die Äste sind voll weißer Flecken, wie riesige Blüten. Der Himmel zieht sich zu, von allen Seiten rollt der Donner, die Regenzeit hat früh eingesetzt. Die fünf Nebenflüsse des Orinoco, die hier ein Binnendelta bilden, sind über ihre Ufer getreten und haben das Land überschwemmt. Vor der Abreise in San Fernando zeigte das in den Ufersand gesteckte Thermometer 52,5 Grad.

30. März 1800. Der 30-jährige Alexander von Humboldt und sein 26-jähriger Freund Aimé Bonpland fangen an, ein Flusssystem zu enträtseln, über das seit dreihundert Jahren die phantastischsten Geschichten erzählt werden, den Orinoco. Um 1530 hatten Abenteurer aus dem Augsburger Haus der Welser hier mit Genehmigung Karls V. nach dem sagenhaften Goldland El Dorado gesucht, 1595 folgte ihnen der britische Seefahrer Sir Walter Raleigh, der an diesen Ufern in dem gleichen gierigen Traum gefangen war – die Geheimnisse des Orinoco konnte keine der beiden Expeditionen ganz ergründen. Auch die christlichen Missionare, allen voran die Jesuiten, hatten dieses Flusssystem befahren und inmitten der Indianer gelebt, waren aber nie über die riesigen Katarakte hinausgekommen, die bei Atures und Maipures den Strom versperren.

Humboldts Expedition ist die erste, die nicht im Auftrag eines mächtigen Königs unternommen wird, die nicht auf Beherrschung und Unterwerfung gerichtet ist, nicht auf Gold oder sonstige Bereicherung. Es ist auch keine kanonenbestückte Flotte, die hier ablegt, sondern ein einzelnes Boot. Zwei Männer wollen einfach nur das Wissen über die Welt vergrößern, von Anthropologie bis Zoologie, weil sie in einem ganz anderen Traum gefangen sind: Sie glauben, dass sich *die Lage des Menschen* vor allem durch Wissen verbessern lässt.

Eines der ersten praktischen Ziele wird es sein, eine maßstabsgetreue Karte zu entwickeln, die den Raum realistisch abbildet und Orientierung ermöglicht. Humboldt wird Tag für Tag auf den Flüssen mit Sextant und Kompass jede Krümmung kartographieren und mit Hilfe der Sterne, wann immer die Regenzeit den Himmel freigibt, den genauen geographischen Standort bestimmen. Eine mühsame selbstauferlegte Routine, ohne jede Dramatik, ohne Pathos.

Die *lancha* ist ein großes und sehr breites Segelkanu mit dreieckigem «lateinischem» Segel. Die vier Ruderer kosten zusammen einen Peso pro Tag, der Lotse einen halben. Im hinteren Teil gibt es ein kleines Laubdach, einen *toldo*, zum Schutz vor der Sonne, darunter steht ein kleiner Tisch, an dem Humboldt schreiben kann. Carlos del Pino, ihr ältester Freund in Amerika, der sie schon nach Cumaná gelotst hat, und *Joseph*, José de la Cruz, der sie seit Cumaná begleitet, sind bei ihnen. Und noch einer ist an Bord: Don Nicolás de Soto, ein spanischer Offizier, Bruder des Gouverneurs, hat sich in San Fernando entschlossen, die Reise mitzumachen – ein Mann, der auch unter schlimmen Bedingungen heiter und gelassen bleiben wird.

Wir haben im Schiff eine ganz erträgliche Existenz. Die Indianer, ganz nackt, lustig nach Schiffsvolks Sitte. Machen sehr wunderbare indianische Späßchen, schlagen sich beim Rudern mit einer Hand den Hintern. Burlesk und obszön zugleich. Sie haben Proviant für etliche Wochen an Bord, lebende Hühner, Bananen, Eier, Kakao, Maniok, außerdem ein paar von einem Priester erstandene Flaschen Sherry. Es gibt Orangen und Tamarindenschoten, aus denen sie, mit Flusswasser, erfrischende Getränke bereiten können. Und schließlich

Zuckerrohrschnaps, ein paar Schusswaffen zum Jagen sowie Netze und Angeln, mit denen die Indios Fische und Vögel fangen können. Der Apure bietet genug Nahrung: Fische, Seekühe, Schildkröten. Die Bäume am Ufer wimmeln von Vögeln.

Sie begegnen einer neuen Welt mit einer wilden und ungezähmten Natur, die Ufer voller Krokodile, in Gruppen von acht oder zehn Tieren, ein Jaguar mit seiner Beute, von gierigen Geiern umflattert. Wasserschweine, wehrlose Tiere, die auf dem Land eine Beute der Jaguare werden, im Wasser ein Fraß der Krokodile. *Es como en el paraiso*, sagt der Steuermann, ein alter Indianer, es ist wie im Paradies. Erinnert wirklich alles an den Urzustand der Welt, dessen Unschuld und Glück durch die alten Legenden der Völker jedem bekannt sind, wie er sagt? Nein, denn dieses Goldene Zeitalter ist überall beendet. Humboldt sieht die Natur, wie sie an den Ufern vorübergleitet, nicht als sein ersehntes Südsee-Idyll. Der Existenzkampf von Pflanzen und Tieren ist unerbittlich. *Stärke und Sanftheit gehören nur selten zusammen.*

Bei einem völlig heruntergekommenen Spanier legen sie eines Abends an. Don Ignacio, der – halbnackt wie seine Frau und Tochter – unter einem Baum seine Hängematte aufgeschlagen hat, besitzt nicht einmal eine Hütte. Trotzdem redet er *entre gente blanca y de trato*, «unter weißen und vornehmen Leuten», abschätzig über die Indios, die er hasst und verachtet. Er erzählt sogar von einem Krieg, seinem privaten Krieg, den er oben am Río Meta geführt hat, um mit einigen Kumpanen «tapfer und gottgefällig», wie er glaubt, die indianischen Dörfer zu überfallen und die Kinder zu rauben. Ein Werk christlicher Nächstenliebe, denn er verteilt die Kinder auf die Missionsstationen. *Welch seltsames Schauspiel*, schreibt Alexander, *in dieser unermesslichen Einsamkeit alle eitle Anmaßung, alle ererbten Vorurteile und alle Irrtümer* der Europäer bei einem Mann anzutreffen, der nur *den Schatten eines Baumes als Obdach kannte.*

Meistens verbringen sie die Nacht am Ufer. Der dichte Wald ist so unzugänglich, dass sie große Mühe haben, trockenes Feuer-

Das Cacajao-Äffchen, wie Humboldt es gezeichnet und wissenschaftlich beschrieben hat. Auf ihrer kleinen Piroge im Orinoco führten die beiden Forscher eine ganze *Menagerie* mit sich. Alexander mochte vor allem Affen und Tukane.

holz zu finden. Die Krokodile liegen nebenan so hingestreckt, dass sie ins Feuer schauen können, *eine stille und heitere Nacht.* Um elf Uhr abends beginnt die Kakophonie des Urwalds. Ein furchtbarer Lärm, wilde Tierstimmen, die alle gleichzeitig ertönen, die Schreie des Tigers, des Bisamschweins, des Faultiers, Gekreisch der unendlich vielen Vögel. Irgendwo ist immer Spannung, Kampf, Paarung, Konflikt; die Schreie sind Lustschreie, Todesschreie. Die Affen erwidern das Geschrei von den Bäumen herab. Wenn ein Jaguar sich nähert, hört ihre große Dogge *El Turco* (Der Türke) auf zu bellen und versteckt sich leise heulend unter einer der Hängematten.

Turco ist seit Caracas der Expeditionshund. Nachts flattern riesige Fledermäuse über den Hängematten der Schlafenden; den Hund beißen sie oft in die Schnauze, dann jault er verzweifelt.

Der frühe Morgen ist auf dem Fluss meist kühl und schön. Oft begleiten Flussdelphine das Boot, fischende Vögel schießen im Sturzflug ins Wasser, kleine weiße Vögel hüpfen auf den Köpfen der Krokodile herum, die kaum aus dem Wasser ragen. Papageien, von Habichten verfolgt, flüchten über das Wasser zu den Bäumen ins Dickicht. Myriaden von Insekten liegen wie dunkle Wolken über dem Fluss. Die Indios nehmen am Ufer die Nester der Leguane aus, um die Jungen zu essen. *Wir fanden das Fleisch dieses Sauriers angenehm, sogar dann, wenn uns andere Nahrung keineswegs fehlte.* Die Indios angeln auch gern einen kleinen, sehr aggressiv aussehenden Fisch, den sie *caribe* nennen – nach den wilden Indianern, die der ganzen Karibik den Namen gegeben haben; es sind Fische mit spitzen Zähnen und einem riesigen Maul, Piranhas. Sie sind sehr *blutgierig*. Bonpland wirft manchmal an Stellen, wo kein Fisch zu sehen ist, kleine Stücke blutigen Fleisches ins Wasser. Nach wenigen Minuten hat sich ein ganzer Schwarm *caribes* versammelt.

Seit ein paar Tagen hat die Insektenplage zugenommen. Sie wissen noch nicht, dass dies die schlimmste Erfahrung der ganzen Orinoco-Reise werden wird. *Wir wurden durch Stiche in Gesicht und Hände grausam gequält.* Es sind nicht nur Moskitos, sondern auch *Zancudos*, große Schnaken mit langen Saugrüsseln, die erst mit der Dämmerung hervorkommen. Die von tausend Stichen überreizte Haut scheint zu glühen und zu brennen, aber das Einzige, was helfen könnte – ein erfrischendes Bad im Fluss –, erscheint wegen der Piranhas unmöglich. Und auch wegen der Krokodile, die sich unter Wasser tückisch anschleichen.

Trotz allem geht die Arbeit immer weiter: *Fließgeschwindigkeit des Apure 18 Zentimeter pro Sekunde, Temperatur des Wassers 25,2 Grad.*

Einmal, abends, entfernt sich Alexander ein paar Schritte vom Lager, als er sich plötzlich in zwanzig Metern Entfernung einem

Jaguar gegenübersieht. *Ich glaubte, nie einen größeren Tiger gesehen zu haben. Es ist ein Schock, erstarrt bleibt er stehen.* Der Jaguar fixiert ihn. Ganz langsam geht Alexander weg, ohne zu laufen und ohne sich umzudrehen. Atemlos kommt er im Lager an und erzählt seine Geschichte, die Freunde schließen ihn in die Arme, während die Indios *ziemlich gleichgültig blieben.* Im Tagebuch hält er fest: *Ich war wie bei aller großen Gefahr in einer völligen Ergebung, dem Schicksal mich überlassend. Ich besinne mich deutlich, dass mein inneres Gefühl mir zurief, nicht feige, denn nun ist es aus mit dir.*

Am 4. April erreichen sie die Mündung des Apure in den Orinoco. *Nicht ohne Rührung* erblicken sie zum ersten Mal diesen Fluss. Die riesige Wasserfläche gleicht einem See. Der Strom ist an dieser Stelle ungefähr vier Kilometer breit, gegen Ende der Regenzeit wird er anschwellen auf eine Breite von zehn Kilometern. Sie segeln mit gutem Nordostwind den Strom hinauf, immer in Ufernähe wegen der Strömung, die in der Mitte des Flusses viel zu stark ist.

Die Einmündung ist einer der markanten Punkte, die Humboldt für seine geplante Karte vermessen hat. Der amerikanische Kapitän und Autor Loren A. McIntyre hat in unserer Zeit viele der Humboldt'schen Messungen überprüft. Die geographische *Breite*, die Humboldt meist mit Hilfe des *alpha crucis* im «Kreuz des Südens» genommen hat, stimmt demnach immer sehr genau. Aber die geographische *Länge* ist von Humboldt falsch gemessen worden, sogar mit ständig wachsendem Fehler: in Caracas um 21 Kilometer, in Calabazo um 50 Kilometer, jetzt am Orinoco sogar um 71 Kilometer. Da die Vermessung der Länge von der Kenntnis der genauen (der «wahren») Zeit abhängig ist, muss Humboldts teures, von einem Federwerk angetriebenes Chronometer falsch gegangen sein. Ein Zeitfehler von einer Minute bedeutet hier eine Abweichung von 28 Kilometern. Alexander ahnt es, fürchtet es, hat aber keine Möglichkeit, sein zuletzt in Paris justiertes Chronometer zu überprüfen.

Zum ersten Mal sehen sie auf den riesigen dunklen Granitfelsen am Ufer, in mehr als zwanzig Metern Höhe, die alten Spuren früherer Wasserstände. Indios erzählen ihnen den Mythos von der «Zeit des großen Wassers», der großen Sintflut. Nur ein einziger Mann und eine Frau hätten sich auf den Berg Tamanacu retten können und von dort aus die Erde neu bevölkert. Die Jesuiten interpretierten diese Mythen christlich, so als habe die biblische Sintflut von Palästina bis hierhin gereicht. Humboldt versteht, dass viele Völker, die an großen Strömen leben, ähnliche mythische und traumatische Erfahrungen gemacht haben und die gleichen Erinnerungen besitzen. *Die Sagen sind wie Trümmer eines großen Schiffbruchs über den Erdball zerstreut anzutreffen.*

Sie erreichen die mitten im Urwald gelegene Insel *Boca de Tortuga*. Alexander witzelt, sie werde beinahe so gut besucht wie eine europäische Messestadt. Viele hundert Indianer sind zur diesjährigen «Eierernte» gekommen, auch Händler aus Angostura und etliche Missionare. Die *cosecha*, die Ernte, gilt den Schildkröteneiern, die an den Stränden der Insel jedes Jahr zur selben Zeit millionenfach von den Weibchen in den Ufersand vergraben werden. Es sind große Süßwasserschildkröten, *tortugas*, etwa fünfzig Pfund schwer, der Panzer besteht, wie Aimé aufzeichnet, aus 5 mittleren, 8 Seiten- und 24 Randschuppen. Die Eier sind größer als Taubeneier, notiert Alexander (sie haben die Größe eines Tischtennisballs, um einen Vergleich zu ziehen, den Humboldt nicht kennen konnte).

Zu Tausenden, Zehntausenden kommen die weiblichen Tiere Anfang März bei Niedrigwasser, meist in der Abenddämmerung, an Land. Sie graben ein mindestens zwei Fuß tiefes Loch, eine *nidada de huevos* (Eiernest), legen hundert bis hundertzwanzig Eier ab und scharren das Loch zu. Für sich selbst kennen die *tortugas* keine Gefahr, nur für die Eier. Trotz der Anwesenheit so vieler Männer setzen sie ihre Arbeit fort. Solange sie ihre Eier legen, sind sie närrisch, *tortugas locas*.

Die Indios graben die Erde mit den Händen auf, sammeln die Eier in kleinen Körben und werfen sie schließlich in lange, mit Wasser gefüllte Tröge. Nach einiger Zeit hat sich das Gelbe, der ölhaltige Teil der Eier, auf der Oberfläche gesammelt. Man schöpft diese Schicht ab und kocht sie über Feuer. Es entsteht ein tierisches Öl, das die Spanier *manteca de tortugas* nennen, Schildkrötenbutter. Es ist klar, geruchlos und von leicht gelblicher Farbe. Die Missionare setzen es dem besten Olivenöl gleich und verwenden es nicht nur für die Lampen, sondern auch zur Bereitung der Speisen.

Die Hemmungslosigkeit der «Ernte» lässt Humboldt fürchten, diese Schildkrötenart könne bald aussterben. Allein hier an diesem Ufer werden nach seiner Schätzung jedes Jahr 33 Millionen Eier gelegt – und geplündert. Die Händler aus Angostura, die den Indios das Öl abkaufen, machen beim Weiterverkauf einen Gewinn von über 80 Prozent. Und nur deshalb geschieht es, dass der Mensch diese Tiere *in solcher Menge zerstört*.

Etwas weiter flussaufwärts, am Eierstrand, der *playa de huevos*, halten sie an, um frischen Proviant zu kaufen: Fleisch, Reis, sogar aus Weizenmehl gebackenen Zwieback. Die Indios füllen das Boot mit lebenden kleinen Schildkröten und an der Sonne getrockneten Eiern. Sie gehen unter Segel, der Wind weht kühl und stoßweise. Plötzlich gibt es eine sehr heftige Böe, das Boot kippt um. Alexander sitzt gerade im Heck an seinem Tischchen und schreibt. *Mit Mühe konnte ich mein Tagebuch retten*, notiert er später. Viele ihrer Bücher und die zuletzt gesammelten Pflanzen werden vom Wasser weggerissen, bleiben allerdings innerhalb des Bootes. *Alle Bücher, alle Manuskripte im Wasser, zum Glück gute Tinte und daher alles lesbar, doch mühsam zu trocknen*, schreibt er Stunden später ins Tagebuch (das übrigens bis heute, wo es an jenem Tag aufgeschlagen war, Wasserspuren zeigt). Bonpland war gerade eingeschlafen, als das Boot umschlug. Durch das Geschrei geweckt, erfasst er die Lage sofort, überprüft kaltblütig die Entfernung zum Ufer und die Wasserfläche ringsherum. Er sieht, dass keine Krokodile in der Nähe sind, und fordert Alexander auf, im Wasser auf seinen, Aimés, Rücken zu steigen, sich festzuhalten und sich von ihm retten zu lassen.

Alexander ist Nichtschwimmer.

Da reißt ein Tau, der Wind gibt das Segel frei, und das Boot richtet sich wieder auf. Sie sind gerettet. Die Indios schöpfen das

Wasser aus dem Boot. An *Bill*, seinen Bruder Wilhelm, wird Alexander später schreiben: *Unsere Lage war schrecklich. Das Ufer war über eine halbe Meile entfernt, und eine Menge Krokodile* (die es laut Tagebuch aber in diesem Moment nicht gab) *ließen sich mit halbem Körper über dem Wasser sehen. Selbst wenn wir der Wut der Wellen und der Gefräßigkeit der Krokodile entkommen wären, würden wir im Dschungel vom Hunger oder von den Jaguaren verzehrt worden sein. Doch das Schicksal wollte nicht, dass wir umkommen.* Das Tagebuch hält fest: *Wir glaubten uns alle verloren, doch behielten wir alle Besinnung. Es ist aus, dachte ich. Wilhelm, Haeften ... schnell, schnell, desto leichter der Tod. Ich war mehr gerührt als erschrocken. Bonpland sehr edel. Ne craignez pas, mon ami, nous nous sauvons. Die Rückkehr zum Leben war sehr, sehr schön.*

Sie werden diesen Palmsonntag des Jahres 1800 nie vergessen.

An der nächsten kleinen Insel legen sie an, bauen im Mondlicht ihr Lager auf, kochen und essen gemeinsam. *Die Freude, uns alle vereint und lebend zu sehen, war groß.* Er ist ein bisschen eingeschüchtert: gerade drei Tage auf dem Orinoco, und drei Monate liegen noch vor ihnen.

Sie erreichen das Gebiet der Franziskaner-Missionen. Erst 1767 waren die Jesuiten aus diesen Gegenden per Dekret vertrieben worden. Sie hatten, neben großen Kulturleistungen, die Seelen zu oft mit Waffengewalt zu bekehren versucht. «Mit Güte dauert es zu lange», hieß es, *el eco de la pólvera*, das Echo des Pulvers, das Gewehrfeuer, führe schneller zum Erfolg. Die Jesuiten hatten die spanischen Soldaten nicht nur zur Verteidigung gebraucht, sondern zum Angriffskrieg oder, wie man sagte, zur *conquista de almas*, der Eroberung der Seelen. Man unternahm *entradas*, bewaffnete Überfälle auf die Gebiete der freilebenden Indios. Wer Widerstand leistete, wurde umgebracht, die Hütten wurden verbrannt, die Felder zerstört und Frauen, Kinder und Greise weggeführt und auf die Missionen verteilt. Alles das, betont Humboldt immer wieder, geschah gegen die gültigen spanischen Gesetze.

In der Station finden sie die Nachfolger der Jesuiten, die Franziskaner-Missionare, auf dem Boden gelagert und Karten spielend. Aus langen Pfeifen rauchen sie Tabak. In weiter blauer Kleidung, die Haare geschoren und mit langen Bärten wirken sie *wie Morgenländer*. Sie sind blass und abgezehrt, da sie alle seit Monaten am wiederkehrenden Dreitagefieber leiden. Sie sprechen über ihre *calenturita*, ihre kleine Erhitzung, fast wie von einer liebgewordenen Plage.

Auf einmal weigert sich Humboldts indianischer Steuermann weiterzufahren, da ihm angeblich jetzt erst klargeworden ist, dass er die Stromschnellen gar nicht kennt. Es ist ihm zu gefährlich. Der Missionar von Carichana, Padre Torres, verkauft ihnen eine geeignete Piroge *zu einem sehr mäßigen Preis*. Einer der Padres, *der ebenso kenntnisreiche wie skrupellose Bernardo Zea*, bietet sich an, sie zu begleiten – obwohl auch er krank ist.

Doch niemand kommt durch die Katarakte ohne die Hilfe erfahrener indianischer Steuerleute. Es erklärt sich aber keiner von ihnen bereit mitzufahren, auch nicht für viel Geld, zu gefährlich ist eine solche Reise. Der Missionar Zea will es erzwingen, daraufhin versuchen die Männer, sich abzusetzen. Jetzt ordnet der Missionar an, die wichtigsten zwei von ihnen in den *cepo* zu legen, den «Stock», wo ihre Füße zwischen zwei eingeschnittenen Hölzern mit einem Schloss zusammengehalten werden.

Alexander und Aimé wissen davon nichts. Morgens werden sie geweckt vom Geschrei eines jungen Mannes, der mit einer Peitsche aus Seekuhleder grausam ausgepeitscht wird. *Despotismus der Mönche!* Es ist der Dolmetscher von Padre Zea, ein junger Mann namens Zerepe, der unter verschiedenen Völkern gelebt hat und ihre Sprachen spricht. Weil er flüchten wollte, lässt der Missionar ihn derart bestrafen. Humboldt hat Mühe, die Tortur zu unterbinden, die Mönche erklären, ohne eine solche «Strenge» würden sie bald alle schrecklichen Mangel leiden. Denn ließe man die Indios «in Freiheit» leben, wie Humboldt es verlangt, so wären die Missionen bald verödet. Später erfahren Humboldt und Bonpland, dass Zerepe gerade in diesen Tagen seine Freundin heiraten und deshalb nicht verreisen wollte. Seine Braut wird sich, sobald Zerepe mit den Europäern und Pater Zea weg ist, in ein Kanu setzen und den Orinoco hinunterfahren, so weit weg wie möglich, raus aus dem Machtbereich der Missionare.

Die Indianer werden immer noch *wie Leibeigene behandelt, ganz gegen das Gesetz, die Missionare zerstören die Freiheit und ersticken die Geisteskräfte der Indianer.* Es sei ein völlig falscher Vergleich, wenn man behauptet, *der Wilde müsse wie ein Kind behandelt* (ein Bild, das Schiller propagiert hat) und zu strengem Gehorsam erzogen werden. Denn erstens seien die Indianer keine großen Kinder, ebenso wenig wie die armen Bauern im östlichen Europa, *welche durch die Barbarei der Institutionen in größter Verwilderung leben.* Und zweitens sei die Anwendung von Gewalt zum Zweck der Zivilisierung niemals legitim, bei der Erziehung der Indianer ebenso wenig wie bei der Erziehung der Jugend.

Das neue Boot ist nur ein kleines Kanu, ein mit Axt und Feuer ausgehöhlter Baumstamm, kaum dreizehn Meter lang und höchstens einen Meter breit, das nicht gesegelt, nur gepaddelt werden kann. Vorn im Bug steht der Lotse, hinter ihm sitzen die vier nackten Ruderer, in der Mitte Carlos del Pino und Joseph, weiter hinten die weißen Herrschaften, Soto, Padre Zea, Bonpland und Humboldt. Pakete und Koffer überall. Dringende körperliche Bedürfnisse werden über den Bootsrand erledigt oder, soweit es die weißen Männer betrifft, über eine kleine Vorrichtung im Heck. Wenn man ein Gerät braucht, muss man vorsichtig aufstehen, besser sogar erst mal an Land gehen, um den entsprechenden Koffer zu öffnen. Es ist *eine unbequeme Reise, nur die schöne Natur, unsere gute Laune und die fröhliche Gesellschaft Don Nicolás Sotos kann uns aufrichten.*

Die rudernden Indios singen unentwegt im Rhythmus der schweren Arbeit. Die kleinen Käfige mit Vögeln und Affen sind am *toldo*, dem Laubdach, befestigt, eine reisende Menagerie. Morgens erwidern die Affen in den Käfigen die Rufe der Affen auf den Bäumen. Diese Mitteilungen zwischen Tieren gleicher Art haben *etwas Trauriges und Rührendes.* Nachmittags, in der Stunde vor Sonnenuntergang, bauen sie auf eine festgelegte Weise das Lager:

ganz innen die mitgeführten Tiere und Instrumente, daneben die Weißen in ihren Hängematten, darum herum die farbigen Ruderer und Diener, ganz außen die Feuer und die Wachen.

Die Insektenplage wird schlimmer. Vergebens versuchen die Männer, ihre Lage zu verbessern und irgendein Gegenmittel zu finden. Sie decken Tücher über den Kopf oder entfachen aus grünem Holz ein Feuer unter dem *toldo*, um die Moskitos durch den Rauch zu vertreiben. Es hilft wenig. Das beste Gegenmittel, stellt Alexander fest, ist immer noch *Fröhlichkeit und gegenseitiges Wohlwollen*.

An den Erosionsspuren der turmhohen Granitfelsen kann man die alten Wasserstände ablesen, sie sind zumeist 42 Fuß (13,5 Meter) höher als das Niedrigwasser. Geradezu erschrocken sind die Forscher aber, als die Indios ihnen schwarze Streifen von Wasserständen zeigen, die 100 Fuß, ja sogar 130 Fuß (43 Meter) hoch sind. Der so imposante und majestätische Orinoco ihrer Zeit ist offenbar nur das schwache Überbleibsel eines ungeheuren Süßwasserstroms in unendlicher Vorzeit.

Immer häufiger stellen sich ihnen *raudales* in den Weg – Inseln, Klippen und Felsen, steinerne Dämme, die quer zum Strom liegen. Oft ist der Fluss kilometerlang von diesen Brocken wie verstopft. *Wir fuhren durch Kanäle, die keine fünf Fuß breit waren.* Wenn es allzu schwierig wird, werfen sich die Ruderer ins Wasser und ziehen die Piroge durch die Felsen hindurch. Doch das ist nur ein kleiner Vorgeschmack auf die beiden Katarakte von Atures und Maipures, die noch vor ihnen liegen. Sie fahren an der Mündung des Río Meta vorbei, eines Nebenflusses, der aus Kolumbien kommt. Humboldt vergleicht ihn mit der Donau bei Wien – die Vereinigung beider Ströme ist *ein sehr imposanter Anblick*.

In San Borja will Pater Zea eine Messe lesen. Sechs Indio-Hütten gibt es hier, bewohnt von «nicht katechesierten» Guahibo-Indios. Sie zupfen Alexander und Aimé neugierig an den Bärten, die ihnen seit einigen Wochen gewachsen sind. Während der Messe sind sie *völlig still, in unerschütterlicher Gleichgültigkeit*. Die Guahibos fürchten, das Interesse der Weißen an ihnen könne nur bedeuten, dass sie versklavt werden sollen (als die Expedition sich auf dem Rückweg noch einmal der Mission nähert, Monate später, sind sie alle in die westlichen Savannen geflohen).

Die nächtliche Plage der *zancudos* zwingt sie, vor vier Uhr morgens abzureisen. Die Hitze auf dem Strom hat zwar ein wenig abgenommen, doch die Insektenplage nimmt zu. Sie wird unerträglich. *Ungeziefer zum Weinen! Bis man einsieht, dass alle Rettung umsonst ist, bis man sich dem Unglück ganz überlässt.* Sie können weder sprechen noch das Gesicht entblößen, ohne dass Mund und Nase sich mit Insekten füllen. Die vom Insektengift völlig überreizte Haut lässt sie glauben, die Luft sei glühend. Sie hat aber kaum mehr als 27 Grad. *Fürchterliche Reizung des Nervensystems. Überreizung der Oberhaut, Schweiß, Erhitzung des Blutes – welch eine Lage. Man glaubt, alle Sekunden die Instrumente und Pflanzenteile verzweiflungsvoll fallen zu lassen, wenn alle Hände voll stechender Insekten sind und man keine dritte Hand hat, sich ihrer zu erwehren...*

Am 15. April erreichen sie die Stromschnellen von Atures, einen wirklich großen *raudal*, ein kilometerlanges Labyrinth aus Klippen, Granitblöcken und Felsdämmen quer über den Strom – eine Gebirgskette, die den Fluss durchschneidet und in seinem Lauf beinahe sperrt. *Es lässt sich nichts Imposanteres denken als die Ansicht dieser Gegenden*, sagt er, *eine ununterbrochene Reihe von Katarakten, eine enorme Schaum- und Dampfmasse von sechs Kilometern Länge*, von einer flirrenden Sonne erleuchtet.

Die Piroge muss entladen werden, alles Gepäck wird auf schmalen Uferwegen mehrere Kilometer weit getragen. Das Boot selbst wird von acht Indios durch die Stromschnellen gebracht – eine gefährliche Arbeit von drei Tagen. Wo es nicht weitergeht, weil die Felsen zu hoch sind oder das über die Klippen stürzende Wasser zu heftig, wird das Boot an Land geholt und über kleine Baumstämme und Äste, die man ihm unterschiebt, bis zu einer Stelle gezogen, wo der Fluss erneut befahrbar ist. Drei Tage später besteigen sie die Piroge wieder, glücklich, einem vom Tosen der Katarakte und von den betäubenden Insektenwolken unerträglich gemachten Landstrich zu entkommen – trotz seiner unglaublichen Schönheit.

Eine mit giftigen Insekten erfüllte Atmosphäre erscheint immer heißer, als sie wirklich ist. Tags quälen sie die Moskitos und die winzigen *jejenes*, nachts die *zancudos*, die großen Schnaken. Hände und Gesicht schwellen von Tag zu Tag mehr an. Bei den Missionaren gibt es die Redewendung «zu den Moskitos verbannt werden», wenn man sie an den Oberen Orinoco versetzt. Der Missionar Bernardo Zea erzählt, er habe sich in seiner Mission auf einem hohen Gerüst aus Palmen ein kleines Zimmer errichten lassen, wo er weniger gepiesackt werde und freier atmen könne; er hat herausgefunden, dass sich die Insekten nur bis zu einer Höhe von 12 oder 15 Fuß aufhalten.

Die Indios hingegen verlassen nachts ihr Dorf, um auf einer felsigen Insel zu schlafen, weil es in der Mitte des Stroms weniger Moskitos gibt. Andere graben sich am Ufer bis zum Kopf, über den sie ein Tuch decken, in den Sand ein, riskieren dabei aber, dass Sandflöhe ihre Eier unter den Zehennägeln und an anderen Stellen des Körpers ablegen – was zu einer furchtbaren Plage führt, wenn die Brut bis zu Erbsengröße anschwillt und die Nägel zu eitern beginnen. Wie sehr man auch gewöhnt sein mag, *Schmerz ohne Klage zu ertragen*, so unmöglich ist es, dass man nicht dauernd abgelenkt wird durch die *Insekten, die Gesicht und Hände gänzlich bedecken, die durch die Kleidung stechen und die in Mund und Nase fliegen, sodass man husten muss, wenn man sprechen will*. Er glaubt nicht, dass es ein Land gibt, wo der Mensch grausamere Qualen erleiden muss. Einer ihrer indianischen Ruderknechte sagt, auf dem Mond müsse es wohl gut zu leben sein, «so schön und hell, wie er aussieht, kann es dort keine Moskitos geben».

Gewitter, kurz und heftig. Zwei Blitze, die unmittelbar neben der Piroge einschlagen. Er hätte gern bessere Geräte, um die Elektrizität der Atmosphäre zu messen. Sie sind völlig durchnässt, die Kleidung dampft, und dann, wenn der Regen aufhört, kommen wieder die *zancudos*. In der Nacht landen sie vor dem *raudal* von

Maipures, dem größeren und wilderen der beiden Katarakte. In der Missionsstation von Padre Zea, der letzten der alten Jesuitengründungen in Richtung Brasilien, gehen sie an Land.

Bei den *Guahibos* in Maipures, selbst in der Missionsstation, leben viele Männer in Polygamie, ein Indianer hat zwei oder drei Frauen, und Kinder mit allen. Humboldt beobachtet *große Einmütigkeit unter den Weibern*, auch gegen den gemeinsamen Ehemann. Und gegenseitige Liebe für alle Kinder, ohne Unterschied. Die Missionare dulden die Polygamie, weil es ihnen, wie Humboldt sagt, sowieso nur darauf ankommt, dass die Indios im *pueblo*, im Missionsdorf, leben und arbeiten; *sie zwingen sie nicht zur Religion*. Wenn ein Indio sich taufen lassen will, muss er sich für eine seiner Frauen entscheiden; meistens wollen die Männer dann, dass der Missionar die Entscheidung für sie trifft. Die indianischen Frauen laufen hier übrigens alle nackt, sind aber mit blauer Farbe bemalt (also für ihr eigenes Gefühl durchaus korrekt gekleidet). Die Missionare sagen, sie hätten ein noch geringeres Schamgefühl als die Männer, sie seien geradezu schamlos. Humboldt versucht, diese «Schamlosigkeit» nicht als kulturelle Eigenart zu sehen, sondern als Folge des Patriarchats, *des Stumpfsinns und der Sklaverei, mit der das weibliche Geschlecht durch Unrecht und Machtmissbrauch der Männer herabgesetzt worden ist*. Die Guahibo-Frauen stellen sehr schöne Töpferware her, Schüsseln, Krüge, alles ohne Drehscheibe, aber mit *etruskischen Tiergemälden*, aufgemalt mit pflanzlicher Farbe. Die Männer machen Musik wie der *griechische Pan*, indem sie vier bis sechs Flöten aus Bambusrohr aneinanderbinden. Sie stellen sich im Kreis auf und spielen eine, wie Alexander findet, einförmige Musik, bei der sie *des Taktes wegen, denn ruhig können sie nicht spielen, den Hintern hin und her bewegen*.

Pater Zeas Station bei den Katarakten ist inzwischen ganz verschwunden, nicht aber die Moskitos, sie quälen den Reisenden wie ehedem. Und bislang gibt es kein wirklich wirksames Mittel gegen sie. Die alte Missionsstation lag im Gebiet der heutigen Stadt Puerto

Ayacucho, die von Caracas direkt mit Düsenflugzeugen angeflogen wird. Von einem solchen Flugzeug aus sah ich zum ersten Mal die unendlich scheinende Wasserlandschaft des Orinoco, durch die mehrere weitschlingernde Flüsse mäandern. Ein imposantes Bild. Wir sind auf einen von Humboldt beschriebenen, sehr hohen Felsen namens *Manimi* gestiegen, vom dem aus man den eindrucksvollsten Blick über die *raudales* von Maipures hat. Es ist ein Ort, an dem man bis heute die visuelle Kraft der Humboldt'schen Prosa überprüfen kann, weil sich hier in zwei Jahrhunderten buchstäblich nichts geändert hat: *Von dem Felsengipfel herab übersieht das Auge ein Becken, dessen Umfang mehr als eine Meile beträgt, und das ergreifende Schauspiel eines eingeengten und wie völlig in Schaum verwandelten großen Stromes. Gewaltige Felsstücke, schwarz wie Eisen, ragen daraus hervor. Die einen sind paarweise gruppierte Kuppen, wie bizarre Basalthügel, andere gleichen Türmen, Schlössern, in Trümmern gefallenen Gebäuden* ... Noch Jahre später schreibt er, dass diese *majestätischen Szenen der Natur* wie die bedeutenden Werke der Kunst Erinnerungen zurücklassen, die sich *das ganze Leben hindurch allen großen und schönen Empfindungen beimischen.*

Da Humboldt und Bonpland auf dem Rückweg, diesmal bei Hochwasser, mit ihrem Kanu durch diese Stromschnellen fuhren, wollten auch wir einen Eindruck vom *ungeheuren Toben des Wassers in den Katarakten* bekommen. Natürlich fährt heute niemand mit schmalen Holzbooten durch das kilometerlange Labyrinth dieser Barriere aus Klippen und Felsblöcken, in der sich das Wasser schäumend aufbäumt, um sich mit umso größerer Wucht seinen Weg durch die haushohen Brocken zu suchen. Aber man kann als «unsinkbar» deklarierte Schlauchboote mieten, die mit einem System getrennter Luftkammern und besonders starken Motoren ausgestattet sind. Trotzdem waren kurz zuvor die Männer eines kanadischen Fernsehteams ertrunken, weil der Motor ihres Bootes inmitten des rasenden Stroms plötzlich streikte. Steuerlos wurde das Boot gegen die Felsen geschleudert, die scharfkantigen Brocken schlitzten es auf, es versank spurlos.

Die Fahrt durch die Katarakte ähnelt einer Bootsfahrt über ein tobendes Meer; das Boot tanzt schlingernd auf dem schäumenden Wasser, wird plötzlich steil hochgehoben, droht zu kippen, stürzt tief in das Wellental und schlägt hart auf, um sich mit dröhnendem Motor einen Moment lang zu befreien, bevor die nächste große Welle angreift; man fürchtet immer, gegen die scharfkantigen Felsen geschleudert zu werden, man gleitet haarscharf an ihnen vorbei, zwischen ihnen hindurch. Wir sind an einem Tau mit Karabinerhaken festgebunden, damit wir von den Wellen, die über das Boot schlagen, nicht weggespült werden können. Manchmal prüfe ich angstvoll den Sitz der Schwimmweste. Niemals sonst, auch nicht in den eisigen Höhen des Chimborazo, habe ich Humboldt und Bonpland als Helden physischer Abenteuer mehr bewundert als in diesen Stunden in den Katarakten von Maipures.

Jenseits der Stromschnellen ist der Orinoco wieder fünf oder sechs Kilometer breit und *glatt wie ein Spiegel*. Alexanders Expedition hat eine *Kulturschranke* überschritten, und alle spüren den Anfang einer neuen, unbekannten Welt, voll von märchenhaften Visionen, Legenden und Fabeln, die von Menschen mit einem dritten Auge auf der Stirn erzählen, von schönen Frauen mit Hundeköpfen, von Wesen mit Mündern direkt am Magen – uralte Geschichten, die sich in den dreihundert Jahren seit der *Conquista* in den Köpfen der Europäer zur Vorstellung einer zugleich wunderbaren und gefahrvollen Welt verdichtet haben. Den ersten Spaniern hatten die Indios erklärt, die Milchstraße am Nachthimmel sei nichts anderes als die Spiegelung der silbernen Felsen am Oberen Orinoco.

Vier Tage später verlassen sie den Orinoco und biegen in einen Nebenfluss ein. Im Río Atabapo verändert sich plötzlich alles: die Beschaffenheit der Luft, die Farbe des Wassers, die Gestalt der am Ufer wachsenden Bäume. Es gibt keine Krokodile mehr, keine Moskitos, nur noch ein paar *zancudos*. Dafür sehen sie verspielte Tümmler, Flussdelphine. Sie erleben ihren ersten Schwarzwasserfluss (*río negro* oder *aguas negras*) mit Wasser so braun wie Kaffee oder Tee, manchmal schwarzgrünlich. Trotzdem ist es, anders als das Wasser der «weißen Flüsse», klar und sauber. Im Orinoco war das Wasser immer trüb, mit erdigen Stoffen versetzt, mit Resten toter Krokodile und anderer faulender Dinge. Es hatte einen *bisamartigen Geruch*, und oft mussten sie das Wasser durch ein Leintuch seihen, ehe sie es trinken konnten. Die *aguas negras* hingegen sind ganz rein, von gutem Geschmack und vollkommen geruchlos. Auf dem Atabapo finden sie unerwartete Ruhe, *ich hätte bald gesagt, unverhofftes Glück*.

Humboldt vermutet ganz richtig, dass die geographische Verteilung der Insekten nicht nur von der Hitze des Klimas und von der Feuchtigkeit, sondern von anderen, *schwierig zu ermittelnden Umständen* herrührt. Wenig später wird er diesem Geheimnis schon sehr nahe kommen, wenn er chemisch-biologische Ursachen vermutet. Der 1939 nach Venezuela emigrierte deutsche Arzt Max Stern hat das Phänomen der Schwarzwasserflüsse untersucht und herausgefunden, dass sie kaum Sauerstoff enthalten; sie sind stark sauer und reagieren mit pH-Werten zwischen 5 und 3,7. Der hohe Säuregehalt rührt vor allem von der eigenartigen Schwarzwasserflora, deren Laub im Wasser fault, modert und fermentiert. Die dadurch frei werdenden Säuren verhindern die Entwicklung von Mückenlarven. Die Ufer sind beinahe unfruchtbar, nur von wenigen und ganz anderen Tieren bewohnt als die Ufer des Orinoco. Es entsteht letztlich ein vollkommen anderes biologisches System, das sich als Lebensraum für Krokodile nicht eignet.

San Fernando de Atabapo ist der Sitz des Präsidenten der Franziskaner-Missionen, dem die 26 Ordensgeistlichen des ganzen riesigen Gebietes oberhalb der Katarakte unterstehen. Das Dorf ist etwas wohlhabender und größer als die bisherigen, trotzdem leben nur 226 Menschen hier. Alexander und Aimé, die einer Messe beiwohnen, glauben, bei den christianisierten Indios in San Fernando eine Art *Pfaffenbetrug* zu entdecken. Sie geben sich nach außen fromm, hängen aber an ihren alten Göttern. Ein betagter Indio sagt ihnen nach dem Gottesdienst, das Holz sei bloß ein Götze, der niemandem nütze. Mit «Holz» meint er Christus am Kreuz. *Cachimáma* sei viel besser, sie lasse regnen und gebe Früchte. Man muss annehmen, dass Cachimáma die lokale Form der peruanischen *pachamáma* ist, der «Mutter Erde» der Inka.

Alexander hat den Plan gefasst, nicht weiter den Orinoco hinaufzufahren, sondern über einige seiner Nebenflüsse bis zu einer Stelle zu rudern, wo man sehr nahe an einen anderen großen Fluss herankommt, den Río Negro, den nur ein kleiner Landrücken vom Orinoco-System trennt. Der Río Negro ist ein riesiger Strom, der sehr viel mehr Wasser führt als etwa der Mississippi oder der Jangtse, und doch ist er selbst nur ein Nebenfluss. In der Nähe von Manaos mündet er in den Amazonas.

Sie fahren den Atabapo hinauf, biegen in den Temi ein und dann in den noch kleineren Tuamini. Am 30. April rudern sie an einer Insel mit dem Namen *piedra de la madre*, Felsen der Mutter, vorbei, und Alexander will wissen, woher der Name kommt. *Ich hörte eine fürchterliche Erzählung. Der Mönch, unser Begleiter, erzählte ohne Schüchternheit und mit Gelächter, so unverschämt unmoralisch dieses Mönchsgesindel!* Bei einer *entrada* vor einigen Jahren trafen der Missionar und seine Gefolgsleute auf eine Frau mit ihren drei Kindern in einer Hütte. Alle vier wurden gefesselt und an den Fluss getrieben, ins Boot des Missionars. Hätte die Mutter sich gewehrt, wäre sie getötet worden, vermutet Humboldt. *Wo es um die Seeleneroberung geht, da ist alles erlaubt*, man versucht vor allem, Kinder einzufangen, um sie in den Missionen als Sklaven zu halten und zu christianisieren. Die Mutter wurde mit ihren Kindern nach San Fernando gebracht, aber bei der ersten Gelegenheit entfloh sie mitsamt ihren Kindern. Sie wurde eingefangen und unbarmherzig mit Peitschenschlägen gezüchtigt, floh aber bald darauf erneut. So ging es mehrere Male. Der Missionar beschloss, Mutter und Kinder zu trennen. Die Mutter sollte in eine ferngelegene Mission am Río Negro gebracht werden. Mitten auf dem Fluss sprang sie ins Wasser und schwamm zu der Felseninsel, die heute noch ihren Namen trägt, *piedra de la madre*. Sie wurde gefangen und besonders schlimm ausgepeitscht. Später, sagt Humboldt, hat sie sich *durch Verweigerung aller Nahrung, wie es die Wilden in großem Unglück zu tun pflegen, den Tod gegeben. Dergleichen Jammer kommt überall vor, wo es Herren und Sklaven gibt, wo Priester mit unumschränkter Gewalt über wehrlose Menschen herrschen.*

Humboldt erzählt diese Geschichte aus dem Tagebuch später auch in seinem Reisebericht – obgleich er sich sonst bei der Darstellung des Unglücks einzelner Menschen zurückhalten will –, um zu zeigen, wie sehr die Missionare einer weltlichen Kontrolle bedürfen.

Vom Río Tuamini nehmen sie eine *Abkürzung durch den Wald*, der hier meilenweit unter Wasser steht. Vorn im Boot steht ein Indio, der mit der Machete den Weg frei schlägt. Jetzt trennt sie nur noch eine kleine, zwölf Kilometer breite Erhebung vom Río Negro, eine kaum wahrnehmbare Kontinentalscheide in diesem unglaublich flachen Land. Hier beginnt die *portage*, der Transport des Bootes über Land. Mehr als zwanzig Indios schieben es vorsichtig über Rollhölzer, die man hinten wegnimmt, wenn das Boot vorgerückt ist, um sie vorn wieder unterzulegen. Humboldt hat den kürzesten Weg mit dem Kompass abgesteckt und Markierungen in die Bäume geschlagen (später wird er dem Vizekönig an dieser Stelle einen Kanalbau vorschlagen).

Täglich gehen sie in den Wald, um den Transport der Piroge zu überwachen. Einmal gibt es eine plötzliche Aufregung, ein Mann schreit und fällt zu Boden. Er ist von einer Giftschlange gebissen worden. Übelkeit, Schwindel, großer Blutandrang im Kopf. Man bringt den Mann in eine Hütte und flößt ihm einen schnell bereiteten Aufguss ein. Die Indios sagen Bonpland zwar später, aus welcher Pflanze sie den Trank hergestellt haben, aus einer Wurzel, der *raíz de mato*, doch sie weigern sich, ihm die Pflanze selbst zu zeigen. Nach einem Tag geht es dem Kranken besser, es ist einer ihrer Ruderer, er überlebt. Alexander und Aimé leiden seit Tagen unter einem unerträglichen Juckreiz an den Fingergelenken und dem Handrücken. Unter dem Vergrößerungsglas sieht Aimé winzige runde Säckchen, die Eiersäcke von Milben. Die *curandera*, die Heilerin des Dorfes, behandelt sie – leider ohne großen Erfolg. Nach vier Tagen hat das Boot die Amazonas-Seite der Wasserscheide erreicht. Man schiebt es in den Río Pimichín – und ist damit auf den Wassern des legendenumwobenen Amazonas. Der Pimichín, der kleinste der Nebenflüsse des Río Negro, den man hier *caño* nennt, Bach, hat etwa die Breite der Seine in Paris, wie Alexander notiert.

Der Morgen ist frisch und schön. Nach fünf Stunden Fahrt biegen sie schon in den Río Negro ein, *hier zumeist 600 mètres breit.*

36 Tage waren wir in einem schmalen Kanu eingeschlossen gewesen, wir hatten grausam unter den Insektenstichen gelitten, hatten aber dem ungesunden Klima widerstanden. In der Mission Maroa, kurz nach der Einmündung, kaufen sie einige lebende Tukane und Proviant, hauptsächlich Hühner, auch ein Schwein. Bei der Weiterfahrt, abends auf der Insel *Dapa*, wird es geschlachtet und gebraten. Auch die dortigen Einwohner sind gerade beim Abendessen; sie verzehren *vachacos*, große geräucherte Ameisen, deren Hinterteil sehr fetthaltig ist. Die Ameisen werden in Säcken über einem Feuer geröstet. Der Manioc, sagen die Leute, gedeihe diesmal schlecht, dafür sei es aber «ein gutes Ameisenjahr». Pater Zea vermengt seine Ameisen mit Manioc und lädt sie ein, zu kosten, doch ein *Überrest europäischer Vorurteile*, schreibt Alexander selbstironisch, *hinderte uns daran, den allgemeinen Elogen beizupflichten.*

Am nächsten Tag, dem 7. Mai, fahren sie mit der Strömung sehr schnell den Río Negro hinunter. Sie sehen keine Krokodile mehr, dafür aber große Flusshaie, die den Amazonas heraufgekommen sind, und riesige Welse, *piraibas*. Zwölf Stunden später haben sie San Carlos del Río Negro erreicht. Sie nehmen Quartier beim Kommandanten, Don Juan Escovar, einem Milizleutnant, der siebzehn Soldaten befehligt. Sie halten hier Grenzwache, denn auf der anderen Seite beginnt das portugiesische Kolonialreich, Brasilien. Seit dem Vertrag von Tordesillas 1492, der Aufteilung der Welt durch den Papst, ist die Grenze immer umstritten gewesen. Man hat sogar Kanonen gegeneinander gerichtet.

Für seine geplante Untersuchung über die Herrschaft der Missionare am Orinoco und Río Negro muss Alexander immer neue Schreckensgeschichten notieren. In San Carlos hat der letzte Missionar angeordnet, einer jungen Indiofrau 25 *azotes* (Hiebe) mit der Peitsche zu geben, da sie gotteslästerlich gesündigt habe. Das Militär untersucht ausnahmsweise einmal den Fall. Man stellt fest, dass die junge Frau nur deshalb bestraft wurde, *weil sie seinen Lüsten nicht frönen wollte.*
Der Missionar ist zur Strafe versetzt worden.

Humboldt untersucht die Geschichte des Amazonas und stellt auch hier eine ungeheure *Neigung zum Wunderbaren* fest, die aber erst von den Europäern ausgelöst worden sei. Es fängt schon beim Namen an. Kolumbus berichtet von *Amazonen*, den kriegerischen Frauen, wie die alten Griechen sie kannten. Orellanas, der bald den «namenlosen großen Fluss» befuhr (der spätere «Amazonas» war keineswegs namenlos, er hieß *Urumanave*), erzählt von den dortigen «Amazonenfrauen, kriegerischen Frauen ohne Männer», die allein leben und Männer nur einmal im Jahr empfangen, im April. Alle diese Berichte und Legenden seien Versuche, die Beschreibungen des neuen Kontinents mit einigen Zügen des klassischen Altertums auszuschmücken, sagt Humboldt. Man glaubt deshalb bei den Völkern der Neuen Welt alles das wiederzufinden, *was die Griechen uns vom ersten Zeitalter der Welt und von den Sitten der Barbaren und Afrikaner melden – gleichsam ein zeitgenössisches Altertum.*

Allerdings will Alexander die alten Legenden auch nicht ganz verwerfen. Denn es existiert eine eigene indianische Überlieferung von abgesondert lebenden Frauen, *Aikeam*, welche lange Blasrohre und andere Waffen besitzen und einmal im Jahr die Männer des benachbarten Volkes, *Vokearos*, empfangen. Alle männlichen Kinder, die auf die Welt kommen, werden sofort umgebracht. Es gibt diese Geschichte auch bei Völkern, die niemals mit Europäern in Kontakt gekommen sind, etwa am Marrañon. Humboldt glaubt zwar nicht an ein solches Volk von Frauen – nach denen die Spanier den großen Strom benannt haben –, er stellt sich aber vor, dass sich irgendwann viele Frauen aus dem *Sklavenstand, worin sie von Männern gehalten wurden*, befreit haben und sich, *wie später die flüchtigen Negersklaven*, an einem *palenque*, einem befestigten Platz, zusammengeschlossen haben. Das Streben nach Unabhängigkeit von den Männern hat sie notgedrungen kriegerisch gemacht.

Jetzt wird, wie so oft, der Reiseplan modifiziert. Humboldt und Bonpland wollen den Casiquiare befahren, der bei San Carlos, ganz in der Nähe, in den Río Negro mündet und in Wirklichkeit nichts anderes ist als ein Arm des Orinoco. Sie haben hier das einzigartige Phänomen einer Verbindung zwischen zwei Flusssystemen, das in Europa bezweifelt wird. Padre Zea und Hauptmann Soto plädieren dafür, auf demselben Weg zurückzukehren, den sie gekommen sind. Die zehn bis zwölf Tage auf dem Casiquiare, sagen sie, werden eine Hölle sein: Rudern gegen eine starke Strömung, wilde Tiere, Krokodile, Mangel an Nahrungsmitteln. Und die fürchterlichste Insektenplage der ganzen Guayana. Alexander und Aimé fürchten nicht die Moskitos, sondern nur den trüben Himmel, der Alexanders Messungen erschwert, und die entsetzliche Luftfeuchtigkeit, die Aimés getrocknete Pflanzen zu ruinieren droht. Aber der indianische Steuermann verspricht ihnen einen klaren Himmel mit Sonne und Sternen.

Die Sterne über dem Casiquiare, sagt er, werden die Wolken fressen.

Achtes Kapitel

CASIQUIARE

Leben und Reisen sind jetzt eins geworden. Das eine bedeutet das andere, nicht im metaphorischen Sinn von der «Lebensreise», sondern ganz konkret. Jeder neue Tag ihres Lebens ist ein neuer Tag ihrer Reise. Wenn sie eine neue Etappe der Reise planen, ist es eine neue Etappe ihres Lebens. Sie reisen auch nicht in dem Sinn, dass sie ein Ziel erreichen wollen, um dort etwas zu erledigen und dann zurückzukehren. Sie sind dauerhaft unterwegs, ohne Zuhause, jahrelang. Sie sind «unbehaust», wie die Sesshaften behaupten. Denn die *Menschen mit sitzender Lebensweise* sind angesichts eines solch unsteten Reiselebens voll Argwohn und Misstrauen, sie sehen darin nicht eine freie, starke Entscheidung für eine aktive und abenteuerliche Lebensform, sondern ein passives Getriebenwerden, für das sie irgendeinen Mangel, ein Defizit verantwortlich machen. Humboldt hat jahrelang wirklich kein Zuhause, er weiß nicht einmal, wohin er gehen soll, wenn er nach Europa zurückkehrt, nach Berlin, Paris, Madrid? Obendrein ist auch seine Reiseroute alles andere als zwingend, sie könnte ebenso gut völlig anders verlaufen, durch andere tropische Gebiete, auf ganz anderen Strömen. Die Natur würde ihnen ihre Geheimnisse überall offenbaren, denn nicht die zufälligen Einzelheiten der Route sind das Entscheidende, sondern die geistige Haltung der Reisenden, ihre intellektuelle Neugier, ihr Interesse an allen Erscheinungen der Natur, an den Landschaften und den Menschen, denen sie begegnen. Es ist eine äußerst strapaziöse Reise voller Plagen und Gefahren und zugleich erfüllt von Erkenntnisglück. Wir müssen uns Alexander von Humboldt, den *gemisshandelten* Jungen aus Preußen, als einen glücklichen Mann vorstellen.

Auf einer Missionsstation am Orinoco hat eine indianische Alte, eine weise Frau und Heilerin, sie befragt, woher sie kommen und warum sie unterwegs sind, so weit von ihren Familien und Freunden entfernt? Bloß wegen der fremden Pflanzen und Tiere? Und da hat sie ihnen geweissagt, dass sie wegen dieses Frevels ganz sicher mit dem Tode bestraft würden, sogar noch während der Reise. Denn das Leben in einem fernen Ausland – so behauptet sie in merkwürdiger Übereinstimmung mit europäischen Philosophen – sei gleichbedeutend mit *Elend*.

Am 10. Mai 1800, spätnachts, wird die Piroge beladen, noch vor Sonnenaufgang geht die Reise weiter. Sie müssen ein kleines Stück zurückrudern, den Río Negro hinauf, um in den Casiquiare einzubiegen, diesen legendären Fluss, dessen Existenz seit fast dreihundert Jahren immer wieder neu behauptet und widerlegt wird. In Europa gibt es darüber einen anhaltenden und scharfsinnigen Streit: Können die Systeme zweier großer Ströme direkt miteinander verbunden sein? Nein, sagen die Gelehrten. Die einfache Evidenz zeigt allerdings, dass es ihn geben muss, da die Indios seit ewigen Zeiten über den Casiquiare zwischen dem Amazonas und dem Orinoco hin- und herfahren. Humboldt will nicht nur definitiv beweisen, dass der Casiquiare tatsächlich ein Arm des Orinoco ist, der sich eben nicht wieder mit diesem Fluss vereint, sondern rund zweihundert Kilometer durch den Urwald fließt, um auf den Río Negro, das heißt auf das System des Amazonas, zu treffen. Er will vor allem herausfinden, warum eine solche *Bifurcación*, eine Gabelteilung, geologisch überhaupt möglich ist, denn es muss irgendeine Wasserscheide geben. Und zugleich will er eine genaue Karte vom Verlauf dieses Flusses erarbeiten, für die vor allem die geographischen Punkte des Eintritts in den Río Negro und der Gabelteilung des Orinoco exakt gemessen werden müssen. Zum Glück erfüllt sich die Voraussage des Steuermanns wenigstens an einigen Tagen und in manchen Nächten. Die weißen Wasser bringen nach und

Als «geographische Monstrosität» bezeichneten europäische Wissenschaftler um 1800 die Berichte, es gebe zwischen zwei großen Strömen, dem Orinoco und dem Amazonas, eine direkte Flussverbindung. Humboldt hat diese Wasserstraße, den Casiquiare, erforscht und seine Existenz bewiesen.

nach hellen Himmel und Sterne, aber dann leider auch Krokodile, Moskitos und die gierigen *zancudos*.

Sie legen an kleinen felsigen Inseln an, deren Gestein Humboldt untersucht (*Glimmerschiefer, der schwarzen Schörl enthält*), und er fühlt sich *mit großem Vergnügen* an die Bergbauschule in Freiberg erinnert. An der Einmündung in den Río Negro ist der Casiquiare ungefähr 500 Meter breit, etwa wie der Niederrhein (den er offenbar mit Forster in Holland vermessen hat). Der Urwald tritt an beiden Ufern bis ans Wasser heran. Aus dem Wald ragen riesige, nackte und oben abgerundete Granitberge hervor.

Pater Zea beschwert sich über die ständig wachsende Menagerie, denn Alexander kauft in einer der letzten indianischen Siedlungen wieder zwei schöne Tukane, zusätzlich zu den sieben Papageien, zwei Felshühnern und acht Affen, die bereits mit ihnen in der kleinen Piroge leben. Der neue Tukan gewöhnt es sich an – *es kurzweilt ihn*, schreibt Humboldt –, die finsteren und zornigen Nachtaffen, die misslaunig dreinschauen, zu ärgern. Einige Tiere sind in Käfige gesperrt, andere laufen frei auf dem Boot herum. Wenn es regnet, erheben die Aras ein empörtes Geschrei, und die kleinen Titis-Affen verstecken sich ängstlich in den langen Ärmeln der Gewänder des Missionars.

Schon in der zweiten Nacht haben die Sterne «die Wolken aufgefressen», und der Stern *Alpha crucis* im Kreuz des Südens, einer von Humboldts Lieblingssternen, wird sichtbar. Das ermöglicht ihm eine gute Breitenbeobachtung; die geographische Länge wird etwas weniger genau *durch zwei schöne, zu Füßen des Centaur glänzenden Sterne chronometrisch bestimmt*. Er wird dem spanischen Minister Urquijo, seinem Freund und Gönner in Madrid, bald mitteilen können, dass die Portugiesen viel zu weit und gegen jede Verabredung in spanisches Gebiet vorgedrungen sind. Alle bekannten Karten, nach denen San Carlos direkt auf dem geographischen Äquator liegt, sind falsch; der Äquator – und damit die Grenze des spanischen Gebietes – liegt viel weiter südlich, mindestens 2 Grad oder 25 französische Meilen, über hundert Kilometer.

Die Insektenplage wird immer schlimmer, je weiter sie sich vom Río Negro entfernen und den Weißwasserfluss hinauffahren. Aber noch können sie ihre Messungen vornehmen. Die Strömung zum Beispiel, gegen die sie anrudern, beträgt genau *11 Fuß 8 Zoll auf die Sekunde*, demnach acht Meilen in der Stunde. In der winzigen Missionsstation Mandavaca treffen sie einen vergessenen alten Missionar, der schon *zwanzig Moskitojahre am Casiquiare* verbracht hat und dessen Schenkel, wie er ihnen zeigt, *von Stichen dermaßen getigert* sind, dass man kaum noch die weiße Haut sehen kann. An Land wimmelt es von großen Ameisen, die nachts sogar in ungeheuren Mengen über die Stricke der Hängematten auf die Körper der Schlafenden gelangen. Man kann sich ihrer kaum erwehren. Nach langer Beobachtung sagt Alexander, ein ganzes Leben als Forscher würde wohl nicht ausreichen, um die biologischen und organisatorischen *Verhältnisse* der Ameisen zu begreifen. Der Missionar in Mandavaca, der ein bisschen Gemüse und Salat zu ziehen versucht, hat seinen kleinen Garten gleichsam *in die Luft gehängt*, um ihn vor den Ameisen zu schützen: ein altes, mit Erde gefülltes Kanu, das vier bis fünf Fuß über dem Boden hängt.

Von Mandavaca an müssen sie immer unter freiem Himmel schlafen, da es in der ganzen Gegend keine Missionsstationen mehr gibt. Die Insektenplage wird jetzt erst wirklich unerträglich, viel schlimmer als *in den moskitoverseuchten Gegenden* an den Katarakten: *Nie hatten wir so angeschwollene Gesichter und Hände gehabt.* Sie fahren durch dichte Wolken von Moskitos, Eintagsfliegen, *zancudos* und *jejenes* hindurch, in denen sie den Mund und die Augen geschlossen und die Hände unter dem Umhang verborgen halten müssen, den sie sich über den Kopf gehängt haben. Die Ruderer können sich nicht schützen, sie wüten und schreien vor Schmerz. Alexander, Aimé und Nicolás de Soto bleiben bei alledem meistens heiter, manchmal sind sie sogar witzig: *Pater Zea, welcher sich bisher rühmte, die Moskitos an seinen Katarakten seien die größten und tapfersten, müsse nun das Geständnis ablegen*, dass die Stiche am

Casiquiare noch viel schmerzhafter seien als alle, die er je verspürt habe. *Unter allen Leiden sind die am erschöpfendsten, welche einförmig andauern und durch nichts als nur durch lange Geduld bekämpft werden können.* Selbst wenn er wollte, er könnte die Reise nicht einfach abbrechen wie ein angeschlagener Kämpfer, der zum Aufgeben gezwungen ist. Sie müssen da durch, komme, was wolle. *Nirgendwo sonst erlebten wir so viele Tage der Qual.* Das letzte Nachtlager vor Erreichen der Gabelteilung wird Alexander nie vergessen. Sie nächtigen an Land, können aber kein Feuer machen, da sie kein trockenes Holz finden – *von der Sonne gebratenes Holz,* wie die Indios sagen. Mitten in der Nacht hören sie das Gebrüll eines Jaguars sehr nahe, es scheint oben aus den Bäumen, direkt über ihnen, zu kommen. Das ist nicht ungewöhnlich, und sie kümmern sich nicht weiter darum. *Wie groß war unser Kummer, als uns am Morgen beim Einschiffen die Indianer meldeten, unser Hund sei verschwunden* – Turco, die schöne Dogge, die sie seit Caracas begleitet hat und die so oft, wie er sagt, der Verfolgung der Krokodile durch geschicktes Schwimmen, durch eine Art Hakenschlagen im Wasser, entgangen ist. Sie warten einen Teil des Vormittags in der Hoffnung, der Hund könne wieder auftauchen. *Es blieb aber kein Zweifel, dass die Jaguare ihn geraubt hatten.*

Am elften Tag, dem 21. Mai 1800, fahren sie in den Orinoco ein, den Fluss, den sie einen Monat zuvor viel weiter nördlich verlassen haben, um über einige Nebenflüsse und den kurzen Landweg in den Río Negro zu gelangen. Die Stelle der Gabelteilung des Orinoco gewährt einen *wahrhaft imponierenden Anblick,* notiert er (man muss allerdings auch hier genau wissen, was man vor Augen hat; ich habe in kleinen Flugzeugen etliche Male die berühmte Stelle überflogen, die von oben einfach wie eine von tausend anderen Flussverzweigungen in der Endlosigkeit des Urwalds aussieht). Der Missionar Manuel Ramón hat diese Bifurcación 1744 «entdeckt» und als Verbindung zwischen Amazonas und Orinoco begriffen; freilich wussten es die Indios immer schon. Auch portugiesische Sklavenjäger waren vom Amazonas über den Río Negro heraufgekommen und über den Casiquiare in einen großen Strom gelangt, von dem sie nicht wussten, dass es sich um den Orinoco handelte. Sie kannten diesen Fluss nur im Bereich seiner Tausende von Kilometern entfernten Mündung und von dort flussaufwärts bis zu den Katarakten. Noch 1798, zwei Jahre vor Humboldts Reise, hat der französische Gelehrte Philipp Buache die Behauptung einer solchen Gabelteilung und damit der Verbindung zweier Flusssysteme nicht nur als unmöglich, sondern als geographische Ungeheuerlichkeit bezeichnet, als *monstruosité géographique*.

Humboldt und Bonpland finden die Zusammenhänge schnell heraus. Zwar erkennt man in der endlos flachen Landschaft der Guayanas tatsächlich nicht die geringste Erhebung, die als Wasserscheide zwei Flusssysteme voneinander trennen könnte. Doch liegt in diesem Fall, so schließt Humboldt, die Wasserscheide mitten im riesigen Strom selbst, unter der Wasseroberfläche. Hier wird ein großer Teil des Orinoco-Wassers nach Westen abgedrängt und bildet selbst einen Fluss, der 220 Kilometer weiter auf den Río Negro trifft.

Ein paar Meilen oberhalb der Gabelteilung, am rechten Flussufer, befindet sich die Mission Esmeralda, ein kleiner Weiler mit 80 Einwohnern, *die isolierteste und abgelegenste christliche Niederlassung am oberen Orinoco*. Esmeralda liegt so verloren, dass es nicht einmal einen Missionar gibt. Ein alter Soldat vertritt als eine Art Bürgermeister den Staat. Er hält die Ankömmlinge für Händler, staunt über die Papierballen, die Bonpland zum Trocknen der Pflanzen mit sich führt, meint aber, damit lasse sich hier absolut kein Geschäft machen. Niemand braucht Papier, da niemand schreibt. Es gibt viele Zambos, Mestizen und Mulatten, die sich stolz *Españoles* nennen und sich für Weiße halten, einfach weil sie keine Indios sind. Die meisten von ihnen sind *desterrados*, zu jahrelanger Verbannung verurteilte Straftäter. Die Moskitos, die *zancudos* und *jejenes* werden als eine zusätzliche Strafe Gottes betrachtet. *Esmeraldas*, Smaragde, hat man hier nie gefunden; wie so oft drückt der

Alexander von Humboldt (links) und sein Freund Aimé Bonpland am Orinoco. Das atmosphärisch dichte Bild von Eduard Ender entstand allerdings erst um 1870 und zeigt deshalb auch einige Messgeräte, die es zu Humboldts Zeit noch nicht gab.

Name nur eine unerfüllte Hoffnung der gierigen spanischen Konquistadoren aus.

Esmeralda ist in der indianischen Welt des Oberen Orinoco der berühmteste Ort für die Zubereitung des *curare*, eines Pfeilgiftes, das die Indios zur Jagd benutzen. Sie verschießen mit ihren Blasrohren, sehr treffsicher, vergiftete Pfeile. *Curare* gilt aber auch als Heilmittel. Sir Walter Raleigh, der von dem Stoff hörte, hat ihn fälschlich als *urari* übermittelt. Die Zubereitung ist eigentlich ein Geheimnis, das sich nur vom Vater auf den Sohn vererbt, doch Alexander und Aimé gewinnen rasch das Vertrauen eines solchen weisen Mannes. Das Gift wird aus der Rinde einer Liane hergestellt. Die Rinde wird mit einem Stein zerstoßen. Die zermahlene Masse kommt dann in ein trichterförmig gerolltes Bananenblatt, darüber wird heißes Wasser gegossen. Die unten auslaufende gelbliche Flüssigkeit ist bereits hoch giftig. Sie wird in tönernen Gefäßen erhitzt und eingedickt, bis eine breiartige Masse entsteht. *Es schmeckt sehr angenehm bitter, und Bonpland und ich* – er versteht sich auf solch erzählerische Kicks – *haben oft davon kleine Mengen verschluckt. Gefahr ist keine dabei, wenn man nur sicher ist, dass man an den Lippen oder am Zahnfleisch nicht blutet.* Pater Zea tötet jeden Morgen mit *curare* das Huhn, das gegessen werden soll. Nach einem Stich in den Schenkel tritt der Tod in zwei bis drei Minuten ein.

Am Tag nach der Ankunft der Europäer zelebrieren die Indios eine Art Erntedankfest zum Abschluss der Juvia-Ernte, das mit Tänzen und einem riesigen Gelage gefeiert wird, *wobei man sich der rohesten Völlerei überlässt.* Die *juvia* ist eine Nussart, die man in Europa seit kurzem als Paranuss kennt und schätzt. Die großen gebratenen Affen, die dabei verzehrt werden, finden Alexander, Aimé und Nicolas Soto *widerwärtig* – gehäutet sehen sie aus wie menschliche Kinder, wie Babys.

Heute hat Esmeralda kaum mehr Einwohner als damals, allerdings gibt es ein Flugfeld. Man geht von der holprigen Landepiste über eine Wiese, die von riesigen Termitenhügeln übersät ist, auf ein paar einfache Hütten zu. Aus dem Innenhof der Schule ertönt Gesang, Kinder in Schuluniform singen beim Hissen der Flagge die venezolanische Nationalhymne, indianische Kinder, die gerade angefangen haben, Spanisch zu lernen und für die Caracas nur wenig näher liegt als der Mond. Hier lernte ich zum ersten Mal die furchtbare Plage der *jejenes* kennen, der winzigen Insekten, die unbemerkt zustechen, dann aber, wenn das Gift im Körper ist, der Haut viel schlimmer zusetzen als die Moskitos. Ich zählte zwei Stunden nach der Ankunft an beiden Händen bereits über hundert Einstiche, die rasch anfingen zu schwellen und unerträglich zu jucken. Ich bin bald mit unserer kleinen Cessna aus dieser Hölle entflohen. In verschiedenen Humboldt-Biographien, etwa bei Adolf Meyer-Abich, wird behauptet, Esmeralda existiere schon seit langem nicht mehr. Offensichtlich war Meyer-Abich niemals dort. Es gibt das Dorf bis heute, einschließlich der von Bonpland so gerühmten wie geliebten Ananasfrüchte, eine wunderbare Delikatesse nach der langen Flussreise.

Esmeralda ist der südlichste Punkt ihrer Orinoco-Reise. Am 23. Mai 1800, zwei Stunden vor Sonnenaufgang, nachdem die Ruderer die Piroge gründlich von Ameisen gereinigt und den Proviant, die vielen Kisten und Bücher und die *Menagerie* der Tiere verstaut haben, beginnt die Rückreise. Die Flussfahrt von Esmeralda den Orinoco hinunter wird noch einmal drei Wochen dauern. Ohne eigentlich krank zu sein, sagt Humboldt, befinden sie sich jetzt in einem *Zustand von Mattigkeit*. Sie wissen nicht, dass sie bereits malariainfiziert sind. Einige der kleinen Mücken haben mit ein paar winzigen Stichen die Krankheit in ihr Blut gebracht.

Schon nach wenigen Tagen sind sie wieder in San Fernando am Atabapo, wo sie vor genau einem Monat den Orinoco verlassen haben. Sie schlafen eine Nacht, ungeheuer komfortabel, im Hause des Präsidenten der Franziskaner-Missionen, auf weichen Lagern in richtigen Zimmern. Diesem kommt jetzt plötzlich, anders als während der Hinfahrt, die ganze Reise der Europäer recht verdächtig vor; vor allem hat er offenbar Angst, dass Humboldt mit seiner inzwischen sehr genauen Kenntnis der Zustände in den Missionen kritisch in Spanien darüber berichtet. Der Präsident bittet Humboldt zu einem vertraulichen Gespräch und drängt ihn, eine vorbereitete Erklärung zu unterschreiben, die besagt, die Ordnung in den Stationen sei «ebenso vorbildlich wie die Milde, mit welcher die Eingeborenen behandelt würden». Alexander wendet ein, ein solches erzwungenes Dokument könne ohnehin nicht von Wert sein, doch der Präsident besteht darauf. Alexander lehnt entschlossen ab. Der Präsident findet, wie viele andere nach ihm auch, dass Forscher sich für die Wissenschaft, die Pflanzen, Tiere und Steine, interessieren sollten, nicht aber für die *menschlichen Angelegenheiten* wie die Leiden der *kupferfarbenen Rasse*.

Sie reisen sofort ab.

An den Katarakten von Maipures brauchen sie wieder mehrere Tage, bis das Boot durch die kilometerlangen Klippen und Felsen bugsiert ist. Dieses Mal fahren sie stellenweise mit den Indios durch die Strudel und Stromschnellen. Pater Zea, der in Maipures zu Hause ist, wird bei der Ankunft erneut von einem heftigen Fieberschub erfasst. Zerepe, der Dolmetscher, der sie begleitet hat, nachdem er seinerzeit von Zea so grausam ausgepeitscht worden war, verfällt in *düsteren Trübsinn*, als er erfährt, dass seine Geliebte geflohen ist. Sie verlassen den Pater wie auch den Dolmetscher, die zwei Monate ihre Begleiter waren und die nun miteinander welches Leben auch immer führen müssen. Auf dem Boot sind jetzt nur noch drei Europäer, Humboldt, Bonpland und Don Nicolás Soto, außerdem Carlos del Pino, José de la Cruz und die Ruderer.

An manche Menschen, denen sie begegnen, erinnert nur eine ganz kleine Notiz im Tagebuch. Mitunter erwähnt er sogar jemanden, den er gar nicht kennt, der ihm aber in irgendeiner Weise faszinierend erscheint: *Don Antonio Santos, gebürtig aus Cumaná, starb dem Trunk ergeben in Nueva Guayana als Capitán de Milicias, ein wunderbarer, alles erduldender, unter Indianern aufgewachsener Mensch, dessen Freude es war, nackt, mit Onoto beschmiert zu gehen, Ameisen zu fressen und Indianer zu vögeln.*

Eines der vielen Themen, zu denen er sich laufend Notizen macht, sind die *venerischen Übel*, die Geschlechtskrankheiten. Den Anfang macht die *tolle Behauptung*, Kolumbus habe 1493 bei der Rückkehr von seiner ersten Reise dem König, Ferdinand dem Katholischen, eine Gruppe ausgesucht schöner Indianerinnen geschenkt, mit welchen «die Übel» sich langsam in Europa verbreiteten. Demgegenüber steht, dass der Dichter Ascoli schon 1489 in Florenz die bösartige Gonorrhö und die venerischen Geschwüre beschreibt, als Folge seiner eigenen «Liebeshändel». Auch William Backet, ein englischer Autor, beweist, dass in England schon im 14. Jahrhundert, lange vor der Epoche der Entdeckungsfahrten, die *Bubas* herrschten (Lymphknotenschwellungen der Syphilis). Bei seinen Untersuchungen glaubt Alexander herausgefunden zu haben, dass die Indios nur eine geringe Rezeptivität für venerische Gifte haben. Im Tagebuch hält er fest: *Wenn Indios oder Mulatten oder Weiße mit einer angesteckten Person schlafen, wird der Indio fast nie angesteckt. Ebenso pflanzt sich das Übel unter den Indianerinnen sehr selten fort.* Humboldt will auch beobachtet haben, dass die indianischen Männer insgesamt wenig Interesse am Sex haben: *Die Männer sind zweifelsohne so kalt und schwach zur Venus, wie die Frauen heiß sind, daher überlassen sich die Frauen so gern den glühend heißen und von der Natur wohlbegabten Negern, daher so viele Zambos.* Nicht ganz frei von sexistischen Vorurteilen, verwechselt er offensichtlich eine kulturelle Norm – den sehr zurückhaltenden Umgang von indianischen Männern und Frauen in der Öffentlichkeit – mit der Frage der sexuellen Aktivität. Immer wieder kommt er in seinen Journalen darauf zurück: *Indianer sehr kalt im Umgang mit Weibern, daher, und weil andere Menschenrassen die Weiber sehr schätzen, die geilen indianischen Damen sehr passioniert für Neger.* Was die Krankheiten angeht, die venerischen wie die Tropenkrankheiten, zitiert er immer neue Meinungen und Schriften, sogar Gerüchte. Doch am Ende seufzt er: *Wie ungewiss alle Krankheitsentstehung ist! Ich sage lieber, ich verstehe von diesen Krankheitsursachen gar nichts.*

Unterhalb der letzten Katarakte, in einer riesigen Höhle in den Granitfelsen hoch über dem Ufer, zeigen ihnen die Indios durch Vermittlung von Carlos del Pino einen geheimnisvollen Ort. Es ist die Höhle von Ataruipe, die Begräbnisstätte der *Atures*, eines untergegangenen Volkes. Sie finden Hunderte von Körben, große und kleine, je nach der Größe der Toten, deren Skelette darin aufbewahrt werden. Die Nekropole enthält mindestens 600 solcher Körbe, darunter auch viele ganz kleine mit winzigen, offensichtlich totgeborenen Kindern. Die Indios erzählen, man habe bei diesem Volk die Leichen in feuchter Erde vermodern lassen, dann erst die nackten und noch einmal gesäuberten Skelette hier oben bestattet. Die Krüge sind verziert mit Zeichnungen von Schlangen, Krokodilen, Vögeln, aber auch mit Schriftzeichen, was besonders erstaunlich ist, da in Europa niemand den Waldindianern eine Schriftform ihrer Sprache zutraut. Die letzten Atures haben noch bis vor dreißig Jahren gelebt, mit ihnen ist ihre Sprache verschwunden.

In Maipures, ein paar Tage zuvor, hat man ihnen einen alten Papagei vorgeführt, der krächzend Wörter ausstößt, singt und lacht und flucht. Niemand versteht, was er sagt, es sind Wörter der Atures-Sprache. Der Papagei ist das letzte Geschöpf, das, wenn auch ohne Sinn und Verstand, die Sprache eines großen, verschwundenen Volkes spricht. Sie wählen in der Höhle mehrere Schädel, ein Kinderskelett und zwei Skelette von Erwachsenen. Einer der Schädel wird auf Umwegen nach Göttingen gelangen, wo Humboldts alter Lehrer Johann Friedrich Blumenbach (den man einmal als den Begründer der modernen Anthropologie betrachten wird) ihn wissenschaftlich beschreibt. Alle anderen Skelette, die sie später nach Paris zu schicken versuchen, werden bei einem Schiffbruch vor der afrikanischen Küste untergehen.

Humboldt und seine Freunde bleiben sehr lange in der Höhle, sie öffnen Körbe, sortieren Knochen. Die übliche europäische Leichenfledderei im Dienste der Wissenschaft. Die Mienen der Indios verfinstern sich zunehmend. Humboldt versteht, dass die Grabstätte, wenn sie auch nur den Toten eines fremden Volkes geweiht ist, doch einen heiligen Ort für seine Begleiter darstellt, der nun genug geschändet wurde. Trotzdem beenden die Europäer ihren Frevel noch lange nicht. Nur im Tagebuch überlegt Alexander abends für sich selbst: *Armes Volk, selbst in den Gräbern stört man deine Ruhe.*

In San Rafael del Capuchino, gegenüber der Einmündung des Río Apure, wo Alexander vor zwei Monaten seine Messungen vollzog, versucht er jetzt, durch direkten Vergleich mit den damaligen Werten, den Gang seines Chronometers zu überprüfen. Er kann keinen Fehler feststellen. Jetzt kann er die Messungen vom Orinoco mit denen von Cumaná und Caracas in eine genaue Beziehung bringen. Bei der Weiterfahrt biegen sie nicht in den Apure ein, aus dem sie damals kamen, sondern folgen dem Orinoco weiter stromabwärts. Don Nicolás Soto, der ihnen durch alle Gefahren der strapaziösen Reise ein guter Freund geworden ist, verlässt sie hier, um über den Apure und durch die Llanos zurückzureisen. *Ewiges Anknüpfen und Auflösen.* Die unendliche Serie der Messungen reißt niemals ab, jeder markante Punkt wird geographisch, jede Flussschleife mit dem Kompass vermessen. Der Orinoco windet sich insgesamt in ostnordöstlicher Richtung durch die Guayanas, ist in der Mitte durchschnittlich 25 Meter tief und fließt mit einer Geschwindigkeit von zwei Kilometern pro Stunde. Was gemessen werden kann, wird gemessen. Unendlich viele Daten werden einfach nur gesammelt, und Humboldt wird in Paris noch mehr als zwanzig Jahre brauchen, um sie alle auszuwerten – und ihnen ihre Wahrheiten zu entlocken.

Seine Journale sind auch voll von Fakten und Geschichten über das Verhältnis der Europäer zu den indianischen und afrikanischen Menschen in Lateinamerika. In Caicara, nördlich vom Apure, notiert er den Fall eines weißen Pflanzers, der eine junge afrikanische Sklavin, die ihm nicht «dienstbar» sein wollte, an ein Pferd gebunden und zu Tode geschleift hat. Er ist zu vier Jahren Gefängnis verurteilt worden, ein empörend mildes Urteil, findet Alexander.

Neun Tage später gehen sie in der Provinzhauptstadt Angostura (heute Ciudad Bolívar) an Land. Nach fünfundsiebzig Tagen und Nächten ist die Flussreise vorbei. Es ist nicht leicht, sagt er, *das angenehme Gefühl auszudrücken*, mit dem sie in Angostura landen, nach all den Gefahren und Anstrengungen einer 3000 Kilometer weiten Fahrt in kleinen Booten über fünf große Flüsse; ihre Kleidung ist völlig zerrissen, sie sind abgemagert und haben ein unendliches Verlangen nach sauberem Wasser, frischem Brot, einem Glas Wein und einem richtigen Bett. Das alltägliche Leben in der provinziellen 6000-Seelen-Stadt kommt ihnen geradezu brodelnd vor, die Straßen, die Zahl der Menschen, die prächtigen Häuser, die *Zivilisation,* die *Menge der Bequemlichkeiten.* Alle Menschen, mit denen sie sprechen, erscheinen ihnen *ungemein geistreich.* Das frische Weizenbrot am Tisch des Statthalters, am ersten Abend beim Mahl, ist einen Vermerk im Tagebuch wert.

In den ersten Tagen fühlen sie sich noch gesund, wenn auch müde und erschöpft. Doch in ihren Körpern hat sich längst, vielleicht schon seit Wochen, die Malaria entwickelt. Winzigste Einzeller der Gattung Plasmodium, übertragen beim Stich einer Anopheles-Mücke, sind über den Blutkreislauf in die Leber gelangt, haben sich vermehrt und schwärmen jetzt erneut in das Blut aus. Der Körper reagiert mit heftigsten Schüttelfrösten und starkem Fieber von über 40 Grad. Die *malaria tropica* kann rasch zu Schädigungen des Gehirns und der Nieren führen und tödlich sein.

Bei Alexander und Aimé bricht die Malaria am selben Tag aus, sie nimmt bei Bonpland einen *bösartigen Charakter* an. Ihr Diener Joseph liegt allerdings genauso schwer darnieder wie Bonpland. Bei ihm entwickelt sich die Malaria rasend schnell und äußerst heftig, die Kräfte verlassen ihn, und am neunten Tag wird ihnen sein Tod gemeldet. Alexander ist entsetzt, er eilt an das Lager des toten Joseph. Es ist jedoch nur eine mehrstündige Ohnmacht, auf die eine weitere Krise folgt, eine heilsame. Humboldts Fieber ist anfangs sehr heftig, doch nach der Behandlung mit Honig und Chinarindenextrakt verschwindet es schon am zweiten Tag vollständig. Aimés Zustand dagegen bleibt mehrere Wochen hindurch kritisch. Eine Ruhr-Erkrankung kommt hinzu und erschwert alles. Der Arzt Bonpland beschließt, sich selbst zu behandeln, er lässt sich aus Malvaceen-Pflanzen ein Mittel zubereiten. *Bonpland hat während dieser schmerzhaften Krankheit den Mut und die Freundlichkeit des Charakters bewahrt, die ihn auch in den schmerzlichsten Momenten seines Lebens niemals verließen.*

Eine schwere Krise, die plötzlich alles infrage stellt. Alexander macht sich heftige Vorwürfe, fragt sich, wie er den Eltern Aimés jemals unter die Augen treten soll, falls sein Freund stirbt – viele Forscher haben schon in den Tropen ihr Leben gelassen. Anstatt den moskitoverseuchten und von *Miasmen* verpesteten Orinoco hinaufzufahren, so überlegt er, hätten sie besser etliche Monate in den gesunden, hochgelegenen Landschaften der Sierra Nevada von Mérida verweilen sollen. Doch er war es, Alexander, der den Weg über die Ströme gewählt hatte, und *die Gefahr, in der mein Gefährte schwebte, war eine verderbliche Folge dieser unvorsichtigen Entscheidung.*

Zum Glück wird Bonpland, an dessen Lager Alexander jede Nacht wacht, allmählich wieder gesund. Auch Joseph geht es besser. Humboldt mietet Träger mit Sänften und bringt die beiden in die höher gelegene Pflanzung eines befreundeten Arztes, des Dr. Felix Fareras aus Angostura. Hier oben, in der frischen Bergluft, bleiben sie einen ganzen Monat. Humboldt hält diesen Erholungsaufenthalt für wichtig, obwohl er weiß, dass bereits die nächste Regenzeit naht. Zur Rückkehr an die Küste müssen sie noch einmal die Llanos durchqueren, wo das Land stellenweise schon halb überschwemmt ist. Doch erst muss Bonpland richtig gesund werden. Als er eines Morgens anfängt, die Blätter des Brotfruchtbaumes zu zeichnen, weicht bei Alexander die Spannung.

Am 10. Juli 1800 brechen sie auf.

Es ist Nacht, als sie in einer Piroge zum letzten Mal den gewaltigen Orinoco überqueren und in die Steppe eindringen. Sie wollen jetzt nur noch weg. *Sehnlichst wünschten wir, die Küsten zu erreichen, um uns nach Havanna einzuschiffen.* Der Gedanke einer langen Seereise mit guter Versorgung und ohne Moskitos und Krokodile *musste sich der Phantasie einigermaßen reizvoll darstellen. Wir gedachten nicht mehr, nach dem südlichen Amerika zurückzukehren*, sondern von Kuba nach Mexiko und dort, auf der pazifischen Seite in Acapulco, ein Schiff zu nehmen für die Reise über den Pazifik nach Manila auf den (damals spanischen) Philippinen. Mit diesen Gedanken und Plänen beschäftigen sie sich während der eintönigen und mühsamen Reise durch die Steppe, denn *nichts kann gegen die Widerwärtigkeiten des Lebens besser abhärten als die Beschäftigung des Geistes mit der Planung eines gewagten Unternehmens.*

Sie brauchen diesmal durch die Savanne dreizehn Tage. Die Natur der Llanos zeigt sich ihnen jetzt ganz anders, nicht mehr verbrannt und ausgeglüht, sondern stellenweise grün, üppig, voller Blumen und Vögel. Ihre Affen, die in Käfigen auf den Maultieren sitzen, strecken begierig die Arme nach den roten Früchten der Mauritiuspalmen aus, unter denen sie hindurchziehen. Einmal, angesichts einer solchen Palme, nehmen Aimé und Alexander wahr, wie viele Dinge *an das Dasein einer einzigen Pflanze geknüpft sind.* Es ist wie ein ökologisches Bilderbuch: Die Winde haben um den Stamm herum Sand angehäuft, das Grün der Blätter und der Geruch der Früchte locken von fern die Vögel herbei; der Boden im Wurzelbereich der Palme behält immer genügend Feuchtigkeit, selbst in der Trockenzeit, sodass Insekten und Würmer, sonst überall in den Llanos eine seltene Erscheinung, in großer Zahl hier leben und den Vögeln Nahrung bieten. Auf diese Weise verbreitet ein einzelner Baum in der Wüste *Leben um sich her.* Nichts, so hat er schon früher gesagt, nichts zeigt sich isoliert, *ein gemeinsames Band umschlingt die gesamte organische Natur.*

Am dritten Tag treffen sie in der Cariben-Mission ein, bei jenem legendären indianischen Volk, für das sich Humboldt schon lange interessiert. Die Cariben unterscheiden sich von anderen Völkern durch ihre enorme körperliche und, wie Alexander meint, geistige Kraft. Die Männer sind mehr bekleidet als die Frauen, die nur einen schmalen Lendenschurz tragen, den *guajuco.* Ihre nackten Brüste haben offensichtlich auf ihre Männer keinerlei erotisierende Wirkung. Männer wie Frauen färben ihren Körper mit rotem *onoto.* Die Frauen sind hässlicher als die Männer, findet Alexander. Wie immer, so tragen auch bei den Cariben die Frauen die gesamte Last der Haus- und Feldarbeiten. Zwei oder drei von ihnen, mit denen er ins Gespräch kommt, bitten ihn um Stecknadeln, es ist kostbarer Schmuck, sie durchstechen ihre Unterlippe damit. Die jungen Mädchen sind ganz rot gefärbt und nackt. Humboldt versteht bereits wie ein moderner Ethnologe die kulturelle Relativität: Der Begriff der Nacktheit, sagt er, ist äußerst ungenau. In einigen Gegenden Asiens beispielsweise dürfen die Frauen ihre Fingerspitzen nicht zeigen, wenn sie nicht als nackt gelten wollen. Und eine Cariben-Frau würde niemals die Hütte verlassen, ohne sich mit *onoto* gefärbt zu haben; es wäre in ihren eigenen Augen schamlos.

Zehn Tage später erreichen sie die karibische Küste bei Nueva Barcelona, wo sie sieben Monate zuvor, auf dem Weg von Cumaná nach Caracas, ein paar Stunden Aufenthalt hatten. Eine Woche lang genießen sie die Gastfreundschaft des aus Frankreich stammenden Pflanzers Don Pedro Lavie, den sie ein paar Monate zuvor in Caracas im Gefängnis besucht hatten. Er ist inzwischen freigelassen worden und freut sich, französisch reden zu können mit Männern, die vor einiger Zeit noch in Paris lebten und von der Revolution zu berichten wissen. Die schwere Haft hat ihn sehr krank gemacht (bald nach dem Besuch Humboldts und Bonplands ist Lavie an den Folgen der Haft gestorben).

Die Geschichte seiner Abenteuer wird Alexander bald in zahlreichen Briefen nach Europa variieren: *Für mehr als drei Monate haben wir nur an den Ufern der Flüsse oder in den sehr dichten Wäldern geschlafen, dabei immer das Brüllen der Jaguare gehört und uns durch rings um die Hängematten angelegte Feuer geschützt. Die Feuchtigkeit ließ den gesamten Vorrat verfaulen, sodass unsere Nahrung aus alter Kassave, Platanen, Reis, Fisch und Orinokowasser bestand. Die Moskitos, die Läuse, die Menge von Sandflöhen und Ameisen reizen die menschliche Haut, doch wegen der Gefräßigkeit der Krokodile, Rochen, Kariben und Zitteraale kann man nicht baden.*

Für die Leser in Paris, London, Madrid sind das Sensationen.

Er erzählt exotische Geschichten von Menschen, die ihre halbnackten Körper bunt bemalen und Ameisen essen, aber er zögert auch nicht, seine politischen Schlussfolgerungen deutlich mitzuteilen: Er prangert die politische Macht der Missionare als ein Haupthindernis für die Entwicklung dieser Gebiete an, vor allem die *entradas*, die gewaltsamen Raubzüge, bei denen jeder, der nicht flüchten kann, weggeschleppt wird, Frauen, Kinder, Greise. Diese *entradas* sind vom Gesetz untersagt, *sie sind folglich gleichermaßen wider die Moral und die Politik.*

Der Krieg in Europa dauert immer noch an. Die imperialistische Konkurrenz zwischen Frankreich und England macht die Meere weiterhin unsicher. Der Postbootverkehr von La Coruña nach Havanna und Mexiko liegt seit drei Monaten brach. Also mietet er, wie schon früher, Plätze auf einer *lancha*, einem offenen Boot, das sich für die Küstenfahrt nach Cumaná eignet und segeln kann. Es ist mit Kakao beladen, die Besatzung betreibt ergiebigen Schleichhandel mit der britischen Insel Trinidad. Frühmorgens an einem tropischen Tag mit flirrendem Licht segelt ihre *lancha* in den Golf von Cariaco ein. Mit Rührung erinnern sie sich der ersten Annäherung an diese Küste mit der *Pizarro*, sie denken an die Zeit, als sie vor einem Jahr die ersten amerikanischen Pflanzen gepflückt haben. Sie sehen die Palmen und riesigen grünen Kakteen, dann die indianischen Hütten der Vorstadt von Cumaná, das Haus von Carlos del Pino, den gigantischen Ceibabaum, unter dem sie bei Einbruch der Dämmerung so oft gesessen haben, um mit Carlos und anderen Freunden zu plaudern. Die halbe Stadt, *alle unsere Freunde* in Cumaná, kommen ihnen entgegen, um sie begeistert zu begrüßen. Man hat aufgrund falscher Meldungen vom Orinoco geglaubt, Humboldt und Bonpland seien gestorben. Don Vicente Emparán umarmt sie als alte Freunde.

Am Abend gibt es ein großes Fest.

Alexander macht sich an eine erste wissenschaftliche Auswertung der Reise. Eine lange geologische Abhandlung schickt er an seine Freunde vom Naturalienkabinett in Madrid und an den Physiker Jean-Claude Delamétherie einen Text über den geologischen Bau oder das *Gezimmer der Erde*, die Schichten, die Richtung und Neigung der Gebirge, den pyramidalen Aufbau der Kontinente. Er sagt, wir kennen Steine, aber nicht die Berge, von denen sie stammen; wir haben die Materialien, aber durchschauen das Ganze nicht. Über Vulkanismus wolle er noch nicht urteilen, er müsse erst viele weitere Beobachtungen sammeln.

Einen zweiten, astronomischen Bericht mit hunderten Messdaten schickt er zur Überprüfung und mathematischen Auswertung an Jean-Baptiste Delambre von der Akademie in Paris, einen dritten, noch längeren, an den Comte Antoine-François de Fourcroy, einen der bedeutendsten Chemiker der Zeit. Dieser Bericht erscheint in Paris auf Französisch und noch im selben Jahr 1800 auch auf Deutsch. Er erklärt, sein Ziel bestehe immer mehr darin, *Ideen statt Gegenstände* zu sammeln. Er sei zwar nur eine *mittelmäßig begüterte Privatperson*, doch hätten er und Bonpland bereits 6000 Pflanzen gesammelt und bestimmt. Außerdem hätten sie Insekten, Muscheln, Farbhölzer, sezierte Krokodile, Seekühe, Affen und Zitteraale, *deren Flüssigkeit rein galvanisch ist und nicht elektrisch*, aufbewahrt und viele Schlangen, Eidechsen und Fische beschrieben. *Welch ein Genuss, mein werter Freund, inmitten einer so majestätischen Gegend zu leben! Ich bereue meine Pläne nicht! Die Strapazen waren sehr groß, aber schließlich nur vorübergehend.*

Er schickt Proben von der Milch des Kuhbaums, vom Curare, dem fürchterlichen Gift der Indianer, er schickt Samen verschiedener Pflanzen, auch ein bisschen fettreiche Erde, wie die Otomaken sie essen. Dem berühmten Sir Joseph Banks, den er 1790 während seiner Reise mit Forster in London kennenlernte, berichtet er: *Ich unternahm umfassende Untersuchungen jenseits der Katarakte des Oberen Orinoco bis zum Río Negro nahe am Äquator.* Er schickt Banks Kopien all seiner astronomischen Messungen; *sollte ich auf dieser Reise umkommen*, so sollen diejenigen, die sich mit Längenmessungen beschäftigen, alle seine Angaben auf die Position von Cumaná beziehen.

In den Llanos hat er sich mit einer vieldiskutierten wissenschaftlichen Frage seiner Epoche befasst, der Frage nach der «Figur der Erde». *Es dürfte beim derzeitigen Stand unserer Kenntnisse schwer halten, die Ungleichheiten in der Abplattung der Erde zu leugnen.* Er weiß also nicht nur, dass die Erde am Äquator eine Art «Wulst» hat und deshalb «ausgebuchtet» ist, während die beiden Pole «abgeplattet» sind, sondern dass diese Abplattung am Nord- und Südpol verschieden stark sein muss. Gleichzeitig sieht er in solchen Messungen die Grundlage für realitätsgetreue Karten mit den wichtigsten Orten nach den drei Dimensionen der Länge, Breite und Höhe, die Zwischenpunkte chronometrisch mit den Hauptpunkten verbunden. Karten hält er schlechterdings für eine Voraussetzung der

Zivilisation und des Fortschritts. Er hat als Erster die folgenden Orte Venezuelas *astronomisch aneinandergeknüpft*: Cumaná, Angostura, Esmeralda, San Carlos del Río Negro, die Katarakte, San Fernando de Apure und Caracas.

An seinen Bruder Wilhelm schreibt er: *Ich kann dir nicht genug wiederholen, wie sehr glücklich ich mich befinde in diesem Teil der Welt*... Er sagt, es gebe vielleicht kein Land, wo man angenehmer und ruhiger leben könne als in den spanischen Kolonien. Das Einzige, was er manchmal bedauere, sei, dass man mit den Fortschritten der Aufklärung und Wissenschaft in Europa unbekannt bleibe. Aber man werde vollkommen dafür entschädigt, denn bei den einfachen spanischen Bewohnern *finden sich Züge von Menschlichkeit und Grundsätze einer wahren Philosophie, die man in Europa vergebens sucht*.

Am wichtigsten ist ihm allerdings, seine europäischen Freunde, die wie er an die «Einheit des Menschengeschlechts» glauben, schonungslos über die Lage der Indios aufzuklären. Denn die dreieinhalb Millionen Indios *genießen keinerlei Schutz einer weisen und menschlichen Gesetzgebung* – sie seien unglückliche Abkömmlinge eines Geschlechts, das man ganz seines Eigentums beraubt habe. Auch die Indios wären aber durch die Geburt *zur Freiheit bestimmt*. Er prangert immer wieder die Willkürherrschaft der Missionsmönche an: *Keine Religion predigt die Unmoral, aber es ist sicher, dass von allen existierenden Religionen die christliche diejenige ist, unter deren Maske die Menschen am unglücklichsten werden*.

Am 17. November, genau ein Jahr nach ihrer Abfahrt von Cumaná nach Caracas und an den Orinoco, besteigen sie eine *lancha* und brechen nach Nueva Barcelona auf. Ihr Ziel ist Kuba. Die Nacht ist kühl und angenehm. Mit Rührung sehen sie zum letzten Mal die Ufer des Manzanares und den Mond über den Kokospalmen. Bei diesem Aufbruch ist Carlos del Pino nicht mehr dabei, wohl aber Joseph. *Lange Zeit blieb unser Blick an die weiße Küste gefesselt*. Er denkt an die Ankunft mit der *Pizarro*. Wie weit sie sich von ihrem ursprünglichen Plan entfernt haben, das Festland gar nicht zu betreten, und welche wunderbaren Folgen es hatte, in Cumaná an Land gegangen zu sein, um in diese Welt einzudringen. Ganze sechzehn Monate sind sie in Venezuela gewesen. *Ein freundliches Betragen hat uns mit hunderten Menschen in nahe Verbindung gebracht. Überall, von Caracas bis zur ultima Thule von Esmeralda, haben wir Menschen zurückgelassen, die sich mit Rührung und Liebe unserer erinnern. Die Menschen in diesem Land sind einfach, gut und herzlich, und ich verlasse es wie vaterländischen Boden.* Der Wind weht günstig. In weniger als sechs Stunden sind sie in Nueva Barcelona. Das Schiff, das sie nach Havanna bringen soll, liegt am Pier zur Abfahrt bereit.

Sie werden dieses Land nie wiedersehen.

Neuntes Kapitel

KUBA

Zwei, drei Tage sehen sie noch die Insel Margarita, dann sinkt sie langsam hinter den Horizont. Die ersten Nächte sind angenehm kühl, Alexander misst 23 Grad. Sie segeln in einiger Entfernung zur Küste, die *silla* taucht auf, der große Sattel-Berg von Caracas, den sie vor fast einem Jahr vermessen haben. *Mit Vergnügen ruht der Blick auf einem Gipfel, den man mit Gefahr bestiegen hat.*
Am dritten Tag schlägt das Wetter um, ein Kältesturz. Der Wind dreht auf Nordost, die Karibik tobt wie ein Ozean, die hohen Wellen schleudern das kleine Schiff empor – und lassen es jedes Mal abstürzen. Aimé, der *arme Bonpland*, ist sofort wieder seekrank. Durch das Chaos des Sturms oder durch irgendeine Schlamperei des Kochs bricht abends auf dem Vordeck ein Feuer aus. Da sie eine riesige Ladung von gedörrtem Fleisch *(tasajo)* an Bord haben, das, wie Humboldt glaubt, durch sein Fett leicht entzündbar ist, erscheint die Lage besonders gefährlich. Es gelingt, das Feuer rechtzeitig zu löschen.

Alexander misst dauernd Luft- und Wassertemperaturen, die Luftfeuchtigkeit, die geographische Position. Er untersucht die Strömungsverhältnisse, insbesondere den Golfstrom, der auch durch die Karibik zirkuliert. Sie begegnen kleineren Booten vom venezolanischen Festland, die mit den dänischen Inseln Schleichhandel betreiben. Was mögen die Brüder Keutsch machen, die ihm einst von der Tropenwelt erzählten?

Nachts bleibt er an Deck und sucht nach Sternen, die ihm astronomische Bestimmungen ermöglichen können; oft, wenn die Wolkendecke aufreißt, benutzt er den *alpha crucis* aus dem Kreuz des Südens, das er so liebt. Er kann mehrere wichtige Punkte vermessen, zum Beispiel die Lage der Cayman-Inseln. Obwohl die karibische See ein vielbefahrenes *Mittelmeer* ist, fehlt es immer noch an korrekten Seekarten. Der Kapitän weiß oft nicht, wo sich sein Schiff befindet. Irgendwo, längst schon nördlich der Insel Kuba, will er die Tortuga-Inseln suchen und ansteuern, die am südlichsten Ende der Halbinsel Florida liegen, doch Alexanders Messungen machen dieses Manöver überflüssig. Dieser preußische Landmann mit seinen teuren Geräten weiß zumeist besser als die Seeleute, wo sie sich befinden. Nach fünfundzwanzig Tagen einer Überfahrt mit schlimmem Wetter, am 19. Dezember 1800, gehen sie im Hafen von Havanna vor Anker.

Wieder diese erwartungsvolle Freude beim Einlaufen in einen fremden Hafen, beim Anblick einer schönen, vielversprechenden Stadt.

Der erste Blick auf Havanna ist *einer der reizendsten und malerischsten von allen Küsten des tropischen Amerika*, die großartige Hafenfestung, der *morro*, die Felsen im Osten, die weitgeschwungene Meeresbucht, umgeben von kleinen weißen Dörfern, aus denen hohe Königspalmen ragen. Die Stadt liegt hinter einem Wald aus Masten und Segeln. Angesichts der Schönheiten *vergisst der Europäer leicht die Gefahr, welche ihn im Herzen der volkreichen Städte der Antillen bedroht.* Er denkt an die tropischen Krankheiten, das Gelbe Fieber, das Schwarze Erbrechen...

Die offiziellen Gebäude sind eindrucksvoll, die Kathedrale, der Regierungspalast, die Postanstalt und die riesige *fábrica real de tabacco*, die königliche Tabakfabrik; die Straßen der Stadt sind eng und nicht sonderlich gepflegt, da es an Pflastersteinen mangelt, die man sehr teuer aus dem mexikanischen Veracruz kommen lassen muss. Doch ist es eine echte Großstadt: eine Unmenge von Pferdefuhrwerken, mit Zuckerkisten oder Schnapsfässern beladen, schreiende Kutscher, Lastenträger, die hemmungslos durch die

Menge vorstoßen, Straßenhändler, spielende Kinder, Priester und Nonnen, dazwischen die Kaleschen der feineren Welt, Menschen, die sich im dichten Gewimmel ihren Weg suchen durch den allgemeinen Schmutz und den Schlamm der von der Regenzeit aufgeweichten Straße. In den Nebenstraßen beginnt schon das Land, überall Hühner und Schweine, Mist und Kot, nicht anders als in deutschen Städten wie Jena oder Göttingen. Und über allem der penetrante Geruch des Pökelfleischs, des *tasajo*.

Es gibt schöne Spazierwege am Meer, den weit um die Bucht geschwungenen Malecón, die Uferstraße, auch die Alameda-Promenade zwischen dem Spital San Pablo und dem Theater. Humboldt entdeckt den großartigen Botanischen Garten und gleich dahinter, als solle immer das Wunderbare mit dem Schrecklichen sich mischen, die Hütten, vor denen die *unglücklichen Sklaven* zum Verkauf ausgestellt sind. Bonpland liebt besonders die hohen, schlanken Königspalmen, *palmas reales*, die der Stadt und der Landschaft ihren eigentümlichen Charakter verleihen. Das karibische Klima *am Rande der Tropen*, wie Alexander sagt, kennt bereits wieder den Wechsel der Jahreszeiten, wenn auch in abgemilderter Form. Die Entfernung Havannas zum Äquator entspricht derjenigen Rio de Janeiros auf der südlichen Halbkugel.

Die eigentliche Stadt Havanna ist vollständig von Mauern umgeben; sie ist nur 1750 Meter lang und 900 Meter breit, dennoch leben hier rund 45 000 Menschen, davon 20 000 Weiße, die anderen sind Sklaven oder freie Schwarze und Mulatten. Die Bevölkerung wächst rasch, Havanna ist eine der besonders dynamischen Städte Amerikas, neben Rio de Janeiro, New York und der noch viel größeren Stadt Mexiko. Havanna, als Mittelpunkt der spanisch-karibischen Welt, ist zugleich das bedeutendste Wirtschaftszentrum der Antillen, die Plantagenwirtschaft bringt Tabak und Zucker hervor, auch Baumwolle für die europäischen Webmaschinen, und gerade jetzt spüren alle den großen Schub in den nächsten *boom*. Europas wachsende Märkte verlangen nach all diesen Produkten; und deshalb beginnt jetzt erst richtig, was Humboldt für lange Zeit entsetzen wird, der eigentliche Aufschwung des Sklavenhandels.

Französische Pflanzer aus Haiti, wo die Sklaven sich durch Aufstände selbst befreit haben, bringen ihr Kapital nach Kuba und forcieren hier den Anbau von Kaffee und Kakao. Die ehemals britischen Pflanzer der südlichen Gegenden der USA dehnen ihre Baumwollfelder ungeheuer aus, von Charleston und anderen Häfen geht der kostbare Rohstoff in die aufstrebenden europäischen Textilzentren wie Manchester, und als Folge wird der Sklavenhandel in den USA noch jahrzehntelang wachsen. Genauso ist es mit den portugiesischen Zuckerfeldern in Brasilien.

Der Ablauf bei ihrer Ankunft in einer fremden Stadt ist immer der gleiche: Humboldt stellt sich den Statthaltern des spanischen Königs vor, zeigt seine außergewöhnlichen Vollmachten, die *permisos* aus Madrid, und lässt auch seine adelige Herkunft und seine bisherigen wissenschaftlichen Meriten nicht unerwähnt. Sie beziehen eine formidable Wohnung bei der sehr reichen Familie Cuesta, die zusammen mit Don Santa Maria eines der größten Handelshäuser in Amerika besitzt. Bei ihrer Bank kann Humboldt endlich seine Wechsel einlösen. Die Sammlungen und Instrumente bringen sie im Palast des Grafen O'Reilly unter, dessen Terrassen sich gut für astronomische Messungen eignen. In kurzer Zeit wird *el baron de Humboldt* auch in Havanna eine bekannte Persönlichkeit, mit seiner seltsamen Gewohnheit, nachts die Sterne zu beobachten, seiner immerwährenden Neugier, seinen tausend Fragen und mit seinem Charme.

Und sicher auch mit seinen geschickt platzierten Geschichten: dem ungeheuren Schrecken beim Eindringen in die unendliche Tiefe der Guacharo-Höhle, dem Mann mit der Muttermilch, den Tigern und Krokodilen am Orinoco, dem Leben im revolutionären Paris. Und wie er einmal in Aranjuez unter den Augen Ihrer Majestät der Königin den Sommerpalast geographisch vermessen habe. Ja, gewiss, er dürfe sich glücklich schätzen, einen Mann wie den allmächtigen Staatsminister Urquijo zum Freund zu haben. Er beherrscht das Spiel, in die Phantasiewelt seiner Zuhörer einzudringen – und sich dort festzusetzen. Mit einem ganzen Schwarm neugieriger Honoratioren im Gefolge bestimmt Humboldt die genaue geographische Lage der Hafenfestung von Havanna, zusammen mit Don Dionisio Galeano, einem tüchtigen spanischen Schiffskapitän, mit dem er sich sofort anfreundet.

Alexander besitzt die staunenswerte Fähigkeit, auf beinahe alle Menschen, die ihm begegnen, unabhängig von Stand oder Rasse, ganz individuell einzugehen, auf Weiße und Schwarze, Bauern, Tagelöhner, Seeleute, Politiker, Intellektuelle, Handelskammerpräsidenten, Plantagenbesitzer. Er hat sich aus der von Vorurteilen und Standesdünkel geprägten preußischen Adelswelt befreit. Der *citoyen Bonpland* geht allerdings immer noch einen Schritt weiter als Alexander: Er analysiert nicht nur die sozialen Verhältnisse, er verabscheut die Mächtigen und Skrupellosen, die Ausbeuter und Sklavenbesitzer ganz persönlich, während Alexander manchmal selbst einen Plantagen- und Sklavenbesitzer sympathisch finden kann, etwa seine Freunde aus Caracas und dem Aragua-Tal, den Grafen von Tovar und den Marqués del Toro.

Er will verstehen, nicht urteilen.

Die *intellektuelle Kultur*, wie er sie braucht und sucht, ist natürlich ganz auf die weißen Bewohner Havannas beschränkt; in Wohlstand, Bildung, feiner Sitte gleichen sie vollständig der entsprechenden Schicht in Cadiz, Antwerpen, Amsterdam *und den übrigen reichsten Handelsstädten Europas.* Die *habaneros,* die distinguierteren Bewohner Havannas, beziehen sich in ihren Werten und Bedürfnissen, ihren kulturellen Präferenzen und ihrem Konsumverhalten völlig auf die vornehme Welt von Madrid, Paris und Mailand. Der Rest der Insel stellt sich *in vollendetem Gegensatz* dar.

Über die *Verbesserung des Menschen*, seine *sittliche Höherstellung durch Wissen und Bildung,* diskutieren sie oft auch mit dem Generalkapitän, Don Luis de las Casas, der wie Staatsminister Urquijo den fortschrittlichen Ideen aufgeschlossen gegenübersteht. Las Casas fördert in Kuba das «allgemeine Schulwesen», das freilich nicht so allgemein gedacht ist, dass es etwa die farbigen Kinder mit einschlösse. Bei ihm setzt sich Alexander bald auch für einen merkwürdigen Fremden ein, einen schiffbrüchigen Engländer. John Fraser und sein Sohn James waren an der Küste gestrandet und, von Fischern gerettet, ins Land gekommen, ohne die Erlaubnis zu besitzen, sich in Kuba aufzuhalten. Sie stehen unter Arrest, als Bonpland und Humboldt sie kennenlernen. Fraser entpuppt sich als bedeutender Botaniker, der im Auftrag des Zaren für Sankt Petersburg Pflanzen gesammelt und in Labrador, Kentucky und Tennessee geforscht hat. Er war dem Mississippi bis New Orleans gefolgt, um in der Karibik botanisch zu arbeiten. Jetzt wird er festgehalten, denn erstens ist er illegal in Kuba, und zweitens ist er Angehöriger eines Landes, das einen erbarmungslosen Krieg gegen Spanien führt. Humboldts gesellschaftliche Stellung in Havanna, seine Verbindung mit wichtigen Kaufleuten, Bankiers und Politikern, sein gutes Verhältnis zum Generalkapitän – all dies erlaubt ihm, die beiden Frasers demonstrativ in sein Haus einzuladen. Er verschafft ihnen die Erlaubnis, sich auf der Insel frei zu bewegen, und er leiht ihnen Geld.

In Havanna arbeitet Alexander hauptsächlich in den königlichen Archiven, was nie zuvor einem Ausländer gestattet worden ist. Er wertet in mühsamer Arbeit historische Dokumente aus, erstellt Statistiken, interviewt obendrein Dutzende von lokalen Fachleuten über die ökonomischen und gesellschaftlichen Fragen, die ihn besonders interessieren. *Ich hatte das Glück, das Vertrauen der Personen zu genießen, die wegen ihrer Stellung in der Verwaltung der Insel*, als Plantagenbesitzer, Kaufleute und führende Beamte, in der Lage waren, ihn mit allen gewünschten Informationen auszustatten. Alexander notiert im Tagebuch seine Maxime: Er sei in den Prinzipien seiner Arbeit *immer maßvoll* und in seinem Benehmen zurückhaltend, die Natur seiner Arbeit sei *friedliebend*.

Es zeigt sich, dass seine langjährigen Studien in Europa, sogar jene an der Handelsakademie Hamburg, außerordentlich nützlich sind, weil es jetzt um volkswirtschaftliche Probleme, um Produktion und Vermarktung, um Innovation und Technik geht. Als erster Wissenschaftler untersucht er die Herstellungsbedingungen der wichtigsten kubanischen Produkte: Zucker, Kaffee, Tabak, alles für den Export bestimmte Kolonialwaren, die das Interesse des Mutterlandes und Europas bedienen. Er sieht die Gefahr, dass der schnelle Reichtum, der damit zu erzielen ist, zur Vernachlässigung anderer landwirtschaftlicher Zweige führt. Niemand züchtet Rinder, da das Land viel gewinnbringender für die Zuckerproduktion zu nutzen ist. Schon beginnt man, teure Lebensmittel und vor allem Fleisch einzuführen, zum Teil aus dem fernen Argentinien. Niemand sieht die wachsenden Abhängigkeiten, die durch die Monokulturen entstehen, man bezahlt die teuren Importe lächelnd mit den hohen Gewinnen aus dem Zucker. Doch bei alledem ist unter den weißen Plantagenbesitzern eine große, uneingestandene Angst spürbar.

Die statistischen Untersuchungen Humboldts, die er in Havanna anstellt, geben ihnen recht: In der gesamten Karibik sind durch hemmungslosen Sklavenhandel und durch die ebenso hemmungslose Benutzung schwarzer Sklavenfrauen zur sexuellen Befriedigung bereits 83 Prozent der Menschen «farbig»: Neger, Mulatten, Mestizen, Zambos, seien es Sklaven oder Freie, zweieinhalb Millionen Menschen. *Wenn man nicht bald die rechtliche und faktische Befreiung dieser Menschen durchsetzt, so wird das Übergewicht denjenigen zufallen, welche die Kraft zur Arbeit besitzen, den Willen, sich frei zu machen, und den Mut, Entbehrungen zu erdulden.* Humboldt prophezeit den Aufstand, die Rebellion, wenn nicht rechtzeitig gehandelt wird. Diese *blutige Katastrophe* wird eintreten als *ein notwendiges Ergebnis der Verhältnisse* – und nicht, wie viele weiße Pflanzer und Sklavenhalter behaupten, als «Ansteckungsfolge der haitianischen Revolution», also von außen. Kuba kann vielleicht noch am ehesten *dem großen Schiffbruch entgehen*, wird Humboldt später schreiben, denn hier gibt es etwa zwei Drittel freie Menschen, darunter bereits viele Farbige, und nur ein Drittel Sklaven. Und während in der gesamten Karibik und den Südstaaten der USA der Anteil der Weißen an der Gesamtbevölkerung nur neun Prozent ausmacht, beläuft er sich in Kuba noch auf 45 Prozent.

Im Januar unternehmen sie eine Exkursion ins Innere der Insel; sie besuchen die Haciendas del Fondadero, Rio Blanco, Almirante und San Antonio. Er untersucht und beschreibt die technischen Abläufe der Zuckerproduktion, die Pflanzungen, die Erntemethoden, die Zuckersiedereien. Er sieht die zeitgenössischen Veränderungen: die Ochsen der Zuckermühlen werden bereits durch hydraulische Räder ersetzt, und manchmal gibt es sogar Dampfpumpen, *bombas de vapor*, zur Energieerzeugung, eine frühe Form der Dampfmaschine.

Planmäßig schafft Humboldt die Voraussetzungen zu einem einzigartigen Werk, einer literarischen Gattung, die er als Erster erfindet: sein *Essai politique sur l'île de Cuba*, der «Politische Versuch über die Insel Kuba», ist eine Monographie der Insel, die erste moderne Länderkunde überhaupt – die sehr viel später, immer wieder aktualisiert, als eigenes Buch erscheint, mit einem wichtigen Kapitel über Sklaverei. Dieses Kapitel wird sein Leben lang große Bedeutung behalten...

Es ist engagierte Literatur. *Wenn man als Reisender Augenzeuge war, wie Menschen gequält und entwürdigt wurden, so geziemt es sich, diese Tatsachen denen zu Gehör zu bringen, die sie ändern können* – das sind die Europäer, seine Leser. Er habe die Lage der schwarzen Menschen in den spanischen Ländern beobachtet, wo die Gesetze, die Religion und die Nationalgewohnheiten dazu neigen, ihr Schicksal zu erleichtern. *Dessen ungeachtet hat sich mein Abscheu vor der Sklaverei nicht vermindert.* Geistreiche Schriftsteller hätten sich bemüht, diese Barbarei zu verhüllen, indem sie verharmlosend von *patriarchalischer Protektion* oder von *Negerbauern* sprächen, wenn sie Sklaven meinten. Diese Rede- und Schreibkünste, *die den Geist verletzen*, beruhigten indes nur jene, die sich als Anhänger der Sklaverei über das Unglück der Schwarzen zu betäuben versuchten und gegen jede Empfindung, die sich ihrer bemächtigen könnte. Ein vielgelesener englischer Autor habe gesagt, *man peitscht die Neger sehr wenig*, kaum mehr als auf britischen Kriegsschiffen gepeitscht werde.

Humboldt lässt keinerlei Zweifel an seiner Haltung: *Die Sklaverei ist das größte aller Übel, welche die Menschheit bisher gepeinigt haben.* Er schildert seinen Lesern im «Essai politique», wie die Sklaven in Afrika gejagt und auf die Schiffe verschleppt werden, wo viele von ihnen noch während der Überfahrt sterben. Es komme vor, dass besonders einfallsreiche Händler sie auf dem Deck tanzen lassen und sie zwingen, im Chor *messe, messe, mackerida!* zu singen – «Es ist lustig, bei den Weißen zu leben». Dann landeten sie in der Villa eines reichen Mannes in Kingston oder Havanna als Haussklaven oder als versklavte Landarbeiter bei der Tabak- und Kaffeeproduktion oder, im schlimmsten Fall, auf der Zuckerplantage, *wo sie jeden Tropfen Zuckersaft mit ihrem Blut bezahlen.*

Die Sterblichkeit ist hoch, je nachdem, wie die Sklaven eingesetzt werden. Auf den Zuckerpflanzungen krepieren pro Jahr 15 bis 18 von hundert Sklaven, obwohl es fast ausnahmslos junge Männer sind. Alle fünf oder sechs Jahre muss man die Sklaven ersetzen. Es gibt Pflanzer, die sich eiskalt ausrechnen, was vorteilhafter ist: die Sklaven etwas behutsamer zu behandeln, etwas weniger hart arbeiten zu lassen, sodass sie ein bisschen länger leben – oder das Maximale aus ihnen herauszuholen, um dann aber mehr in Neuankäufe investieren zu müssen.

Humboldt kann nicht wissen, dass die Zahl der Sklaven noch jahrzehntelang anschwellen wird, vor allem durch Nachfrage der portugiesischen Zuckerpflanzer in Brasilien und der amerikanischen Baumwollpflanzer in den Südstaaten der USA, aber er sieht doch bereits den Beginn dieser Entwicklung: Allein in den letzten fünfzehn Jahren vor seiner Reise, so rechnet er aus, seien mehr Sklaven als *Schwarze Ware* nach Amerika geliefert worden als in den zweieinhalb Jahrhunderten zuvor. Er denkt lange über diese Probleme nach. Auf der ethischen Ebene ist es klar: *Die Menschlich-*

Humboldt kämpfte zeit seines Lebens gegen die Sklaverei. *Die Sklaverei ist das größte aller Übel, welche die Menschheit bisher gepeinigt haben.* Jeden Ballen Baumwolle, jeden Tropfen Zuckersaft müssen die Sklaven *mit ihrem Blut* bezahlen.

keit besteht nicht darin, ein wenig Stockfisch mehr und ein paar Peitschenhiebe weniger auszuteilen. Trotzdem verliert er sich nicht in moralischen Appellen, er verlangt auch nicht einfach das vollständige und sofortige Ende der Sklaverei; er schlägt vor, die Situation schrittweise zu verbessern. Man müsse zunächst die Ehen unter Sklaven begünstigen, schwangere Sklavinnen von der Arbeit befreien, die Kinder gut ernähren und medizinisch betreuen, die Zahl der täglichen Arbeitsstunden begrenzen und einen zusätzlichen Ruhetag pro Monat festlegen. Man solle Sklaven freilassen, wenn sie eine bestimmte Anzahl von Jahren gedient haben, und ihnen als freien Bauern Land verpachten. Er fordert, öffentliche Fonds einzurichten, mit deren Geldern systematisch die Freilassungen bezahlt werden, gewöhnlich 300 Piaster pro Sklaven.

Meine Gespräche mit kubanischen Autoren in Havanna, mit Miguel Barnet, dem Autor des weltberühmten Buches *El cimarrón*, und mit Tato Quiñones, der ebenfalls über Sklaverei auf Kuba gearbeitet hat, haben mir die Bedeutung von Humboldts Arbeit für die Kubaner selbst klargemacht. Beide Autoren haben Humboldts *Ensayo politico sobre la isla de Cuba* schon früh gelesen. Ich werde nie vergessen, wie Tato, der Urenkel von Sklaven, mir nachts in einer Hotelbar aus dem Gedächtnis ganze Sätze von *Alejandro* zitierte: *Eines Tages wird es niemand mehr glauben können, dass es auf den Antillen durch kein Gesetz verboten war, kleine Kinder von ihren Eltern zu trennen und sie zu verkaufen, oder Neger wie Vieh mit glühenden Eisen zu kennzeichnen, nur um sie umso leichter fangen zu können, wenn sie entfliehen.* «Humboldt erzählt von meinen eigenen Leuten», sagt Tato, von seinen Vorfahren.

Miguel Barnet hat die Geschichte eines dieser entflohenen Sklaven, des *Cimarrón*, aufgezeichnet, den er um 1960 viele Wochen lang über sein Leben befragte, als dieser bereits weit über hundert war. Beide, Barnet und Quiñones, sind besonders beeindruckt, weil Humboldt das Thema der Sklaverei ganz ohne Rührseligkeit, nur mit Zahlen und Argumenten, abhandelt. Gerade deshalb ist es für sie die beste und heftigste Anklage gegen die Sklaverei überhaupt – ein geradezu klassischer Text, der 1959, im hundertsten Todesjahr Humboldts, das zugleich das Jahr der kubanischen Revolution war, in großer Auflage in Havanna neu erschien.

Humboldt hat die Untersuchungen zu Kuba noch jahrzehntelang nach seiner Rückkehr fortgeführt. Sein Interesse an Kuba, seine Neugier über die dortigen Entwicklungen, hielt bis in die letzten Wochen und Tage seines Lebens unvermindert an. Besonders verdross ihn die wachsende Abhängigkeit Kubas von den USA. 1850 gab es einen ersten Versuch, die Insel zu annektieren; Narciso Lopez, der Anführer im Auftrag der USA, wurde in Havanna hingerichtet. 1854, als Humboldt bereits 85 war, wurde es offizielles Ziel der US-amerikanischen Außenpolitik, «Cuba so bald wie möglich zu kaufen» oder «gewaltsam zu erobern, weil wir durch jedes Gesetz, menschlich oder göttlich, das Recht dazu haben».

Der das sagte, war einer der Mitstreiter von Lopez, John Sydney Trasher, der immer weiter für den Anschluss oder die Vereinnahmung Kubas kämpfte. Und ausgerechnet dieser Mann übersetzte Humboldts «Politischen Versuch über die Insel Kuba», den es bis dahin nur in französischer und spanischer Version gab, ins Englische. Im Dezember 1855 schickte Trasher Humboldt eine Ausgabe seines Buches nach Berlin, und der alte, aber immer neugierige Humboldt begriff sofort, dass der Amerikaner, der zur Partei der Sklavenhalter zählte, das ganze Kapitel über die Sklaverei einfach gestrichen hatte.

Humboldt hielt die Kürzung für eine Fälschung und nahm diese Fälschung nicht hin. Ein alter Fuchs im Umgang mit den Medien, lud er die wichtigsten amerikanischen Zeitungskorrespondenten zu sich ein und erklärte ihnen, er sei es *einem inneren moralischen Gefühl schuldig*, sich öffentlich zu wehren, denn *gerade auf diesen Teil meiner Schrift* – das Kapitel über die Sklaverei – *lege ich eine weit größere Wichtigkeit* als auf alle astronomischen, magnetischen, botanischen oder statistischen Angaben.

Er wies darauf hin, dass die alte spanische Gesetzgebung zur Zeit seiner amerikanischen Reise weniger grausam und unmenschlich war als im *festländischen Amerika*, vor allem in den USA, und dass inzwischen in den südamerikanischen Staaten die Sklaverei auch längst abgeschafft sei. Er forderte, dass man *in allen wahren Demokratien* – und die USA seien eines der Mutterländer der Demokratie – lesen dürfe, was man in der französischen und spanischen Version seines Buches von Anfang an lesen durfte.

Die USA erlebten 1856 gerade einen der wichtigsten Präsidentschaftswahlkämpfe, als die Presse Humboldts Erklärung in großer Aufmachung veröffentlichte. «Die Sache hat hier überall Aufsehen gemacht», berichtete der preußische Gesandte aus Washington Humboldt. Der republikanische Präsidentschaftskandidat, John Frémont, der als entschiedener Gegner der Sklaverei auftrat, schrieb dem alten Kämpfer: «In der Geschichte Ihres Lebens und in Ihren Ansichten finden wir die Hoffnung, die Macht Ihres Namens auf unserer Seite zu haben.»

Die Macht seines Namens.

Als Hermann Hauff (ein Bruder des Dichters Wilhelm Hauff) um 1860 endlich Humboldts dreibändiges Reisewerk ins Deutsche übersetzte, ließ er unbegreiflicherweise das ganze Kuba-Buch komplett weg – und damit auch die Ausführungen zur Sklaverei. Diesmal konnte Humboldt sich nicht mehr wehren, er war wenige Monate zuvor gestorben.

So blieb es den Spaniern und Lateinamerikanern überlassen, als Erste die Bedeutung Humboldts zu erfassen, neben den Franzosen, die ihn schon immer als einen ihrer großen Autoren betrachteten. Nicht nur in Humboldts wissenschaftlichen Untersuchungen Lateinamerikas, auch in seiner genauen Darstellung der menschlichen und gesellschaftlichen Verhältnisse am Vorabend der Unabhängigkeitskriege wird der Kern seines Werkes erkannt. In Deutschland hat man Alexander von Humboldt selbst bei denen, die ihn verehrten, immer nur als Forscher gesehen, der sich für hehre wissenschaftliche Fragen, aber kaum für die Lage der Menschen interessiert – ein Vorurteil, das bis heute weiterwirkt.

Im März 1801 sind Humboldt und Bonpland im Begriff, nach Veracruz in Mexiko abzureisen. Da wird in mehreren Blättern verbreitet, die französische Weltumseglung des Kapitäns Baudin sei jetzt endlich in Gang gekommen. Die beiden Korvetten *Géographe* und *Naturaliste* sollen demnach um Kap Hoorn herum und dann an der Küste Chiles und Perus entlang nach Norden segeln. Humboldt fühlt sich an das Versprechen gebunden, das er Baudin bei seiner Abreise in Paris gab: wenn irgend möglich in Südamerika zu der Expedition zu stoßen.

Also nicht Mexiko, sondern Peru.

Es gibt zwei Alternativen, dorthin zu reisen: entweder über die Landenge von Panama zum Pazifik und dann mit dem Schiff entlang der Küste südwärts bis Peru – oder von der karibischen Küste Kolumbiens über den Landweg, die hohen Gebirge, bis nach Lima, Peru.

Bonpland, immer entschlossen und unserem guten Glück vertrauend, macht sich daran, die Sammlungen in drei identische Teile zu zerlegen, um nicht alles, *was wir mit so viel Mühe an den Ufern des Orinoco, des Atabapo und des Río Negro gesammelt hatten, dem ungewissen Schicksal einer langen Seereise auszusetzen.* Eine der Sammlungen soll über England nach Deutschland gehen, zu Karl Willdenow in Berlin; er vertraut sie James Fraser an, dem Sohn, der sie auch glücklich nach London zu Sir Joseph Banks bringt.

Eine zweite Sammlung, die Bonpland gehört, soll über Cadiz in Spanien nach Paris gehen; sie enthält neben Tausenden von Pflanzen auch alle am Orinoco und Río Negro gesammelten Insekten, außerdem die aus der Höhle von Ataruipe stammenden Skelette. Fray Juan Gonzales, ihr Freund aus Cumaná, der nach Spanien zurückkehren will, übernimmt diesen Transport. *Wer mochte ahnen, welches Unglück seiner wartete.* Erst sehr viel später werden sie erfahren, dass sein Schiff an der senegalesischen Küste im Sturm gesunken und der Freund tot ist. Die dritte Kollektion ist für das Naturhistorische Kabinett in Madrid bestimmt und bleibt zunächst in Havanna – wo sie sie drei Jahre später abholen werden.

Sie sind ohne jeden Kontakt nach Europa; seit zwei Jahren haben sie auf ihre zahlreichen Briefe keine Antwort bekommen, nicht eine einzige. Der Seekrieg hat das spanische Postsystem zusammenbrechen lassen. Drei Jahre lang werden sie über das Schicksal ihrer Sendungen im Unklaren sein. *Man begreift, wie groß meine Unruhe über das Schicksal eines Tagebuchs sein musste,* welches die astronomischen Beobachtungen und alle mit dem Barometer angestellten Höhenmessungen enthielt, von denen er *eine vollständige Abschrift zu fertigen nicht die Geduld hatte.*

Alexander schreibt trotz allem zahlreiche Briefe, oft doppelt, für verschiedene Schiffe, die von Kuba nach Europa gehen. An seinen alten Freund und botanischen Lehrer Willdenow schreibt er: *Zu* einer Zeit, wo das Meer von Raubgesindel wimmelt, beschäftigt mich nichts so ängstlich als die Rettung meiner Manuskripte und Herbarien. Es ist sehr ungewiss, fast unwahrscheinlich, dass Bonpland und ich lebendig zurückkehren. Wie traurig wäre es, in dieser Lage die Früchte seiner Arbeit verlorengehen zu sehen. Und dann – es wirkt wie ein Testament: *Sterbe ich, so wird Delambre meine astronomischen Manuskripte, Freiesleben oder Buch meine geognostischen, Scherer meine physikalischen und chemischen und Du, mein Guter, (so hoffe ich) meine botanischen Manuskripte unter Bonplands und meinem Namen edieren.* Aber dann kommt doch sein alter Optimismus wieder zum Vorschein, und er merkt an, seine Fröhlichkeit habe ständig zugenommen, seit er Europa verlassen habe. *Die Tropenwelt ist ganz mein Element, und ich bin nie so ununterbrochen gesund gewesen als in den letzten zwei Jahren.*

Eine Überfahrt nach Kolumbien oder Panama mit neutralen Schiffen ist nicht möglich, und die spanischen Postboote kommen nur noch sehr unregelmäßig. Also mietet er wieder ein Boot, eine katalanische *Golette*, einen Schoner, der sich in Südkuba befindet und bereit sein soll, sie entweder nach Portobello (heute Panama) oder nach Cartagena de Indias (Kolumbien) zu bringen – je nach See- und Windverhältnissen. Sie erschrecken, als sie Tage später sehen, wie klein ihr Schiff ist. Der Kapitän ist Don José Serra, und einer der Fischer der Gegend dient als *práctico*, als Lotse. Es gibt nur eine kleine geschützte Kammer, in die kaum ihre Instrumente passen. Schlafen müssen sie auf Deck. *Zum Glück dauerte diese Unbequemlichkeit nur zwanzig Tage. Die Fahrt in den Kanus des Orinoco hatte uns nachsichtig gemacht.*

Drei Tage brauchen sie, um das endlose Labyrinth kleiner Inseln zu durchqueren, die *jardines* (Gärten), wie Kolumbus sie genannt hat. Sie botanisieren ein bisschen auf den Inseln, die Matrosen suchen nach Langusten. Erbost, dass sie keine finden, klettern sie auf die Mangroven und richten ein fürchterliches Gemetzel unter den jungen Pelikanen an, die meist zu zweit in ihrem Nest hocken. *Die Alten schwebten über unseren Köpfen und stießen rauhe Kla-*

gelaute aus. Das Blut rinnt aus den Nestern von den Bäumen herab. Humboldt und Bonpland versuchen, die Matrosen zu stoppen, vergebens. *Es ist der Matrosen Lust, eine grausame Herrschaft über die Tierwelt zu üben, wo die Gelegenheit sich bietet. Der Boden war bedeckt mit verwundeten Vögeln, die mit dem Tod rangen. Alles schien zu verkünden: Der Mensch ist dagewesen.* So wird er es später in seinem Reisebericht erzählen. Im Tagebuch notiert er: *So lässt der Mensch überall Spuren seines Zerstörungsgeistes zurück, Unglück bereitend, wo er hintritt.*

Am 14. März 1801 laufen sie in den kleinen Hafen von Trinidad in Südkuba ein, weil sie hoffen, hier doch noch ein Paketboot zu finden, den *correo El Postillon*, in dessen Geleit sie die Fahrt nach Cartagena antreten wollen. Humboldt möchte an diesem Tag eigentlich gar nicht an Land gehen, will nur kurz ein paar Sterndurchgänge im Meridian nehmen. Aber ein paar katalanische Kleinhändler, die in einem Boot aus Jamaica gekommen sind, laden sie ein, mit in die Stadt zu reiten – je zwei und zwei auf einem Pferd. *Wir wurden dort unbeschreiblich geehrt,* schreibt er in vergnügter Erinnerung Jahre später.

Ich bin immer gerne in Trinidad gewesen. Es ist eine guterhaltene Stadt in spanischem Barock; steile Straßen mit soliden Häusern und einer schönen Kirche an der mit Palmen und Orangenbäumen bestandenen *plaza*. Man zeigte mir das Haus des Don Antonio Padrón, eines reichen Kaufmanns, der es sich damals nicht nehmen ließ, für Humboldt und Bonpland ein rauschendes Fest zu geben, zu dem alles, was Rang und Namen hatte, herbeikam, eingeschlossen einige französische Pflanzer aus Haiti, die vor der Sklavenrevolution geflohen waren. Humboldt stritt ein bisschen mit ihnen, höflicherweise auf Französisch, und zeigte sich demonstrativ zufrieden, sogar glücklich, dass sich *die Neger und Mulatten Haitis durch eigene Willenskraft und Waffenglück* freigemacht hatten und jetzt, anstelle von Kolonialprodukten wie Zucker, vor allem ihre eigene Nahrung anbauten.

Das Fest musste improvisiert werden, es sollte schnell gehen und doch ganz perfekt sein. Damastene Tischtücher, erlesene Weine, kostbare Speisen; sogar ein kleines Orchester wurde angeheuert. Der Pfarrer kam, und die weltlichen Honoratioren erschienen mit ihren großartig zurechtgemachten Damen. Das Tagebuch vermerkt: *Im Hause des D Ant Padrón, der reichsten Familie, viel Damengesellschaft, sehr lebendig, etwas zudringliche alte Schwestern. Alles zeigte, dass man auf der Insel Cuba war, die Weiber dieser Insel haben eine eigene Lebendigkeit, eine Gewandtheit, die sie auszeichnet.*

Humboldt und Bonpland hielten sich gerade nur 36 Stunden in Trinidad auf. Aber die Leute, mit denen ich fast 200 Jahre später hier sprach, erzählten mir alle Einzelheiten wie ganz frischen Kleinstadtklatsch, als hätte dieser Besuch gerade im letzten Herbst stattgefunden – was übrigens eine Erfahrung ist, die man überall auf den Spuren Humboldts in Lateinamerika macht. In einem schönen *patio* des Hauses von Padrón steht heute eine Humboldt-Statue, eine von vielen auf Kuba.

Am nächsten Morgen, beim Auszug aus der Stadt, so erzählte mir belustigt der kubanische Historiker Alfredo Rankin Santander, habe der Ortspoet, der Pfarrer, ein in der Nacht verfasstes Gedicht zu Ehren des Barons von Humboldt verlesen, sehr langsam und deklamatorisch, und Humboldt habe sich gefragt, wann der Pfarrer bei der Länge des Gedichts und der enormen Hitze in seiner Soutane wohl zusammenbrechen werde.

Vier Tage nach ihrer Abreise beginnt das Meer zu toben, zehn Tage und Nächte hindurch ohne Pause. Sie kommen vom Kurs ab, verlieren die Orientierung und landen schließlich an einer Flussmündung, dem Río Sinú im Golf von Darien, wo sie sich zwei Tage Zeit nehmen, um an den Ufern, die noch nie ein Wissenschaftler besucht hat, zu botanisieren. Im Wald treffen sie eine Gruppe von Zambos, unter ihnen ist ein überraschend blonder Mann, wie sich herausstellt ein Zimmermann aus Pommern, der vor Jahren von einem britischen Kriegsschiff desertiert ist. Ob Alexander daran denkt, dass er sich einmal selbst, damals in London, zur Marine melden wollte? Der Mann spricht kaum noch Deutsch, verflucht das *tückische Klima* dieser Küsten, will aber nicht nach Deutschland zurück.

Der Palmsonntag nähert sich, der Jahrestag ihres «Schiffbruchs», als das Boot auf dem Orinoco *inmitten von Krokodilen* umgeschlagen war und sie nur durch großes Glück gerettet wurden. Sie werden diesen Tag noch jahrelang wie einen Glückstag feiern. Das Meer wird jetzt wieder mit jeder Stunde stürmischer. *Ich redete noch scherzend mit Bonpland von der Gefahr der Palmsonntage, als in der Tat das schreckliche Schauspiel des vergangenen Jahres sich wiederholte.* Die Wellen schlagen furchtbar hoch, toben reißend über das Deck, man klammert sich fest und hält den Atem an, bis der Brecher vorüber ist. In der aufschäumenden Gischt sehen sie beinahe nichts, fühlen aber plötzlich, wie das Schiff umkippt, ohne sich wieder aufzurichten. Überall auf dem Deck wildes Angstgeschrei. Statt die anlaufenden Wellen mit dem Bug zu durchschneiden, hat der Steuermann den Fehler begangen, das Boot quer zu den Wellen zu segeln. Gleichzeitig mit einer riesigen seitlichen Welle hat ein starker Windstoß, eine *fugada de viento*, das Schiff getroffen und umgeworfen. Irgendjemand kappt schließlich ein Tau, das Segel flattert nur noch lose im Wind, das Schiff richtet sich auf. *Man mag mich abergläubisch nennen, aber meine Phantasie ist durch dieses Zusammentreffen wie mit Gespenstergeschichten erfüllt.*

Am nächsten Morgen ist der Sturm vorbei. Auf einer spiegelglatten ruhigen See lassen sie sich an Land rudern, um Pflanzen zu sammeln. Während sie sich dem Ufer nähern, sehen sie einen splitternackten Schwarzen aus dem Gebüsch treten. Er trägt klirrende Ketten an den Füßen, in der Hand schwingt er eine Machete. Der Mann fragt schreiend, ob sie Spanier seien. Sie verneinen. Er gehört zweifellos zu einer Gruppe entlaufener Sklaven, Cimarrones, welche *die Liebe zur Freiheit und gerechter Hass auf die Weißen* zu allem befähigt, wie Alexander sich klarmacht. Sie rudern zurück zum Schiff. Jetzt jedoch wollen sich die Matrosen bewaffnen, an Land gehen und die entlaufenen Sklaven einfangen – oder ihnen *wenigstens ein Dutzend Kugeln in den Leib jagen.* Und ausgerechnet der Koch, ein ganz schwarzer Congo-Neger, verlangt am wildesten nach dieser Art von Treibjagd.

Am 30. März 1801 laufen sie bei Windstille in den Hafen von Cartagena de Indias ein. Abermals sind sie auf dem südamerikanischen Festland gelandet.

DRITTER TEIL

Zehntes Kapitel

CARTAGENA UND BOGOTÁ

Cartagena gefällt ihm nicht. Die Herberge ist *elend* und voll von geflüchteten französischen Offizieren aus Haiti, die sich Tag und Nacht wutschnaubend über den «Negergeneral» Toussaint auslassen, der ihnen eine schmachvolle militärische Niederlage zugefügt hat. Was Humboldt und Bonpland zusätzlich verdrießt, ist die *semana santa*, die Osterwoche, mit ihren ununterbrochenen religiösen Feiern, Messen und Prozessionen. Überall Bettler mit Kruzifixen und Dornenkronen, Leute in wunderlichen Kostümen, Pilatus in einem Kleid aus gestreifter Seide, grelle Musik der Bläsergruppen, schwankende Altäre, die von *riesenhaften Zambos* durch die Straßen und Gassen getragen werden. Bei Sonnenuntergang gibt es eine «heilige Volksbelustigung», die Humboldt wütend macht, die Erhängung der «Juden, der Mörder Jesus', unseres Herrn»: Es sind mit Stroh gefüllte Puppen, seltsamerweise französisch gekleidet. *Auf ein gegebenes Zeichen werden diese erhenkten Juden verbrannt. Der Pöbel harrt drei Stunden lang auf dieses Autodafé. Traurige Volksfreuden, dieses Hängen und Brennen stroherner Juden.*

Die Geschichte Cartagenas ist eine Geschichte der Belagerungen und Eroberungen, die das jahrhundertelange Ringen Englands und Spaniens um die Vorherrschaft auf den Meeren dokumentieren. Dem britischen Piraten Francis Drake ist 1583 die Einnahme der Festungs- und Hafenanlagen gelungen, über die der gesamte Handelsverkehr zwischen Peru und Spanien, auch der Gold- und Silbertransport, abgewickelt wurde, und für diese Heldentat aus

Verwüstung, Brandschatzung und Raub hat ihn seine Königin, Elisabeth I., in den Adelsstand erhoben. Die Befestigungsanlagen, deren geographische Lage Alexander sehr genau vermisst, sind stark und eindrucksvoll, allerdings *mit Blut gebaut*, denn *wie immer und überall sind sie von tausenden Gefangenen gebaut worden, die durch Arbeit, Hitze und Nässe getötet wurden.*

Wie gewöhnlich will *die ganze Stadt* sie kennenlernen, *Hafenkapitäne, Seeoffiziere, vornehme Damen*, die stundenlang Neuigkeiten über ihre Abenteuer, aber mehr noch über das Königspaar zu Aranjuez hören wollen. Sie begegnen drei ungewöhnlichen Männern – *Exempeln amerikanischen Genies*: Cavero, früherer Sekretär des Vizekönigs, ein sehr gebildeter Mann, Joaquin Francisco Fidalgo, Marinekommandant, der die ganze Küste von Cartagena bis hinüber nach Caracas vermessen will, und der Kaufmann José Ignacio de Pombo.

Pombo ist auch Chef der Handelskammer. Er tritt für Straßenbau und Kanalbauten ein, für eine Reform des (fast nur kirchlichen) Schulsystems, für eine Verbesserung der beruflichen Ausbildung. Sein Blick geht weit über die kolonialen Grenzen hinaus, er korrespondiert mit Politikern wie George Washington und Urquijo, aber auch mit Wissenschaftlern wie José Celestino Mutis, dem berühmtesten spanischen Botaniker, und mit Ingenieuren wie Fausto d'Elhuyar, dem spanischen Geologen und Mineralogen, den Alexander aus Freiberg kennt und der in Mexiko eine Bergbau-Akademie gegründet hat. Mit Pombo diskutiert Humboldt seinen Plan einer interozeanischen Verbindung, eines Kanals, der die Landenge zwischen Atlantik und Pazifik entweder in der Höhe Panamas oder Nicaraguas durchschneidet, ein Vorhaben, das er später auch mit Jefferson erörtern wird.

Pombo hat einen schönen Landsitz im Dorf Turbaco oben in den Bergen, das ehemalige Sommerhaus des Vizekönigs – und da sie in der Stadt *elend untergebracht* sind, nehmen sie sein Angebot an, dort, in einem milderen Klima, seine Gäste zu sein. *Wir waren nie besser logiert*, schreibt Alexander Tage später. *Wie glücklich sind uns diese Tage in Turbaco bisher verflossen!* Jeden Morgen sehen sie, wie über der schneebedeckten Sierra Nevada de Santa Marta die Sonne aufsteigt, während ein angenehm kühler Ostwind von den Bergen herabweht. Gleich am ersten Morgen hat Aimé *zwei ungeheure, in Europa unbekannte Bäume gefunden, Bäume, gegen die unsere Eichen Zwerge sind.* Der ganze Tag ist vom Gezwitscher der Waldvögel erfüllt. In keinem Teil Südamerikas, meint Humboldt, singen die Vögel so schön und lieblich. Er lernt die schwierigen, meist indianischen Namen der einheimischen Vögel: *paseres, troupialen, arrendajo, paraulata* und die buntgefiederten *sitta, tanagra, fringilla*... Gleich nebenan in den Wäldern leben *ungeheure Affenmengen,* er fürchtet, sie vermindern die geliebten Singvögel, weil sie deren Nester plündern und die Eier fressen.

Turbaco ist ein indianisches Dorf, die Häuser sind aus Bambus, ganz wie die Indianer vor 1492 ihre Häuser bauten. Entgegen der herrschenden spanischen Auffassung glaubt Humboldt nicht, dass die Indios viel von den Spaniern gelernt haben; vielmehr wurde den Eroberern, allesamt *Abenteurer und rohes Gesindel,* alles von den Indianern beigebracht: Häuser bauen, Nahrungsmittel finden, Kochen, gegorene Säfte zubereiten, in Hängematten *(hamacas)* schlafen, Boote zimmern – *und die Europäer gaben ihnen von ihrer eigenen, ohnedies so geringen Kultur nichts, gar nichts – weder Drehscheibe noch Pflug, noch Töpferöfen.*

Bei Regenwetter leiden sie auch hier oben unter den *zancudos.* Wenn sie ins Dorf gehen, müssen sie aufpassen, denn es ist voller Schlangen, die so groß sind, dass sie sogar Hühner fressen. *Alle Nacht treiben in unserem Hause die Fledermäuse ein grässliches Lärmen,* weil Schlangen auf das Dach gelangen und den Fledermäusen nachsetzen. Es ist gar nicht selten, dass Schlangen nachts vom Dach in die *hamaca* oder ins Bett fallen. *Aber die Gewohnheit macht mit allen Gefahren vertraut.*

In diesen entspannten und komfortablen Urlaubstagen von Turbaco, einem ruhigen Moment zwischen den beiden strapaziösen Abschnitten ihrer fünfjährigen Amerika-Reise, arbeitet Alexander an einem autobiographischen Text, den er schon in Havanna konzipiert hat. Offensichtlich will er sich selbst vergewissern, will verstehen, wie er zu dem geworden ist, der er jetzt ist – und wie damals seine *entfernten Pläne* entstanden sind. Monate später, in Bogotá, wird er diese Erinnerungen beenden beziehungsweise einfach abbrechen, wie er es oft mit seinen Texten macht. Er denkt an seine Freundschaft mit dem Berliner Botaniker Karl Willdenow und an das schlagartig ausbrechende Fernweh angesichts der *fremden Gewächse,* seinen unüberwindlichen *Hang zur Tropenwelt* und an seine Reise mit Georg Forster, den ersten Anblick des Meeres, als seine Sehnsucht nach den *heißen Ländern* vollends erwachte, an alle diese *ersehnten Gestalten ferner Dinge.* *Schriebe ich sonst diese Zeilen hier im Königreich Neu-Granada? In einem jungen Gemüte, das 18 Jahre lang im väterlichen Hause gemisshandelt und in einer dürftigen Sandnatur eingezwängt worden ist, glimmt und glüht es wunderbar auf ... Ich strebte nach Dingen, die ich damals nie zu erlangen hoffte. Die Gefahr des Meeres, der Wunsch, Abenteuer zu bestehen und mich aus einer alltäglichen gemeinen Natur in eine Wunderwelt zu versetzen, reizte mich. Alles, was auf bürgerliche Verhältnisse Bezug hatte, ekelte mich an.* Zwölf Jahre ist das her. Er hat seine *entfernten Pläne* erfüllt, jedenfalls die wichtigsten.

In Turbaco treffen sie den Arzt Dr. Louis de Rieux aus Carcassonne, den sie schon von Havanna kennen. Humboldt ist von seinem Schicksal beeindruckt: Rieux war vor Jahren als Revolutionär angeklagt und in Ketten nach Spanien gebracht worden, drei Jahre lang hatte man ihn in den Kerkern der Inquisition misshandelt; endlich war es ihm gelungen, aus dem Gefängnis von Cadíz nach Tanger zu fliehen, von wo aus er in langen Eingaben den Hof in Madrid von seiner Lage unterrichtete. Schließlich wurde er freigesprochen. Jetzt kommt er als königlicher Beauftragter für die Herstellung von Chinarinden zurück. Außer seinem minderjährigen *sehr liebenswürdigen* Sohn hat Rieux, da er den im Kerker entgangenen Lebensgenuss nachholen will, eine überaus attraktive junge Frau dabei, *ein Mulattenfräulein*, das er sich, wie es heißt, als Mätresse aus Spanien mitgebracht hat und eifersüchtig hütet.

Humboldt muss jetzt endgültig den Plan für die Weiterreise festlegen. Entweder sie segeln von Cartagena nach Portobello, überqueren dort die Landenge und schiffen sich an der pazifischen Küste nach Guayaquil ein. Oder sie reisen über Land durch die hohen Andentäler über Bogotá und Quito bis an die (heute ecuadorianische) Küste. Pombo macht ihm klar, dass er jetzt wohl kein Schiff finden wird, das nach Süden segelt, denn zusätzlich zu der starken Meeresströmung, gegen die man steuern muss (und die man später Humboldtstrom nennen wird), macht ein heftiger und fast ununterbrochen entgegenkommender Südwind eine solche Passage zu dieser Jahreszeit beinahe unmöglich. Eine Landreise in großer Höhe sei schließlich auch viel gesünder. Humboldt weiß natürlich, dass er auf dem Weg durchs Landesinnere ein ganzes Dutzend sehr hoher aktiver Vulkane zu sehen bekäme, die nie zuvor wissenschaftlich untersucht wurden. Er und Bonpland brauchen sich auch nicht lange auszumalen, welche einzigartigen Möglichkeiten für ihre pflanzengeographischen Untersuchungen sich dort ergeben würden, auf den Hängen der riesigen *Nevados*, der mit ewigem Schnee bedeckten Berge unterhalb des Äquators. In der Hoffnung, schon in wenigen Monaten Lima erreichen zu können, entschließen sie sich für den Landweg. Sie können nicht ahnen, dass sie für die 3340 Kilometer lange Strecke nach Lima noch einmal fast zwei Jahre benötigen werden. Erst unterwegs, in Quito, werden sie erfahren, dass die Baudin-Expedition die Küsten Südamerikas gar nicht berühren wird.

Jetzt schreibt er an den *greisen Mutis*, den 70-jährigen berühmten spanischen Botaniker José Celestino Mutis in Bogotá, den *hervorragendsten Wissenschaftler Spanisch-Amerikas*, wie er ihn im Tagebuch, also aufrichtig, nennt: Nur die *jetzt zehnjährige Begierde, ihn zu sehen und seine Werke zu bewundern,* veranlassten ihn, den jungen Forscher Alexander von Humboldt aus Berlin und Paris, den Landweg über Bogotá dem kürzeren Seeweg nach Guayaquil vorzuziehen. Er übertreibt, er übertreibt sogar heftig, aber es ist auch ein Ausdruck der großen Bewunderung, zu der er fähig ist. Sie verpacken ihre Instrumente. Pombo bittet Alexander um einen Bird'schen Zirkelquadranten «für einen jungen Mann im Landesinneren», den er unterstützt, weil er ihn für ein Genie hält. Es ist Francisco José de Caldas, den Humboldt bald sehr gut kennenlernen wird.

Wegen der großen Hitze reisen sie nachts. Rieux hat sich ihnen mit Sohn und Mätresse angeschlossen. Auch José Ignacio de Pombo begleitet sie, er will seine kaufmännischen Niederlassungen in Popayán aufsuchen, außerdem Don Mariano Montenegro, ein ehemaliger königlicher Beamter, und sein Neffe, der kleine Gregor (*Gregorito*) Nariño, dessen Vater in Bogotá wegen Verbreitung aufrührerischer Schriften im Gefängnis sitzt. Über Mahates kommen sie mit ihrer kleinen Maultierkarawane nach Barrancas Nuevas am Río Magdalena. Es ist der 20. April 1801. An diesem Tag und an diesem Ort wird er später seinen Reisebericht, die «relation historique», enden lassen (und damit seine Leser um einige der größten Abenteuer der ganzen Reise bringen).

Der über zwei Kilometer breite Magdalena ist *groß und majestätisch*, wie er zugeben muss, *doch kann er niemand erstaunen, welcher an die Größe des Orinoco gewöhnt ist, man sollte das Größte immer zuletzt sehen*. In Barrancas Nuevas müssen sie die letzten logistischen Probleme lösen, sie chartern ein Boot, heuern eine Mannschaft an, organisieren Proviant. Das Boot ist ein *champán*, viel größer und breiter als die Pirogen, die sie vom Orinoco kennen (Humboldt misst 23,5 Meter Länge und 2 Meter Breite); in der Mitte gibt es ein mit Palmblättern gedecktes Dach, darunter ein Tischchen mit Stühlen.

Die Mannschaft besteht aus zwanzig Indios und Zambos, die er für die fünf- bis sechswöchige Fahrt nach Honda im Voraus bezahlen muss. Die Männer vertrinken den größten Teil ihres Lohns in den 24 Stunden vor der Abreise in den *chicherías*. Humboldt wundert sich in Barrancas Nuevas wieder über die große Zahl von

Zambos und erklärt es sich auf die gewohnte Weise, dass die Indiofrauen, *der kalten Indianer überdrüssig, so lüstern nach Negern sind.* Breit und träge, voll von schwimmenden Pflanzeninseln, strömt der Fluss ihnen entgegen. Dreizehn Stunden täglich legen die Männer sich in die Ruder. Man kocht und isst an Bord, wo es im hinteren Teil eine Feuerstelle gibt. Die Europäer tragen weite Blusen mit langen Ärmeln, die an den Handgelenken zum Schutz vor Insekten zugebunden sind, ebenso die Hosenbeine; dazu weiche, breitkrempige Hüte aus Havanna. Seit sie die Stadt verlassen haben, rasieren sie sich nicht mehr. Humboldt beobachtet die *bronzenen Gestalten der Ruderer mit ihrer Athletenkraft* und wie ihnen durch die Anstrengung die *vena jugularis* anschwillt; die *bogas* (Ruderer) stöhnen bei jedem Takt und stoßen wie in tiefem Schmerz Schreie aus, *unzüchtige, krächzende, wütige, bald stöhnende, bald aufjauchzende Schreie.* Je stärker sie arbeiten, *ein desto wütigeres Geschrei, Hass, Hass, Hass … wir haben dieses Geschrei 35 Tage lang ununterbrochen gehört.*

Die europäischen Herren sprechen an Bord untereinander französisch.

Das Journal verzeichnet jede einzelne Schleife des Flusses, den Alexander topographisch und barometrisch kartographiert, und den Namen jedes Dorfes, an dem sie vorbeikommen. *Insel Cotoreo, 22. Apr., Tenerife, 23. Apr., Pinto, 24. Apr., Mompos 25. Apr.* Der Nachthimmel ist wolkenverhangen, sodass er, obwohl er stundenlang wacht, keine astronomischen Messungen machen kann. Humboldt hat den Fluss fatal unterschätzt – er erweist sich als eine der schlimmsten Strapazen der ganzen Reise. Die Magdalena-Fahrt war *eine schreckliche Tragödie*, wird er sich später erinnern, *von den zwanzig dunklen Ruderknechten ließen wir acht auf dem Weg zurück, die anderen langten mit stinkenden Geschwüren bedeckt in Honda an. Bonpland, Rieux Vater und Sohn, unser Mulatte Joseph de la Cruz, der uns seit August 1799 begleitet, Rieux' Mätresse Doña Manuela del Castro, auch zwei weitere Passagiere, alle bekamen ter-*

cianas, das Dreitagefieber. *Welch ein Glück, dass meine Natur allein dem Fieberreiz so wunderbar widersteht.*

In Mompós, wo sie nach fünf Tagen ankommen, geht es ihnen noch gut, abgesehen von der unerträglichen Moskitoplage, die er aber als alter Orinoco-Fahrer keiner Notiz für würdig erachtet. Mompós, einer der heißesten Orte in Amerika, ist eine hübsche Stadt mit 14 000 Einwohnern auf einer Insel im Strom, mit niedrigen weißen Häusern wie Cumaná, regelmäßigen Gassen, viereckigen Plätzen, drei Klöstern und vielen Kirchen; um den Hauptplatz stehen prächtige zweistöckige Bürgerhäuser. An der Uferbefestigung gibt es einen schönen Spazierweg, die *Albarada*, mit Orangenbäumen und großen schattigen Ceibas bepflanzt (die ganze Altstadt von Mompós steht heute, fast unverändert, als UNESCO-Weltkulturerbe unter Denkmalschutz, auch die alte Uferpromenade, sogar das Haus, in dem Humboldt und Bonpland wohnten).

Gefangen von der Schönheit des Ortes, beschließen sie, ein paar Tage zu bleiben, und finden direkt am Platz, nahe der Albarada, eine Wohnung im Hause der Familie Piñeres. Abends, wenn die Mädchen am Fluss Wasser holen, riechen die Krokodile Menschenfleisch und *nähern sich zu Hunderten dem Ufer*. Dann findet Alexander den Moschusgeruch unerträglich. Die Insektenplage ist so heftig, dass er schließlich doch notiert: *Die Zancudos fressen uns Tag und Nacht auf, dazu der Krokodilsgeruch*. Er flucht und wünscht sich *einen einzigen, aber richtig kalten russischen Winter* herbei, der alle diese Insekten zum Schweigen brächte.

Am Morgen des 8. Mai geht es weiter, flussaufwärts über El Regidor, Morales, Badillas, Barranquillas, Brujas, Carapatas, Resguardo de Carare, Tag für Tag, länger als einen Monat, bis nach Guarumo. Einmal, als sie in Peñon an Land sind, erleben sie ein schreckliches Beispiel für die Tyrannei der *corregidores*, der königlichen Verwaltungsbeamten. Sie sind laut Humboldt *grausam wie pfälzische Amtschreiber, in allen Zonen ist diese Rasse sich ähnlich*: Ein Mädchen liegt auf dem Rücken «im Stock», die Füße eingeklemmt, die Beine bereits geschwollen. Eine alte Indianerin verbrennt mitleidig in der Nähe des Mädchens Kuhmist, um mit dem Qualm die Insekten fernzuhalten. Humboldt ist empört, will eingreifen, fragt nach dem Beamten, doch der Corregidor ist verreist, und niemand weiß, wann er zurückkommt. Humboldt und Bonpland öffnen den Stock gewaltsam und lassen das Mädchen frei. Das Mädchen will aber nicht flüchten, es weiß nicht, wohin, fürchtet noch strengere Bestrafung. Bonpland und Pombo geben der Alten Geld gegen das Versprechen, das Mädchen wenigstens nachts in Freiheit zu lassen, bis der Beamte, vermutlich ihr eifersüchtiger Liebhaber, zurückkommt.

Aimé wird wieder krank, apathisch liegt er auf einem Lager im Heck, es ist einer seiner Fieberschübe. Nach fast sieben Wochen Reise legen sie in Honda an, einer kleinen Stadt von 5000 Einwohnern, sehr malerisch in einem tiefen Talkessel gelegen und von hohen Sandsteinkuppen umgeben. Von hier aus ist es nur ein kurzer, wenn auch steiler Weg nach Santa Fe de Bogotá, das fast 2800 Meter hoch liegt.

An Wilhelm schreibt er: *Ich sage dir nichts mehr von der Gefahr der Katarakte, von den Moskitos, von den Stürmen und Gewittern, die hier fast ununterbrochen fortdauern und das ganze Himmelsgewölbe in Flammen setzen. Ich bin bei den Flussmiasmen und den entzündungserregenden Moskitostichen völlig gesund geblieben, aber der arme Bonpland bekam wieder das dreitägige Fieber.*

Da Bonpland geschwächt ist, unternimmt Humboldt zusammen mit Pombo, der sich für alle technischen Einrichtungen interessiert, einige kleinere Expeditionen in die umliegenden Bergbauorte. Santa Ana ist ein durch seinen uralten Bergbau berühmtes Dörfchen bei Mariquita. Humboldt befährt den Schacht *La Manta*, eine, wie er findet, hoffnungsvolle und verständig eingerichtete Grube, und untersucht die geologischen Formationen, *Schwefelkies, Fahlerz, braune Blende, Glaserz (Silikat), Bleiglanz, Sprödglaserz, mit Silber und fein eingesprengtem Gold vermengt.*

Und dann entdeckt er noch etwas, das ihn begeistert: kryptogamische Pflanzen! Und nicht nur das: Im Inneren der Erde wachsen in beiden Weltteilen, in Europa wie in Amerika, die gleichen unterirdischen Pflanzen. *Wie viele meiner ‹Florae Fribergensis› habe ich hier erkannt, wie moosartig windet sich hier Byssus spaciosa längs den Türstöcken!*

In Honda erhält er Antwort von José Celestino Mutis: «Sehr verehrter Herr! In Santa Fe de Bogotá werden Euer Gnaden gebührend empfangen werden, in den Tagen Ihres Aufenthalts wird die Stadt das Glück haben, einen höchst bedeutenden Gelehrten zu beherbergen.» Er zähle bereits, schreibt Mutis, die Tage, «die mir das Vergnügen näher bringen, Euer Gnaden kennenzulernen und mit dem innigsten Gefühl aufrechter Freundschaft zu umarmen.» Er habe ein gutes Quartier vorbereitet und wolle ihnen gern alle seine botanischen Schätze zeigen. Tatsächlich, Reisende aus Bogotá erzählen in Honda, der alte Mutis laufe schon *wie toll* durch die Straßen, um den hohen Besuch der Wissenschaftler aus Europa zu verkünden...

Mit dem Ex-Revolutionär und Ex-Häftling Dr. Rieux erlebt Alexander eine Enttäuschung, die ihn für lange Zeit erbittert, sobald er an den Franzosen denkt. Denn er und Bonpland glaubten sich mit Rieux in allen politischen Fragen, vor allem aber in ihrer Verurteilung der Sklaverei, ausgezeichnet verstanden zu haben. Und dieser französische Arzt, der wie sie ein Jünger der Aufklärung zu sein schien, kauft sich jetzt in Honda ein Landgut, die Hacienda de la Aegyptiaca, eine riesige Kakaoplantage – mit 80 Sklaven. *Dieser unmoralische Rieux, der den Sklavenbefreier und revolutionären französischen Bürger spielte und der jetzt die Neger der Hacienda kaltblütig auf das Knie vor sich niederfallen lässt. Elendes Menschengesindel, die ihr in Europa die Philosophen spielt!*

Dann, als Aimé wieder gesund ist, müssen sie aus dem Magdalena-Tal, das nur wenig über Meeresniveau liegt, über zweieinhalbtausend Meter aufsteigen, um auf die Hochebene zu gelangen, eine fürchterliche Plackerei über weitgeschwungene Serpentinenwege und steile Treppen, die man aus dem nackten Felsen herausgeschlagen hat. Man muss den Verstand der *mulas* bewundern, sagt Alexander, wie sie von Stufe zu Stufe klettern. *Vier Tage war ich in Hohlwegen eingeschlossen, in denen kaum der Körper des Maultieres Platz fand. Mein Auge war an des Waldes Dickicht, an Abgründe und Felsklippen gewöhnt: plötzlich sehe ich nun fast grenzenlose Felder in leerer Fläche vor mir.* Sosehr er auf eine solche Naturszene vorbereitet ist, staunt er doch nicht wenig, in dieser Höhe eine meeresähnliche Ebene zu finden. Gerade hier, *in luftdünner Atmosphäre,* haben die Konquistadoren eine Stadt angelegt, Santa Fe de Bogotá.

Kaum auf der Hochebene angekommen, erleidet Aimé einen Rückfall. Vielleicht sind sie zu früh aufgebrochen, vielleicht waren die Strapazen des Aufstiegs zu groß, vielleicht schwächt ihn die ungewohnte Höhenlage. Auch Joseph ist krank. Und der Junge, Gregorito, erleidet einen schweren Fieberschub. Im Tagebuch ärgert sich Alexander über *Bonplands Weichlichkeit* und die *tausenderlei unangenehmen Folgen,* gerade so, als sei das Wechselfieber nur eine Frage von Charakterstärke.

Sie finden im Städtchen Guaduas Quartier im Hause von José de Acosta, dem das ganze Land ringsum gehört. Er ist als *corregidor* der höchste Repräsentant des Königs vor Ort, ein *reicher und verschlagener Mann.* Die Familien, die auf seinem Land Zucker anbauen, sind freie Bauern und zahlen ihm Erbzins, sodass er sie schlecht vertreiben kann. Aber er versucht dauernd – unter dem Deckmantel einer *heuchlerischen Güte* –, ihre kritische Lage auszunutzen, er leiht ihnen Geld für Geräte, für Samen, auch für Lebensmittel und Schnaps, sodass die Pächter inzwischen hoch verschuldet sind. Die Schulden können sie nur mit dem Verkauf von Zucker bezahlen, dessen Preis Acosta bestimmt – um ihn mit umso größerem Gewinn zu verkaufen. So entsteht ein Teufelskreis, denn der viel zu billig verkaufte Zucker stürzt die Bauern in die nächste Krise. *Dies ist in Amerika ein allgemeines Übel mit Baumwolle, Kakao, Zucker, Indigo.* Die Gesetze schützen die Armen nicht, denn Don José ist als Corregidor zugleich der Vertreter des Königs, der Arm des Gesetzes und der oberste Richter in dieser Gegend.

Eine Woche später reiten sie langsam über die Hochebene, eine schöne Landstraße entlang, in Richtung Santa Fe; überall am Weg wächst die *borrachera*, und Aimé kann nicht anders als abzusteigen. Es ist eine weißblühende *Datura arborea*, die einen herrlichen Duft verbreitet. Beinahe nur im Vorbeireiten sammeln sie alle Informationen über diese legendäre Pflanze. Angeblich bereiten die Indios aus ihr einen Zaubertrank (deshalb *borrachera*, die Berauschende), wenn sie ein Mädchen verführen oder sogar willenlos machen und *schänden* wollen. Dieses Getränk heißt *tongo*. Alexander hat schon als Jugendlicher auf Schloss Tegel gelesen, wie der große Eroberer Ximénez de Quesada in dieses Land kam und wie die «arglistigen Indios» seinen Männern Tongo zu trinken gaben, worauf diese alle ganz friedlich und schlaftrunken wurden. Vielleicht ist es auch eine Art Wahrheitsdroge, denn der grausame Konquistador hatte plötzlich eine ganz selbstkritische Anwandlung, als er überlegte, «was ist es anderes als Tollheit (*locura*), schuldlose Indios zu bekriegen und Dinge zu rauben, zu denen man nicht das geringste Recht hat».

Alexander ahnt noch nicht, mit welch außergewöhnlichem Aufwand Mutis die Ankunft inszeniert hat. Schon vor Fontibón, einer kleinen Stadt bei Bogotá, wartet eine Abordnung mit dreispännigen Kutschen. Am hohen Rang der Abgesandten erkennt Humboldt die Bedeutung des alten Botanikers und Gelehrten, der ihr Gastgeber sein wird. Es sind äußerst vornehme Herren wie der Rektor des Colegio, der Assessor des Vizekönigs, der Sekretär des Erzbischofs. *Dann hält man schöne Reden vom Interesse der Menschheit, Aufopferung für die Wissenschaften, Complimente erfolgten im Namen des Vizekönigs ... Dies alles war unendlich groß, nur fand man mich selbst sehr klein und sehr jung. Man hatte sich einen 50-Jährigen reifen Menschen gedacht ...* Schließlich setzt man Humboldt, *ich weiß nicht, wie,* in eine vornehme Kutsche, Bonpland in die andere.

Die widersprüchlichsten Gerüchte sind ihnen vorausgeeilt. Es heißt, sie könnten nicht spanisch reden, sie beobachteten die Sterne stets nur im spiegelnden Wasser tiefer Brunnen, und der preußische Baron werde von einem eigenen Capellan in schwarzem

Rock mit abgeschnittenen Haaren (Bonpland) begleitet. Obendrein reise Humboldt stets mit einer eigenen Hure – offensichtlich ist das «Mulattenfräulein» des Doktors de Rieux gemeint. Diese letzte Information hat den armen Mutis, der ja auch ein geweihter Priester ist, doch etwas aus der Fassung gebracht.

Dann der feierliche Einzug in Bogotá. Alexander in der ersten Kutsche, Aimé in der zweiten. Sechzig Reiter voraus und ebenso viele hintendrein. Alle Fenster und Balkone sind voll von neugierigen Menschen, die Schuljungen laufen *schreiend und mit Fingern auf mich weisend* neben der Kutsche her. In der Stadt hat es seit zwanzig Jahren nicht einen solchen Aufruhr gegeben. Ausländer, Nicht-Spanier, kommen nicht gerade häufig hier durch, und dann erst diese zwei, ein adliger preußischer Protestant und ein französischer Revolutionär, Ketzer also, die verrückt genug sind, durch die halbe Welt zu laufen, um Pflanzen zu sammeln und zu trocknen. Und die jetzt hier sind, *um ihr Heu mit dem des verrückten alten Mutis' zu vergleichen.* Der Vizekönig, der Stellvertreter des unendlich bedeutenden Königs Carlos IV., hat angeordnet, die Fremden mit der allergrößten Ehrerbietung zu empfangen. Humboldt hat sich als Bevollmächtigter dieses Königs angekündigt, doch die Abenteuer der beiden Forscher sind längst auch aus spanischen, englischen und französischen Zeitungen bekannt.

Vor dem Haus von Mutis steigen sie ab. Der alte Botaniker, der wohl bedeutendste seiner Epoche, der noch mit Linné befreundet war, erwartet sie mit seinen engsten Freunden – *eine ehrwürdige geistreiche Gestalt in Soutane. Er lächelte, als er mich mit dem Barometer in der Hand* (das Alexander keinem anderen anvertrauen will) *vorsichtig aussteigen sah, umarmte uns alle mit großer Herzlichkeit.* Sofort fangen alle drei – Bonpland, Humboldt und Mutis – an, über ihre neuesten botanischen Forschungen zu reden, doch dann erklärt Mutis augenzwinkernd, man müsse jetzt bitte, im Dienste der Wissenschaft, ganz von den Wissenschaften schweigen. Er habe den Plan, erst einmal acht volle Tage *mit Diner und Ceremonial* zu verbringen. Ein prächtiges *refresco* ist im Hause vorbereitet, und die beiden Ehrengäste können es kaum glauben, dass bedeutende Männer wie der Chemiker Jorge Lozano oder der auch in Europa berühmte Maler Salvador Rizo sie bei Tisch ehrenvoll bedienen, gerade als seien sie Dienstpersonal. Welch ungeheure Ehrerbietung. Und so geht es acht Tage hindurch. Mutis will diesen Besuch auch propagandistisch für die Lage der Wissenschaften in Bogotá nutzen, das heißt für die Forschungsinstitutionen, die er gegründet hat und deren Weiterentwicklung ihm am Herzen liegt.

Am 8. Juli 1801, drei Monate nach ihrer Ankunft in Cartagena, beziehen Alexander und Aimé mit ihren Begleitern ein eigenes, sehr vornehmes Haus, mit Hof, Garten und Küche, mit einer großen Bibliothek *und mit damastenen Canapés, dem non plus ultra amerikanischer Pracht*. Ihr Gastgeber José Celestino Mutis, der bald ihr Freund wird, stammt aus Cadiz, wo er 1732 geboren wurde. Er hat in Sevilla Medizin studiert und als Arzt praktiziert, ehe ihn, ähnlich wie Bonpland Jahrzehnte später, die Leidenschaft für die Botanik fesselte. Mutis zählte damals zu einer neuen Generation spanischer Studenten, die zum Studium ins Ausland ging, in seinem Fall nach Paris, Bologna und Leiden. Gerade 28 Jahre alt, schiffte er sich als Gehilfe des Bischofs Góngora nach Amerika ein und begann seine botanischen Forschungen; er korrespondierte mit Linné in Stockholm und unterrichtete Mathematik in Bogotá. Um den kirchlichen Anfeindungen zu entgehen, ließ er sich zum Priester weihen. Mehr als sein halbes Leben hat er in Bogotá, zusammen mit einigen wenigen aufgeklärten Männern, gegen den orthodoxen Teil des Klerus und gegen die Inquisition gekämpft.

Es war der junge Mutis, der es vor vierzig Jahren als Erster im ganzen spanischen Riesenreich gewagt hat, *die Richtigkeit der Newtonianischen Philosophie gegenüber der peripatetischen*, das heißt der alten, von Aristoteles abgeleiteten Lehre, *zu beweisen*. Als *Catedrático* (Hochschullehrer) hat er sie sogar öffentlich gelehrt. Die Dominikaner erklärten ihn zum Ketzer und wollten ihn der Inquisition ausliefern, aber ein aufgeklärter Vizekönig, Mejia, und der inzwischen zum Erzbischof aufgestiegene Góngora hielten

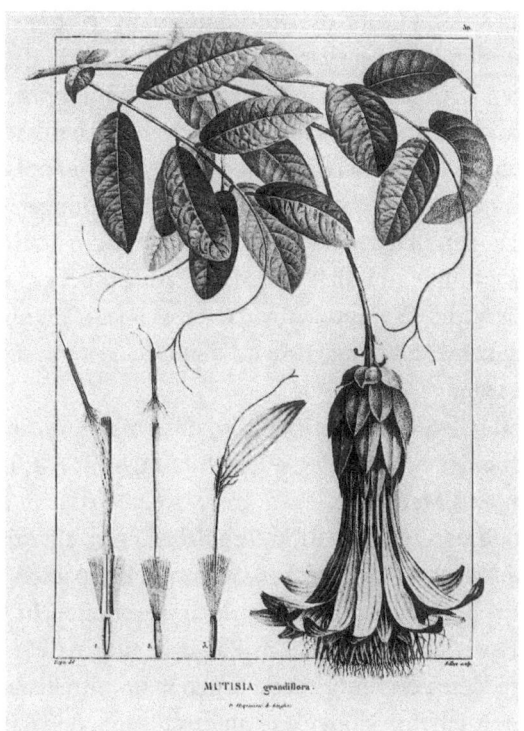

Humboldt und Bonpland sammelten und bestimmten mehr als sechstausend Pflanzen. Der nach dem großen Botaniker José Celestino Mutis benannte Baum *mutisia grandiflora* mit seinen prächtigen roten Blüten wächst in Höhen um viertausend Meter.

die Hand über ihn. Ein anderer Erzbischof, Góngoras Nachfolger Compañón, zerstörte alles, um, wie er erklärte, die verbreitete aufrührerische Gesinnung zu bekämpfen, die er für eine direkte Folge des «kopernikanischen Irrglaubens» hielt. Die öffentliche Lehre wurde wieder vollständig der Kirche unterstellt, doch die Jugend von Bogotá, schreibt Humboldt, *studierte für sich fort und lachte über den Unsinn der Peripatetiker.*

Seit dem Beginn der Revolution in Paris brodelt es überall in den spanischen Kolonien, und die alten konservativen Eliten fühlen sich herausgefordert. An dem Drucker Antonio Nariño, dem Besitzer der einzigen Druckerpresse im ganzen Vize-Königreich, statuieren sie ein Exempel, denn Nariño hat die Frechheit besessen, *am Sitz des Vizekönigs von Santa Fe (de Bogotá) die Pariser Menschenrechte von 1789 zu veröffentlichen.* Es ist der Vater des jungen Gregorito, mit dem sie den Magdalena hochkamen. Antonio Nariño sitzt im Gefängnis, Humboldt will ihn demonstrativ besuchen, wie er auch die Aufklärer und Revolutionäre in Caracas im Gefängnis besuchte, erhält aber keine Erlaubnis. Er wird den Drucker erst 1820 in Paris kennenlernen.

Alexander findet es merkwürdig, dass man auf dieser Ebene, in der Höhe der Alpengipfel, eine Stadt angelegt hat, in der über dreißigtausend Menschen leben. Es ist so kalt, dass in allen halbwegs vornehmen Häusern dicke Teppiche liegen, allerdings gibt es nicht jene *braseros*, Kohlebecken, in denen in Spanien Holzkohle verbrannt wird. Trauben wachsen, doch sie reifen nicht. Aber zwei Fußstunden talabwärts wachsen Bananen und Ananas. Die heißesten und kältesten Klimazonen liegen in unmittelbarer Nachbarschaft, nur durch ihre Höhenlage unterschieden, und das bedeutet, dass die Lebensmittel so billig sind wie in keiner anderen amerikanischen Stadt, *vortreffliche Gemüse, Blumenkohl, Erbsen, Erdbeeren, Äpfel.* Er veröffentlicht es nie, vertraut aber seinem Tagebuch an: *Menschen in Stadt ungeheuer schweinisch und ungebildeter als in Caracas. Unzählige Chicherías* (Ausschankbuden für Chicha, den gegorenen Maisschnaps). *Dieses Getränk vielleicht schuld an Indolenz und großen Pusillanimität* (Kleinmütigkeit und Verzagtheit) *der Männer. Bloß Weiber energisch, und so, dass sie häufig Dolchstiche austeilen. Alles Volk riecht wegen der chicha sehr faul aus dem Munde.*

Alexander vervollständigt die Karte vom Río Magdalena, er recherchiert in der großen Bibliothek von Mutis, er untersucht die genaue geographische Lage von Bogotá durch südliche und nördliche Sterne und studiert nebenbei Ichthyologie (die Lehre von den Fischen) – kurz, er unternimmt eine Menge von Dingen, an die während der Reise sonst nicht zu denken ist. Mit Hilfe alter Dokumente in den Archiven Bogotás versucht er, den Spuren des *Adelantado* Gonzalo Ximenez de Quesada zu folgen, der vor zweieinhalb Jahrhunderten alle diese Landstriche unterwarf und der in seinen, Alexanders, jugendlichen Phantasien eine große Rolle spielte. Quesada beschrieb, einem Julius Cäsar gleich, seine eigenen grausamen Heldentaten. Er war ein rascher, unbändiger Eroberer, jung und eitel und leider nicht intelligent genug, die symbolreichen Mysterien der Indianer zu enträtseln. Humboldt fasziniert vor allem der Schöpfungsmythos der *Moche*, einer längst untergegangenen, pre-inkaischen Kultur – ein Mythos wie der des *popul vuh* der Maya und Dutzender anderer Schöpfungs- und Vernichtungsmythen.

In Urzeiten lebten die Völker der Ebene «roh und ungeschlacht, ohne Wissen und Glauben», als zu ihnen aus der Ebene ein Paar kam, *Bochica*, ein Mann, und *Huythaca*, sein Weib. Bochica lehrte die Menschen viele nützliche Dinge, doch Huythaca verführte das Volk zu unheilvollen Lastern. In diesem Kampf zweier Prinzipien gewann zunächst das Weib, das Böse, es ließ den Fluss gewaltig anschwellen, die Ebene wurde überflutet und verwandelte sich in einen riesigen See. Einige Menschen schafften es, auf die Berge zu flüchten. Es ist die alte universelle Geschichte der Sintflut, die Alexander auch schon am Orinoco gehört hat, wenn auch mit ganz anderen Figuren. Bochica wurde jetzt sehr zornig, verbannte das Weib von der Erde und verwandelte es in den Mond, der ebendadurch erst entstand. Sie durfte nur noch nachts hervortreten, und so hat man, schreibt Humboldt, alles Nächtliche, Gespenstische, Dunkle dem Mond zugeschrieben, das heißt einem listigen verschlagenen Weib. Bochica öffnete den Wassermassen einen Abfluss, den *salto de Tequendama*, und die Ebene wurde bewohnbar wie zuvor.

Beim Besuch dieses größten Wasserfalls der ganzen Gegend wird vielleicht zum ersten Mal in Alexanders Tagebuch so etwas wie Heimweh spürbar: Man soll nicht Naturgegenstände vergleichen und so sich selbst die Freude rauben, ermahnt er sich. *Aber trotz allem wird unser deutscher Rheinfall in meinem deutschen Gemüt stets einen bleibenden Eindruck hinterlassen.* Doch dann überwindet er den kleinen sentimentalen Rückfall und fährt fort: Noch größer, wunderbarer und schrecklicher, *das Schrecklichste und Lieblichste, das ich in der Natur vereinigt sah,* seien die Katarakte des Orinoco gewesen. *Welch ein Anblick!*

Die *Lache,* ein anderes altes Volk der Hochebene, sind die einzige Nation, unter der eine Art Homosexualität erlaubt war. Da nur die Frauen arbeiteten, durften sie, wenn sie fünf Knaben geboren hatten, einen davon als Mädchen erziehen, da es sonst ganz an Arbeitskräften gefehlt hätte. So ein Junge hieß *Cusmo,* er kleidete und schmückte sich wie eine Frau und war oft von großer Schönheit. Viele Männer heirateten lieber einen solchen Cusmo als eine echte Frau. Erst die Spanier verboten diesen Brauch.

Von der Religionsforschung und Ethnologie wechselt er mit traumwandlerischer Sicherheit zu vollkommen nüchternen, technologischen Fragestellungen. Der Vizekönig bittet den Bergbauexperten Humboldt um ein Gutachten über die Salzminen von Zipaquirá in der Nähe Bogotás. In Humboldts Arbeitsjournal findet man seitenlange Beschreibungen der Salzmine, Berechnungen der Ausdehnung des Flözes, Produktionsziffern und -methoden, Salzanalysen. Er vergleicht die Mine mit den ihm bekannten Salzbergwerken in Hallstadt, Berchtesgaden, im Salzburgischen, in der Steiermark, in Polen. In Europa ist das höhergelegene Steinsalz das ärmere, hier ist es umgekehrt, in 2700 Metern Höhe enthält das Steinsalz im Durchschnitt 92 Prozent Salz. Wieder fragt er sich, wie das Salz, das ja nur *der Niederschlag eines ehemaligen Meeres* sein kann, in diese Höhen gelangt ist. Was sagt das über Veränderungen der Erdoberfläche in unendlich langen Zeiträumen aus? Wie kommt es, dass untergegangene Urwälder tausend Meter tief in der Erde, als Kohleflöze, liegen? Wie vertragen sich diese geologischen Umwälzungen mit der Idee der einmaligen Schöpfung aller Dinge?

Da in Zipaquirá das Flöz bis an die Oberfläche dringt, hat man keinen Grubenbau errichtet, sondern einen Tagesschurf. Die Spanier haben hier die Betriebsweise der Indios übernommen, ohne sie weiterzuentwickeln, und Humboldt macht eine Menge Verbesserungsvorschläge technischer Art zur Kostensenkung, Gewinnsteigerung und zur Grubensicherheit. Vor allem das Sieden geschieht noch so altertümlich, wie es die Indios betrieben: in tönernen Krügen, die nach der Kristallisation zerschlagen werden – für 40 000 Pesos Geschirr, wie er ausrechnet. Das ist Verschwendung. Er empfiehlt, die Krüge durch große flache, metallische Pfannen *von geschmiedetem Eisenblech* zu ersetzen, wie man sie seit kurzem in Reichenhall benutzt; sie würden kaum 400 Pesos kosten. Er verlangt auch, jährlich einen exakten Kostenplan aufzustellen, *ohne dies ist kein ordentlicher Haushalt möglich*. Man müsse zudem ein realistisches Produktionsziel festlegen, beispielsweise 220 000 arrobas (50 600 Zentner) im Jahr, was einem Wert von 105 000 Pesos entspreche.

Zweihundert Jahre später ist Zipaquirá ein Touristenziel ersten Ranges, weil man tief unter der Erde, in den riesigen Kavernen, eine Kathedrale gebaut hat, die ganz in den Salzberg geschlagen ist, *la catedral del sal*. Sie ist ein offiziell geweihter Ort, eine richtige Kirche, in der 25 000 Menschen Platz haben. Es ist angenehm kühl. Im bläulichen Neonlicht stehen Maria und Jesus, Ochs und Esel, die Hirten und Weisen an der Krippe, alle aus Salz. Dazu Orgelmusik vom Band. Auch die Sitzbänke sind aus dem Salzstock geschlagen.

Doch auch das Salzbergwerk ist noch in Betrieb. Es ist eines der größten Amerikas, und der Direktor, Dr. Jorge Castelblanco, mit dem ich die unterirdischen Gänge, Stollen und Kavernen besichtigte, erzählte mir, wie ungeheuer «nützlich und folgenreich der Besuch des Barons Alejandro de Humboldt und sein Gutachten für uns waren. Humboldt hat uns geraten, das Salz nicht nur im Tagebau abzubauen, sondern in die Tiefe zu gehen.» Er redet, als habe Humboldts Besuch gerade vor ein paar Jahren oder sogar Monaten stattgefunden und als sei er selbst dabei gewesen. In ungefähr 130 Metern Tiefe habe man übrigens kürzlich einen versteinerten Baum im Salz gefunden, was, nebenbei, beweise, dass Humboldt mit der Idee von der geologischen Umwälzung, die das Oberste zuunterst kehrte, völlig recht hatte.

Die letzten Tage in Santa Fe waren fürchterlich, wir waren mit so vielen Menschen in Verbindung getreten ... Am 8. September 1801 reisen sie ab. Das Gutachten über Zipaquirá wird erst in letzter Minute fertig. Der Abschied von Mutis ist rührend. Der alte Mann hat sie *mit Güte und Wohltaten* überhäuft, ihnen Speisevorrat mitgegeben, den drei Maultiere kaum fortschleppen können. Er schenkt Humboldt auch sechzig seiner kostbaren kolorierten Pflanzenabbildungen. *Von allen Seiten bot man uns Geld an,* notiert Alexander im Tagebuch, *zum Glück bedurften wir nichts.* Sie ziehen aus mit elf vollbeladenen Maultieren, wovon allein drei mit Speisen, Feldtischen, Nachtstühlen und sogar mit zwei Bettgestellen bepackt sind, *so sehr stieg unser Luxus.* Schon drei Tage später schickt ihm Mutis einen ersten Brief hinterher: «Mein sehr geehrter, lieber Freund! Stets wird mein Herz von den letzten Umarmungen gerührt sein, und ich muss mich zwingen, dass meine Augen nicht meine Empfindungen verraten. Meine herzlichsten Grüße an meinen sehr verehrten Bonpland.»

Elftes Kapitel

IN DEN KORDILLEREN

Der schnelle Einbruch der Dunkelheit am Äquator überrascht sie immer noch. Sie reiten einen glitschigen Weg über aufgeweichten Lehmboden, als plötzlich die Nacht da ist. Die *mulas* rutschen aus, stürzen und schreien verärgert auf, während sie die Männer abzuwerfen versuchen. Die Gepäckmulis, die *mulas de carga*, bleiben zurück, sie sind zu langsam. Auch der Indio, der das Barometer trägt, bleibt klugerweise im nächtlichen Wald zurück, um das kostbare Gerät nicht zu gefährden. Was für eine indianische Duldsamkeit, überlegt Humboldt, die Nacht ohne Feuer und ohne Speise, einfach auf einem nassen Stein sitzend, zuzubringen. Der Mann stößt am nächsten Mittag wieder zu ihnen, es ist etwas Luft in das Barometer gedrungen, und als Humboldt es reparieren will, zerbricht es.

Sie haben die südliche Route genommen, hinab ins Tal des Río Magdalena und weiter nach Ibagué. Bis Quito wird ihre Reise vier Monate dauern, hundertzwanzig Tage und Nächte in stickiger Hitze und klirrender Kälte. Sie reiten über Fusagusagá und andere Orte mit seltsamen indianischen Namen. Der Fusagusagá ist auch ein Fluss, ein reißender Waldstrom, der hier eine zusammenhängende schäumende Kaskade bildet, über die eine aus Schilf geflochtene Hängebrücke führt. Die Maultiere betreten sie nur vorsichtig. Man muss aufpassen, dass sie auf der schwankenden Brücke nicht von Panik ergriffen werden und in Galopp verfallen.

Der Weg in die Gebirgskette hinauf ist fürchterlich, wird für sie aber spannend, weil es ständig bergauf und bergab durch verschiedene Klimazonen geht, sodass sie die Gewächse der heißen Erdzonen ganz nahe bei denen der kalten Zonen finden. Ein Paradies für Leute, die sich für die Pflanzengeographie interessieren. In diesen Gebieten haben früher die *Panche* gelebt, doch dieses Volk existiert nicht mehr. Es war eine mächtige Nation, schreibt er, *und alle sind ausgerottet. Die Indianer verminderten sich durch Grausamkeiten, die man bis ins 17. Jahrhundert gegen sie ausübte, durch die schwere Arbeit in den Minen, durch den Gebrauch als Lasttiere, durch Pocken* – und weil die Herrschaft der Europäer *immer die ärmste, hilfloseste Menschklasse bedrückt.*

Den Abstieg aus der eiskalten Hochebene Bogotás in das glühend heiße Patia-Tal vergleicht er mit einer unglaublich raschen Reise von Europa in die Tropen, mit all den Anfälligkeiten, die dazu gehören. Aimé bekommt heftiges Fieber, Alexander erleidet *eine marternde Hauteruption, beulenartige, steinharte Geschwüre. Den 15ten nachts unter einem Schuppen, Tambo al paso de Fusagasugá, ohne Nahrung im nassen Tau in Hamaken und mit schringenden Beulen elend zugebracht.* Dann geht's noch weiter hinab, bis an den Río Magdalena in seinem tiefgegrabenen Tal. Es gibt keine Brücke, kein Boot, keine Furt. Die *mulas* schwimmen durch den Fluss, und um die Tiere nicht unnötig zu ermüden, halten sich die indianischen Reiter, nebenher schwimmend, nur mit einer Hand an der Mähne fest. *Sonderbar, dass die Krokodile nie die mulas, wohl aber den Reiter selbst verfolgen.*

Als sie sich auf der anderen Seite sammeln, stellen sie fest, dass sie ein Maultier verloren haben. Alexander gerät in Panik, weil er fürchtet, es sei ausgerechnet *das mit den Manuskripten*, was ihm eine *etwas unruhige Nacht* beschert. Morgens findet er gottlob das Tier mit den Bücherkisten und verpackten Manuskripten in der Herde. Dann geht es wieder steil hinauf auf die *mesa de Combeima*, eine große Ebene. Mittags rasten sie im Schatten einer kleinen Hütte, wo sie bei der Familie ein krankes, kaum zweijähriges Mädchen finden. *Das arme Kind hat fürchterliche Kopfwunden vom* Nuche (*Oestrus humanus*). In einer großen Beule, die sie öffnen, finden sie die zolllangen Maden einer Fliege, die der gemeinen Stubenfliege sehr ähnelt. Man fühlt nichts, sagen die Leute hier, wenn die Fliege einen sticht und ihre Eier ins Fleisch legt. Bonpland entfernt die Maden, reinigt die Wunde und verbindet sie.

Ibagué ist *ein elendes Städtchen* mit kaum mehr als 1000 Menschen und doch ein wichtiges Zentrum auf einer Strecke von zweihundert Kilometern. Das Tal allerdings *unendlich freundlich und schön.* Große Mengen herrlich duftender Orangenbäume an den Straßen. Wie überall, wird die Expedition begrüßt, als komme sie aus einer anderen Welt. Sie bleiben eine Woche, um sich zu erholen. Es gibt Einladungen, Gegeneinladungen, Bälle, Stierkämpfe. Humboldt wird, wie so oft, in die lokalen Ränkespiele einbezogen. Diesmal ist es der *Alcalde*, der Bürgermeister, dem ein eifernder Amtsbruder den Prozess machen will, weil er ein sexuelles Verhältnis zu einer alleinlebenden Frau unterhält. Der ganze Ort diskutiert dieses Problem heftig. Aus den Tagebüchern ergibt sich nicht, ob Alexander Stellung bezogen hat.

Er berichtet darin auch, dass zwei Indianer ins Gefängnis gebracht wurden, *welche Sodomie mit einer mula getrieben, sie deshalb (um bequemer ans Werk zu gelangen) halb eingegraben. Sonderbar, dass in einem Lande, wo es so ungeheuer viele Weiber von allen Farben gibt, die mulas das Geschäft der Weiber verrichten müssen.*

Sie brauchen eine ganze Woche für die Vorbereitung der weiteren Reise. Es fehlt an Trägern, *cargueros* (von *carga*, Last), die sie für den Aufstieg in die östliche Anden-Kette, über den extrem hohen Quindío-Pass, benötigen. Sie müssen ihre völlig erschöpften *mulas* zurücklassen und neue mieten. *Man lernt leichter Bolero tanzen als den Quindío passieren,* feixt Alexander im Tagebuch. Denn *widriger als die eigentliche Reise* über den hohen Pass ist die Vorbereitung, und das liegt *an der Gemächlichkeit der Spanier, dem Hang aller Creolen, die gewöhnlichsten Erscheinungen ins Wunderbare und Ungeheure umzuwandeln* und den Weg als übermäßig gefahrvoll zu beschreiben ...

Zwei Wochen dauert ihr Weg über den Quindío-Pass. Zuerst geht es viele Kilometer durch extrem schmale und steil ansteigende Schluchten, in denen ihnen reißende Sturzbäche entgegenkommen. Man rutscht auf den scharfkantigen Felsen ab, stürzt und verletzt sich. Alexander erleidet, wie die anderen, zahlreiche Abschürfungen an Beinen und Füßen. Dann wieder watet man knöcheltief durch eine Art Kot, schwarzen Pflanzenschlamm, stundenlang wie blindlings und willenlos hinter den Maultieren her, und *die Finsternis am hellen Tag ist unbeschreiblich.*

Abends im Tagebuch muss er sich ein bisschen Mut machen: *Die Reise hat für Menschen, die wie wir täglich 6 bis 9 leguas zu Fuß gehen* (bis zu 37 km), *Flüsse durchwaten und monatelang unter Indianern in Wäldern zugebracht haben, nichts Ungewöhnliches.* Und er amüsiert sich über die bemitleidenswerten Menschen, die *nur den Schatten ihres Kirchturms kennen.*

Wer den Quindío-Pass nicht zu Fuß überwinden will – und das will kein Weißer in diesen Ländern –, der kann sich hinübertragen lassen von den *silleros* (von *silla*, Stuhl oder Sattel), die im Gegensatz zu den gewöhnlichen Lastträgern, den *cargueros*, für den Personentransport übers Gebirge zuständig sind. Alle starken jungen Männer der Gegend widmen sich diesem Metier, über das sich Aimé und Alexander hell empören. Der *sillero* schnallt sich einen Stuhl auf den Rücken, und auf diesem sitzt der Herr, der sich tagelang über die Anden tragen lässt. *Ich wusste im Voraus, dass ich mich der silleros nicht bedienen würde.*

Es sind Menschen als Lasttiere, mit aufgescheuertem Rücken, den größten Hitzen und Kälten ausgesetzt, dazu den Gewitterschauern. Schon die kleinen Jungen werden von ihren Familien mit Trainingsgewichten von 20 Kilo ins Gebirge geschickt. Ein *sillero* verdient kaum 10 bis 12 Pesos, von denen er gewöhnlich die Hälfte auf der Reise ausgibt. Humboldt kritisiert heftig den Gouverneur, weil er *diesen schändlichen Beruf* nicht überflüssig macht, einfach dadurch, dass er eine befestigte Straße anlegen lässt. Aber dann muss er erfahren, dass der Gouverneur genau diesen Plan jahrelang

Der über viertausend Meter hoch gelegene Quindío-Pass in der östlichen Anden-Kordillere ist hier von einem unbekannten Maler gewiss viel zu idyllisch dargestellt worden. Die ganze Landschaft ist so steil und zerklüftet, dass sich die Weißen um 1800 von jungen Indios tragen lassen – auf Stühlen, die sich die *silleros* auf den Rücken geschnallt haben.

verfolgt hat – und dass die *cargueros* und *silleros* anhaltend dagegen protestiert haben.

Er mietet fünf Träger für die feineren Instrumente, die er nicht den Tieren anvertrauen will, die mit ihrer Ladung überall gegen die Felsen stoßen. Außerdem zwölf Ochsen und ein paar Maultiere, dazu Lebensmittel für vier Wochen. Die neue Regenzeit beginnt. Die Schauer werden immer heftiger. Jeden Nachmittag sucht man rechtzeitig einen Rastplatz und baut ein Häuschen, einfach ein Gerüst aus Stangen, das mit riesigen *vijao*-Blättern bedeckt wird. Diese Blätter widerstehen den stärksten Regengüssen, die manchmal bis zu 96 Stunden dauern können (*es goss wie mit Mollen tags und nachts unter krachendem Donner*, schreibt er ganz berlinerisch). In so einem Häuschen stehen die beiden Bettgestelle, auf denen

Alexander und Aimé nächtigen, daneben schlafen die fünf Lastträger, deren *Ausdünstungen* und *gasförmige Entbindungen*, wie er notiert, *auch nicht angenehmer sind als die der Ruderer auf dem Magdalenenstrom*.

Mehr als dreitausend Meter über dem Magdalenen-Tal, direkt an der Schneegrenze, überqueren sie den Pass. Dann der mühsame Abstieg. Nach fünfzehn Tagen, am 13. Oktober 1801, treffen sie in Cartago ein, wo sie sich acht Tage lang ausruhen. Es geht weiter, wieder eine Woche durch Regen und Nässe, bis nach Cali (damals ein bedeutungsloser Flecken, heute eine Millionenstadt). Humboldt leidet unter dem *ewig bedeckten Himmel*, der ihn nicht zum Arbeiten kommen lässt, wie er klagt. Am 9. November erreichen sie Popayán.

Heute eine schöne Stadt mit kolonialer Architektur, hat Popayán damals weniger als 10000 Einwohner und wirkt auf Humboldt verschlafen und verfallen. Auf den Märkten wird Kalkerde angeboten, die man mit Koka vermischt, um sie zu essen. Das macht satt und gleichgültig gegen alle Leiden. Auch hier sind die Indios, wie er feststellt, durch die vornehmen Familien und durch *tausenderlei Ränke* um ihre angestammten Äcker gebracht worden. *Diese unglücklichen Indianer, die alten, rechtmäßigen Herren des Landes, sind auf die höchsten und kältesten Bergrücken verdrängt*, wo im Reif der kalten Nächte ihre Kartoffeln und Zwiebeln oft genug erfrieren, während sie unten im milden Klima auf ihrem alten Besitz die schönsten Weizenähren blühen sehen. *Aber so in allen Weltteilen*. Und er erläutert seinem Freund Bonpland, dass der deutsche Adel, zu dem er selbst nur widerwillig gehört, aus den *Nachkommen jener Barbaren* besteht, die in der Völkerwanderung vom Schwarzen Meer nach Mitteleuropa kamen. *Und die ehemaligen rechtmäßigen Besitzer dieser Gegenden, das sind unsere unglücklichen Bauern...*

Er schreibt an José Celestino Mutis in Bogotá: *Die Einwohner der hiesigen Stadt haben eine viel höhere Kultur, als man erwarten konnte, aber eine viel geringere, als sie sich einbilden.* Die Liebe zu den Wissenschaften, der sie sich rühmen, sei immer noch sehr schwach. Keiner habe beispielsweise jemals die Wunder untersucht, die es hier ringsherum gebe, etwa den Krater des Vulkans Puracé. *Aber was kann man von den jungen Leuten, die von Sklaven umgeben sind und bedient werden, erwarten?*

Sie versuchen, Francisco José de Caldas zu treffen, den jungen Mann, auf den schon Pombo in Cartagena und dann Mutis in Bogotá hingewiesen haben, einen genialen Autodidakten, der mit selbstgebauten Instrumenten absolut korrekte Messungen vornimmt. Er lebt in Popayán, ist aber zurzeit in Quito. Er hat für Humboldt einen Brief hinterlegt: «Herr Baron! Meine Seele wurde von den heftigsten Wünschen entflammt, Sie kennenzulernen, Ihre Gelehrsamkeit und Ihre Bescheidenheit aus der Nähe zu bewundern.» Er schildert seinen Werdegang, seine «heiße Liebe zur Natur» (das heißt zu den Naturwissenschaften); er habe trotz der großen Widerstände, des Mangels an Büchern, Lehrern und Instrumenten enthusiastisch versucht, sich fortzubilden in Physik und Mathematik. Er schreibt, ein Treffen mit Humboldt sei «vielleicht die einzige Gelegenheit, die sich mir in meinem ganzen Leben bietet, mit einem wirklich gebildeten Mann zu verkehren, der meine Unwissenheit zerstreuen könnte über Gegenstände, die im gebildeten Europa zwar allgemein bekannt, aber noch nicht auf den Neuen Kontinent gelangt sind». Er wolle seinen Landsleuten «die Augen öffnen, jene mit einer dicken Schicht von Vorurteilen bedeckten Augen». Er schließt, er sei außerstande, seine Gedanken zu ordnen, «um meine süßen Hoffnungen und die gegenwärtig in meinem Herzen eingeschlossene große Freude auszudrücken». Er kündigt an, den beiden Forschern von Quito aus entgegenzureisen und in Ibarra auf sie zu warten.

Es bleibt kein Zweifel, dass dies das Bewerbungsschreiben eines jungen Forschers ist, der Anschluss an das europäische Niveau finden – und mit Humboldt reisen will, denn er sagt dem «Berühmten Reisenden» auch sehr direkt, er werde «tausendmal glücklicher sein, wenn ich frei bin von den Ketten, die mich an diesen, den Wissenschaften feindlichen Boden binden, Ihnen bis in die entferntesten Regionen folgen könnte, wohin jenes unersättliche Streben nach Wissen Sie fortreißt».

Für José Clavijo y Fajardo, den Direktor des Naturalienkabinetts in Madrid, hat Alexander eine große geologische Sammlung angelegt, die er jetzt als Kiste mit 150 Gesteinsproben verschickt; jeder Stein ist genau nach dem Fundort, der Umgebung, der Höhe bezeichnet. In dem beigefügten Brief klagt Alexander: *Seit zweieinhalb Jahren habe ich nicht ein einziges Mal Briefe aus dem Alten Kontinent gehabt. Aber man gewöhnt sich an jede Entbehrung, und ich betrachte den Mond schon näher als Europa.* Trotz der Strapazen, sagt er, übertreffen die *Genüsse dieses unstetigen Lebens* alle seine Hoffnungen. *Ich bin übrigens fest entschlossen, nicht zu sterben.* Und er fügt hinzu: *In dem Fall, dass Sie diesen Brief erhalten, haben Sie die Güte, Herrn von Forell zu bitten, meinem Bruder die tröstende Nachricht von meiner guten Gesundheit überbringen zu wollen.*

Eines der *Wunder, die es ringsherum gibt*, ist der Vulkan Puracé. Das gleichnamige indianische Bergdorf liegt auf einem Bergrücken zwischen zwei tiefen *schlundartigen* Tälern, durch alle Gassen rauscht ein Bach, jedes Haus hat einen Quell, und obendrein bewundert Alexander wieder die indianische Reinlichkeit und Ordnung, die nach seiner Meinung überall herrscht, wo die Europäer die indianische Kultur noch nicht zerstört haben. Steigt man etwas höher den Bergrücken hinauf, weitet sich der Blick auf den *Nevado*, den schneebedeckten 4710 Meter hohen Gipfel des Puracé.

Zwei Franziskaner-Mönche aus dem Ort begleiten sie, Fray Francisco Pugnet, der mehrere Indianersprachen beherrscht, und Fray Juan, der in seinem Leben bereits achtzehnmal zu Fuß die *cordillera de los Andes* überwunden hat; außerdem Joseph und einige indianische Helfer mit den Instrumenten. Sie überqueren den *Río Vinagre* (Essigfluss), von dem Humboldt feststellt, dass er aus einer stark schwefelsäurehaltigen Quelle stammt. Am 18. November morgens ist das Wetter strahlend schön, vielleicht täuschend schön. Fünf, sechs Stunden steigen sie durch einen morastigen Wald, der sich in knapp 4000 Meter Höhe lichtet. Sie sehen, wie die Wolken aus dem Tal die Hänge des Vulkans hinaufziehen. Dann fängt es an zu hageln. Fast starr vor Kälte erreichen sie die Vegetationsgrenze. Der Boden ist überall nackter Porphyrfels, weiter oben gibt es Obsidiangestein, alles ist öde und leblos. Die ganze Wand, über die sie aufsteigen, ist mit einer dichten grüngelben Schwefelkruste bedeckt.

Der Puracé hat außer seinem großen Krater eine kleine seitliche Öffnung unterhalb des Gipfels. *Voll Neugierde, wenn auch nicht ohne Furcht, nähern wir uns, Bonpland und ich und die Indianer* (die Padres blieben zurück), diesem Schlund, der *boca grande*, aus der rotgelbe Schwefeldämpfe mit einem Gezisch ausfahren, das Alexander *mit keinem je gehörten Geräusch vergleichen kann*. Der gelbe Dampf sieht aus wie züngelnde Flammen. An die Bestimmung der Temperatur dieses aufsteigenden *Schwefelpfuhls* ist nicht zu denken. *Wie sollte man sich nähern!* Bonpland bindet ein in Veilchensyrup getauchtes Papier (eine Art von frühem Lackmuspapier) an einen langen Stock, den er in den Dampf hält. Das Papier verfärbt sich rötlich – also ist der Dampf, chemisch betrachtet, sauer –, es brennt aber nicht.

Der Hagel wird unerträglich, sie können sich kaum gegen ihn schützen. Außerdem sinkt die Sichtweite auf wenige Meter. Es ist unmöglich, weiter auf den Gipfel zu steigen, sie müssen umkehren. Alexander misst mit dem Barometer die Höhe: *16 Zoll 8 Linien*, das entspricht 4500 Meter über dem Meer. Schon jetzt, bei der ersten Besteigung eines Anden-Vulkans, fällt ihm ein wesentlicher Unterschied zu den europäischen Vulkanen auf, dem Ätna, Vesuv und Stromboli: Es gibt keine Lavamassen, keinen Bimsstein aus den Tiefen der Erde, nur verbrannten Porphyr. Dafür stoßen die Anden-Vulkane ungeheure Mengen von Gasen aus, Schwefel, *hepatisches Gas, inflammable Luft,* Wasserdämpfe. Liegt es an der Höhe (sie sind mehr als doppelt so hoch wie der Vesuv)? Schon jetzt beginnt er, sich die ganze Kette der andinen Vulkane als einen einzigen, riesigen unterirdischen Herd mit zahlreichen Ausgängen vorzustellen.

Tief unter ihren Füßen brodelt es ständig und überall.

Am 27. November 1801, nachmittags, inmitten eines heftigen Platzregens, reisen sie von Popayán weiter, Richtung Quito. Sie nehmen den Weg über Almaguer und die *Páramos*, mit tagelangen Gebirgsritten über die gefrorene Hochebene und durch wilde, tiefeingeschnittene Täler. *Páramo heißt in den Anden jeder Ort, wo auf einer Höhe von 1700 bis 2000 toisen* (etwa 3400 bis 4000 Meter) *die Vegetation stillsteht und eine Kälte herrscht, die bis in die Knochen dringt.* Die Wege sind schlammig. Wenn es steil bergab geht, rutschen die Maultiere aus und stürzen. Schon nach einer Woche sind die Männer vollkommen erschöpft, vor allem die Träger. Humboldt sieht, dass der alte Mann, der das schwere Barometer schleppt, kaum noch gehen kann. Sie legen in einem winzigen Weiler einen Tag Pause ein. Die Indios überlassen ihnen in strömendem Regen ihre Hütte und versuchen, sich draußen irgendwie zu schützen. *Diese unerhörte Bescheidenheit entsteht keineswegs aus Ehrfurcht vor den Weißen, nein, sie wird gegen jeden Fremden ausgeübt, sobald ein Reisender erschöpft und ruhebedürftig ist.*

San Miguel. Santa Helena. La Asunción. San Lorenzo. Mal nur drei, vier Hütten, mal ein richtiges Dorf. Humboldt notiert alles. Dann ein schmaler, kaum zehn Zoll breiter Fußsteig am Rande des Felsens, und rechts der Abgrund dreißig oder fünfzig Meter tief. Sie staunen, dass die schwerbeladenen *mulas* hier sicheren Tritt finden, wenn auch langsam, Schritt für Schritt. Überall rieselndes Wasser, kleine Bäche, dann das Toben von Wasserfällen, die ins Tal stürzen, oben kreisen Kondore. Auf halber Höhe beim Herabsteigen erleben sie eine Art von europäischem Mai, einen schönen Frühling, wie sie ihn zuletzt in Aranjuez genossen haben. Alles ringsherum in frischem Grün. Es gibt Eichen, die in voller Blüte stehen – eindrucksvoll in der tropischen Welt, wo die einheimischen Bäume ihre Blätter nicht abschütteln und erneuern.

Nach drei Wochen, kurz vor Weihnachten, erreichen sie Pasto.

Vor der Stadt erwartet sie zu Pferd der gesamte Magistrat, begleitet von den Honoratioren. Solche Empfänge sind Humboldt unangenehm, und künftig wird er ihnen ausweichen, indem er einfach ein paar Tage verfrüht oder erheblich verspätet eintrifft. In Pasto herrscht große Armut. Trotzdem haben manche *Personen, welche barfuß gehen und nicht 300 Pesos besitzen,* silberne Steigbügel und Trinkbecher – Zeugen einer reichen Vergangenheit. Die Stadt veranstaltet ihnen zu Ehren ein ganzes Programm von Wettrennen, Hahnenkämpfen, Tänzen und Stierkämpfen. Obwohl Pasto fast am Äquator liegt, ist es wegen der Höhenlage extrem kalt, außerdem fegt ein eiskalter Sturm durch die Gassen.

Gegen Ende 1801, als Humboldt und Bonpland durch diese Gegenden ziehen, leiden die Menschen in der Provinz Pasto großen Hunger. Wegen der ungeheuren Wassermassen der letzten Regenzeit ist fast die gesamte Saat verdorben. Besonders der Mais fehlt, und wenn Mais fehlt, dann fehlt in Südamerika alles, weil Menschen und Tiere davon leben. Selbst die Hühner legen ohne Mais keine Eier. *Wir selbst haben auf dieser langen, langen Reise durch das Vizekönigreich Neu-Granada sehr unter diesem Mangel an Lebensmitteln gelitten.* Überdies ist es in diesem Jahr in der Provinz Pasto so kalt, dass viele Pflanzen und Früchte erfrieren. *Daher das Volk in Verzweiflung.*

Humboldt drängt zur Weiterreise. Er will die kommenden Festtage nicht in Pasto verbringen. Mit jedem Tag wird das Wetter schlechter. Man hat ihnen außerdem diskret zu verstehen gegeben, dass sie möglichst bald gehen sollen, weil *die Vornehmlichkeit, mit der man uns behandelte,* zu große Unkosten verursachte.

Am 22. Dezember reisen sie ab, über Guachucal und Santa Rosa nach Chillanquer, wo sie den Heiligen Abend, den hundertsten Reisetag seit Bogotá, verbringen. Untergebracht sind sie im Hause eines katalanischen Caballeros, der sein ganzes erspartes Geld in eine Goldmine gesteckt hat, in der man bisher noch kein Gold gefunden hat. *Trotz der Kälte alle barfuß.* Wie die meisten Landhäuser besteht auch dieses aus nur einem Saal und einer Kammer. Alle nächtigen zusammen in dem großen Raum, die Eltern, die Kinder und das zahlreiche Hausgesinde, allerdings haben die Eltern *trommelfellartig* mit Leder bespannte Bettgestelle, während alle anderen auf *trojas*, harten Bänken, schlafen. Alexander und Aimé schlafen in den vornehmen Betten der Eltern, die sie für sie geräumt haben, ringsherum das Schnarchen und Keuchen von zwanzig Personen. Der Morgen entschädigt sie. Bei klarem Wetter haben sie eine herrliche Aussicht auf drei nahegelegene Vulkane. Doch aufziehende dichte Wolken zwingen sie zur Aufgabe ihres Vorhabens, diese Gipfel zu ersteigen und zu vermessen.

Eine Woche lang reiten sie durch den kalten Regen, der von mittags bis nach Mitternacht ununterbrochen niederprasselt. Am Neujahrstag, in einem schmalen Tal, hören sie plötzlich ein Grollen, das aus dem Boden zu steigen scheint, dann bebt die Erde, Felsen zersplittern hoch oben, brechen ab und gehen als Steinschläge vor ihnen zu Tal, wo sie den engen Weg durch die Schlucht versperren. Zugleich kommt von hinten eine ungeheure Wassermenge den Berg herab und auf sie zu, überspült sie, staut sich vor ihnen auf. Schon reicht das Wasser den Maultieren bis zum Bauch. Aufregung, Geschrei, Zerren an Zügeln. Im letzten Moment finden sie einen seitlichen Weg, der sie entkommen lässt. Abends treffen sie in Ibarra ein.

Francisco José de Caldas ist ihnen entgegengeritten. Sechs Wochen zuvor wollten sie ihn in Popayán besuchen, aber er hatte sich zu dieser Zeit in Quito aufgehalten. Humboldt und Bonpland konnten sich nur seine Arbeiten ansehen und sind seitdem begeistert: *Geradezu ein Wunder in der Astronomie, arbeitet er im Dunkel einer abgelegenen Stadt (Popayán). Er hat sich selber seine Instrumente hergestellt, zieht Meridiane, misst Breiten! Was würde solch ein Mann in einem Lande leisten, wo ihm mehr Unterstützung zuteil würde.* Caldas ist nicht ganz so jung, wie er ihnen geschildert wurde, sondern ein Jahr älter als Alexander. Von Haus aus Jurist, hasste er seinen Beruf so sehr, dass er ihn aufgegeben hat. Wissenschaftler wie Mutis und Geschäftsleute wie Pombo unterstützen ihn mit

Geld bei seinen wissenschaftlichen Forschungen. Caldas hat beispielsweise eigenständig ein Höhenmessgerät entwickelt und gebaut, das auf dem Prinzip basiert, dass der Siedepunkt des Wassers mit steigender Höhe abnimmt. Damit bestimmt er recht genau die Höhenlagen. Es enttäuscht ihn zutiefst, von Humboldt zu hören, dass dieses Gerät in Europa gerade vor ein paar Jahren entwickelt wurde. Caldas, der immer mehr hofft, sich der Expedition dauerhaft anschließen zu können, reitet mit ihnen nach Quito.

Sie reisen am Cayambé vorbei, einem schneebedeckten Gipfel, der direkt auf dem Äquator liegt. Wegen seiner Form eines beinahe perfekten Kegels erklärt ihn Humboldt sofort zum *schönsten der Nevados* (und revidiert dieses Urteil, als er später den Cotopaxi sieht). Seit ein paar Wochen ist er immer stärker dazu übergegangen, seine Tagebücher und Journale nicht mehr deutsch, sondern französisch abzufassen. Manchmal wechselt er, offenbar unfreiwillig, mitten im Satz die Sprache, so auch an diesem Tag: *Nous étions enveloppés dans les nuages et ne vîmes rien, ein großer Verlust, da die Aussicht göttlich sein soll.* Wäre er auf den Cayambé hinaufgestiegen und wäre der Himmel nicht so bedeckt gewesen, hätte er aus mehr als viereinhalbtausend Metern Höhe einen der eindrucksvollsten Blicke des ganzen Kontinents genießen können: scheinbar endlos weit nach Osten bis in die Urwälder des Amazonasbeckens.

Am 6. Januar 1802, vier Monate nach ihrer Abreise von Bogotá, treffen sie in Quito ein.

Zwölftes Kapitel

QUITO UND DER CHIMBORAZO

Es ist eines der gefährlichsten Erdbebengebiete der Welt – und zugleich ein Traumland für Vulkanforscher. Quito liegt in 2800 Metern Höhe in einem Tal, ganz nahe bei den Vulkanen Pichincha (4784 Meter), Cayambé (5796 Meter) und Antisana (5706 Meter). Weiter im Süden ist manchmal der Blick auf den nächsten Vulkan, den im Abendlicht rotglänzenden Cotopaxi, frei, einen der aktivsten Vulkane der Welt. Und irgendwo dahinter, wenn auch unsichtbar für Quito, erhebt sich der König dieser Riesen, der legendenumwobene Chimborazo, der mit seinen über 6300 Metern zu Humboldts Zeit als der höchste Berg der Welt gilt.

Am großen Hauptplatz, der *plaza mayor*, macht die Stadt mit ihren 35 000 Einwohnern einen freundlichen Eindruck. Die Straßen sind schön gerade ausgerichtet, sagt Humboldt, wie in Bogotá, aber mit erbärmlichem Kopfsteinpflaster. Die Bürgerhäuser folgen dem spanischen Stil genauso wie in Caracas, Havanna, Cartagena und Bogotá, zwei Stockwerke hoch mit umlaufenden Holzgalerien. Humboldt wundert sich allerdings, dass es in einer Stadt, *die so sehr den Erdbeben ausgesetzt ist wie Quito*, zweistöckige Häuser aus Stein und große Kirchen gibt.

Die Kirchen und Klöster sind *die prächtigsten in Amerika, sie könnten auch in Madrid oder Cadiz gut bestehen*. Die große und *viel zu teure* Kathedrale allerdings erinnert ihn eher an einen riesigen Pferdestall, den man absurderweise mit großartigen Bildern ausgestattet hat. Die Theater müssen den Vergleich mit Europa nicht scheuen, und selbst Leute, die, wie er und Bonpland, in Paris oder

Madrid gelebt haben, sind von den Aufführungen begeistert. Wie überall in den spanischen Kolonien, liebt man Glanz und Pomp und Zeremoniell. Bei den großen Kirchenfesten, spottet Humboldt, wird mehr Pulver in Feuerwerkskörpern verbraucht, als der König von Spanien benötigen würde, um sich zum Herrscher über Brasilien zu machen. Seltsame Kontraste: Viele Frauen gehen barfuß, ein Zeichen der Armut, sie tragen aber Umhänge mit Goldborten.

Das letzte große Erdbeben in Quito hat vor fünf Jahren, 1797, mehr als 40000 Menschen getötet. Ungeachtet all der Schrecken und Gefahren, womit die Natur die Stadt umgibt, finden Humboldt und Bonpland die Bewohner von Quito froh, lebendig und liebenswürdig. Die Leichtlebigkeit, die man den *Quiteños* nachsagt, gefällt Alexander besonders. *Die Einwohner haben eine Ungezwungenheit, eine Liebenswürdigkeit, eine Leichtigkeit, die sie vorteilhaft auszeichnet.*

Alle hier wissen, dass jederzeit einer der Vulkane ausbrechen kann. Humboldt glaubt, dass diese Tatsache ein ganz spezielles Lebensgefühl erzeugt: Der Mensch versucht, sich daran zu gewöhnen, *ruhig am Rande des Abgrunds zu schlafen*. Oder auf dem Vulkan zu tanzen: *Die Stadt atmet nur Wollust und Üppigkeit, und nirgends gibt es einen entschiedeneren Hang, sich zu vergnügen.* Wir werden sehen, dass ihn diese Lebenslust, diese Leichtigkeit angesteckt hat und dass er sich in dem halben Jahr in Quito, nach zweieinhalb Jahren strapaziösester Reise, offensichtlich selbst auch ins Vergnügen gestürzt hat, ins süße Leben.

Sie wohnen zuerst am Hauptplatz in einem vornehmen Haus, als Gäste des Marqués de Selva Alegre. Schnell werden sie wieder zum Mittelpunkt glanzvoller Abendgesellschaften, vor allem in den adeligen spanischen Familien wie jener des Marqués Juan Pio Aguirre y Montúfar. Sie stellen fest, dass bei den heftig geführten Diskussionen in den Salons nicht das gewöhnliche borniert und weltfremde Geplauder der Oberschicht herrscht, das ihnen so oft auf die Nerven ging, sondern dass dort leidenschaftlich über Politik, Demokratie, Unabhängigkeit, Sklaverei und Revolution gestritten wird.

Humboldt, der die Dinge manchmal mit den Verhältnissen deutscher Kleinstädte wie Jena, Weimar oder gar Bayreuth vergleicht, staunt über die Ausstattung der öffentlichen Bibliotheken. Theologie und Jura sind vollständig, stellt er fest, und im Bereich Geschichte, Medizin und exakte Wissenschaften findet er mit Begeisterung Werke, die er bereits in Europa studiert hat, Borellis *De motu animalium*, Bouguers *De la lumière* und viele Werke modernner Wissenschaftler wie Scheuchzer, Delachampius, Johnston, Malpighi, Tournefort, Wolfius, aber auch *sehr schöne Ausgaben* römischer Autoren und griechischer Dichter... Er findet eine *bemerkenswerte Schrift* aus dem Jahre 1756, in der die Vorzüge des kopernikanischen Systems gepriesen und die Kometen als Planeten mit exzentrischen Umlaufbahnen beschrieben werden; darin heißt es auch, dass Sonne und Mond keinen anderen Einfluss haben als auf Wärme und Licht.

Die alten indianischen Hochkulturen, besonders die der Inka, beschäftigen ihn sehr. Schon am Casiquiare hat er die Hieroglyphen an den Felsen untersucht, hat indianische Sagen und Mythen gesammelt und Wortkataloge und Vokabelhefte angelegt. Er stellt überall die wichtigsten Verben der verschiedenen Sprachen tabellarisch nebeneinander, alle bezogen auf das entsprechende spanische Wort. La Condamines Urteil über die «Armut der indianischen Sprachen» entlarvt er als pures Vorurteil, das aus Unkenntnis stammt. Sie haben *Reichtum, Anmut, Kraft und Zartheit*, sie besitzen abstrakte Vorstellungen *von Zukunft, Ewigkeit, Existenz*. In Quito sprechen beinahe alle Menschen, sogar viele Spanier, Quechua, die Sprache der Inka. Alexander lernt sie systematisch und sagt, sie sei *so reich an feinen Wendungen, dass die jungen Herren, um den Damen Süßigkeiten zu sagen, anfangen, Quechua zu sprechen, nachdem sie den ganzen Schatz des Kastilischen ausgeschöpft haben.*

Das Quechua ist aber auch eine Sprache für wissenschaftliche

Zusammenhänge, beispielsweise in der Astronomie, denn in Bogotá, Quito und Cuzco, ebenso wie bei den Azteken und Maya in Mexiko, *verstanden es die Priester schon vor Jahrhunderten, die Mittagslinie zu ziehen,* also die exakten Himmelsrichtungen zu bestimmen, und den *Augenblick des Solstitiums* zu beobachten. Sie kannten die exakten Daten der Tagundnachtgleichen und konnten vom Mondjahr auf das Sonnenjahr umrechnen und beide benutzen, indem sie, wie die Europäer in ihren Kalendern, Schalttage einfügten. In der Berechnung kosmischer Zusammenhänge, etwa der aufeinander bezogenen Bahnen von Sonne, Mond und Venus, waren die Inka und Maya den Europäern weit voraus.

Der Marqués de Selva Alegre, ein *tüchtiger, aufgeklärter und einflussreicher Mann* (er wird später der erste Präsident des unabhängigen Ecuador werden), besitzt etwas südlich der Stadt, im Tal Los Chillos, ein Landhaus, das er ihnen für die Zeit ihres Aufenthaltes überlässt. Alexander und Aimé sind hier einen ganzen Monat lang damit beschäftigt, ihre jüngsten Messungen und Sammlungen aufzuarbeiten. *Ich habe dort die Karte des Orinoco und des Río Negro und der östlich davon gelegenen Gebiete vollendet.* Er rechnet seine astronomischen Messdaten durch und zieht erste Schlussfolgerungen, er setzt die zwischen Cartagena und Bogotá gesammelten geographischen Daten in ein graphisches Höhenprofil um, er forscht experimentell über Elektrizität, und er lehrt den jüngeren Sohn des Marqués, Carlos, wie man Pläne aufnimmt und zeichnet. Bonpland frönt seiner zweiten Leidenschaft, der Anatomie, und erforscht den Körperbau der Lamas.

Der 21-jährige Carlos Montúfar ist liberal erzogen, intelligent, wenn auch bisher ganz ohne wissenschaftliche Interessen, aber *immer voller Liebenswürdigkeit und von jener Leichtigkeit, alles zu lernen, die das wahre Talent auszeichnet.* Humboldt wird ihn auf Wunsch des Vaters nach Europa mitnehmen – Carlos soll in Spanien eine militärische Ausbildung durchlaufen, um Offizier zu werden. Der Marqués lässt Alexander von einem Maler aus Quito porträtieren (ich sah das Bild im Landhaus Los Chillos, wo eine lie-

Der Herzog von Selva Alegre ließ Humboldt im Landhaus Los Chillos bei Quito von dem Maler José Cortes porträtieren – in der preußischen Uniform, die Alexander auch bei seinen Bergtouren trug. Dieses Bild ist eine von mehreren erhaltenen Kopien, das Original ist verschollen.

benswürdige Gastgeberin mich durch das schöne Anwesen führte; das Porträt kommt in seiner Frische und Natürlichkeit viel näher an meine Vorstellung von Alexander heran als beispielsweise das berühmte, aber recht kitschige Humboldt-Porträt des US-Amerikaners Rembrandt Peale; in Los Chillos wie an vielen anderen Orten Amerikas wirkt der Name Humboldt bis heute wie ein Sesam-öffne-dich).

Als Gegenleistung für die Gastfreundschaft untersucht Alexander die topographischen Verhältnisse von Los Chillos, eine Ingenieurarbeit als Vorbereitung für den Bau einer großen Wasserleitung, *die ein riesiges Weizenfeld bewässern und die Hacienda um 10 000 Pesos Kapital bereichern wird.* Dabei macht er die erstaunliche Feststellung, dass es in den Bächen und Flüssen auf dieser Höhe (über 3000 Meter) keine Fische gibt, mit Ausnahme einer einzigen Art, der *preñadillas*, zwei Zoll kleinen Winzlingen. Der Marqués erzählt ihm, er habe schon öfter aus den tiefer liegenden Gebieten Fische holen und hier aussetzen lassen, aber sie hätten nicht überlebt, während doch die ganz in der Nähe gelegenen tieferen Gebiete der Tropen und Subtropen einen ungeheuren Überfluss an Fischen aufwiesen. Und damit verbunden habe er noch etwas «Unbegreifliches» gehört: Während eines Erdbebens in Ibambura schossen aus Felsspalten direkt unterhalb des Gipfels ungeheure Wassermassen heraus – und in ihnen schwamm eine unzählige Menge der kleinen Preñadillas. *Woher sind sie in diese Höhe und in dieser ungeheuren Menge gekommen?*

Mitte März beginnen die Besteigungen der Vulkane. Zuerst nehmen sie den Antisana in Angriff. Der Morgen ist kalt, grausam kalt, es fallen abwechselnd Schneeflocken und scharfe Eisnadeln, die Gesichter werden zerstochen. Die Eisnadeln sind vollkommen kristallisiert und deshalb *schneidender als in Europa*. Zunächst reiten sie noch auf ihren Maultieren. Der Wind weht heftig, die Hüte fliegen ihnen vom Kopf und werden weggewirbelt. Sie steigen oft ab, um Steine und Pflanzen zu sammeln. Sie sind erst auf 3330 Meter, doch schon empfinden sie Brustschmerzen und Beklemmung. Hier übernachten sie, im Haus des Don Joaquín Sánchez, *ohne Zweifel die am höchsten gelegene Wohnung der Welt*. Die Nacht ist *qualvoll*. Die Indios, die ihnen mit dem Essen und den Decken folgen sollten, sind nicht gekommen, man hungert und friert. *Keine Kerzen. Schlafen auf Stroh.* Don Joaquín *zerreißt uns die Ohren mit seinen Jagdliedern*, Carlos leidet an einer Darmkolik.

Das Wetter am nächsten Tag macht ihnen keine große Hoffnung, trotzdem marschieren sie los. Wieder die Eisnadeln, die Kälte, der Wind. Mittags flüchten sie sich in eine Höhle. Später treffen die Träger mit den Instrumenten ein, und Alexander misst, dass sie sich auf 4810 Meter befinden – der Höhe des Montblanc, wie er stolz notiert. Plötzlich zerreißt der Wind die Wolkendecke, die Sonne bricht durch, der Blick wird frei, und sie sehen den Gipfel des Antisana *in seiner ganzen Schönheit*. Jetzt führt ihr Weg über ein steiles Schneefeld. Die gleißende Helligkeit ist beinahe unerträglich, die Augen brennen, der Blick flimmert. Am Ende des Schneefelds stehen sie vor einer fast senkrechten Wand, die es unmöglich macht, weiterzukommen. Das Quecksilber im Barometer zeigt den bisher niedrigsten Wert – was der größten Höhe entspricht: 14 Zoll, 11 Linien, das sind 2773 toisen (5407 Meter).

Das Schlimmste ist nicht die Kälte, sondern die dünne Luft. Carlos spuckt Blut, das aus dem Zahnfleisch und den Lippen austritt. Bei allen ist *das Weiße der Augen* blutunterlaufen, die kleinen Äderchen sind geplatzt. Sie versuchen, schneller zu atmen, doch das hilft nichts. Der Sauerstoffmangel führt zu Herzbeschwerden, Herzrasen und Brustschmerzen. Sie hören auf zu sprechen, es ist zu anstrengend. *Wir litten alle gleichermaßen, auch die Indios. Es ist eigenartig, dass sich die Extreme in Physik und Moral berühren*...

Mit ungeheurer Disziplin führen sie ihre Messungen durch (denn das ist der eigentliche Zweck dieser Abenteuer): Höhe, Luftfeuchtigkeit, Temperatur. Sie nehmen in Flaschen Proben der Höhenluft, um sie später auf ihren Sauerstoff- und Stickstoffgehalt zu untersuchen. Dann müssen sie, der Ohnmacht nahe, die Arbeit abbrechen. Alexander phantasiert von einer technischen Neuerung, einem *Respirationsapparat*. Aber wie soll man den zusätzlichen Sauerstoff mitnehmen, den man hier oben zum Atmen braucht?

Sie müssen die Besteigung des Antisana abbrechen.

Einen Monat später, Mitte April, versuchen sie, einen der beiden Gipfel des Pichincha, den Guagua-Pichincha, zu erreichen – und anschließend, wenn möglich, den großen Krater auf dem Nachbargipfel, den Rucu-Pichincha. Ein großes Programm. Humboldt und Bonpland werden begleitet von Carlos Montúfar und einigen Männern aus Quito, den Señores Aguirre, Juan de Larrea und Doctor Quijano, von Joseph und einigen Indios als Trägern. Sie haben Glück: Das Wetter ist beständig schön. Sie untersuchen das Gestein, nehmen Proben, pflücken Pflanzen, notieren genau die Höhe, in der sie wachsen. Auf einmal scheint alles zu Ende zu sein: Sie stehen vor einer tiefen Schlucht. *Auf einem fürchterlichen Weg*, beinahe senkrecht, müssen sie hinabsteigen, und jenseits des Tales geht es wieder hinauf.

Sie haben Holzkohle mitgebracht. Mit dem Objektiv des Fernrohrs, das sie als Brennglas benutzen, und ein paar Stückchen

Wolle entfachen sie ein Feuer. Humboldt bringt das Schneewasser zum Kochen, um den durch die Höhe verringerten Siedepunkt zu messen. *In diesem Augenblick spürte ich ein erstes heftiges Schwindelgefühl.* Er nimmt eine Probe atmosphärischer Luft, die er in eine Flasche füllt. *Ich fühlte mich sehr schlecht und hatte Kopfschmerzen.* Die anderen sind vorangestiegen, er ist allein. Der Schwindel verstärkt sich, dann fällt er in Ohnmacht. Jemand aus der Gruppe, Aimé oder Joseph, schaut von oben zurück und sieht ihn niedergestreckt. Bonpland ist als Erster bei ihm, spricht ihn an und flößt ihm etwas Wein ein. *Das gab mir das Bewusstsein wieder.*

Schließlich gelangen sie atemlos auf den Gipfel. Sie messen mit dem Barometer die Höhe: 2397 toisen (4675 Meter), nicht besonders hoch im Vergleich zum Antisana. *Wir empfanden den großen Unterschied zur dünnen Luft des Antisana. Unsere Brust war weniger angegriffen.* Die Kälte wird allerdings als quälend empfunden, obwohl die gemessene Temperatur einige Grad über dem Gefrierpunkt liegt. Er baut das Graphometer und den Sextanten auf, da reißt die tiefer liegende Wolkendecke auf, und man sieht sehr entfernt im Westen – das Meer, den Pazifik, die erträumte *Südsee*. Jedenfalls glauben das einige. Doch Humboldt ist sich sicher: Man schaut durch das Wolkenloch und sieht darunter nur eine andere Schicht von Wolken, die über dem Meer hängt, nicht aber das Meer selbst.

Später, beim Abstieg kurz vor Sonnenuntergang, sehen sie den fernen Cotopaxi mit rosafarbenem Schnee, den *schönsten Kegel der Welt*, und den Antisana, den sie schon bestiegen haben, wie ein riesiges, in die Lüfte erhobenes Bauwerk, das Dach voller Schnee. Sie müssen akzeptieren, dass nicht beide Gipfel des Pichincha an einem Tag zu schaffen sind. Sie kommen im Lager an, fest entschlossen, einen weiteren Versuch zu unternehmen, um doch noch zum Krater des Vulkans zu gelangen. Humboldt ist kein Alpinist, kein Extremsportler und erst recht niemand, der Grenzerfahrungen solcher Art sucht. Er verfolgt einen rein wissenschaftlichen Zweck, wenn er in seiner normalen Kleidung, dem preußischen Rock und einfachen

Straßenstiefeln, auf die Gipfel steigt. Aber er spürt jetzt, jenseits allen Forschens, doch so etwas wie sportlichen Ehrgeiz: denn der Rucu-Pichincha hat ihn abgewiesen. Und Humboldt sinnt auf eine Revanche, eine weitere Besteigung. Es muss sein, denn La Condamine hat es Jahrzehnte zuvor geschafft, in den Krater zu schauen, das ist der Stachel in seinem Fleische.

Er lernt einen Hochgebirgsjäger kennen, Don Javier Ascásubi, der die hohen Lagen des Pichincha gut kennt. Don Pedro Urquinaona, wiederum ein echter Marqués, und Don Vicente Aguirre begleiten ihn, außerdem Joseph und einige Indios. Sie haben herrliches Wetter. Sie versuchen ihr Glück nicht dort, wo Alexander bei seinem ersten Versuch in Ohnmacht gefallen ist, sondern steigen von der anderen Seite hinauf. An der Schneegrenze sind sie bereits erschöpft, und erst jetzt wird es wirklich steil. *Ich verlor alle Hoffnung, bis an den Krater zu gelangen.* Die Indios beginnen zu murren, dann bleiben sie zurück. Auch die Europäer, bis auf Urquinaona, geben auf, als Erstes der Hochgebirgsjäger. Selbst Joseph bricht ab, er hätte keine Chance, die schweren Instrumente so hoch zu tragen. Nur der Indio, Felipe Aldas, der schon häufig in solchen Höhen war, kommt mit. Zu dritt klettern sie weiter, über den Schnee, oft auf die Hände gestützt. *Ich hatte das Pech, allein zu weit vorzudringen.* Er verliert seine beiden Begleiter aus den Augen, bleibt ratlos stehen, dichter Nebel hüllt ihn ein. Er ruft laut nach seinen Begleitern, doch der heftige Wind mit seinen an- und abschwellenden Pfeiftönen macht die Rufe unhörbar. Auf seiner eigenen Spur geht er zurück und findet die beiden, die nach ihm gesucht haben. Zusammen steigen sie sehr hoch hinauf. Direkt am Rand des Kraters hat der Wind den Schnee zu enormer Höhe aufgetürmt. Der Schnee ist fest genug, er trägt sie. *Wir sprachen uns gegenseitig Mut zu, was immer ein Beweis ist, dass man sich fürchtet.*

Plötzlich versinkt Felipe Aldas bis zum Bauch im Schnee. So sieht es jedenfalls aus. Doch er schreit, seine Beine hingen frei in der Luft. Unter der Schneeschicht, in die er eingebrochen ist, öffnet sich der Abgrund. Wenn die dünne Decke bricht, stürzt er in die Tiefe. Humboldt packt ihn und zieht ihn langsam zurück. Sie müssen umkehren, denn *es ist unmöglich, diesen Versuch fortzusetzen*. Doch der Gedanke plagt ihn, sinnlos so viel durchgestanden zu haben und abzureisen, *ohne das größte Schauspiel, das die Natur bietet, gesehen zu haben* ... den Krater. Er fragt Urquinaona. Nein, sagt der, keinen weiteren Versuch. Er fragt Felipe Aldas. Der Indio ist tapferer als der adelige Spanier. Zu zweit steigen sie noch einmal hinauf. Jetzt fürchten sie nichts so sehr wie den trügerischen Schnee. Sie klettern auf scharfen, schmalen Graten. Der Nebel wird stärker. Sie riechen Schwefelgeruch, der Krater muss ganz nahe sein. *Mit Schaudern* spürt Alexander plötzlich, *dass wir auf einer Schneebrücke über dem Krater selbst* gehen. *Ich fühlte, wie mein Körper vor Schrecken zu zittern begann.*

Sie werfen Steine auf die Schneedecke, der Schnee bricht ganz leicht weg – und in der Tiefe sehen sie ein blaues züngelndes Licht, brennenden Schwefel, wie er glaubt. Sie sind direkt über dem Krater, dem Rucu-Pichincha. *Keine Sprache hat Worte, um auszudrücken, was wir sahen.* Das schreibt er oft, es ist ein Dramatisierungsmittel, um dann doch mit der Beschreibung zu beginnen: *Man glaubt, eine zerstörte Welt zu erblicken, ohne Aussicht, jemals als Aufenthaltsort für Lebewesen dienen zu können. Ich fühle noch beim Schreiben dieser Zeilen Beklemmung, ich sehe mich wieder über diesem entsetzlichen Schlund hängen.* Die Abhänge des Kraters sind wie senkrecht behauene Wände, die unheimliche Tiefe ist tintenschwarz, aus dem Dunkel ragen einige *pics* herauf, Felsspitzen wie riesige pechschwarze Stalaktiten. Die Dämpfe im Krater sind in ständiger Bewegung, angetrieben von der Hitze eines unsichtbaren Feuers in ungeheurer Tiefe. *Man kann nicht schildern, was man gesehen hat. Nichts auf der Welt hat mir einen tieferen, aber zugleich unangenehmeren Eindruck gemacht.*

Über Madrid, Havanna, Bogotá und Quito erhält Humboldt jetzt einen anderthalb Jahre alten Brief aus Paris, in dem Jean Baptiste Joseph Delambre im Namen der Akademie mitteilt, die Expedition von Kapitän Baudin sei abgesegelt, allerdings mit einer veränderten Route, die wenig Hoffnung lasse, dass Humboldt sich ihm werde anschließen können. Baudin reist nicht um das Kap Hoorn, sondern um das Kap der Guten Hoffnung, er wird die Küsten Südamerikas nicht berühren. *So viele Strapazen und Gefahren von 18 Monaten...*

Als klarwird, dass Humboldt keineswegs unter Zeitdruck steht und vielleicht sogar noch länger in Amerika bleiben wird, sieht Francisco José de Caldas seine Chance gekommen, festes Mitglied der Expedition zu werden – als wissenschaftlicher Autodidakt profitiert er enorm von Humboldts und Bonplands Kenntnissen. Er gewinnt seinen großen Förderer, José Celestino Mutis in Bogotá, für diesen Plan, und Mutis will zusammen mit einigen Freunden für die Unkosten aufkommen. Humboldt geht darauf nicht ein, es ist nicht klar, warum. Statt des genialen und lernbegierigen Autodidakten Caldas macht er den Sohn des Marqués, Carlos Montúfar, zum Mitglied der Expedition, ein gewiss gutwilliges, doch eher verwöhntes und bisher intellektuell nicht hervorgetretenes Herrensöhnchen.

Es gibt allerdings einen grundsätzlichen Unterschied zwischen den beiden Forschertypen Humboldt und Caldas, und Alexander wird das gewusst haben. Caldas hat Humboldt und Bonpland schon dafür kritisiert, dass sie sich oft mit Informationen «aus zweiter Hand» zufriedengeben, sogar mit phantastischen Geschichten, deren Wahrheitsgehalt nicht überprüfbar sei. «Humboldt vermischt Sicheres mit Zweifelhaftem», schreibt Caldas an Mutis, er meint Fakten und Gerüchte. Er bemängelt, dass die beiden Europäer nur «flüchtig» forschten, während er, Caldas, am liebsten ein großes festgelegtes Gebiet gründlich und systematisch untersucht hätte. Es stimmt: Humboldt forscht nur «oberflächlich», er ist «ständig unterwegs», nie hat er genügend Zeit für detaillierte Untersuchungen. Bei Bonpland ist es genauso, er sammelt immer nur einige, niemals aber alle neuen Pflanzen einer bestimmten Gegend. Caldas dagegen will möglichst viel Zeit auf kleinere, genau definierte Ziele verwenden.

Er hat nicht verstanden, was einen Forscher von einem *Forschungsreisenden* vom Typ Humboldts unterscheidet. Alexander und Aimé haben nicht das Ziel, eine regionale Pflanzenwelt möglichst vollständig zu erforschen, wichtig ist ihnen die Verteilung der Pflanzen nach Höhenlagen und Klimazonen, also die Pflanzen*geographie*, nicht die reine Botanik. Caldas kann dieses Konzept nicht verstehen. Er versteht auch nicht – und Humboldt hat versäumt, es ihm darzulegen –, dass es den beiden Europäern «auf das Ganze» ankommt, das heißt auf die großen Zusammenhänge in den Erscheinungen der Natur. Das ist ihnen viel wichtiger als der noch so gründliche Blick auf einen begrenzten Ausschnitt.

Im Grunde ist Caldas deshalb der «modernere» Forschertyp von beiden, er tendiert bereits in Richtung extremer Spezialisierung. Humboldt ist der letzte Forscher, der einen universellen Anspruch verfolgt. Beinahe alle seine wissenschaftlichen Einzelbeobachtungen werden im 19. Jahrhundert von den jüngeren Experten korrigiert oder widerlegt werden. Erst heute, zweihundert Jahre später, nach der Aufsplitterung des Wissens in unendlich viele Einzeldisziplinen, beginnen wir wieder, ein Denken zu schätzen, das ökologisch nach größeren Zusammenhängen sucht und eine holistische Sicht verfolgt, eine Gesamtschau. Humboldt und Caldas haben einander hoch geschätzt – und gründlich missverstanden.

Ende April 1802 unternehmen sie ihre Exkursion zum Cotopaxi. Sie reisen in großer Gesellschaft, denn Manuel Larrea, der Neffe eines Marqués de Miraflores, José Aguirre, ein anderer spanischer Grande, Carlos Montúfar, der Sohn des Marqués de Selva Alegra, und einige weitere vornehme Herren aus Quito begleiten sie. In dreitausend Metern Höhe reiten sie über die Ebene nach Süden, rechts liegt der schneebedeckte Pichincha. Sie inventarisieren die Pflanzen dieser Höhenlage, sammeln Blüten und Blätter, erfassen und beschreiben auch die geologischen Formationen. Was sie absolvieren und was ihre Begleiter wohl nicht verstehen, ist das ehrgeizige geologische und botanische Forschungsprogramm im Hochgebirge unter dem Äquator, das Humboldt schon vor Jahren, bei seiner Reise über die Alpen, konzipiert hat. Die Vegetation ist hier zwar eher dürftig, etwa *wie jene des nördlichen Europa*. Doch wenn man nur 500 Meter herabsteigt in eines der tiefen Täler, wird es lieblich, wachsen *Crotons* und *Iraca alata*, darunter die Mimosen. *In dreißig Minuten steigt man vom Klima von Bogotá herab zum Klima von Cumaná. Nirgendwo kann man mehr zur Geographie der Pflanzen beobachten.* Diesmal ist es das Ziel ihrer Expedition, hinaufzusteigen, sehr weit hinauf, möglichst nahe an den Krater des Cotopaxi.

Am 29. April 1802 versuchen sie den Aufstieg. Der obere Teil des Cotopaxi, der kegelförmige Krater, ist so steil, dass niemand glaubt, ihn bis zum Gipfel ersteigen zu können. Alexander will aber in möglichst großen Höhen vulkanisches Material sammeln – Steine aus dem Bauch der Erde. Schon auf 3800 Meter ist es für Bonpland mit dem Botanisieren vorbei, sie erreichen die Schneegrenze. Stundenlang kämpfen sie sich durch den Schnee aufwärts. *Der arme Joseph* geht barfuß durch den kniehohen Schnee, das große Barometer sorgsam in den Händen. Nichts sonst als dieses Gerät, das ihm anvertraut ist, scheint ihn zu interessieren. Die Weißen tragen Stiefel. Aus dem Schnee ragen Massen von vulkanischem Gestein, riesige Felsen aus Porphyrschiefer, die *wie in das Chaos der Schöpfung geschleudert* sind. Die Steine erzählen die Geschichte der Ausbrüche. Alexander und Aimé sammeln große Mengen dieses Materials, schweres Zeug, das die Träger nur mürrisch schleppen, weil sie es unbegreiflich finden, Steine vom Berg mitzunehmen. Doch es sind Zeugen eines ungeheuren Feuers im Inneren der Erde, in dem die Steine geschmolzen wurden, ehe der Vulkan sie irgendwann aus seinem Schlund in den Himmel spuckte. Humboldt wird mehrere Kisten mit Gesteinsproben an die Naturalienkabinette von Madrid, Paris und Florenz schicken.

Die Männer haben diesmal kaum Atembeschwerden, keinerlei Blutungen aus Nase oder Mund, keine Ohnmachtsanfälle. Sie überwinden noch einmal 600 Meter Höhenunterschied, dann, am Nachmittag, muss Alexander das definitive Ende des Aufstiegs akzeptieren. Sie stehen vor der ungeheuren, fast senkrechten Wand des Cotopaxi-Kegels, die sich nicht bezwingen lässt. Der höchste aktive Vulkan der Welt weist sie ab. An diesem Punkt sind sie gerade einmal auf 4413 Meter (niedriger als der Montblanc-Gipfel).

Wenn man heute, mit moderner Ausrüstung, den Weg zum Rand des riesigen, rund 800 Meter breiten Kraters erklettert, sieht man, wie es in der Tiefe des ungeheuren Kraters tobt und zischt, während er stickige gelbe Dämpfe ausstößt. Und der Blick auf den Horizont, der Humboldt verwehrt blieb, ist wohl einzigartig auf der Welt: Je nach Wetterlage sieht man ringsherum eine Landschaft mit 40 schneebedeckten Vulkanen von über 4000 Metern Höhe, davon sind sieben über 5000 Meter hoch, und der Chimborazo, der höchste Gipfel von allen, ragt 6310 Meter empor.

An José Clavijo y Fajardo, den Direktor des Madrider Naturalienkabinetts, schreibt Alexander: *Bonpland arbeitet mit größtem Erfolg. Die Zahl unserer Manuskripte, Pläne, Zeichnungen, Sammlungen hat sich dermaßen vergrößert, dass wir sie nicht durch eine Reise nach den Philippinen gefährden wollen; wir werden über Acapulco und Havanna zurückkehren. Ich hoffe, Sie im Laufe des Jahres 1803 in Madrid zu umarmen, denn ich bin so hispanisiert, dass ich unbedingt noch einmal Spanien sehen möchte. Ich fahre in wenigen Tagen nach Riobamba, von wo aus ich den Chimborazo besichtigen werde.* Und er fügt hinzu: *Wir strengen uns an, weiter Materialien zu schicken. Es ist doch unmöglich, dass alle verlorengegangen sein sollen. Aber wir verharren in einer furchtbaren Ungewissheit.*

Die letzten fünf Wochen verbringen sie in Quito, jener Stadt, von der Humboldt sagt, sie atme *nur Wollust und Üppigkeit,* und nirgends gebe es *einen entschiedeneren Hang, sich zu vergnügen.* Offensichtlich überlässt er sich jetzt auch selbst diesem Hang, er schließt sich dem Kreis der Freunde von Carlos Montúfar an, intelligenten, genussorientierten und wohlhabenden jungen Männern, die sich, wie alle *Señoritos* (Herrensöhnchen), zu amüsieren verstehen. Die «jeunesse dorée» von Quito.

Dass Alexander sich in diesen Wochen auch in halbverborgenen

Kneipen, auf heimlichen Festen und in Edelbordellen aufhält, muss man nicht zwingend seinen eigenen Bedürfnissen zurechnen; er will diese Szene, wie jeden anderen gesellschaftlichen Aspekt, verstehen. Bestimmt hat er es auch genossen. Der gestrenge Caldas jedenfalls, der sein Leben dem frommen Dienst an den Wissenschaften gewidmet hat, ist über Humboldts nicht eben sittenstrenges Leben empört. In einem Brief an den alten Forscher (und Priester) Mutis in Bogotá erzählt er, Alexander habe sich «ausschweifenden obszönen jungen Männern» angeschlossen, sie schleppten ihn in die «Häuser der unreinen Liebe», wo «beschämende Leidenschaften sein Herz ergriffen und ihn bis zu einem unglaublichen Ausmaß geblendet haben».

Caldas fühlt sich zurückgesetzt wie ein verschmähter und zutiefst gekränkter Liebhaber; er muss erleben, dass ein zweitklassiger Konkurrent, Carlos Montúfar, gewonnen hat und mit Humboldt reisen und forschen wird. Trotzdem ist Caldas nicht der Typ, herabsetzende Behauptungen zu erfinden. Wir müssen also davon ausgehen, dass Alexander sich in Quito – und wer weiß, vielleicht auch schon in anderen Städten wie Caracas, Havanna, Bogotá – «wie Telemachos auf der Insel der Kalypso» verhält, das heißt, als ein den sinnlichen Freuden des Eros und des Sex völlig hingegebener junger Mann. Quito sei für Humboldt eine «vergiftete Stadt, eine Art Babylon, ein Tempel der Venus», schreibt Caldas, die Tugend sei in großer Gefahr. Die Tugend, aber auch die Wissenschaft. Denn Humboldt arbeite oft nur noch flüchtig, um «möglichst bald zu seinen Geliebten zurückzukehren» (auch im spanischen Original lässt *sus amantes* offen, ob es sich bei «seinen Geliebten» um Männer oder Frauen handelt).

Am 9. Juni 1802 reisen Humboldt, Bonpland, Montúfar und Joseph von Quito ab, wo sie fünf Monate gelebt haben. Caldas hilft ihnen bis zum letzten Moment, Tabellen, botanische Beschreibungen und andere Dokumente zu kopieren. Sie haben sich, wie überall, ein paar einflussreiche Feinde gemacht, wenn sie in den Salons manchmal allzu offen die kolonialen Zustände kritisierten, aber vor allem haben sie viele Freunde gewonnen. *Die letzten Augenblicke sind sehr traurig, sehr niederdrückend, seit dem Vorabend schwimmt alles in Tränen.* Ewiges Anknüpfen und Auflösen. Don Manuel Zembrano, der als Schwerkranker mit einem eitrigen Bein nach Quito gekommen war und den Bonpland behandelt hat, begleitet sie bis Latacunga, seine Heimatstadt. Aimé hat ihm das Bein gerettet, das der Arzt in Latacunga schon amputieren wollte. Sie reiten über die *Avenida de los volcanes,* mit uralter Asche bedeckt, teilweise Hunderte von Metern dick. Orangenbäume säumen den Weg.

Viele Menschen, die sie in der Vulkanlandschaft kennenlernen, sind traumatisiert von den großen Beben. In Latacunga treffen sie die Frau des Corregidors Don Salvador Puigber, *eine Dame aus Marseille, sehr liebenswürdig,* die aber seit der großen Erdbebenkatastrophe von 1797 so melancholisch geworden ist, dass sie jede Gesellschaft flieht. Wenn sie sich ihren Erinnerungen überlässt, hört sie immer noch den entsetzlichen Lärm, das Brüllen der sich öffnenden Erde, das panische Schreien von Menschen. Man erstickte im Staub. Und trotzdem war es vielleicht nicht einmal das Erdbeben selbst, sondern die noch lange danach andauernden Erdstöße, die sie bis heute in Panik versetzen. Sie lebt in einer Gegend, in der sie sich nicht mehr sicher fühlt, eine Art Vertrauen ist weg, es ist ihr unheimlich, was sich im Inneren der Erde, unter dieser schönen Landschaft, von Mal zu Mal zusammenbraut.

Alexander interessiert sich immer und überall für die menschlichen Verhältnisse, sogar für Tratsch, wenn er nur aufschlussreich ist. In Penipe bei Riobamba notiert er *(Dies nicht zum Druck!)* die Geschichte zweier Pfarrer. Der eine, Don Mariano Tinajero, nimmt sie freundlich in seinem prächtigen Haus auf. Er ist verheiratet, *aber nichts ist in diesem Land so alltäglich wie verheiratete katholische Pfarrer.* Der andere Pfarrer ist zwar nicht verheiratet, stellt ihnen aber dennoch stolz seine Söhne vor. Vor Jahren hat er kostbare Messgewänder entwendet und Ärger mit seinem Bischof bekommen. Nun wurde bekannt, dass er aus diesen Stoffen für seine Geliebte Unterwäsche schneidern ließ – offenbar braucht er diese

Art Fetischismus, weil nur sie ihm religiöse und sexuelle Ekstase zugleich verschafft.

Am 23. Juni 1802 versuchen Humboldt, Bonpland und Montúfar mit einigen Begleitern den Chimborazo zu besteigen, der als der höchste Berg der Welt gilt. Der Aufstieg ist beschwerlich, denn in der Nacht zuvor ist sehr viel Schnee gefallen. Und weiter oben macht ihnen – wie schon auf dem Antisana – die dünne Luft zu schaffen. Sie bluten, leiden unter Schwindel, sind der Ohnmacht nahe. Die Kälte ist schneidend und unerträglich, obwohl das Thermometer kaum zwei Grad unter Null anzeigt. Diese Temperatur kommt ihm vor *wie 24 Grad Kälte in einem klirrenden Winter in Bayreuth* – man wird enorm empfindlich für Kälte, wenn man drei Jahre in den Tropen gelebt hat. Tapfer kämpfen sie sich – nach Humboldts Berechnungen – bis auf über 5900 Meter hoch. Dann setzt eine tiefe Spalte, die sich zwischen ihnen und dem Gipfel auftut, dem Aufstieg ein Ende. *Das waren unsere Säulen des Herkules.*

Ein düsterer und trauriger Moment. In tiefen Nebel gehüllt, in eisiger Kälte stehen sie da. In Abständen reißt der Nebel auf und zeigt den höher gelegenen Gipfel, aber auch die tiefen Abgründe ringsherum. Außer ihrem röchelnden Atem hören sie nichts. Kein lebendes Wesen, kein Insekt, nicht einmal der Kondor, der doch über dem Antisana schwebte, belebt die Lüfte. Man sieht keine einzige Pflanze. Selbst die Region der Moose und Flechten liegt längst hinter ihnen. Für den Wissenschaftler Bonpland ist die Expedition enttäuschend, denn botanisch betrachtet ist der Chimborazo völlig unergiebig, er ist sogar der pflanzenärmste aller *nevados* (und dennoch wird Humboldts Zeichnung vom Profil des Chimborazo mit den Hinweisen auf die Pflanzengeographie eine der berühmtesten Zeichnungen der Wissenschaftsgeschichte).

Kann es sein, dass verborgen im ewigen Schnee hoch oben doch ein Krater existiert? Immerhin finden sie in dieser Höhe *gebrannte Steine*, offenbar aus dem Erdinneren, die den Chimborazo *ein wenig verdächtig machen*. Sie sammeln eine ganze Kollektion, denn:

Wer würde in Europa nicht einen Stein vom Chimborazo haben wollen?

Sie treten den Rückweg an, gerade rechtzeitig, denn wenig später beginnt es erst zu hageln, dann zu schneien. Eingehüllt in dichten Schnee, klettern sie hinab. Es schneit mit einer solchen Heftigkeit, dass in wenigen Minuten etwa 20 Zentimeter Neuschnee fällt. Wenn sie tatsächlich weiter hinaufgestiegen wären oder den Rückweg auch nur eine halbe Stunde später begonnen hätten, wären sie wahrscheinlich in diesen Massen von Neuschnee hilflos und ohne Orientierung steckengeblieben und schließlich erfroren. So aber entkommen sie.

Der Chimborazo wird erst im Jahre 1880 bezwungen, von Edward Whymper. Er und später viele andere Bergsteiger von Max Thielmann bis zu Hans Meyer und Reinhold Messner haben Humboldts Angaben überprüft – und bezweifelt. Humboldt glaubte, nach seiner Barometermessung 5920 Meter hoch gewesen zu sein. Nach Messner war er höchstens auf 5600 Meter Höhe. Und der beste Kenner des Chimborazo, der ecuadorianische Bergsteiger Marco Cruz, behauptet, dass der Punkt, an dem Humboldts Expedition umkehrte, «noch viele Stunden vom Gipfel entfernt liegt». Wie auch immer: Die zwanzig Meter breite Spalte, die Humboldt gestoppt hat, hat ihnen das Leben gerettet.

Einerseits sagt Humboldt: *Das Erreichen großer Höhen* (wo man keine Pflanzen mehr findet) *ist von geringem wissenschaftlichem Interesse...* Er kennt ja nicht die Ideen seiner Nachfolger, die Herausforderungen des Sportes, der extremen Grenzerfahrungen und derlei mehr, aber in ihm ist inzwischen doch ein Ehrgeiz erwacht, eine Art Rekordsucht: *Was unerreichbar erscheint, hat eine geheimnisvolle Kraft; man will, dass das, was nicht geschafft werden kann, wenigstens versucht werde.* Und noch viele Jahre später notiert er stolz: *Mein ganzes Leben lang habe ich mir vorgestellt, dass unter allen Sterblichen ich derjenige war, der auf dieser Welt am höchsten hinaufgestiegen* ist. Und Bonpland? Und Carlos Montúfar? Joseph und die Indios? Zählen die etwa deshalb nicht, weil

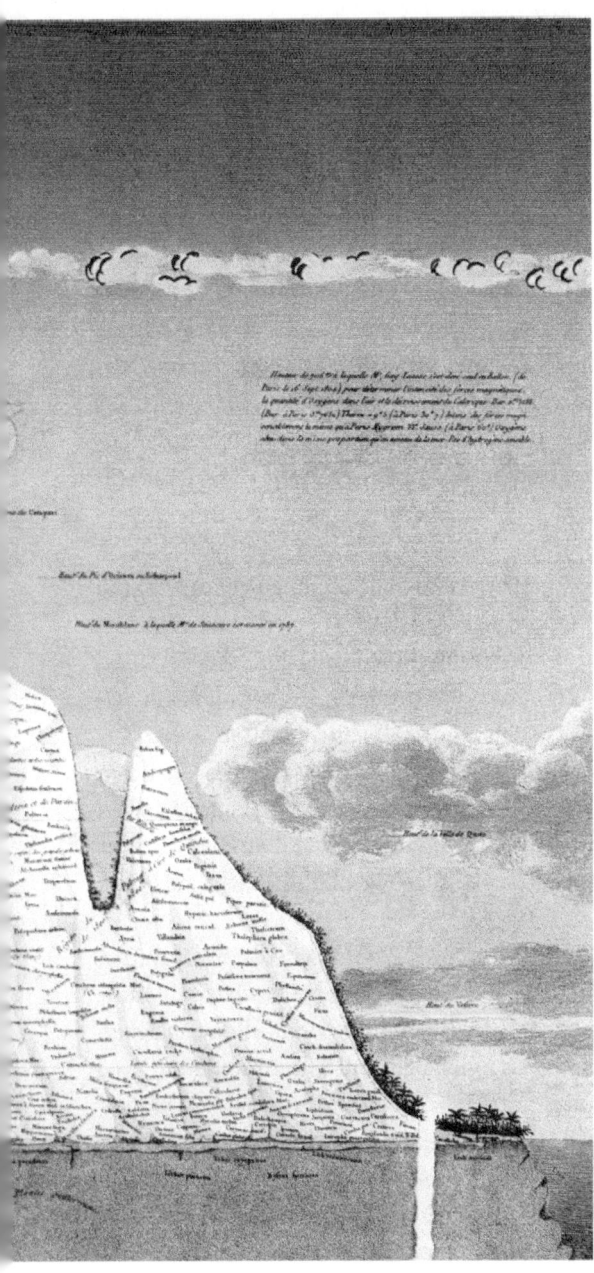

Das Höhenprofil, das Humboldt 1803 zeichnete, zeigt den Querschnitt vom Pazifik bis zum Tiefland des Amazonasbeckens. Der hohe Berg (links) ist der Chimborazo, der rauchspeiende Vulkan der Cotopaxi. Bis zur Schneegrenze sind die Pflanzen nach ihrer Höhenlage eingezeichnet – die schönste Darstellung der Idee der Pflanzengeographie.

er sie bezahlt hat? Ich glaube, Alexander hatte in diesem Augenblick ein deutliches Bewusstsein dafür, dass es eben *sein Traum war*, und nur seiner, der sie auf den Chimborazo geführt hat. Ohne ihn hätten seine Gefährten den Berg niemals bestiegen. Er kann nicht wissen, dass andere Menschen vor ihm schon sehr viel höher gestiegen sind, auch in Südamerika. Er ahnt nichts von den rund 1700 Kilometer entfernten Gipfeln im südlichen Teil der Anden, die bis zu einer Höhe von fast 7000 Metern aufragen, zum Beispiel der Llullaillaco; und noch viel weniger kann er wissen, dass es dort oben sogar Spuren der Inka gibt. Wie mir mein Freund, der argentinische Abenteurer und Reiseschriftsteller Federico Kirbus berichtet hat, findet man dort oben Altäre, Lager, Speisereste, Feuerholz – perfekt konserviert in der eiskalten Luft. Alexander war zu keiner Zeit *derjenige ... der auf dieser Welt am höchsten hinaufgestiegen* war.

Und trotzdem: welche Bilanz! Auf den Tag genau vor drei Jahren und ebenfalls in einer Johannisnacht, haben sie auf Teneriffa ihren ersten großen Vulkan bestiegen, den Pico de Teide, und jetzt, als letzte Expedition der Nevados von Quito, sind sie auf den «höchsten Berg der Welt» gestiegen, wie man allgemein glaubt. Wenig anderes, außer der Orinoco-Fahrt, wird so sehr zu seinem Weltruhm, zu seiner Popularität auch in ganz außerwissenschaftlichen Kreisen beitragen wie sein Bericht vom Aufstieg auf den Chimborazo. Der Berg macht Humboldt berühmt, aber Humboldt macht auch den Berg berühmt.

Der nächste Tag, der 25. Juni 1802, ist ein *denkbar schöner Tag*, der Gipfel liegt ununterbrochen frei. *Welches Missgeschick!* Humboldt weiß nicht, dass dieses «Missgeschick» ihnen allen das Leben gerettet hat. Denn wenn sie, vielleicht auf einem anderen Weg und bei besserem Wetter, tatsächlich höher hinaufgelangt wären, dann hätte das ebenfalls ihr sicheres Ende bedeutet. Im Juni liegt auf dem Chimborazo über 6000 Meter immer tiefster Neuschnee, und ohne alpinistische Ausrüstung wie Schneeschuhe, Seile, Karabinerhaken etc. wäre Humboldts Expedition aus dem «spurenlosen

Schnee» niemals zurückgekehrt. Man würde vielleicht nur in ein paar wissenschaftlichen Spezialwerken eine kleine Fußnote über einen ambitionierten und offenbar leicht verrückten preußischen Adeligen lesen, der im Jahre 1802 mit seinen Leuten auf dem Chimborazo verschollen ist...

In Ecuador, dieser Landschaft feuerspeiender Berge, begreift Humboldt, dass die Meinung seines Freiberger Lehrers Abraham Gottlob Werner über die Entstehung der Gebirge falsch sein muss: Es kann nicht sein, dass diese von einem unterirdischen Feuer und von Erdbeben so oft umgestülpten Gebirge durch sedimentäre Ablagerungen in den Meeren entstanden sind – eine These, die A. G. Werner als «Neptunismus» bezeichnet, nach dem alten römischen Gott des Meeres. Die Gegner der Neptunisten, die «Plutonisten», sehen die Entstehung der gesamten Erdkruste und aller Gebirge nur als Ergebnis magmatischer Vorgänge im Inneren des Erdkörpers. Folgerichtig beziehen sie sich auf Pluto, den Gott der Unterwelt und des Feuers. Humboldt reitet jeden Tag an riesigen Brocken von hunderten Metern Höhe vorbei, die vor Jahrtausenden mit einer unvorstellbaren eruptiven Kraft aus dem Erdinneren herausgeschleudert wurden. Er muss also von *geologischen Revolutionen* ausgehen, von Umwälzungen, die das Unterste zuoberst gekehrt, den Meeresgrund zu Bergen aufgetürmt haben, wo man in 5000 Metern Höhe versteinerte Fische und Muscheln findet, aber auch von Ausbrüchen, bei denen massenhaft Material aus dem Erdinneren austrat, das als eine hunderte Meter dicke Schicht das Land bedeckt, über das sie reiten (heute übrigens hat sich diese Polarität längst aufgelöst; beide Theorien gaben sich immer viel zu ausschließlich und waren deshalb völlig einseitig).

Als die beiden Europäer mit ihrem Schützling Carlos Montúfar Quito verlassen haben, geht Francisco José de Caldas nach Ibarra und erforscht die Bergwildnis von Imbabura, die Humboldt und Bonpland nach seiner Meinung nicht genügend gewürdigt haben. Er besteigt ganz allein den Vulkan Cotacachi und klettert tief in den Krater hinein, eine «schreckliche und beschwerliche Tour», wie er

Humboldt schreibt. Er schickt ihnen jahrelang seine Forschungsergebnisse, die Alexander und Aimé stets außerordentlich interessant finden. Humboldt verschafft Caldas weitere Verbindungen in die wissenschaftliche Welt, und Caldas eignet sich umgekehrt immer mehr die Humboldt'sche Methode an und strebt von der rein floristischen Richtung weg zur Pflanzengeographie. Er wird schließlich einer der bedeutendsten Geographen und Astronomen seiner Epoche, ein bahnbrechender Wissenschaftler und Hochschullehrer in Bogotá. Im Laufe der Jahre legen sich auch die Verletzungen und Kränkungen. Als Herausgeber einer großen wissenschaftlichen Zeitschrift geht Caldas stets auf Humboldts neue Arbeiten ein, veröffentlicht sie in spanischer Übersetzung und kommentiert die «brillanten, großartigen, geistvollen Gedanken und immer originellen Beobachtungen Humboldts». Einmal beschimpft ihn ein Konkurrent als «Humboldtista», und Caldas erwidert, er nehme dies als Ehrentitel. Im Jahr 1816 wird er als einer der intellektuellen Wortführer der Unabhängigkeitsbewegung, wie so viele andere Freunde Humboldts (und fast alle Mitarbeiter Mutis'), von den Spaniern «wegen Hochverrats» zum Tode verurteilt und erschossen, schmachvoll *por la espalda*, durch den Rücken, hinterrücks.

In Ecuador und Kolumbien wird er bis heute als eine historische Schlüsselgestalt verehrt.

Dreizehntes Kapitel

SONNENSTRASSE

Im Tal von Tiocajes hängen die Glocken in den Bäumen, denn die Kirchen liegen immer noch in Schutt und Asche, obwohl seit dem Erdbeben von 1797 bereits fünf Jahre vergangen sind. Wenn sie zurückschauen, sehen sie noch viele Tage den Chimborazo, den Berg der Berge. Die Steppe, über die sie reiten, ist ein hochgelegener Páramo mit sehr geringer Vegetation. Bonpland findet fast nur noch Kräuter und Moose. In diesen Höhen steht das Thermometer das ganze Jahr über auf fünf bis sieben Grad, eine andauernde Kälte, doch es friert nur selten. Im Dorf Tixán müssen sie einen eigenartigen Empfang über sich ergehen lassen: Der Priester lässt seine indianischen Landarbeiter antreten wie ein militärisches Kommando, alle sind trotz der Kälte barfuß, und Humboldt soll die Front abschreiten. Er bedankt sich, doch der Priester versteht ihn kaum. *Schwerhörig mit einem Franzosen*, notiert Alexander abends (er meint offensichtlich die Innenohrschwerhörigkeit, ein häufiges Symptom der Syphilis; der Ausdruck «Franzose» für die *lues venerea* ist im Deutschen seiner Zeit gebräuchlich). Manchmal, wie ein paar Tage später in Alausi, veranstaltet man ihnen zu Ehren ein schnelles, improvisiertes Fest, zumeist Stierkämpfe. Oder man lässt die Indios *in ihren alten Festanzügen* vor ihnen tanzen. Der Ruhm eilt ihnen voraus, und nicht immer zu ihrem Vergnügen.

In Pumallacta liegt das Fundament der klassischen peruanischen Architektur, sie sehen die Ruinen von Inka-Burgen am Weg, meist sind die Türen zugemauert, die Paläste zu Kuhställen umfunktioniert. *So spielt das Schicksal mit menschlicher Größe, hier ebenso wie in Italien, Griechenland, Heliopolis*... Dann geht es wieder hinauf, auf den Pass von Azuay (4445 m); er ist kein *Nevado* mit beständigem Schnee, aber von Juni bis September schneit es hier fast ununterbrochen, und dieses eisige Schneetreiben macht die Reise mörderisch. Jedes Jahr kommen hier viele Menschen ums Leben, vor allem Indios, die, Alexander zufolge, halbnackt und unter dem Einfluss von Chicha oben von der eiskalten Nacht überrascht werden. Humboldt schlägt dem Präsidenten von Quito später vor, auf dem Weg über diesen Pass eine Reihe von Schutzhöhlen anzulegen, mit Vorräten und Feuerholz. Das Wetter ist anhaltend rau, Hände und Füße erstarren im eisigen Wind, dazu der Schnee, stellenweise Glatteis. Dann bleiben sie in diesen Schneemassen stecken, müssen umkehren und einen tiefer liegenden Weg suchen, doch hier geraten sie in den Schlamm. Sie kämpfen sich durch den Dreck der glitschigen Wege, die Maultiere rutschen aus und arbeiten sich nur mit Mühe wieder heraus. Ringsherum keine Spur eines lebenden Wesens.

Wenigstens sind sie jetzt vollkommen an die dünne Höhenluft angepasst.

In der Hochebene von Pullal finden sie die Reste der *Straße des Inka*, der Sonnenstraße, die den Straßen der Römer gleicht, wie er sie in Südfrankreich, in Montpellier und Beziers gesehen hat. Die Straße ist sehr geradlinig; da sie hier durch sumpfiges Gelände führt, muss sie seiner Überlegung nach ein sehr tiefes Fundament besitzen. Die perfekt behauenen Quader sind vollkommen viereckig. Mit welchen Werkzeugen mag wohl ein Volk, das kein Eisen kannte, dieses Porphyrgestein bearbeitet haben? Die Straße vermittelt, wie er meint, einen *Eindruck von der Ordnung des peruanischen Staates*, der Organisation des Inka-Reiches: eine Heerstraße, auf der man schnell vorankam, mit *tambos* (Herbergen) in festgelegten Abständen. Welche Nachlässigkeit der Spanier, diese Straße, die leicht zu erhalten gewesen wäre, so verkommen zu lassen! Und im Anblick der Reste dieser Straße versinken sie selbst bis zum Bauch ihrer Maultiere in Schlamm.

Die Ruine der Festung Ingapirca bei Cañar, im Süden des heutigen Ecuador gelegen, war eine der wenigen Inka-Bauten, die Humboldt sah. Dieser Stich entstand nach einer Zeichnung Humboldts, der notierte, die englischen Gärten Europas seien kaum eleganter als die Inka-Anlage.

Sie besichtigen und vermessen *Ingapirca* bei dem Dorf Cañar. Es ist der erste von nur zwei oder drei größeren Inka-Bauten, die Humboldt je gesehen hat. Verglichen mit den großen Inka-Schlössern im Süden, ist es keine spektakuläre Anlage, nur eine Ruine inmitten von schwarzen Lavafeldern, auf denen buntgekleidete Frauen mit schwarzen Hüten ihre Kartoffelfelder bestellen. Humboldt macht von *Ingapirca* eine schöne Zeichnung und notiert: *Unsere englischen Gärten haben nichts Eleganteres aufzuweisen* (über den peruanischen Süden und Inka-Städte wie Cuzco wusste er offensichtlich nicht Bescheid, und Machu Picchu wurde überhaupt erst 1911 entdeckt).

Einen Tag früher als erwartet erreichen sie Cuenca, *deshalb entgingen wir zum Glück dem triumphalen Empfang, den man uns zugedacht hatte.* Cuenca ist mit 20 000 Einwohnern die zweitgrößte Stadt nach Quito. Hier hat der von Humboldt bewunderte französische Forschungsreisende La Condamine vor Jahren *zwei natürliche Töchter zurückgelassen*, die jetzt ihrerseits, wie Alexander vermerkt, dem *galanten Gewerbe* ihrer Mutter nachgehen (eine seltsame Feststellung, denn La Condamines Aufenthalt liegt fast 60 Jahre zurück; meint Humboldt vielleicht die Enkeltöchter?).

Fünf Tage lang Stierkämpfe, Tänze, Musikvorführungen auf der *plaza mayor*. Bei den Kämpfen gibt es *nur zwei Tote, die alte Grausamkeit ist dahin*, wie er ironisch notiert. In diesen Tagen ist er etwas missgelaunt, er leidet seit mehreren Wochen an heftigen Schmerzen, einem *schwärenden Fuß*, der von Bonpland behandelt wird, aber immer noch geschwollen und entzündet ist. Trotzdem beobachtet er alles: *Der Reichtum der Geistlichkeit. Bischof 35000 Pesos Einkünfte, der Pfarrer 7000. Don Domingo Delgado, gelehrter Kanoniker, von der größten Liebenswürdigkeit.*

Trotz des entzündeten Fußes reiten sie weiter. *Ewiges Auf und Ab des Andengebirges.* Sie steigen auf gewundenen Wegen in Täler hinunter, in denen der Frühling herrscht, nur um auf der anderen Seite, auf ebenso gewundenen Wegen, wieder aufzusteigen in die Kälte und den Schnee des andinischen Winters: *Tarqui, Cumbe, Tinajillas, der Páramo de Sanar, Nabón.* Bei Erfahrungen, die er schon früher beschrieben hat, bleiben seine Bemerkungen kurz und lakonisch, auch wenn es um tagelange Anstrengungen geht: *Der Übergang ist schlimmer als der von Azuay.* Immer weiter, und dabei ununterbrochen das gewöhnliche Forschungs- und Messprogramm: Höhenlage, Temperatur, Luftdruck, chemische Zusammensetzung der Luft, Vegetation in ihrer Verteilung nach der barometrisch gemessenen Höhe, der geologische Untergrund der Vegetation, zum Beispiel *primärer, körniger, sehr weißer Kalkstein, ähnlich dem karrarischen Marmor.* Die Landschaftsformationen: Erdspalten, Schluchten, vulkanischen Ursprungs oder von reißenden Flüssen gegraben, das *Streichen und Fallen* der geologischen Schichten, die an die Erdoberfläche treten. Kategorisierung von Pflanzen und Steinen, genaue Beschriftung nach dem Fundort; Zeichnung von

Vögeln und Schmetterlingen; botanische und zoologische Klassifikationen in lateinischer Sprache (Bonpland allerdings zumeist nur französisch), Trocknen der gesammelten Blüten und Blätter in speziellem Papier, Einlagerung in die Herbarien.

Rhythmus und Tempo der Reise sind ganz diesem Programm untergeordnet, man reist nicht, um rasch anzukommen, sondern um unterwegs möglichst viele Erscheinungen möglichst genau zu erfassen. Das bedeutet dauerndes Ein- und Auspacken der Messgeräte, logistische Planungen, Wechsel der Treiber und Maultiere, Routen abwägen, Proviant organisieren, Übernachtungsmöglichkeiten finden. In den Dörfern gezieltes Sammeln von Informationen über die lokalen gesellschaftlichen und ökonomischen Verhältnisse, Zahlen, Umsätze, Statistiken. Gespräche mit Priestern und alten Indios über historische und ethnologische Fragen. Unentwegt alles diskutieren und aufschreiben in zahllosen, verschiedenfarbigen Journalen, je nach dem Fachgebiet.

Er ist ja ausgezogen, die Welt zu verstehen. Aber nicht wie eine Offenbarung, sondern schrittweise, hartnäckig und geduldig, in einem langwierigen Prozess. Es kommt darauf an, die Einzelheiten genau wahrzunehmen und festzuhalten, auch wenn sich ihr *innerer Zusammenhang* erst viel später erschließen wird, manchmal erst viele Jahre später, wenn er mit Hilfe seiner wissenschaftlichen Kollegen in Paris sein ungeheures Material auswertet. Vieles ergibt sich aber auch schon während der Reise. Man muss das *Glücksgefühl*, von dem er in seinen Tagebüchern häufig spricht, auch als Erkenntnisglück verstehen. Er beherzigt vollkommen den erkenntnistheoretischen Grundsatz des französischen Naturforschers Buffon (1707–1788), der verlangt, die Beschreibung und die Erklärung der Dinge sorgfältig zu unterscheiden, das heißt, sich nicht zu schnellen Erklärungen verführen zu lassen, wenn die Entscheidungsgrundlage noch zu dünn ist. *Fahren wir also fort, die Erscheinungen zu untersuchen, solange wir sie nicht erklären können.*

Humboldt wendet diese Methode als Erster auch auf die Analyse der gesellschaftlichen Verhältnisse an. Er reist in einer historisch einzigartigen Situation, am Vorabend der Unabhängigkeitsbewegungen und -kriege, denen er später durch seine Beschreibungen zusätzliche Dynamik verleiht. Simón Bolívar wird ihm dafür danken. Diese gesellschaftliche Analyse, die schärfste und prägnanteste ihrer Zeit, setzt sich wie der naturwissenschaftliche Erkenntnisprozess aus Tausenden von Einzelbeobachtungen zusammen, die er in seinen Journalen festhält. Er entlarvt den europäischen Kolonialismus als eines der Grundübel der ganzen Epoche.

Nach einem vollen Jahr, das sie überwiegend in mittleren Höhen von 2700 bis 4000 Metern zugebracht haben, genießen sie das milde Klima von Loja, einer Stadt, die in 2200 Metern Höhe in einem weiten Tal liegt. Das Treffen mit dem Botaniker Vicente Olmedo, der hier seit 1790 den Chinchona- oder Chinabaum erforscht, die *Fieberrinde* und ihre Wirkungen, haben sie schon lange herbeigesehnt. Don Vicente, mit Mutis befreundet, zählt zu den *tätigsten Männern und bedeutendsten Wissenschaftlern Amerikas.*

Die Rinde des Chinchonabaumes gelangte bereits im 17. Jahrhundert nach Madrid, wahrscheinlich bei der Rückkehr der Gräfin von Chinchón, der Frau des Vizekönigs, die in Lima am *Wechselfieber* erkrankt und mit der Rinde geheilt worden war, die daraufhin ihren Namen erhielt. Humboldt zufolge weiß man nicht, wer die Wirkung ursprünglich entdeckt hat, die Indios kannten sie jedenfalls nicht. Sie lehnen im Gegenteil die Rinde ab, weil sie sie *unter die Drogen einreihen, die sie tödlich hassen.* In Loja wird unter der Leitung von Olmedo der Chinchonabaum in Plantagen angebaut, die besten Bäume wachsen auf der Höhe des Großen Bernhard-Passes. Für fünf Tonnen Chinarinde müssen 900 Bäume produziert und gefällt werden, wie Alexander ausrechnet. Jeglicher Privathandel mit der Chinarinde ist verboten, sie wird nur für die «königliche Apotheke» geschnitten und nach Cadiz geschafft. Trotzdem kauen Tausende von Malariakranken in den Kolonien, unter ihnen Bonpland, auf dieser zumeist illegal beschafften Rinde herum, die nicht heilt, jedoch die Anfälle lindert. Alexander empfiehlt, man solle lokale und regionale Märkte für Chinarinde schaffen, um damit nicht nur etwas gegen die Krankheit, sondern auch gegen die Armut der Menschen in Loja zu unternehmen; das königliche Monopol ist für ihn ein winziger, aber typischer Aspekt des Kolonialismus, der immer nur die Interessen des Mutterlandes bedient. (Erst Jahre später übrigens, ab 1820, wird das Chinin systematisch als Heilmittel extrahiert, es bleibt bis 1925, als die ersten synthetischen Stoffe entwickelt werden, das einzige Mittel gegen Malaria.)

Am 29. Juli 1802 überqueren sie den Río Catamayo, wo Alexander und Carlos abseits des Lagers eine *herrliche Nacht* erleben, wie er dem Tagebuch anvertraut. *Mond, Venus, Jupiter und Saturn stehen ganz nahe beieinander*, das macht die Nacht so herrlich. Die Páramos, über die sie reiten, heißen jetzt *punas* und liegen durchschnittlich um die 3100 Meter hoch. Nebel, Sturm und Hagel, anhaltende Regengüsse. Dann geht es durch das *tiefe und heiße Tal des Río Calvas* (und in das heutige Peru). Bei Ayabaca treffen sie erneut auf die Sonnenstraße der Inka. Die ersten Lama-Herden in 2800 Metern Höhe.

Vor Ayabaca kommt ihnen der Gehilfe des Pfarrers entgegen und erzählt in weniger als drei Minuten seine Lebens- und Leidensgeschichte: dass ihm die französische Krankheit aus allen Poren dringe und er in diesem verfluchten Land bald krepieren werde. Davon abgesehen, haben sie einen guten Eindruck von dem Ort, doppelt so viele Einwohner wie Loja, alle Arten von Gewerbe, einige *sehr gut situierte Señores*. In den Mauern der Kirche und einiger öffentlicher Gebäude und Paläste sehen sie die vollkommenen Quadersteine, die man als billiges Baumaterial aus der alten Inka-Straße herausgerissen hat. Einen Abend verbringen sie bei einer Doña Ursula Xavedra de Diezmera, *wo wir einen Ball hatten*, Alexander trinkt *liqueur*, tanzt mit der Tochter, Doña Juana, und unterhält sich dann lange und fasziniert mit Doña Teresa Altuna, *einer alten Kokotte, mit Stärkepuder geschminkt, die sich bitter beklagt, dass man sie mit ihrer sexuellen Begierde allein lasse*... Übergangslos notiert er im Tagebuch: *In der Umgebung des Hauses Em-*

bothrium emarginatum und *die schöne Melastoma mit Drüsen an den Staubbeuteln ... Viele Kolibris.*

Er nimmt einfach alles auf.

Inzwischen ist ihre Expedition weiter gewachsen, sie haben allein zwanzig Lasttiere, *mulas de carga*, für die Manuskripte und Instrumente, die botanischen und mineralogischen Sammlungen. Bis San Felipe in der Provinz Jaén folgen sie dem Río Huancabamba, einem *kleinen Gießbach*, den sie 27-mal überqueren müssen. Er ist kaum 50 Meter breit, aber so reißend, dass sie Gefahr laufen, davon weggespült zu werden. Es bleibt ihm *das Herz stehen*, wenn er den Maultieren, *die auf ihrem Rücken die Früchte so vieler Arbeit tragen*, beim Überqueren der Furten zusieht: Sie müssen mitten im Fluss schwimmen, der reißend und tief genug ist, die Tiere mitsamt dem Gepäck zu verschlingen. *Wir überstanden in drei Tagen diese Gefahr 27 Mal, die Nebenflüsse nicht mitgerechnet.*

Dann folgt ein Abstieg über 1500 Meter, und unten im Tal, mitten in einer plötzlich grünen Welt, findet er das heiße Klima wieder, das er so liebt, die Tropen. Der Urwald wuchert über die Uferböschung des Flusses, und er hört die wunderbare Musik der kreischenden Vögel und das Geschrei der Tiere im Dschungel. Amazonaslandschaft. Denn hier mündet der Río Huancabamba in den Chamaya, einen Nebenfluss des Río Marañón. Und der ist einer der beiden großen Quellflüsse des Amazonas.

Die plötzliche Hitze ist allerdings entsetzlich. Sie schlafen unter freiem Himmel, gepeinigt von den Sandflöhen, die sich in die Hosen setzen, in die Haare, in die Decken – und sehr schmerzhaft stechen. Vertraute Leiden, die er nicht ausführlich kommentiert. Das Dörfchen Chamaya ist fast ausgestorben, es stehen nur noch drei oder vier Häuser. Die Einwohner hatten alle die Syphilis, und *bei andauerndem Geschlechtsverkehr in diesem sehr heißen Klima* vermehrte sich das Übel, wie er annimmt, derart, dass die meisten starben. Die übrigen verließen den Ort, den sie für ungesund erklärten, vor einem Jahr. *Auf diese Weise klagt der Mensch die Natur an, wenn er das Übel seinen eigenen Lastern verdankt. Die Europäer bringen den Keim der Syphilis mit sich, sie leben in den Tropen noch zügelloser als zu Hause, und dann sagen sie, es sei das Klima, das sie töte.*

Sie hören eine Messe, nehmen ein köstliches Bad, errichten ein Lager für die Maultiere und das Material und schiffen sich mit kleiner Ausrüstung ein – auf drei Flößen aus Balsaholz, die man rasch für sie gebaut hat, abwärts bis Tomependa, eine Strecke von 33 Kilometern. Hier beginnt die Karte La Condamines von 1743, die Humboldt jetzt mit den Daten aus dem Gebiet seiner ganzen Reise durch die Anden verbinden will, bis nach Quito und Bogotá, deshalb muss er in Tomependa die geographische Länge und die Breite messen. Der Marañón, der sich bald zum gewaltigen Strom weitet, ist hier erst knapp 400 Meter breit. Er kommt aus einer tiefeingeschnittenen, bis zu 3000 Meter tiefen Schlucht, direkt aus den ewigen Eisfeldern der östlichen Anden, um sich kurz vor Iquitos mit dem anderen Oberlauf, dem Ucayali, zum Amazonas zu verbinden.

In der Gegend von Tomependa lernen sie die *Jíbaros* kennen, ein *noch ganz frei lebendes Indianervolk*. Rittlings auf Balsastämmen sitzend kommen die den Fluss herunter. *Das sind die fröhlichsten freien Indios, die ich je gesehen habe.* Sie haben lebendige Gesichter, lebhafte Charaktere, sind allerdings klein, kaum 4 Fuß 10 Zoll hoch (1,57 Meter) – und voller Hautausschlag. Die Ehemänner nehmen ihre Frauen oft beim Schwimmen auf den Rücken, vor allem wenn sie schwanger sind. Die kleinsten Kinder von zwei, drei Monaten halten sich selbst am Hals der Mutter oder des Vaters fest. *Welcher Unterschied zwischen den freien Indios und dem Indio der Missionen, dem Sklaven priesterlicher Ansichten und Unterdrückungen ...* Er lässt die Jíbaro-Männer durch das Fernrohr des Sextanten gucken; das erschreckt sie, aber die Umkehrung des Fernglases, die Verkleinerung der Gegenstände, amüsiert sie sehr, und sie lachen aus vollem Halse.

Humboldt staunt vor allem über die Leichtigkeit, mit der sie Sprachen lernen, auch Spanisch. Welche Wissbegierde, sagt er begeistert, welches Gedächtnis, welch leidenschaftlicher Drang zu lernen, wenn auch *in puncto Arbeit* die *gleichgültigsten und faulsten Leute. Sie stehlen lieber die Bananen anderer, als selbst welche zu pflanzen.* Er spielt ein Spiel mit ihnen, sagt ihnen kurze Sätze von vier, fünf Wörtern in Deutsch, Französisch und Englisch vor. Die Indios wiederholen alle diese Sätze beim ersten Versuch mit einer Deutlichkeit, als wären sie an diese Sprachen gewöhnt. Eine enorme Imitationsbegabung, die er für ein sicheres Zeichen überragender Intelligenz hält. Er füllt sein Arbeitsjournal seitenlang mit ethnologischen Beobachtungen: Sie tanzen paarweise, an beiden Händen gefasst, drehen sich langsam zum Gesang, tanzen auch mit den Europäern und wollen gar nicht mehr aufhören. Beim Essen sehen sie den Weißen interessiert zu, wollen aber nichts nehmen. Wein und Schnaps sind ihnen zuwider, auch *Chicha*, überhaupt alles Gegorene. Anders als bei allen bisherigen Indios liegt nicht die ganze Last der Arbeit auf den Frauen. Die Männer bauen Baumwolle an, die sie auch spinnen und aus der sie schöne Ponchos herstellen. Kleidung wird allerdings ausschließlich in zeremonieller Absicht getragen, gewöhnlich gehen Männer wie Frauen nackt und legen den Poncho nur an, wenn Fremde kommen.

In Tomependa am Oberen Marañón, am 22. August, feiert Aimé Bonpland seinen 29. Geburtstag. *Wir waren nicht wenig zufrieden mit unserem Aufenthalt am Río Marañón. Ich hatte einen exakten Plan von der Provinz aufgenommen.* Wenn sie abermals die verschiedenen Anden-Ketten überquert haben und in Trujillo an der Küste angekommen sein werden, wird Humboldt als Erster die Messdaten für eine Karte besitzen, die von der Küste über die gesamte Kordillere bis zum Tiefland reicht. Auf dem Landweg kehren sie nach Chamaya zurück, um weiterzureisen, ins Hochland hinauf.

Der *Cerro Hualgayoc* ist ein Berg voller Silberadern inmitten einer vegetationslosen Einöde, 1770 neu entdeckt und nach Potosí die reichste Silbermine ganz Amerikas. In den *kleinen Menschen-*

wohnungen, die wie Nester mehr als 3600 Meter hoch am Berg hängen, gefriert nachts das Wasser. Hier leben mehr als 4000 Bergleute mit ihren Familien. Die Schächte sind quer in den Berg getrieben, und die Bergleute tragen das Erz auf steilen, gefährlichen Fußpfaden in Körben hinunter zu den Amalgamations-Plätzen. Weiter unten gibt es Spielhöllen, Bordelle, Restaurants. Man sieht ungeheuren Reichtum und nacktes Elend. Manche Minenbesitzer haben in wenigen Jahren bis zu 500 000 Pesos gewonnen, die sie aber meistens durch Glücksspiel und ausschweifenden Lebensstil wieder verloren haben. *Alle sind bettelarm gestorben.* Und die drei oder vier Leute, die mehr als 100 000 Pesos besitzen, haben sie nicht durch Bergbau, sondern durch Ackerbau erworben – und durch die Versorgung der Bergleute, die von überall her diesem Silberrausch in dem Wahn gefolgt sind, in kurzer Zeit reich zu werden. Alle sind hier die Schuldner von einigen wenigen.

Die Tage, die wir in diesen Bergwerken verbracht haben, gehören zu den arbeitsreichsten unserer Reise. Ich wollte alles sehen, alles prüfen, man wollte mich über alles um Rat fragen. Bei der Besichtigung der Grube *Fuentestiana* lernt Humboldt einen Kollegen kennen, der wie er, wenn auch lange vor ihm, in Freiberg studiert hat: Fürchtegott (oder Timotheus, was dasselbe ist) Leberecht Freiherr von Nordenflycht, einen deutschen Bergbaufachmann, der seit mehr als zehn Jahren den gesamten Bergbau im Vizekönigreich Peru leitet.

Humboldt gibt sich viel Mühe mit seinem Memorandum für den Vizekönig und die spanische Regierung. Er rät dringend, die Gruben nach und nach aus Privathand in die Hände von Gesellschaften zu überführen. Die Privatbesitzer seien nur an schnellem Gewinn interessiert, nicht aber daran, zukunftsträchtige Investitionen zu tätigen. Man müsse statt des Konkurrenzgeistes einen Korpsgeist entwickeln, müsse allgemeine Einrichtungen schaffen wie etwa Bergbauschulen, um den Nachwuchs fachmännisch auszubilden. Die Chefs dieser Gesellschaften müssen selbst erfahrene Bergmänner sein, nicht einfach nur Leute, die ihr Geld investieren, um ihre schnell erzielten Gewinne anderswo, in Lima, Quito oder Cadiz, auszugeben. Und vor allem und als Erstes, so sagt der ehemalige preußische Bergrat, müsse man die bürokratische Verwaltungsbehörde im fernen Lima, *dieses Siechenhaus, das sich Oberbergamt nennt*, entmachten.

Dann sind sie wieder unterwegs. Der Weg von Micuipampa nach Cajamarca ist schrecklich. Regen, Hagel, eisiger Wind, tagelang. Hundert Kilometer, die nur mit Geduld und Gleichmut zu schaffen sind. Mittendrin, etwa auf dem 7. Breitengrad, macht er eine erstaunliche Entdeckung: Die Kompassnadel schlägt weder zum Nordpol noch zum Südpol aus, sie hält genau die Waage. Er hat den magnetischen Äquator entdeckt.

Von der letzten Höhe der mittleren Anden-Kette blicken sie hinab *in die schöne Ebene von Cajamarca*. Die alte Residenzstadt Atahualpas, des letzten Inka-Fürsten, ist größer als Cuenca und *schön gebaut*. Die Straßen sind breit und gerade. Es gibt prächtige Kirchen, die alle unvollendet und ohne Turm sind, dagegen sind die Hauptfassaden mit Skulpturen überladen. Auf der *plaza mayor* gibt es Palmen und plätschernde Brunnen, mediterranes Ambiente in 2800 Metern Höhe. Am Tag nach der Ankunft, am 14. September 1802, seinem 33. Geburtstag, notiert er: *Das Land ist von der herrlichsten Fruchtbarkeit, voll Ackerfeld und Gartenbau, mit Alleen von Weiden, von großblütigen roten, weißen und gelben Datura-Arten, von Mimosen* ... In den Thermalbädern des Inka verbringen sie an diesem Tag ein paar Stunden der Entspannung, ein kostbarer Genuss nach all den Strapazen.

In diesen Bädern weilte im Jahre 1533 der Inka Atahualpa, als Boten ihm mitteilten, bärtige Männer in silbernen Rüstungen seien an der Küste gelandet. Sie säßen auf merkwürdigen Tieren und hätten gefährliche Waffen. Der Inka, als absoluter Herrscher eines riesigen, hochentwickelten Reiches durchaus nicht verängstigt, schickte ihnen Boten mit Geschenken entgegen und erwartete sie hier in Cajamarca. Francisco Pizarro aus Trujillo in der spanischen Extremadura kam mit nur 168 Männern und 42 Pferden, und das

Ende des Inka-Reiches begann. Humboldt denkt in Cajamarca viel über die Ereignisse nach, die sich rund 270 Jahre vor seinem Aufenthalt hier abspielten. Sie zeigen in grellen Farben den unbedingten Eroberungswillen und die äußerste Bereitschaft zu Gewalt und Vernichtung, mit denen um 1500 die Europäisierung der Welt begonnen hat. Die europäische Zivilisation, vertreten durch einige wahrhaftig nicht großartige Individuen vom Schlage der Brüder Pizarro, trifft auf eine zumindest gleichwertige Zivilisation, ein hochkultiviertes, zentralisiertes Reich, eine Militärmacht, die imperialistisch über ihre Nachbarvölker herrscht, mit Straßen, Bergwerken, Bewässerungsanlagen, einer effizienten (und autoritären) staatlichen Verwaltung und einer entwickelten Ökonomie, die weder Geld noch Privateigentum kennt, aber in der Lage ist, viele Millionen Menschen zu versorgen. Im Inka-Reich ist der Hunger, anders als in Europa, besiegt. Die herrschende Unfreiheit des Einzelnen ist die gleiche.

Etwas jedoch, das die Europäer seit knapp zwei Jahrhunderten entwickelt und perfektioniert haben, kennen die Inka nicht: das Schießpulver und die entsprechenden Schusswaffen. Dieser Punkt ist der Schlüssel zum Verständnis der ganzen Eroberung (möglicherweise auch der Freiheitswille einiger von den Inka unterdrückter Völker, die den Spaniern halfen – die spanischen Quellen sagen darüber aber nichts). Das folgende historische Geschehen mit seinen unvergesslichen Szenen besitzt mythischen Rang und hat sich tief ins kollektive Bewusstsein Lateinamerikas eingebrannt: Es gelingt den Spaniern, Atahualpa bei einem Festbankett zu überwältigen und gefangen zu nehmen. Gegen ein Lösegeld (ein Zimmer voll Gold, zwei Zimmer voll Silber) soll er freigelassen werden. Das Lösegeld wird gezahlt, aber der Inka wird ermordet. *Die Europäer sind außerhalb ihrer Länder ebensolche Barbaren wie die Türken und noch größere, denn sie sind fanatischer.*

Die Eroberung ist für die Inka ein kosmischer Irrtum, eine apokalyptische Umkehr der natürlichen Ordnung, die bis in die Zeit Humboldts – und sogar bis heute – als eine enorme Erschütterung nachwirkt, als Trauma. In Cajamarca besichtigen Humboldt, Bonpland und Carlos die Ruinen des weitläufigen Inka-Palastes. Man zeigt ihnen das Zimmer, in dem *das Scheusal Pizarro* den Atahualpa gefangen hielt, und man zeigt an der Mauer die Höhe, bis zu welcher das Zimmer mit Gold gefüllt worden war. Alexander lernt einen der Nachkommen des Inka kennen, einen *freundlichen jungen Mann von siebzehn Jahren* aus der Familie Astorpilco. Diese Familie lebt in den Ruinen des Palastes in größter Armut. *Welches Gefühl erregen diese armen Indios, die auf den Trümmern der Größe ihrer Vorfahren leben.* Die Phantasie des jungen Mannes ist ganz erfüllt von einem Traum von Schönheit und Reichtümern, die er, wie alle seine Angehörigen, unter seinen Füßen versteckt glaubt, in den tiefen, verschlossenen Gewölben des Palastes.

Alexander fragt den Jungen, ob er in seiner Armut nie auf den Gedanken komme, sich einen Teil der Schätze zu holen? Und der junge Astorpilco erzählt, dass tatsächlich einmal einer seiner Vorfahren, gegen das Verbot, die unterirdischen Räume geöffnet habe, nur um sie seiner Frau zu zeigen. Sie hätten den vergoldeten Thronsessel des Inka gesehen, unendlich kostbaren Schmuck, Abbilder der Sonne aus purem Gold, Vögel aus Gold mit einem Gefieder aus Edelsteinen ... Doch wegen dieses Frevels seien sie von den Göttern getötet worden. Nein, er wolle lieber arm bleiben. «Wir haben nur ein kleines Feld, wir leben in Elend, aber auch in Ruhe. Wenn wir Früchte aus Gold hätten, würden wir nur gehasst und verfolgt.» *Meine Augen füllten sich mit Tränen*, vertraut Alexander dem Tagebuch an. Viele Jahre später wird Humboldt in seinen «Ansichten der Natur» den verhängnisvollen Satz schreiben: *Man kann an der Existenz dieser Schätze nicht zweifeln.* Damit löst er einen regelrechten Zug europäischer Schatzgräber nach Cajamarca aus. Die Schatzkammern Atahualpas werden jedoch nie gefunden.

Man zeigt ihnen auch den Stein, auf dem Atahualpa der Überlieferung nach hingerichtet wurde. Die Spanier haben diesen «Stein der Enthauptung» neben dem Altar der Kirche in den Boden gesetzt, er weist noch, wie alle glauben, alte eingetrocknete Blutflecken auf. Haben die Spanier *die Gefühllosigkeit wirklich so weit getrieben*, gerade diesen Stein in einen christlichen Kirchenschmuck zu verwandeln? Passt das zum römischen Ritus? Was das jahrhundertealte Blut auf dem Stein angeht, das sich niemals löschen lässt, so entzaubert Humboldt dieses Wunder recht schnell – allerdings nicht an Ort und Stelle in Cajamarca, sondern erst später in seinen Schriften: Die braunen Flecken sind einfach *Einschlüsse von brauner Hornblende im Gestein.*

Später sieht Humboldt die alte Inka-Kultur, bei aller Bewunderung, auch kritisch: *Sie waren eher für die Ordnung empfänglich als für Schönheit. Die Idee der Ordnung war auch der Charakter ihrer politischen Herrschaft; deshalb diese Einteilung in Kasten, Klassen, nach dem Besitz ... und da diese Liebe zur Ordnung niemals ohne Pedanterie auskommt, führt es zur Unterdrückung der Freiheit ...*

Sie müssen jetzt neue Führer anheuern und frische Maultiere und Pferde mieten, um noch einmal, ein letztes Mal, die Kordillere zu überqueren. Hinter dem westlichen Gebirgszug der Anden liegt das Meer, der pazifische Ozean. Es ist eine letzte, ungeheure Anstrengung: Sie steigen von Cajamarca 3100 Meter weit hinauf, dann *im Zickzack*, in langen Serpentinen, 2000 Meter hinab in ein tiefeingeschnittenes Tal, aus dem sie dann wieder 1500 Meter hinaufsteigen müssen, in kalte Nebel eingehüllt oder der sengenden Sonne ausgesetzt. Nach Wochen erreichen sie den *Alto de Huangamarca*, den letzten Pass, ein scharfer Südwestwind vertreibt die Wolken, und sie erblicken zum ersten Mal – *die Südsee*. Für ihn ist es ein lange herbeigesehnter Moment, seit er von Balboa gelesen hatte und mit Georg Forster gereist war, damals, 1790, vor zwölf Jahren, als er seine *entfernteren Pläne* schmiedete ... Die ganze Südseesehnsucht bricht aus ihm heraus: *Welche Freude! Man glaubt, einen alten Freund zu sehen beim Anblick des Meeres, das Herz öffnet sich ... Auf dem Rücken der Anden, umgeben von den Überresten eines klugen und fleißigen Volkes, suchten unsere Augen jene glücklichen Inseln, wo noch diese Unschuld der Sitten besteht, diese Charakterstärke, welche die Europäer hier zerstört haben.* Im Tagebuch liest es sich fast wie ein Ruf über das Meer: *Völker von Tahiti! Seid ihr nicht Brüder der alten Peruaner?* Er denkt zurück, macht sich seinen Weg klar, die Träume, die ganz am Anfang standen: *Wie klein und eng die wirkliche Welt im Vergleich zu derjenigen ist, die der Mensch, ergriffen von der Tiefe seiner Gefühle, hervorbringt...*

Von Huangamarca steigen sie jetzt beständig zur Küste hinunter. In der trockenen, glühend heißen Ebene sehen sie die Reste von gemauerten Kanälen, *Bewässerungsanlagen der alten Peruaner*, um die Felder fruchtbar zu machen. Sie sind alle zerstört, die Spanier haben die Kulturleistungen der Inka gehasst. Dann das Meer, die sagenumwobenen *mares del sur*, die Südsee, nach achtzehn Monaten auf dem Festland und im Hochgebirge. Er watet in die Brandung hinein (schwimmen kann er ja nicht), ein feierlicher Moment. Dann misst er die Temperatur des Wassers: 16 Grad. Das ist extrem kalt, es ist, bezogen auf die geographische Lage, um mindestens 11 Grad zu kalt, wie er ausrechnet. Er trifft in diesem Augenblick zum ersten Mal auf ein Phänomen, das ihn noch lange beschäftigen wird: eine kalte Meeresströmung, den Perustrom, der heute Humboldtstrom heißt.

Dann reisen sie wochenlang durch eine bizarre Landschaft, eine Wüste direkt am Meer, immer weiter nach Süden, Richtung Lima. Die Dünen sind bis zu 1000 Meter hoch. *Der raue Seewind ist lästiger als die brennende Sonne.* Die botanischen Wunder haben jetzt ganz ein Ende, *welch ein Unterschied zu den Wäldern des Orinoco und des Amazonas.*

Vier Monate sind seit der Abreise aus Quito vergangen. Und vier volle Jahre ist es her, seit sie Paris verlassen haben, im Oktober 1798, als sie mit der *Diligence* nach Marseille reisten, um sich für Afrika einzuschiffen... *Welche Verheiratung!*, hatte er damals mit Blick auf Bonpland ausgerufen. Er würde mit diesem Mann, den er erst seit zwei oder drei Monaten kannte, auf eine Reise gehen, die ein ganzes Jahr dauern sollte – er konnte ja nicht ahnen, dass sie tatsächlich fast sechs Jahre unterwegs sein werden. Seitdem sind sie zusammen, Tag für Tag, mit ganz wenigen Ausnahmen.

Es gibt Humboldt-Kenner, die es als gesichert betrachten, dass Alexander und Aimé eine homosexuelle Beziehung hatten. Die Humboldt'schen Tagebücher geben nicht den geringsten Hinweis auf eine Liebesbeziehung, was, wenn es sie gegeben hätte, sehr erstaunlich wäre bei einem Mann wie Alexander, der sich über seine geliebten Freunde in einem nicht zu bändigenden Strom von Herzensergüssen auslieb. Er hat über Aimé nicht eine einzige derartige Bemerkung geschrieben. Sie haben sich während ihrer Reisejahre nicht einmal geduzt. Erst nach der Rückkehr wird Alexander seinem *guten Freund und Gefährten* das Du anbieten – wie er es überhaupt in seinem ganzen Leben nur mit wenigen Männern pflegte. Im Reisetagebuch wird Aimé nie bei seinem Vornamen genannt, immer ist er Bonpland, der *arme Bonpland* oder, im französisch geschriebenen Teil, der *Citoyen Bonpland*. Ansonsten geht Bonpland fast völlig in einem Humboldt'schen «wir» auf. *Wir wollten... wir dachten... wir hätten es gern gesehen... nichts hat uns so beeindruckt wie...*

Das Tagebuch liefert aber ein konkretes und detailreiches Porträt einer ungewöhnlichen, von Verständnis, Vertrauen und gemeinsamen Interessen getragenen Freundschaft. Humboldt erwähnt oft die Klugheit, die Tapferkeit, die Unerschrockenheit *meines Freundes*, auch seinen wissenschaftlichen Rang und seine menschlichen Qualitäten, etwa wenn Bonpland als Arzt handelt. Sie sind sich auch in ihrer Einschätzung der politischen und sozialen Verhältnisse in den spanischen Kolonien weitgehend einig (Bonpland ist offensichtlich eher noch radikaler als er). Besitzen wir von Alexander von Humboldt Tausende von Seiten Text, so gibt es von Bonpland aus der Zeit der Reise nicht eine einzige Zeile. Humboldt allein hat das Erzähl- und Deutungsmonopol über die gesamte Reise. Man kann als vollkommen sicher annehmen, dass auch Bonpland Briefe aus Amerika geschrieben hat, zumindest an seine Eltern und seinen Bruder, die in La Rochelle lebten, wahrscheinlich auch an Freunde und Kollegen. Sie sind offensichtlich nicht aufbewahrt worden. Ich gäbe jederzeit hundert Seiten Text von Humboldt, vor allem seine wissenschaftlichen und statistischen Auslassungen, für eine einzige Seite von Aimé Bonpland mit Bemerkungen über seinen Reisegefährten Alexander.

Vierzehntes Kapitel

VON LIMA NACH ACAPULCO

Lima gefällt ihm gar nicht. Es gibt mehr Menschen als in Trujillo, aber auch *mehr Eitelkeit*. Die Stadt am Meer, die in Europa als eine Stadt der Pracht, der Schönheit und des Luxus geschildert wird, enttäuscht ihn. *Nichts von alledem habe ich gesehen.* Und auch hinsichtlich der Kultur ist Lima mit Havanna oder Quito nicht zu vergleichen. Sie finden weder luxuriöse Häuser noch prachtvoll gekleidete Damen, im Gegenteil, alle großen Familien sind insgeheim ruiniert, *als Folge des Durcheinanders in der Wirtschaft.* Auf dem Korso fahren kaum drei Kaleschen, die Straßen sind schmutzig und übersät mit toten Hunden und Eseln, deren Kadaver sich in der Hitze blähen, ohne dass sich jemand darum kümmert. *Der letzte Ort in Amerika, in dem ich leben könnte.* Niemand beschäftigt sich mit naturwissenschaftlichen Fragen, selbst die politischen Diskussionen, die in Caracas, Havanna, Bogotá und Quito so leidenschaftlich geführt werden, finden in Lima nicht statt. Jeder interessiert sich gerade nur für sich selbst und für die Belange der allernächsten Menschen, der Familie und einiger Freunde. Kalter Egoismus beherrscht alle, urteilt Humboldt, und man lässt sich nur durch das berühren, was man selbst erleidet.

Es gibt hier seltsame Moden, die man weder in Spanien noch in den anderen kolonialen Großstädten findet, zum Beispiel haben die feineren Damen in Lima immer einen eigenartigen Gegenstand aus dem Mund hängen. Es ist eine graue, dünne Wurzel, man denkt zuerst, es sei ein Knochen. Die Damen kaufen diese Wurzel an speziellen Ständen auf der Promenade, sie saugen an ihr, weil es angeblich die Zähne schützt und erhält. Der letzte Schrei und *ein schrecklicher Anblick*.

Sie bleiben nur zwei Monate.

Humboldt stellt einen Zusammenhang fest, den es auch heute noch gibt, in Lima, in Buenos Aires, in vielen Hauptstädten, deren Eliten *mit dem Rücken zum eigenen Land leben* und nur nach Europa (und heute nach den USA) schauen: *In Lima konnte ich nichts über Peru lernen. Lima ist von Peru mehr getrennt als London.* Über die ganze «bessere Gesellschaft» spottet er im Tagebuch, sie glaube wohl noch an den alten Inka-Gott *Rímac*, den «Sprechenden Gott», denn überall werde ununterbrochen gequatscht und geplappert: Es gebe keinen Ort, wo man mehr redet und weniger handelt. Die parasitäre Geistlichkeit erzürnt ihn immer stärker: die 80 Priester und 150 Laienbrüder, die im Kloster San Francisco leben, kassieren *von der Nächstenliebe des Volkes*, aus Spenden der armen Gläubigen, jährliche Einkünfte von 50 000 bis 60 000 Pesos. Sein ungeheurer Vorrat an Geduld und Verständnis ist zeitweilig erschöpft.

Wie immer, wenn er bei den Aufenthalten in Städten etwas Zeit hat, arbeitet er seine Notizen von unterwegs auf. So entstehen die zusammenhängenden Texte, die wir heute als seine «Tagebücher» kennen. Für die einzelnen Disziplinen hat er verschiedenfarbige Hefte, etwa für astronomische, meteorologische, barometrische, hygrometrische Messergebnisse. Er schafft sich damit einen ungeheuren Datenfundus, in dem er alles zusammenfasst, was die Reise an Ergebnissen bringt. Später in Europa wird er diese Hefte in einzelne Teile auftrennen, um sie auszugsweise seinen Mitarbeitern zur Verfügung zu stellen, sodass die ursprüngliche Anordnung schließlich ganz verlorengehen wird, trotz seiner zahlreichen Querverweise (*siehe mein gelbes Heft* oder *siehe le cahier barométrique*).

Dass so vieles durcheinandergerät, ist die natürliche Folge der lebenslangen Benutzung dieses Primärmaterials. Jahrzehntelang, fast bis zu seinem Tod, hat er weiteren Stoff hinzugefügt, Tabellen, Briefe, auch Texte anderer Autoren. Am Ende seines Lebens lässt er alles Vorhandene einbinden, einfach so, wie es gerade vorliegt. Auf diese Weise entstehen die neun in Schweinsleder gebundenen Bände, seine «Tagebücher», die er testamentarisch der Berliner Sternwarte überlässt. Ein Jahrhundert nach seinem Tod, im April 1945, beschlagnahmen Truppen der Roten Armee auf Schloss Tegel das Archiv und schicken es als Kriegsbeute nach Moskau, darunter auch die Journale, die unberührt hier lagen. Die Bände werden im Jahre 1958 der Alexander-von-Humboldt-Forschungsstelle an der Akademie der Wissenschaften der DDR übergeben, wo sie unter den Wissenschaftlern zunächst mehr Ratlosigkeit als Freude auslösen. Man kann diese Texte kaum lesen.

Eine ehemalige Mitarbeiterin der Deutschen Staatsbibliothek, Gisela Lülfing, nimmt die ungeheure Mühe auf sich, die winzigen krakeligen Notizen, die obendrein voll mit abenteuerlichen Abkürzungen von Wörtern und Sätzen sind, Humboldts in mehreren Sprachen geschriebenes *vielfach geflicktes Lumpenkleid*, zu transkribieren. In jahrelanger Arbeit entsteht ein Text von über 4100 Schreibmaschinenseiten. Er hat das Bild Alexander von Humboldts um viele neue Facetten bereichert (die auch dieses Buch erst möglich gemacht haben). Obwohl er uns nicht Alexanders letzte Geheimnisse offenbart, so zeigt er uns doch, jenseits der gezielten und lebenslang gepflegten Selbstdarstellung Humboldts, einen weitaus widersprüchlicheren, komplexeren Mann, einen Menschen, für den wir mehr Sympathie aufbringen als für den strahlenden Helden «Humboldt». An einigen Stellen, etwa in seinem sehr aufrichtigen autobiographischen Text über das *gemisshandelte Kind* in Tegel, den er in Bogotá vollendete, bietet er uns den Schlüssel für ein grundlegendes Verständnis seiner Motive, einen Schlüssel, den bis vor wenigen Jahren niemand besaß.

Er erforscht die Geschichte der Stadt. Besonders eindrucksvoll sind die Erzählungen von der großen Erdbebenkatastrophe von 1746 und von einer Erscheinung, von der man in Europa noch nie gehört hat: Eine *riesige Welle* von 10 bis 12 toisen (20 bis 24 Metern) Höhe sei damals, wenige Stunden nach dem Erdbeben, langsam und unaufhaltsam *wie ein Gebirge aus Wasser* näher gekommen, ein *Tsunami,* der Limas Hafenstadt Callao einfach überspülte und wegwischte wie eine Sandburg am Strand. Es gab viele tausend Tote.

Fünfmal fährt Alexander mit den Fischern von Callao hinaus aufs Meer. Seit seiner ersten Begegnung mit dem irritierend kalten Wasser der Südsee interessiert es ihn, die Ursachen dieser Kälte herauszufinden, die gar nicht zur klimatischen und geographischen Lage Perus passt. Draußen, wenige Kilometer vom Land entfernt, misst er die Wassertemperaturen und die Strömungsverhältnisse. Er entdeckt *eine See, die von Südwesten ständig gegen das Land brandet,* auch ganz ohne Wind, eine kalte Meeresströmung, die man heute, gegen seinen erklärten Willen, Humboldtstrom nennt: *Jeder Fischerjunge in Peru und Chile kennt seit 300 Jahren diesen Strom.* Diese Meeresströmung ist die Ursache für die außergewöhnliche Kälte Limas und nicht, wie behauptet wird, die Schneeberge des Anden-Gebirges, die überdies viel zu weit entfernt sind.

Auffällig ist die ungeheure Menge der Seevögel in Callao und auf den vorgelagerten Inseln, Hunderttausende von Pelikanen, Tölpeln, Kormoranen ... Man zeigt ihm einen Stoff, den die Leute *guano* nennen und der nichts anderes ist als sehr fester Vogelmist. Humboldt wird als erster Forscher Proben dieses stickstoffreichen Produkts nach Europa mitbringen. Manche der vorgelagerten Inseln sind zwanzig, dreißig Meter dick mit Exkrementen bedeckt, Vogelmist aus Zehntausenden von Jahren.

Erst ab 1840 wird man den Guano als Düngemittel, das fünfunddreißigmal so viel Stickstoff und Phosphor enthält wie der gewöhnliche Stallmist, nach Europa exportieren, in ungeheuren Mengen wird er die erschöpften europäischen Äcker fruchtbar machen – etwa hundert Millionen Tonnen bis zum Ende des 19. Jahrhunderts.

Als sich der Vorrat in den sechziger Jahren des 20. Jahrhunderts allmählich erschöpft, beginnt man, den Dünger nicht auf dem Umweg über die Exkremente der Vögel, sondern direkt durch die Verarbeitung von Fischen zu Düngemehl zu gewinnen – Perus Fischfangflotte wird dadurch schlagartig die größte der Welt. Heute hat sich das ökologische Desaster in der Meeresströmung, die Humboldts Namen trägt, längst vollendet. Der Strom, aus dem man jährlich viele Millionen Tonnen Sardellen herausholte, ist leer gefischt, die Vögel blieben ohne Nahrung und verschwanden. Das Ökosystem Humboldtstrom ist zerstört.

Heiligabend 1802 begeben sich die vier Reisenden, Alexander von Humboldt, Aimé Bonpland, Carlos Montúfar und *Joseph* de la Cruz, an Bord der spanischen Fregatte *La Castora*, um nach Norden zu segeln, immer an der Küste entlang bis nach Guayaquil. Das endgültige Ziel ist Mexiko. Diese zwölftägige Reise ist offenbar ohne bemerkenswerte Ereignisse verlaufen, denn es gibt darüber keine Aufzeichnungen. In Guayaquil wohnen sie direkt am Hafen im Hause des Zolldirektors Camilo Montes. Humboldt bedankt sich für diese Gastfreundschaft mit einer Ladung Kakao, die er sich vom Gouverneur der Provinz, Ignacio Chica, schicken lässt, mit dem sie seit Quito befreundet sind.

Guayaquil ist eine große, quirlige Hafenstadt, und hier, beinahe unmittelbar unter dem Äquator, findet er endlich seine heißgeliebten Tropen wieder. Er genießt nicht nur das beschwingte, intensive Leben einer tropischen Stadt am Meer, sondern auch die unendliche Fülle von Pflanzen, Blumen und Früchten, besonders Zitronen und Orangen, Ananas und frischen Weintrauben, *mit denen Guayaquil die ganze Welt beliefern könnte.* Die Río Guaya ist *einer der malerischsten Flüsse, die wir je gesehen haben.*

Zweihundert Jahre später sieht man gerade an dieser von Humboldt so bewunderten Stelle nur Niedergang, Elend und Misere: Die Ufer der gesamten Flussmündung bis in die inneren Bezirke der Stadt sind zugebaut mit Tausenden von Bambushütten, die über viele Kilometer auf hohen Stelzen im Wasser stehen. Hier leben, ohne Trinkwasser, ohne Strom, ohne medizinische Versorgung, die Ärmsten der Armen Ecuadors, Menschen, die aus den Bananen- und Kakaoregionen des Landes in die Stadt geflüchtet sind, jene, die der unberechenbare Zyklus des internationalen Wirtschaftens ausgespuckt hat: Ein kleiner Absturz der Kakaopreise an der Rohstoffbörse in New York, der Fall der Bananenpreise bei den Auktionen von Rotterdam, irgendein neuer afrikanischer Billigkonkurrent auf dem Weltmarkt – jede Schwankung beeinflusst hier die Produktion und verurteilt jedes Mal ein paar tausend Menschen zur Misere, es ist die dunkle, hässliche Seite des glitzernden Weltmarkts und der unglaublich billigen Produkte in den europäischen Supermärkten. Als wir mit einem schnellen Motorboot durch die Slums gefahren sind, um sie zu filmen, hat die Vorstellung, dass ihr elendes Leben in Europa im Fernsehen ausgestellt wird, die Leute wütend gemacht; einer hat sogar mit dem Gewehr auf uns gezielt.

Alexander befasst sich in Guayaquil noch einmal, wie schon in Venezuela, mit einem geheimnisvollen Stoff, der aus Hunderten von Quellen aus dem Boden strömt – und der ein Jahrhundert später die Weltwirtschaft beherrschen wird. Es sind die *pozos de petroleo*, die Petroleum- oder besser Erdölquellen, die Humboldt und andere als *Asphaltquellen* bezeichnen. Dieser Asphalt beginnt bei großer Hitze manchmal zu brennen, anscheinend durch Selbstentzündung, und dann entstehen riesige Feuersbrünste, denen ganze Wälder zum Opfer fallen. Ansonsten wird der Stoff, der hundert Jahre später das Schicksal vieler Länder zu bestimmen beginnt, hier nur als Dichtungsmasse benutzt, die man auf Tongefäße aufträgt, besonders auf die Weinkrüge aus Chile, die aus sehr porösem Ton gefertigt sind.

Während des sechswöchigen Aufenthalts in Guayaquil verfasst Alexander zwei seiner wichtigsten Arbeiten: einen ausführlichen Entwurf seiner Pflanzengeographie, das «Naturgemälde der Tropenländer», und, von den nur naturwissenschaftlich interessierten Humboldt-Forschern allerdings bis heute kaum wahrgenommen, einen grundlegenden Essay über Kolonialismus. Er stellt jetzt nicht mehr die Frage nach Reformen, nach härteren oder milderen Herrschaftsformen, sondern führt aus, dass die *Idee des Kolonialismus als solche eine unmoralische Idee ist,* weil sie bedeutet, dass ein Land einem anderen einseitig zu Abgaben verpflichtet ist und dass seine Bewohner deshalb nur einen geringen Grad an Wohlstand erreichen dürfen. Die Kolonialmacht unterstützt dabei zielgerichtet die Intoleranz, die Unterdrückung und die Sklaverei. Niemand kontrolliert die Mächtigen. *Man nennt es Freiheit, wenn man das Recht hat, seine Sklaven straflos zu misshandeln, oder die Weißen, wenn sie arm sind, zu unterdrücken.* Man sagt über die Afrikaner, es gehe ihnen gut, da man sie ja nicht töte, sondern am Leben lasse; man behauptet, dass die Sklaven durch Gesetze *übermäßig geschützt* seien, weil man ihnen ohne Richterspruch nur 25 Peitschenhiebe verabreichen darf.

Wirtschaftlich betrachtet, sieht er die wachsende Gefahr der extrem einseitigen und nur an den Bedürfnissen des Mutterlandes orientierten Landwirtschaft, der in Monokulturen angebauten Produkte wie Zucker, Baumwolle, Kakao – und die ausweglose Abhängigkeit der Kolonien vom Export dieser Produkte. Auf der Zuckerinsel Kuba etwa muss man Fleisch bereits aus dem unendlich weit entfernten Buenos Aires importieren, da man keinerlei Boden für die Viehzucht hergeben will. *Ohne Fleisch von Buenos Aires oder Barcelona verhungert die Insel.* Vor allem sieht er deutlich den Zusammenhang zwischen den Exportprodukten Zucker und Baumwolle und dem System der Sklaverei. *Jeder Tropfen Zuckersaft kostet Blut.*

Bonpland behandelt in Guayaquil die kranke Frau ihres Gastgebers Montes, die an Brustkrebs leidet, *eine ehemals sehr schöne Pariserin.* Sie ist in einer melancholischen, sogar deprimierten Stimmung, und sie offenbart Aimé einen geheimen Kummer, über den sie mit niemandem sonst redet, den Tod ihrer einzigen geliebten Tochter. Don Camilo, ihr Mann, war einst als berühmter Klavierspieler durch ganz Europa gereist, hatte in London, Paris, Italien gespielt. Am spanischen Hof hatte man ihm schließlich, als er sich mit seiner Frau zur Ruhe setzen wollte, seinen jetzigen Posten als Hafenverwalter und Zollinspektor von Guayaquil angeboten. Sie segelten über Havanna und Cartagena. Ihre damals siebzehnjährige Tochter verliebte sich während dieser Reise heftig in den Steuermann, «der ihre unschuldige Unerfahrenheit», wie die Mutter sagt, «missbrauchte». Schließlich stellte sie das Mädchen zur Rede und verbot ihm jeden Umgang mit dem Steuermann. Und das ist der Punkt, so gesteht sie Aimé Bonpland, über den sie nicht hinwegkommt, ihre Schuld. Man sah das Mädchen am Abend in der großen Kajüte, wo es die Stufen zum Fenster hinaufstieg und den Vorhang hinter sich schloss, wie man es auf diesen Schiffen tut, wenn man auf den Abtritt geht. Danach sah man es nicht mehr. Zuerst glaubte die Mutter, der Steuermann habe das Mädchen irgendwo auf dem Schiff versteckt, doch der wies diese Vorstellung zurück. Man durchsuchte das ganze Schiff, ohne das Mädchen zu finden. *Sie hatte sich zweifellos ins Wasser gestürzt.*

Es wäre taktlos, ermahnt Alexander sich selbst im Tagebuch, *diesen tragischen Fall jemals öffentlich bekanntzumachen.*

Am 4. Januar 1803 war der Cotopaxi ausgebrochen, den sie vor neun Monaten bestiegen haben, *wir hörten Tag und Nacht sein Brüllen.* Guayaquil liegt auf derselben geographischen Höhe wie der Vulkan, nur etwa 200 Kilometer Luftlinie entfernt. Humboldt zieht Erkundigungen ein, man versichert ihm, der Vulkan stoße weiterhin Rauch und Asche aus. So entschließt sich Alexander Anfang Februar, in Richtung Quito, hoch in die Kordillere, abzureisen, Carlos begleitet ihn. *Wir hielten es für unsere Pflicht, die Schrecknisse aus der Nähe zu betrachten.*

Wieder eine Flussfahrt, diesmal auf dem Río Guaya. Schönheit der Flussinseln, notiert er, Pflanzenreichtum, die Ufer voll von Bananenstauden, Reis, Kokospalmen, Zuckerrohr, Erythrina. Und viel Zyperngras, dem ägyptischen Papyrus sehr ähnlich, darin viele Krokodile. Alles *erinnert* an Ägypten, Aronstab, Wassersalat, Wasseraloe. Ein großer Wasserknöterich. Vögel gleiten über den Fluss, um ihre Schlafstellen zu suchen, Scharen kreischender Papageien, weiße Reiher einsam in großen Höhen, rosafarben im letzten Licht der Sonne. Und dann wieder die alten Feinde, die Moskitos. Sie

Eines der großen Flöße, wie sie zum Lastentransport auf dem Río Guaya in Ecuador benutzt wurden. Humboldt hat dieses Floß in Guayaquil gezeichnet.

reisen während der Hochwasser, in der Regenzeit. Das Kanu gleitet über Wiesen, die meterhoch unter Wasser stehen. Eine *Ansicht wie Venedig, alle Häuser im Wasser*. Man wagt nicht, den Fuß ins Wasser zu setzen, alles ist *von Krokodilen umlauert*, man schifft durch die Gärten *wie in Unterägypten*. Er kennt das von den venezolanischen Llanos: Die Pferde und Kühe stehen bis zum Bauch im Wasser – und verlieren oft ein Bein oder sogar das Leben *durch die Grausamkeit ihrer Mitbürger Krokodile*.

Nach vier Tagen kommen sie mit dem Boot in Las Bodegas de Babahoyo an, *sehr malerisch*, der Fluss ist hier so breit wie der Río Negro (an einem Novembertag nach langer Trockenheit erlebte ich es einmal als ein überaus staubiges und ausgedörrtes Dorf). Viele Kakaopflanzungen. *Dunkle Nacht der Kakaobaumwälder*, schreibt er begeistert. (Heute verschwinden in der Gegend von Babahoyo die letzten Kakaowälder, sie werden abgebrannt, um freie Flächen zu schaffen – für den maschinellen Anbau von Soja. Endlose tote

Gebiete für die Produktion von Viehfutter für europäische Kühe, ein ökologisches Desaster.)

Das Getöse des Cotopaxi begleitet sie Tag und Nacht.

Ihre Lebensmittel verfaulen unglaublich schnell in der heißen schwülen Feuchtigkeit, zwei Tage ernähren sie sich nur von Schokolade und Zitronenlimonade. Einmal fällt eine Giftschlange aus einem Baum direkt ins Kanu, man erschlägt sie mit dem Ruder. Humboldt erzählt Carlos die Geschichte, wie einmal in Mompós eine Schlange, die Wärme suchend, in sein Bett gekrochen kam. Ein anderes Mal, am Pimichin, hat ihr Diener Joseph auf einem Fell geschlafen, aus dem sich am Morgen eine Korallenschlange herauswand.

Irgendwie hat Carlos Montúfar es geschafft, einem heimlich geliebten Mädchen in Quito, Mariqua Larrain, die Nachricht zukommen zu lassen, er sei unterwegs ins Hochland, zum Cotopaxi, und sie möge ihm, wenn möglich, bis Riobamba entgegenkommen, damit sie einander noch einmal in die Arme fallen können. Alexander weiß nichts davon. Am sechsten Tag ihrer Reise erreicht sie ein Eilbote mit einer Nachricht von Bonpland, der schreibt, am 18. Februar, in zwei Wochen, werde unerwarteterweise ein Schiff, die *Atlantica*, nach Acapulco/Mexiko segeln. Im Tagebuch wägt Humboldt ab: der Cotopaxi oder die günstige Passage nach Mexiko? Wie immer bei uneindeutigen Entscheidungslagen überlässt er sich den *schicksalhaften* Fügungen. Denn die Erfahrung hat ihn gelehrt, immer diesen Umständen nachzugeben, sonst wäre er niemals in die Tropen und auf den Orinoco und den Chimborazo gekommen. *Ich entschloss mich auf der Stelle, die Reise zum Cotopaxi abzubrechen und zurückzukehren.* Carlos, von Wut und Schmerz erfüllt, protestiert. Er kämpft um das Treffen mit dem Mädchen, dessen Plan er Alexander jetzt offenbart, aber schließlich gibt *der gute Junge* nach und fügt sich. Später berichten Freunde aus Riobamba Humboldt nach Mexiko, dass der Cotopaxi nur Rauch und Asche ausgestoßen habe, aber keine Steine, keine Lava, keinen Bimsstein, überhaupt *nichts, was Gegenstand einer geologischen Untersuchung hätte sein können.* Und trotzdem: *Wir haben das herrliche Schauspiel versäumt, ihn nachts erleuchtet zu sehen.*

Die *Atlantica* ist ein englisches Handelsschiff mit einer Ladung von chilenischem Kupfer, Öl, Chinarinde und Kakao. Humboldt muss *800 Pesos für drei Personen* bezahlen (der Diener Joseph reist, wie übrigens auch begleitende Sklaven, umsonst). Sie hören dauernd ein eigenartiges Geräusch, ein Trommelgeräusch, und vermuten zunächst, es sei vom Meer verursacht, vielleicht von Sandbänken in der Nähe? Dann glauben sie, dass das Geräusch im Schiff entsteht. Gärt der Kakao, handelt es sich um eine Gasentladung? Selbst die ältesten Matrosen haben derlei Geräusche noch nie gehört. *Ich legte mich sehr unzufrieden schlafen, da ich ein so befremdliches Phänomen nicht erklären konnte.* Es ist das unterirdische Grollen des fernen Cotopaxi, das hier bis zu 300 Kilometer weit ins Meer hineinreicht, ein hohles Geräusch aus der Tiefe des Ozeans. Es ist wie ein letzter Abschiedsgruß der vulkanischen Bergwelt an den Vulkanologen Humboldt, der sie erforscht hat. In der Ferne sehen sie riesige dunkle Rauchwolken über dem Horizont stehen, die vom Cotopaxi stammen.

Abschied von Südamerika.

Die Äquatorüberquerung in der Nacht des 26./27. Februar 1803. Die Vorstellung, einfach so in der Dunkelheit den Äquator zu passieren, dessen genaue Lage er errechnet hat, weckt in ihm melancholische Gedanken. Er schläft extra auf der Brücke, als wenn der Äquator etwas wäre, von dem man sich im Vorbeifahren verabschieden könnte. Er fragt wie ein Liebender: *Wann werden wir die südliche Hemisphäre wiedersehen?* Und er klagt: *Ich werde von Tag zu Tag ärmer, meine südlichen Sternenbilder sinken bei jedem Schritt.* Jetzt schon beginnt er eine weitere Amerikareise zu planen. Doch allen diesen Plänen zum Trotz ist er, anders als Aimé, nie mehr in die südliche Hemisphäre zurückgekehrt, in seine *heißen Landstriche*, diese seit den Jugendtagen ersehnte und geliebte Tropenwelt.

In dieser Stimmung müssen sie mitansehen, wie ein Schaf, das über Bord gefallen ist, sich schwimmend zu retten versucht. Nach zwanzig Minuten ist es ertrunken. Man kann dem Tier auf der Fregatte, die kein Beiboot hat, nicht helfen. Alexander stellt sich vor, dass, wenn einer von ihnen ins Meer fiele, er ebenso im Blick des anderen, der zum Zuschauen verurteilt ist, zugrunde gehen müsste. Er diskutiert das Problem mit Aimé. *Ich sagte mir immerzu, dass man hinterherspringen müsste, damit wenigstens alle beide zugrunde gingen. Man kommt sich so feige vor, wenn man beim Anblick dessen, was man am meisten liebt, untätig bleibt.* Und sie denken wieder an die siebzehnjährige verliebte Tochter des Don Camilo Montes und seiner Frau, die sich aus Liebeskummer von der «Toilette» der Fregatte in die nachtschwarze See fallen ließ. Wie lange mag sie in der Dunkelheit geschwommen sein?

Das Meer ist voller herrlicher violetter und purpurner Fische, aber auch voll von Haien, die an die Oberfläche kommen und mit ihren Flossen das Wasser zerschneiden. Mit einem riesigen Haken, auf den man einen Batzen Fleisch gespießt hat, fangen die Matrosen einen weiblichen Hai von neun Fuß Länge. *Der männliche Hai folgt noch stundenlang dem Schiff.* Am 22. März 1803 taucht Acapulco vor ihnen auf. Die Küste ist *eine der malerischsten, die wir je gesehen haben*, goldener Sand, Kokospalmen, dahinter braun und ockerfarben das Gebirge. Kleine Hütten an der Küste, Rauchsäulen, die zeigen, dass man das Land bebaut.

Noch immer diese Vorfreude bei jeder Ankunft.

VIERTER TEIL

Fünfzehntes Kapitel

MEXIKO

Eine wilde Küste, gegen die der Pazifik anrollt, die ganze Landschaft ist von vielen Erdbeben zerklüftet. Die kleine Hafenstadt hat kaum mehr als 4000 Einwohner – heute leben hier eine Million Menschen, und Hunderttausende kommen als Touristen, denn Acapulco liegt, wie schon Humboldt wusste, *an einer der schönsten Buchten der Welt.* Ein paar Tage wohnen sie im Haus des Fregattenkapitäns Alvarez Ordoño, eines Freundes von Urquijo, dem inzwischen gestürzten spanischen Staatsminister. Ordoños Frau, die aus Cadiz stammt, schüchtert Alexander durch die absolute Sauberkeit, die sie im Haus walten lässt, sehr ein – umso mehr, als ihm ein peinliches Missgeschick unterläuft: *O Unglück! Beim Öffnen unserer Koffer haben wir das Haus mit Küchenschaben, mit Skorpionen aus Guayaquil, mit Ameisen verseucht...* Keine Gegend der Welt habe mehr Würmer und Insekten als Guayaquil, und alle Schiffe, die mit Kakaoladungen von dort kämen, erinnerten unvermeidlich an die Arche Noah. Er erzählt uns nicht, was die Señora Ordoño angesichts der Skorpione und Ameisen in ihrem blitzblanken Haus gesagt hat.

Beim Auspacken rekapituliert er, was bisher alles mit den zahllosen Kisten und Koffern geschehen ist, die er an diverse Reiseziele vorausgeschickt oder nach Europa gesandt hat. Um auf der Reise von Cartagena de Indias über den Río Magdalena nach Bogotá und Quito weniger Gepäck mit sich zu schleppen, haben sie vor zwei Jahren alle ihre Bücher, den überwiegenden Teil ihrer Wäsche und einige Instrumente wie den großen Quadranten von Bird über die Landenge von Panama nach Guayaquil vorausgeschickt. Der Koffer mit den Geräten war im Dezember 1801 eingetroffen. Die Bücher, die von Guayaquil ins Gebirge hoch nach Quito gebracht werden sollten, kamen dagegen niemals an, ebenso wenig die Wäsche. Verschiedene große Sammlungen von Pflanzen, Mineralien, Muscheln und Insekten haben sie nach Madrid, Paris und London, eine sogar über London nach Berlin, an Willdenow, geschickt. Bis jetzt ist für Alexander das Schicksal dieser Sammlungen völlig ungewiss. Auch von dem Franziskanermönch Fray Juan González, dem sie mehrere Kisten für Madrid mitgegeben haben, gibt es kein Lebenszeichen. Ein kleines Herbar befindet sich noch in Havanna. Alexander beschließt jetzt, sich nie mehr von seinen Sammlungen zu trennen, *und sollte ich die allergrößten finanziellen Opfer bringen müssen.* Er will nun keinesfalls mehr *einem ungewissen Schicksal aussetzen, was uns so viel Arbeit, so viel Risiken, so viele Gefahren gekostet hat.*

Deshalb benötigen sie jetzt 21 Maultiere und fast ebenso viele Treiber, um von Acapulco nach Mexiko-Stadt, der Hauptstadt des Vizekönigreiches Neu-Granada, weiterzureisen. Wieder geht es über alle Berge, von der Küste bis zu den hochgelegenen Pässen, von *tierra caliente* über *tierra templada* nach *tierra fría*, Ausdrücke, die er erfindet und die in die geographische Literatur eingehen: die heiße, die gemäßigte, die kalte Zone. Der Weg ist trotz der Hitze sehr angenehm, ihre Liebe gehört nun mal dem heißen Klima. Die Natur macht den gleichen Eindruck wie in Cumaná, in Turbaco, in den Tälern von Aragua. *Schöner Duft der Mimosen...* Weiter oben im Gebirge fasziniert ihn eine Hütte, deren Wände aus Eichenzweigen geflochten sind. Eichen! Er hat seit langem keine mehr gesehen. Jetzt lässt er sich extra zu einer uralten Eiche führen, der Baum hängt voller Galläpfel, seine Indios glauben, es seien die Früchte. Zwei Tage später und einige hundert Meter höher vermischen sich die Eichen sogar mit Tannen (genau genommen ist es eine Kiefernart). Wie eigenartig, schreibt er, dass es in ganz Südamerika bis nach Chile keine Nadelbäume gibt. Alexander und Aimé amüsieren sich über den *beängstigenden Eindruck,* den der erste Anblick eines Kiefernwaldes auf Carlos Montúfar macht.

Auf diesem Weg verdichten sich hundertfache Beobachtungen Humboldts zu einer plötzlichen geologischen Einsicht. Er sieht den *Parallelismus der Gesteinsschichten,* wie sie an die Oberfläche treten, unter dem Kalkstein liegt etwa der Porphyr, darunter Granit mit rotem Feldspat etc. Es ist das *Streichen und Fallen* der Schichten, das er begreift. Diese Schichten verlaufen unabhängig von der Oberflächenform, der Topographie der Landschaft, die oft vollkommen zerklüftet ist. Das bedeutet, die parallelen Schichten waren längst entstanden, ehe sich die Gebirge auffalteten. Dieses Phänomen, das ganze *Gezimmer des Erdkörpers,* beschäftigt ihn schon seit seiner Zeit in Franken, 1793, und er glaubt jetzt, dies sei *vielleicht die wichtigste Entdeckung, die ich gemacht habe.*

Sie steigen nach Mexcala hinab. *Entsetzliche Hitze,* und wieder Millionen von Moskitos und anderen Plagegeistern. Den Río Mexcala überqueren sie auf Flößen, die aus Dutzenden von zusammengebundenen Flaschenkürbissen bestehen, *man macht sich dabei den Arsch nass.* In den Dörfern der unvermeidliche Besuch der lokalen Honoratioren. Sie treiben jetzt oft ihre Späße mit ihnen, tun so, als sprächen und verstünden sie kein Spanisch. Das erspart ihnen mancherlei sinnlose Konversation. Nachts beobachtet er seinen Lieblingsstern, den *Alpha Centauris* im Kreuz des Südens. Er will eine exakte Karte Mexikos samt einem Höhenprofil von der pazifischen Küste bei Acapulco über die Hauptstadt Mexiko-Stadt bis nach Veracruz an der atlantischen Seite entwerfen. Humboldt, der inzwischen wahrscheinlich einer der besten Vermessungsingenieure der Welt ist, nimmt überall die Route mit dem Kompass auf und vermisst barometrisch die Höhen. Alle diese Daten verarbeitet er in seiner Darstellung Mexikos in der *Profilierung,* dem Höhenprofil. Zum ersten Mal wird dadurch das Auf und Ab im Querschnitt eines ganzen Landes sichtbar gemacht.

Nach acht Tagen erreichen sie Taxco. In dieser Region werden zwei Drittel der Weltproduktion von Silber gefördert. Eine der großen Silberminen ist Tehuilotepec, ganz in der Nähe, und eine halbe Nacht hören sie die üblichen Anekdoten von Männern, die schlagartig unglaublich reich wurden, meistens aber ihr Vermögen fast genauso schnell wieder durchbrachten. Ein Franzose, La Borda, ist einer der Helden dieser Geschichten. Er kam ganz mittellos in dieses Land und hat es auf viele Millionen Pesos Vermögen gebracht, die er aber alle wieder verlor. Damals gab die Minenregion von Taxco noch jährlich 150 000 Mark Silber, *ungeheure Reichtümer.*

Sie wohnen eine Nacht im schönsten Haus dieser sehr schönen Stadt, vielleicht dem schönsten Haus ihrer ganzen Reise (heute beherbergt es das Deutsch-Mexikanische Kulturinstitut in Taxco, «La Casa del Baron de Humboldt»), es ist das *schöne Haus des Don José Vicente de Anza, eines Basken, der uns festlich bewirtete, ohne uns zu kennen. Gastfreundschaft des spanischen Volkes!* Am nächsten Morgen reisen sie trotzdem weiter.

Ein dreitägiger Ritt über die bewaldeten Höhen, über Guernavaca und an den Überresten der alten Pyramide von Xochicalco vorbei, führt sie auf das Hochtal von Mexiko-Stadt. Am 12. April 1803 sind sie in der Hauptstadt. Schon bei der Landung in Acapulco hat Humboldt dem Vizekönig, Don Vicente de Iturrigaray, in der üblichen Weise geschrieben: *Exzellenz, da ich mich bereits den weitläufigen Gebieten nähere, die das Glück haben, unter der Herrschaft von Eurer Exzellenz zu stehen ...* Er hat darauf hingewiesen, dass er *die Ehre hatte, in Aranjuez dem König persönlich vorgestellt zu werden,* und er hat seine einzigartigen Vollmachten erwähnt. Iturrigaray hat sofort außerordentlich freundlich geantwortet und ihnen Pässe und Schutzbriefe entgegengeschickt. Natürlich ist Humboldt vom spanischen König persönlich bevorzugt, aber er gebraucht vor Ort auch immer seinen Charme, seine gesellschaftliche Eleganz, seine Fähigkeit, sich auf die unterschiedlichsten Menschen einzustellen.

Mexiko-Stadt hat nur etwa ein Fünftel der Größe von London oder Paris, ist aber mit 140 000 Einwohnern immerhin so groß wie Berlin, *eine prächtige Stadt voller Paläste. Es gibt vielleicht keine Stadt in ganz Europa, die schöner wäre als Mexiko.* Sie hat, wie er notiert, die Eleganz und die Einheitlichkeit der schönen Gebäude Turins und Mailands und der vornehmen Viertel von Paris. Alexander findet die Stadt viel sauberer als europäische Städte, und alle Straßen haben großartige Bürgersteige aus behauenem Stein und eine nächtliche Beleuchtung mit großen Öllampen. Der riesige *Zócalo*, der Große Platz mit der Kathedrale und dem Palast des Vizekönigs, ist *einer der schönsten Plätze der Welt.* Andererseits: *Keine Stadt in ganz Europa, wo man mehr Elend auf den Straßen sieht. Was für eine ungleiche Verteilung des Reichtums!* Die Armen berauschen sich mit dem *Pulque* ebenso wie die Armen von Bogotá und Quito mit der *Chicha.* Er glaubt ausnahmsweise, dass dieses Elend nicht nur die Schuld der Spanier sei, sondern *dass es schon zur Zeit Moctezumas eine Menge Unglücklicher ohne Besitz gab. Die aztekische Herrschaft war viel despotischer als die der Inka.*

Sie wohnen in einem großen Haus im Zentrum, in der Calle de San Agustín 3, nahe der *plaza mayor.* Er zieht Erkundigungen ein und erfährt, dass in Veracruz, an der atlantischen Küste Mexikos, und in Havanna das «Schwarze Erbrechen» herrscht, das Gelbfieber. Dort fordert die Krankheit viele Tote. Da er diese beiden Orte passieren müsste, hält er es nicht mehr für möglich, noch in diesem Jahr 1803 wieder in Europa zu sein, sondern richtet sich auf einen längeren Aufenthalt ein. Nach so vielen Jahren und tausend überstandenen Gefahren wäre eine solche schreckliche Krankheit gegen Ende der Reise ein absurdes Schicksal. *Ich will nicht mit einer Tragödie endigen.*

Sie werden ein ganzes Jahr in Mexiko bleiben.

An Antonio José Cavanillas, den Direktor des Botanischen Gartens in Madrid, schreibt er, sie seien nun endlich in dieser *großen und wunderbaren Stadt Mexiko* angekommen und möchten ihm ein neues Lebenszeichen geben: *Mein geschätzter Freund Bonpland und ich, wir bewahrten uns stets unsere Tatkraft, auch wenn wir kein Dach über dem Kopf und Hunger hatten, trotz der unmäßigen Plagen auf den beschwerlichen Reisen.* Viele Europäer, so fährt er fort, übertreiben den Einfluss des Klimas auf die geistigen Fähigkeiten und behaupten, dass es unmöglich sei, hier eine intellektuelle Tätigkeit auszuüben. *Aber wir sind verpflichtet, das Gegenteil zu behaupten und bekanntzumachen.* Er erwähnt die glühenden Sonnen von Acapulco und Guayaquil, die eiskalten Schneeregionen der Anden, die Einöden und Schluchten, die dichten Wälder und Sümpfe, das Meer mit seinen Stürmen ... *Es erfüllte uns mit Freude und macht uns unverwundbar.*

Mexiko-Stadt, die Hauptstadt des Vizekönigreiches (das etwa fünfmal so groß ist wie das Mutterland Spanien), gefällt den beiden Europäern sofort – trotz der krassen sozialen Unterschiede. Noch Jahre später wird Humboldt vom Stand der Wissenschaften in Mexiko schwärmen: *Keine von allen Städten des Neuen Kontinents, auch die der Vereinigten Staaten nicht ausgenommen, ist im Besitz so großer wissenschaftlicher Anstalten* ... Da ist vor allem die Berg-Akademie – das 1777 gegründete Colegio de Minería –, die jener berühmten von Freiberg kaum nachsteht. Sein früherer Kommilitone Manuel del Río ist jetzt hier Direktor. Da gibt es einen gutangelegten Botanischen Garten, für den Bonpland sich begeistert, und es gibt die großartige Kunstakademie, die *Academia de los Nobles Artes de México*, die Alexander besonders rühmt, weil hier jeder Unterricht unentgeltlich gewährt wird, ohne Studiengebühren, und weil *alle Stände, Hautfarben und Menschenrassen* sich studierend vermischen, es zählt nur das Talent. Sein Ideal ist hier in die Praxis umgesetzt. *Es ist wahrhaft tröstlich zu sehen, wie die Kultur der Wissenschaften und Künste eine gewisse Gleichheit der Menschen einführt* ... Der spanische König selbst unterstützt die Kunstakademie aus seiner Privatschatulle mit 12 000 Pesos jährlich. Auch das Hospiz für Alte und das Waisenhaus beeindrucken sie. Denn hier werden ungefähr 1400 Personen betreut – kostenlos. Eine Einrichtung, wie es sie weder in Berlin noch in Paris gibt. Das Hospiz lebt nicht von Almosen, untersteht auch nicht der Kirche, es verfügt über einen vom Staat finanzierten festen Jahresetat von

50 000 Pesos. Eine Person kostet, wie Alexander sich erklären lässt, monatlich 4 Pesos.

Teotitlán (oder Tenochtitlán) ist die älteste Stadt in Mittelamerika. Schon mehr als 1300 Jahre vor den Azteken lebten hier mindestens 150 000 Menschen eines bisher unbekannten Volkes, das auf rätselhafte Weise unterging und nur seine eindrucksvollen Tempel und Pyramiden hinterließ. Alexander, Aimé, Carlos und Joseph besuchen die nördlich gelegene große Tempelanlage von Teotihuacán, den «Ort, wo man zu Gott wird» (in der Nahuatl-Sprache), und messen und zeichnen ihren Umfang und die Anordnung der Tempel und Pyramiden. Alexander ist hingerissen, dass diese Anlage vollkommen nach astronomischen Kriterien gebaut ist, nur auf die Jahreszeiten, die Tagundnachtgleichen und die Konstellation der Planeten bezogen. Die drei Pyramiden in dem riesigen Komplex, etwa im letzten vorchristlichen Jahrhundert gebaut, sind offenbar der Sonne, dem Mond und der Federschlange, dem Gott Quetzalcoatl, geweiht. Schon die Azteken haben um 1300 diese Ruinenstadt einer ihnen gänzlich unbekannten Kultur als mythischen Ort betrachtet.

Das Mexiko der Azteken war *wie Venedig voller Kanäle*, doch die spanischen Konquistadoren des Hernán Cortes machten in der Belagerung Tenochtitláns die Stadt dem Erdboden gleich, ließen alle Häuser abreißen und die Kanäle zuschütten. Cortés selbst beschreibt dies 1519, wie einst Cäsar seine Gallischen Kriege, in einem Brief an seinen König und Kaiser, Karl V.: Das einzige Mittel, das er finden konnte, um die Mexikaner zu unterwerfen, sei es gewesen, sich allmählich, in einer Art Häuserkampf, der Straßen zu bemächtigen, die Gebäude – alle Gebäude! – ganz und gar zu zerstören und mit den Trümmern die Kanäle zu verstopfen, weil diese «den Lauf der Pferde hemmen». Die Pferde sind neben dem Pulver die wichtigste Waffe der Europäer.

Padre José Antonio Pichardo, ein *gelehrter Mann, obwohl Pfarrer*, hat große Sammlungen aztekischer Bilderhandschriften, Alexander darf sie alle sehen und kauft ihm einige ab, die er in Europa

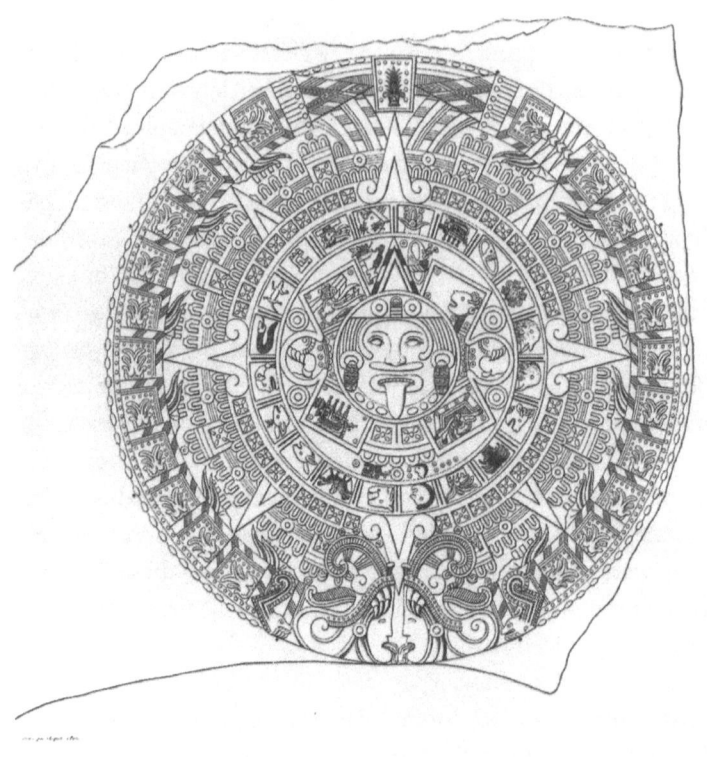

Der monumentale Kalenderstein, den man 1803 unter dem großen Hauptplatz von Mexiko-Stadt gefunden hat, zeigt in der Mitte den Sonnengott Tonatiuh. Die Hieroglyphen des Steins schildern den ganzen aztekischen Kosmos, vom Beginn der Zeit bis zum Ende der Welt.

veröffentlichen wird. Er kopiert viele dieser Zeugnisse der aztekischen Hochkultur. Besonders fasziniert ihn ein großer Kalenderstein. Auf diesem 24 Tonnen schweren Stein, den man kurz vor Humboldts Ankunft unter dem Zócalo, dem Hauptplatz der Stadt, gefunden und ausgegraben hat, ist der gesamte aztekische Kosmos dargestellt, vom Anfang der Welt bis zu ihrem zukünftigen Ende (was Humboldt im Einzelnen nicht wissen kann, da der hieroglyphische Text erst sehr viel später entziffert werden wird).

Besonders angezogen fühlt er sich von der Bergakademie, deren maßgebliche Männer die gleiche Freiberger Ausbildung durchlaufen haben wie er. Es sind Fausto d'Elhuyar und Andrés del Río, Letzterer war während Alexanders Studienzeit in Freiberg (ungefähr als er anfing, heimlich Spanisch zu lernen – ein Zufall?). Fausto d'Elhuyar ist mit einer deutschen Frau verheiratet, Johanna, einer geborenen «Edlen von Raab» aus Wien, die nach Aussagen ihrer Zeitgenossen an Charme und Bildung so berühmten Frauen wie Therese Forster, der Frau Georg Forsters, Caroline Schlegel-Schelling oder Caroline von Humboldt, Wilhelms Frau, nicht nachstand.

Humboldt lernt hier viele deutsche Bergleute, Steiger, Werkmeister und Hütteningenieure kennen, die d'Elhuyar in Deutschland angeworben hat. Er bewundert auch den außerordentlich guten Zustand der Messgeräte, die in der Stadt selbst hergestellt werden. Zudem hat man für 30 000 Pesos Bücher und Geräte aus Europa kommen lassen. Del Río hat neben dem Bergbau in Freiberg auch noch in Paris bei Lavoisier Chemie studiert, und deshalb findet Humboldt hier die fortschrittlichsten Werke zur Physik und Chemie. Kein Wunder, dass er sich sofort zu Hause fühlt (und noch Jahrzehnte später, in Krisenzeiten, wird er oft nahe daran sein, den zahlreichen Einladungen zu folgen, in Mexiko als Professor oder Universitätsdirektor zu arbeiten).

Die Ausbildung an der Bergakademie verläuft auf hohem Niveau, die jungen Bergbauschüler lernen sogar das *Integral- und Differenzialkalkül*. Auch Maschinenbau wird gelehrt. Alexander wird gebeten, Vorträge zu halten und die Prüfungen der Studenten abzunehmen. Wichtig ist ihm, wie er gegenüber Lehrern und Schülern betont, die geognostischen Karten nicht nur horizontal anzulegen, sondern vertikal, also nicht nur die Oberfläche in ihrer Ausdehnung zu zeigen, sondern die *innere Konstruktion des Erdballs*. Er ist ja dabei, *ganze Länder wie ein Bergwerk darzustellen*. Noch heute findet man in den Archiven des *Colegio* Manuskripte

Humboldts, in denen er seine Methode beschreibt: Alle zeichnerischen Darstellungen müssen auf Messungen begründet sein, man müsse mit einfachen klaren Zeichen arbeiten und mit wenigen genau definierten Farben für die einzelnen Erdschichten, Urgebirge, Sekundär- und Trappformation, dann die Schneegrenzen, die Verteilung der Vegetation nach der Höhe... er gibt bereits alles weiter, was er in den letzten Jahren für sich entwickelt hat.

Kurze Zeit nach Humboldts Tod, mit der ersten Biographie von 1870, wurde eine wunderbare Liebesgeschichte erzählt, die er in Mexiko gehabt – und immer verschwiegen haben soll: die Affäre mit *la bella Rodriguez*, der schönen Rodriguez. Alexander habe sie in einem der bürgerlichen Häuser Mexikos, in einem Salon, kennengelernt und beim ersten Anblick entzückt ausgerufen: «Válgame dios! Qué muchacha es ésta?» (Um Gottes willen, wer ist dieses Mädchen?) Von diesem Tag an sei er nicht mehr von ihrer Seite gewichen und sogar, wie es sich für einen genialen Mann gehört, «tiefer noch durch ihren Geist als durch ihre Schönheit» bestrickt gewesen. «Der ernste Gelehrte war bedeutend verzaubert», erzählte um 1840 eine Madrider Dame, die Witwe des mexikanischen Botschafters in Spanien, die es von keiner anderen als der schönen Rodriguez selbst erfahren haben wollte. Und sie fügte hinzu, was seitdem der Stoßseufzer vieler Humboldt-Experten wurde: «Es tut einem wohl, dass so eine tiefe Liebe dem großen Humboldt begegnete!»

Diese Geschichte wird vor allem von jenen mit viel Begeisterung und Erleichterung erzählt, die die Vorstellung schmerzt, der große Forscher Humboldt könne eventuell nicht eindeutig heterosexuell fixiert gewesen sein. Adolf Meyer-Abich schreibt 1967: «Jedenfalls beweist auch diese Anekdote treffend, wie unsinnig die Hypothese von Humboldts abwegiger sexueller Veranlagung ist» (nebenbei fragt man sich, was da jetzt eigentlich «abwegig» sein soll: die Hypothese oder die Homosexualität?).

Wie auch immer: Die Geschichte von der heißen Liebe zur schönen Rodriguez beweist gar nichts, weder so noch so. Sie ist komplett erfunden. Als Humboldt in Mexiko lebte, weilte die Schöne sehr weit weg von ihm – in Spanien. Vielleicht hat die Madrider Señora einfach ein bisschen angegeben. Es ist tatsächlich bis heute, auch nach Entzifferung seiner Tagebücher, keine einzige erotisch-sexuelle Liebesbeziehung Humboldts feststellbar, weder zu Frauen noch zu Männern, nur die Bordellbesuche in Quito, in den «Häusern der unreinen Liebe», sind belegt, die der keusche Caldas ihm zum Vorwurf machte, und auch die beweisen nichts. Lassen wir also Alexander von Humboldt endgültig das Geheimnis seiner Sexualität.

Ende April 1803 hat er einen Brief von Willdenow erhalten, den dieser am 1. Oktober 1802, sieben Monate zuvor, geschrieben hat. Danach ist das Herbar, das Humboldt dem jungen John Frazer im Jahre 1800 von Havanna über England mitgab, endlich in Berlin angekommen! Alexander antwortet: *Es ist das erste und einzige Mal, dass ich etwas von dir lese, obgleich ich überzeugt bin, dass du mir oft geschrieben hast. Auch von meinem Bruder habe ich innerhalb vier Jahre nur fünf bis sechs Briefe bekommen.* Und er beklagt den ewigen Krieg in Europa, der auch die Meere unsicher macht, dieser *feindliche Unstern, der über uns waltet.*

In Mexiko-Stadt pflegen die drei Reisenden, der Baron Humboldt, der Bürger Bonpland und der Graf Carlos Montúfar, engen Umgang mit dem Sekretär des Vizekönigs, dem *sehr gelehrten Señor Jiménez,* und mit dem Vizekönig selbst, Don Vicente de Iturrigaray, und seiner Familie. Die halbwüchsigen Kinder des Vizekönigs schwärmen für Humboldt, der sich mit ihnen zurückzieht und ihnen stundenlang seine Abenteuergeschichten von den Tigern und Krokodilen des Orinoco erzählt. Beim Vizekönig erreicht er, dass man ihm die staatlichen Archive *zur Verfügung stellt,* das heißt, er hat ungehinderten Zugang zu allen Dokumenten der spanischen Kolonialgeschichte in Mexiko, ein außergewöhnliches Privileg. Iturrigaray geht sogar noch einen Schritt weiter und ordnet an, dass Alexander alles, was ihm notwendig erscheint, auch mit nach Hause nehmen und kopieren darf – eine Großzügigkeit, die weit über das hinausgeht, was der spanische König in seinen Vollmachten und Schutzbriefen für Humboldt vorgesehen hat.

Am 8. Juli 1803 – er notiert es genau – beginnen seine Archivforschungen. Sie werden einer der intellektuellen Höhepunkte der ganzen Reise. Die Urkunden, Dokumente, Statistiken, Korrespondenzen, Steuerbücher, auch die alten aztekischen Bilderschriften, die man ihm zugänglich macht, bilden die Grundlage für sein späteres Buch über Mexiko, den *Essai Politique sur le royaume de La Nouvelle-Espagne*. Es wird ein Buch, mit dem Humboldt ein ganz neues literarisches Genre erfindet, die moderne Landeskunde.

Die Bestände der Archive sind sehr gut geordnet, wenn auch in früheren Zeiten mehrere Feuer hier gewütet haben. Er findet unter dicken Aktenbündeln alte Tagebücher aus der ersten Zeit der Conquista, die er auszugsweise abschreibt. Alle frühen Manuskripte sind mit Indigo verfasst, weil man in den ersten Jahrzehnten nach der Eroberung keine europäische Tinte hatte. Und er entdeckt sogar – für ihn eine kleine Sensation – die *wunderbaren Manuskripte von Boturini*, die ein Mönch kopiert hat – *aber leider! in welchem Zustand!* Dabei handelt es sich nicht um Handschriften des italienischen Archäologen und Historikers Lorenzo Boturini (1702–1751), sondern um dessen Sammlung von – laut Katalog – 500 aztekischen Bilderschriften, die jedoch *zerrissen, bestohlen, verdorben und missachtet würde* ... die Reste bewahrt man in sehr feuchten Räumen auf. In England würde man, so schätzt Humboldt, mindestens 20 000 Pesos für diese Bilder zahlen. Boturini hat über seine Sammlung gesagt, es sei «die einzige Hacienda, die ich in West-Indien habe, ich würde sie nicht für Gold und Silber, Diamanten und Perlen eintauschen». Und jetzt: *Welch ein fauliges Durcheinander!*

Besonders interessiert Alexander sich für die Dokumente, Zeichnungen und Bilderschriften aus der Zeit vor der Eroberung. Die Wanderung der Azteken, die Gründung ihrer Städte, die Kriege, alles ist dargestellt und später, unmittelbar nach der Conquista, mit schriftlichen Erläuterungen versehen worden, entweder bereits auf

Spanisch oder in der Sprache der Azteken, jedoch geschrieben als phonetische Umschrift mit lateinischen Buchstaben. Es folgen historisch die Bilderschriften vom Einzug des Cortes in Tlaxcala und vom Massaker in Cholulá, *alles sehr gut wiedergegeben*, Krieger mit Waffen und auf Pferden, bärtige Mönche in schwarzer Kleidung, schließlich der geschlagene Moctezuma in Ketten vor Cortés und viele an den Bäumen aufgehängte Mexikaner. Es sind Bilder auf Agavepapier, auf Baumwollstoff, auf Seide, auf gutpräparierten Häuten und sogar auf Papier. Er findet ein Bild, das man für ein in Spanien gemaltes authentisches Cortés-Porträt hält, der grausame Eroberer ist schon alt, *die Gesichtszüge zeigen Hinterlist und einen betrügerischen Sinn.*

An Jean Baptiste Joseph Delambre in Paris schreibt er einen Brief, in dem er, ausnahmsweise, sein Herz ausschüttet: Er hoffe, Anfang nächsten Jahres *bei Ihnen in Frankreich* zu sein. Sein schönster Traum sei es, dort zu leben, im Zentrum der Wissenschaften und umgeben von bedeutenden Männern, *die mich mit ihrer Freundschaft ehren und meine Kenntnisse fördern. Aber ich fürchte, dass man mich in den frostigen Gebieten meiner nördlichen Heimat, dem ultima Thule* – also in seinem ungeliebten Berlin und am Hofe des Königs – *zurückhalten wird.* Er ahnt Schlimmes: *Ich habe erfahren, dass mich der König zum Mitglied der Akademie der Wissenschaften zu Berlin ernennen ließ. Diese Nachricht bereitet mir wenig Vergnügen. Jedoch werde ich Mittel finden, mich von dort fernzuhalten* ... Und er erzählt, er träume von einem schönen Ausflug des ganzen Freundeskreises von Paris hinaus nach Courzelles zu seinem Freund Pommard, *nicht um dort das große Problem des Lebens zu erörtern* (er meint die Entstehung des Lebens), *sondern um in mir die süßen Gefühle zu erneuern, die ich dort empfunden habe.*

Der Mann, der das schreibt, hat schweres Heimweh. Und zwar nach Paris.

Im August und September unternehmen sie eine große, zwei Monate dauernde Reise in den Norden, hinauf nach Huehuetoca und nach dem Ort Querétaro, der durch den Bergbau reich geworden ist. In der Innenstadt findet Humboldt eine Architektur, *die sich auch in London oder Paris*, seinem Nonplusultra, *sehen lassen könnte*. Die Behausungen der Arbeiter allerdings sind so dunkel und armselig wie überall. Sie besichtigen – auch auf Wunsch des Vizekönigs – die Manufakturen von Querétaro, die wegen ihrer Tuche berühmt sind; alles hier ist von höchster technischer Unvollkommenheit, stellt der ehemalige preußische Oberbergrat fest, besonders die Appretur und die Färberei. Er wird dem Vizekönig aber vor allem das menschliche Elend schildern, das sie hier antreffen. Denn *das, was schaudern macht und wünschen lässt, dass die ganze Industrie nicht existierte, ist die schreckliche Behandlung, die man den unglücklichen Indios und anderen Farbigen, die dort arbeiten, angedeihen lässt.*

Die Fabriken sind eher Gefängnisse. Die Arbeitsräume sind schmutzig, dunkel, stinkend und ungesund. *Große Haufen menschlicher Exkremente überall.* Die Männer alle nackt, mager, ausgezehrt. Man hält sie die ganze Woche eingesperrt, getrennt von ihren Familien. *Die Peitsche tanzt auf ihrem Rücken. Man fragt sich, wie das bei freien Menschen möglich ist.* Die Antwort lautet: Sie sind nicht frei. Die Fabrikherren verkaufen den schwer schuftenden Arbeitern den Schnaps, ohne den sie diese Arbeit gar nicht überstehen könnten; dadurch werden die Arbeiter zu Schuldnern. Sie arbeiten vor allem, um ihre Schulden abzuzahlen, sie können diese Hölle nicht einmal verlassen, um woanders ihr Glück zu suchen. *Die Unglücklichen arbeiten das ganze Jahr und werden niemals ihrer Schuld ledig.*

Länger als einen Monat bleiben sie in Guanajuato, der drittgrößten amerikanischen Stadt neben Havanna und Mexiko-Stadt, mit über 70 000 Einwohnern. Auch dies ist eine kontrastreiche Metropole: Eine Unmenge armseliger Lehmhütten, die das Aussehen von Ruinen haben, umzingelt ein paar ungeheuer schöne und teure Paläste von größter Pracht, mit Marmor und ionischen Säulen, die von eigens aus Italien herbeigerufenen Künstlern ausgemalt wurden (noch heute ist Guanajuato eine der großartigsten Städte Mexikos). Sie besichtigen die Silber-, Zinn- und Quecksilberminen und sammeln viele Material- und Gesteinsproben. *Guanajuato ist das Freiberg Mexikos.* Der Stollen *Veta madre* ist der reichste der Welt, seit 230 Jahren hat er für hunderte Millionen Piaster Erz gegeben. Außerdem enthält er sehr viel Gold. Humboldt erlebt jetzt *eine der ermüdendsten Epochen meines Lebens,* er fährt ununterbrochen in die Gruben ein, recherchiert für seine Gutachten wirtschaftliche und technische Daten, redet mit vielen Menschen über tausend Dinge. Einmal, auf einer glitschigen Leiter, tief unten im Schacht, rutscht er aus und stürzt ab. Vierzehn Tage lang hat er heftige Schmerzen. Aber nicht die Schmerzen sind sein Problem, sondern die ganzen Verhältnisse in den Bergwerken, die ihn in eine dunkle Stimmung versetzen.

Ich habe viel unter Melancholie gelitten.

Der leichtfertig, sogar waghalsig betriebene Bergbau lässt ihn, der in Franken Schutzgeräte für Bergleute entwickelte, wütend werden. Gerade die Tatsache, dass es in Preußen, Böhmen und Franken, auch in den Kohlegruben an der Ruhr, der Maas oder in Nordfrankreich genauso schlimm ist wie hier, macht ihn so ungewohnt schwermütig. Die Verhältnisse sind nirgendwo so, wie sie sein könnten. Weil beispielsweise Stollen zur Ableitung des Grubenwassers fehlen, kommt es zu katastrophalen Einbrüchen. Im Stollen von Valenciana sind kürzlich *250 Menschen ersoffen.* Auch im Stollen von Rayas sind viele Bergleute ertrunken. Es herrscht eine *unmenschliche Sorglosigkeit,* die man überall findet, wo *schneller Reichtum* winkt.

Das ganze Erz wird nicht von Tieren oder Maschinen, sondern von Menschen *ans Licht gebracht,* von 900 *tenateros.* Diese Schlepper und Träger, ausschließlich Indios und Mestizen, steigen in einer Schicht neun- oder zehnmal hinauf und wieder hinab («Reisen»), wobei sie jedes Mal zwei bis zweieinhalb Zentner Last über 1800 Stufen (Alexander hat sie gezählt) hochschleppen müssen. Sie arbeiten kriechend, klagend, schimpfend, nackt bis auf die Hosen, *unglückliche Abkömmlinge eines Volkes, das man seines ganzen Eigentums beraubte. Auch Knaben von zehn Jahren arbeiten schon als Erzträger.*

Die weißen Grubenbeamten sind hier so *verweichlicht*, dass sie sich der *caballos* oder *caballitos* (Pferde bzw. Pferdchen) bedienen, um nicht laufen zu müssen. Diese «Pferdchen» sind starke Männer, junge Indios, welche die Weißen auf einem auf den Rücken geschnallten Kissen in der Grube herumtragen, rauf und runter – *es ist ein widerlicher Anblick, junge Steiger in der Grube auf Menschen herumreiten zu sehen.* 125 000 Kilogramm Silber werden auf diese Weise jährlich gefördert.

Die Weiterreise ist wie ein großes Aufatmen. Die Landschaft, das Licht, die Vegetation. Menschen, die auf eigenem Boden Mais und Bohnen anbauen. Sie staunen über die Kontraste der Dörfer, durch die sie reiten: Da gibt es Indio-Dörfer wie La Magdalena, die nachts ganz verlassen daliegen, weil die Menschen auf den Feldern schlafen. Man trifft niemanden, der spanisch spricht, es gibt kein Essen und keine Herberge. Dann wieder ein einfaches Dorfkirchlein wie in San Miguel, ein Pfarrhaus daneben – und darin eine großartige europäische Bibliothek. Der Pfarrer Don Manuel Lino Guerra liebt seine Klassiker über alles. Er zeigt seine Bücher und, zur Erheiterung, auch ein großes Blatt mit der Zeichnung des *astronomischen Systems der Päpste*, darin sind die Lage der Hölle, der Verdammten, der Kinder, des Saturns, des Jupiters ... genau verzeichnet. Humboldt korrespondiert von Europa aus noch viele Jahre mit diesem gebildeten Mann, der sein Leben in San Miguel in tiefster Einsamkeit verbringt.

Dann untersuchen sie die Folgen eines der *schauerlichsten Phänomene, welche die Geschichte zu bieten hat*, die *Geburt eines Vulkans*. Es begann im September 1759 auf dem Gebiet einer großen Zucker-Hacienda bei Jorullo. Man hörte ein ungeheures Getöse, ein unterirdisches Brüllen, das alle in Bestürzung versetzte. Dann fiel auf einmal feine Asche vom Himmel und bestäubte die Hüte der Männer und Frauen, der Himmel verdunkelte sich am Tag.

Alle versuchten zu fliehen, Herren wie Sklaven. Riesige glühende Felsbrocken wurden *vielleicht 500, 600 Meter hoch* in die Luft geschleudert. Die tiefschwarze Nacht war von vulkanischem Feuer erleuchtet, die Fliehenden hörten einen Lärm *wie von Tausenden von Artilleriegeschützen*. Die Erde schwoll an, blähte sich zu einer gigantischen Beule auf und riss entzwei. Aus dem riesigen Loch ergoss sich ein Lavastrom. Vier oder fünf Monate lang setzten sich die Ausbrüche fort. Unter ständigem Brüllen wuchs der neue Vulkan in die Höhe, durch das Ausschleudern von Lava über seine eigenen Hänge wurde er größer und größer.

Am 19. September 1803 besteigen sie diesen jungen Vulkan, Alexander, Aimé, Don Ramón Espelde und zwei Indios. Don Ramón kennt das Gelände gut, das *nicht ohne Mühseligkeit* ist, wie der alte Bergsteiger und Vulkanologe Humboldt notiert. *Ein schöner Tag, ruhig und heiter, aber sehr heiß*. Auf dem steilen Lavageröllhang müssen sie die Hände zur Hilfe nehmen, die bald anfangen zu bluten. Der Aufstieg ist gefährlicher und schwieriger als der auf den Pico de Teide, sagt Alexander. Oft gleiten sie aus und rutschen auf dem Bauch viele Meter hinunter. Unwillkürlich halten sie sich dabei an kleinen Felsbrocken fest, die lose herumliegen, was jedes Mal eine kleine Gerölllawine auslöse. Endlich erreichen sie den Gipfel. *Wir sahen vor uns den Krater, eine tiefe Kluft, aus der eine ungeheure Menge gelben, schwefligen Rauchs aufstieg*. Sie spüren, dass sie nur auf einer dünnen Kruste von kaum erkaltetem Gestein gehen. *Hätte man das Unglück gehabt, in die Kruste einzubrechen, hätte man sich die Beine, ehe man sie zurückziehen konnte, bis auf die Knochen verbrannt*. Er findet Porphyr, den das vulkanische Feuer aus großer Tiefe herausgeschleudert hat. Keinen Bimsstein, im Unterschied zu den südeuropäischen Vulkanen.

Sie steigen sogar in den Krater hinab, gerade so, als wollten sie diese letzte Vulkanexpedition in Amerika bis zur äußersten Gefahrengrenze ausreizen. Aus den Felsspalten zischt gelblicher Schwefeldampf. Alexander hält es für eine *befriedigende Idee*, sich *unmittelbar im Zentrum des Schmiedefeuers der Zyklopen* zu befinden. *Es ließ uns jede Gefahr vergessen.* Nur der umsichtige und wenig begeisterungsfähige Espelde, der nichts Schönes entdeckt an dem, was Aimé und Alexander *trunken macht*, mahnt unaufhörlich zur Rückkehr. Nach kurzer Zeit schon haben sie von der Hitze verbrannte Gesichter. In den Schwefeldämpfen erleiden sie erstickende Hustenattacken. Schließlich sind sie dem Grund so nahe, *dass uns nichts zu wünschen übrigblieb.* Sie stehen auf einer unterhöhlten Lavamasse, ein winziges Erdbeben in diesem Moment hätte zu ihrem Untergang geführt. Dann ein Experiment, wie es sich Alexander seit langem ersehnt: eine Probe Luft aus der Tiefe eines Kraters (*Mangel an Sauerstoff, Übermaß an Kohlensäure,* notiert er später). Ein schöner Abschluss ihrer vulkanologischen Forschungen in Amerika.

In Mexiko-Stadt liegen Briefe von den alten Freunden aus Cumaná. Alexander erfährt jetzt, dass Fray Juan Gonzales, dem er einige Kisten mit Sammlungen vom Orinoco nach Spanien mitgegeben hat, ertrunken ist, «als das Schiff, von Mauren verfolgt, durch die übermäßige Beanspruchung des Segels Schiffbruch erlitten hat. Mit dabei war der kleine Sohn von Beltrán», der in Spanien erzogen werden sollte.

Am 20. Januar 1804 – fünf Jahre nach ihrem Eintreffen in Spanien – verlassen sie Mexiko-Stadt und reisen nach Veracruz an die Atlantikküste (eine Strecke, die heute zur Bundesstraße 140 ausgebaut wurde und *Avenida Alejandro de Humboldt* heißt). Ihre großen Sammlungen haben sie vorausgeschickt. Man spürt, dass sie sich jetzt nicht mehr aufhalten lassen wollen – nicht einmal durch zwei der spektakulärsten Vulkane Amerikas, den Popocatépetl und den Iztaccihuatl, die sie sozusagen nur noch im Vorbeigehen trigonometrisch vermessen, ohne sie zu besteigen. Diese trigonometrischen Messungen sind nicht sehr genau: dem Popocatépetl gibt Alexander eine Höhe von 2764 toisen (5389 Meter), in Wirklichkeit ist er 63 Meter höher. Dann der Besuch der Pyramide von Cholulá, welche die Tolteken lange vor der Herrschaft der Azteken aus Millionen gebrannter Ziegel gebaut haben. Von der Spitze der Pyramide genießen sie die Aussicht auf eine ganze Reihe verschneiter Berge. Alles ist Abschied.

Die Küstenebene, endlich. Das grüne Meer der tropischen Vegetation, Regenwald, dann der karibische Strand bei Veracruz.

Sechzehntes Kapitel

ABSCHIED VON AMERIKA

Beim Abschied von Veracruz blicken sie zurück auf die Altstadt, auf die Palmen, auf den Fluss. Alles erinnert jetzt an etwas, das sie schon früher gesehen haben, an Cumaná, Guayaquil, Acapulco. Sie verlassen die Küste bei schönem Wetter und leichtem, aber ausreichendem Wind. Als sie sich Kuba nähern, sehen sie riesige Schwärme von Enten, die nach Florida fliegen, in den subtropischen Frühling. Es gibt mehrere Coati an Bord, Nasenbären, die man in Mexiko *Tejón* nennt, die Nasen sind beweglich wie Rüssel. Die zwölf Tage auf See sind friedlich, nur einmal nachts kommt ein Sturm auf. In dieser *schwarzen und trübseligen Nacht* wechseln vollkommene Windstillen mit entsetzlichen Sturmböen, unter rabenschwarzen Wolken. Die Brecher beschädigen den Bug. Dann ein heftiges Gewitter, die Blitze schlagen ganz nahe ins Meer, das Wasser schäumt und spritzt dabei auf. Dann wieder strömender Regen, der das Meer beruhigt.

Havanna ist jetzt gar nicht mehr so glänzend wie damals, 1800, als sie vom Orinoco kamen. Sie haben inzwischen viele andere Städte, vor allem aber Mexiko-Stadt, kennengelernt. *In Havanna drehen sich alle Gespräche um das große Problem, wie man mit der geringsten Zahl von Sklaven die größte Menge Zucker produzieren kann; es gibt kein technisches Interesse, keine physikalische Idee, keine Untersuchung der Ursachen* ... Trotzdem ist es zum ersten Mal die Ankunft in einer vertrauten Stadt, mit Freunden, die auf sie warten, die Familie Cuesta, der Graf O'Reilly und der Generalkapitän, Don Luis de las Casas.

Ein Brief aus Europa löst einen Schock aus. Sein Bruder Wilhelm berichtet ihm, dass Reinhard von Haeften im Vorjahr, gerade 31 Jahre alt, gestorben ist. Alexander vertraut seinem Tagebuch ein paar philosophische Überlegungen an: *Seit fünf Jahren war ich so glücklich in allen Unternehmungen, dabei in bester Gesundheit, alle meine Pläne gelangen mir ... mit etwas mehr Lebensweisheit hätte ich ahnen müssen, dass mich ein großes Unglück erwartet. Je glücklicher man sich fühlt, desto näher ist man am Abgrund.* An Christiane von Haeften, seine *teure und liebe Freundin*, schreibt er einen langen Brief. *Wie furchtbar ist es, 3000 Meilen von Ihnen entfernt gewesen zu sein zu einer Zeit, in der Sie meine Anwesenheit am nötigsten gebraucht hätten.* Es gab so viele *verlorene und verirrte Briefe*, dass er nichts über die Umstände weiß, die dieses verhängnisvolle Ereignis begleiteten. Er sagt, er habe fünfzigtausend *quälende Fragen*. Offenbar überlegt er sogar, auch in Briefen an Bill, Christiane zu heiraten. Eine Versorgungsehe. Er deutet es der jungen Witwe nur an. *Bill wird Ihnen meine Pläne darüber schreiben. Wie sehr wünsche ich, Sie zu umarmen und Ihnen zu sagen, wie sehr ich Sie liebe, Sie und die Kinder, die einzigen Reste des Schiffbruchs ...* Er hat sie immer sehr gemocht. Aber heiraten? Er wird ihr nach der Rückkehr über Kunth regelmäßig Geld zukommen lassen und die Idee der Eheschließung schnell vergessen.

In Havanna lernt er den amerikanischen Konsul kennen, Vincent Gray, der ihm vorschlägt, die Rückreise nach Europa mit einem Abstecher in die USA zu verbinden. Angesichts der napoleonisch-britischen Kriege, die immer noch die Meere unsicher machen, hält Humboldt eine Überfahrt auf einem neutralen, US-amerikanischen Schiff für die beste Lösung, auch wenn das bedeutet, dass er nicht mehr nach Spanien kommen wird.

Er weiß nicht, dass Vincent Gray an seinen Außenminister James Madison schreibt: «Humboldt ist in der Lage, Ihnen viele nützliche Informationen über das an Louisiana angrenzende Land zu geben.» Der «Louisiana Purchase» (der Kauf von Louisiana) hat im Jahr zuvor, 1803, das Territorium der USA auf einen Schlag um die Hälfte vergrößert. Napoleon hat dieses riesige, bis dahin französische Gebiet in Nordamerika für rund 27 Millionen Dollar an die damals erst aus dreizehn Staaten bestehenden USA verkauft – eigentlich eher verschenkt. Es ist das vielleicht verrückteste Grundstücksgeschäft der Geschichte. Napoleon weiß genau, dass sich solche kolonialen Gebiete nicht mehr lange halten lassen; zugleich ist es für ihn eine Chance, Großbritannien, den Hauptgegner, zu schwächen, indem er die USA stärkt. Beim Louisiana-Territorium darf man sich allerdings nicht den heutigen US-Bundesstaat Louisiana vorstellen; vielmehr handelt es sich um das ganze riesige Mississippi/Missouri-Gebiet – also die heutigen Staaten Louisiana, Missouri, Arkansas, Iowa, South und North Dakota, Nebraska, Oklahoma, Kansas, Colorado, Wyoming, Montana und Minnesota. Infolgedessen grenzen die USA jetzt an das spanische Vizekönigreich Neu-Spanien, das damals allerdings noch sehr viel größere Mexiko. Wer, wenn nicht Humboldt, kann den Besitzern dieser *new territories* Auskunft über die neuen Nachbarn geben, die Mexikaner?

Am 29. April 1804 gehen sie unter Segel, Humboldt, Bonpland, Carlos Montúfar und José de la Cruz. In der Passagierliste steht: «Charles Montúfar, zwei Reisekoffer; Baron von Humboldt, zwei Reisekoffer; Alexander Bonpland (hier wird statt Aimé sein zweiter Vorname benutzt), ein Reisekoffer und ein Kasten Briefe»; ferner «ein Diener». Im Frachtbrief heißt es dagegen: «Baron Hambut, 26 Kisten mit Pflanzen und eine mit Samen.»

Die Überfahrt dauert 21 Tage und ist in der Bahama-Straße, wie er später lakonisch schreiben wird, *bei Nordwinden gefahrvoll stürmisch* – womit er einige der dramatischsten Stunden seines Lebens umschreibt. Im Tagebuch ist detailliert beschrieben, wie knapp sie jetzt, ganz am Ende der Reise, dem Untergang entkommen. Der 9. Mai 1804 ist einer der schlimmsten Tage ihres Lebens, neben dem 6. April 1800, dem *domingo de las ramas* auf dem Orinoco, und dem anderen Palmsonntag in der Karibik, als sie nach Kolumbien unterwegs waren. Ein *Orkan*, der an der Küste Floridas tobt, nach heutigen Begriffen ein Hurrikan, lässt sie nicht zur Ruhe kommen, sechs Tage lang ist es *unmöglich zu schlafen, selbst einen Gedanken zu fassen.* Die schweren Brecher toben über Deck und die Treppen hinunter, setzen die Kajüten unter Wasser. Niemand hält sich auf den Beinen, *selbst die härtesten Matrosen geben nach tagelangem Kampf entkräftet auf.*

Die Matrosen verlangen aus Angst immer mehr Schnaps, sie sagen, wenn man schon ertrinken muss, dann besser in volltrunkenem Zustand. *Ich bin niemals stärker mit meinem unmittelbar bevorstehenden Tod beschäftigt gewesen als am frühen Morgen des 9. Mai,* heißt es im Tagebuch. Er steht an Deck, neben ihm der dänische Steuermann Bollar. Jede Welle kommt auf das Schiff zu wie ein Felsen. Bollar sagt, binnen Stunden werde das Schiff vollgelaufen sein und untergehen. *Ich fühlte mich ungeheuer erregt. Mich untergehen zu sehen am Vorabend so vieler Freuden, mit mir alle Früchte meiner Arbeit untergehen zu sehen, die Ursache für den Tod der Menschen zu sein, die mich begleiten, unterzugehen auf einer Reise nach Philadelphia, die überhaupt nicht nötig war ...* Dann denkt er, dass der Tod zwar alle seine Forschungen nutzlos machen würde, es aber trotzdem richtig war, zu tun, was er getan hat: seinen Traum zu erfüllen, seinem Stern zu folgen. *Ich tröstete mich damit, ein glücklicheres Leben geführt zu haben als die meisten Sterblichen.* Für so viel Glück in all den Jahren fordern jetzt, wie er glaubt, die zornigen Rachegöttinnen ihren Tribut.

Plötzlich ist der Hurrikan vorbei. Der Himmel wird wieder sichtbar. Niemals ist ihnen ein Himmel blauer erschienen. Doch dann schlägt der Sturm noch einmal zu, drei Tage lang sind sie ihm wehrlos ausgeliefert. Kein Mitglied der Besatzung hat je einen solchen Sturm erlebt, und mit starrem Blick schauen die Matrosen wieder auf die Haie, deren Rückenflossen das Wasser schneiden.

Man erwartet uns, sagen die Männer.

Am 22. Mai 1804 segeln sie in die Delaware-Mündung und sind in «Gottes eigenem Land», die Zollbeamten verlangen, dass alle die protestantische Bibel küssen. Der spanische Kapitän zittert, als man ihn zwingt, die Schrift des schrecklichen «Doktor Lutero» mit den Lippen zu berühren wie ein Heiligtum. An diesem Tage schließt Humboldt seine Arbeitsjournale mit der Bemerkung ab: *Am 22. Mai um 10 ½ Uhr 6,8 Grad, Luft 75 Grad, bedeckter Himmel. Bei Lost Ridge, wo der Fluss eine kleine Insel hat, ist er fast 400 toisen breit.* Seine Forschungsreise erklärt er hiermit für beendet.

Eine Tageszeitung meldet die Ankunft des «Baron de Hombott». Über New Castle reisen sie nach Philadelphia, die mit 75 000 Einwohnern größte Stadt des Landes, die bis vor vier Jahren auch die Hauptstadt der Vereinigten Staaten war. Die neue Hauptstadt Washington ist dagegen, wie sie bald sehen werden, eine winzige Stadt *mit 3000 Bürgern, davon 700 Sklaven*. Sie logieren in der «City Tavern». In der «Library Company», einer von Benjamin Franklin gegründeten Bibliothek, liest er in einer wissenschaftlichen Zeitschrift eine Notiz, die ihn unendlich erleichtert: «Ankunft von Herrn v. Humboldts Manuskripten bei seinem Bruder, über Spanien».

Geistiges Zentrum der USA wird für sie die «American Philosophical Society» in Philadelphia. Dr. Caspar Wistar diskutiert mit ihnen über mögliche Schutzimpfungen, Benjamin Smith Barton, ein Liebhaber indianischen Lebens, über Botanik und indianische Kultur (der große Ausrottungsfeldzug gegen die Indianer hat noch kaum begonnen), und Benjamin Rush, einer der Unterzeichner der Unabhängigkeitserklärung, über die Wirkungen der Chinarinde. Das geistige Leben der jungen Republik USA steht dem Mexikos nur wenig nach, zumindest in Philadelphia. Sie befreunden sich mit Charles Willson Peale, einem Wissenschaftler, Maler und stolzen Besitzer eines Raritätenkabinetts mit einer fünfbeinigen Kuh, einem zweiköpfigen Kalb, einem geklauten Stück von der Pariser Bastille und dem konservierten Zeigefinger eines hingerichteten Pistolenhelden.

Mit Peale zusammen besteigen sie schon nach einer Woche, am 29. Mai, die Kutsche, die sie über Baltimore nach Washington bringt. Der Präsident will sie sehen, auch wenn er darauf hinweist, dass es in der neuen Hauptstadt «noch nichts gibt, was den be-

Das Kapitol in Washington um 1804, als Humboldt und seine Freunde Bonpland und Montúfar auf das hohe Gerüst der Kuppel stiegen. Die neue Hauptstadt der USA hatte damals kaum dreitausend Einwohner, die siebenhundert Sklaven mitgerechnet.

rühmten Reisenden anziehen könnte». Jefferson ist, wie Alexander und Aimé, ein Verfechter der Ideen der Aufklärung. Er hat den Text der Unabhängigkeitserklärung verfasst, war Botschafter der USA in Frankreich und spricht sechs Sprachen fließend.

Das «White House», *noch ganz unfertig,* ist erst vor fünf Jahren bezogen worden, das Kapitol befindet sich im Bau. Alexander und seine Freunde steigen auf die Gerüste der großen Kuppel. Sie glauben, «Federal City» werde eines Tages vielleicht sogar schöner werden als Mexiko-Stadt. Und trotzdem: *Washington und Philadelphia werden immer nur europäischen Städten ähnlich sehen und den Reisenden nicht durch jenen eigentümlichen Charakter überraschen, den Mexiko, Bogotá, Quito und alle Hauptstädte darstellen, welche in den Tropenländern in der Höhe der Großen Bernhardstraße und noch höher gebaut sind.*

Teestunden mit Herausgebern, Interviews mit Journalisten, Diners mit Schriftstellern, dann, am 4. Juni, ein großer Diner-Empfang bei Jefferson im Weißen Haus, im Beisein von Finanzminister Gallatin (einem schweizerischen Einwanderer) und Außenminister James Madison. Alexander ist in seinem Element: Er redet über den Sinn wissenschaftlichen Forschens, über die Verbesserung der Lebensverhältnisse, über die Verschiedenartigkeit der Sitten und Gebräuche in der Welt. Jefferson erklärt, der weite Westen der USA sei noch völlig unbekannt, gerade erst habe man begonnen, einen Weg zum Pazifik zu erschließen (Kalifornien ist noch spanisch-mexikanisch). Jefferson hat beachtliche geographische Kenntnisse und Interessen. Humboldt diskutiert mit ihm eines seiner Lieblingsprojekte, den Plan eines interozeanischen Kanals, der entweder auf der Höhe von Nicaragua oder Kolumbien (Panama wird erst sehr viel später von den USA für den Kanalbau «geschaffen») den Atlantik und den Pazifik verbinden soll. Er verpflichtet sich, demnächst über die Pariser Botschaft der USA eine Denkschrift zu dieser Frage zu schicken.

Er hat an diesem Abend nicht nur die führenden Politiker der USA von sich überzeugt, sondern auch die Herzen der Damen gewonnen. Am nächsten Tag schreibt Dolly Madison, die Frau des Außenministers, ihrer Schwester: «All the ladies say they are in love with him.» Und Mrs. Margret Smith, die Frau eines bekannten Journalisten, teilt mit: «The Baron Humboldt is a charming man ... I am sure I speak without exaggeration when I pronounce him one of the most learned men of the age.» Jeffersons Privatsekretär Burwell notiert eine Äußerung seines Chefs über Humboldt, «he appeared delighted with Humboldt & said he was the most scientific man he had ever seen». Minister Gallatin schreibt seiner Frau, er habe «in knapp zwei Stunden mehr Neues erfahren, als ich in den letzten zwei Jahren gehört oder gelesen habe» – was fast wörtlich einer Tagebuchnotiz Goethes nach einem der Besuche Humboldts entspricht.

Alexander hat die kleine Hauptstadt eines aufstrebenden Landes im Handstreich genommen. Neben ungeheuer neuen Ideen, die er plastisch zu schildern vermag, scheut er sich nicht, hier und dort ein paar «shocking anecdotes» über die dekadenten europäischen Königshäuser einzustreuen, Klatsch auf höchster Ebene, etwas, das die Damen der Republik stark beeindruckt. Jefferson, Humboldt und Bonpland treffen sich noch oft, auch im ganz privaten Rahmen. Alle drei sind ausgemachte Republikaner und als solche für die Abschaffung der Todesstrafe, für öffentliche Schulen, für die Trennung von Kirche und Staat. Hätte Alexander ahnen können, dass seine detaillierten Informationen, einschließlich seiner Mexiko-Karten und seiner statistischen Arbeiten, die er den Amerikanern zum Kopieren ausleiht, für künftige militärische Zwecke gegen Mexiko missbraucht werden? Schon in Havanna hat er geschrieben, *dass die USA eine Gefahr für Spanien zu werden beginnen.* Er wird später den Imperialismus der USA gegenüber dem mexikanischen Nachbarn stets eindeutig und mit scharfen Worten verurteilen.

Am 27. Juni, wieder in Philadelphia, schreibt Humboldt seinen Abschiedsbrief an Jefferson. Er bedankt sich für die *wohltuende Güte*, die ihn für immer mit diesem Land verbinde. Während Europa *ein unmoralisches und düsteres Schauspiel* darbiete, gehe das Volk dieses Kontinents der Vervollkommnung seiner sozialen Verhältnisse entgegen. Seine Höflichkeit verbietet es, dem Präsidenten schriftlich mitzuteilen, was dieser ohnehin weiß: dass Alexander das Sklavensystem in den Vereinigten Staaten für das abscheulichste in ganz Amerika hält.

Drei Tage später schiffen sie sich auf der *Favorite* ein, um die Heimreise anzutreten. Sie müssen zehn Tage an Bord verbringen, ohne dass die Fregatte ausläuft. So startet er noch einmal eine kleine PR-Kampagne: Für John Vaughan von der «Philosophical Society» verfasst er einen ziemlich umfangreichen Überblick über seine Forschungsreise. Er entschuldigt sich, dass er unter dem großen Zeitdruck Französisch schreibe, und sagt, *ich hätte es gern, dass Sie diese Arbeit in einer Zeitschrift einrücken ließen. Sie haben wohl die Güte, sie zu übersetzen. Grüßen Sie unsere Freunde, wir gehen unter Segel.*

Nach der Ausfahrt aus der Mündung des Delaware sehen sie nur noch die offene See, den riesigen Atlantik, den sie in nur knapp vier Wochen bei gutem Wetter überqueren. Schon am 1. August 1804 fahren sie in die Mündung der Garonne ein und erreichen Bordeaux. Vor knapp sechs Jahren, als sie Paris verließen, hofften sie auf eine Reise nach Tunis und Ägypten, jetzt kehren sie aus Peru und Mexiko zurück. *Ja, das sind die Pläne der Menschen.*

Mein teurer Carl!, schreibt er an Willdenow, *ich bin endlich auf europäischen Boden glücklich zurückgekommen. Meine Expedition ist vielleicht ohne Beispiel glücklich gewesen. Ich bin gesünder, stärker, arbeitsamer und heiterer denn je. Mit dreißig Kisten mit botanischen, astronomischen und geologischen Schätzen beladen kehre ich zurück und werde Jahre brauchen, mein großes Werk herauszugeben.* Und er erklärt: *Wann ich dich in Berlin sehe, wie bald, weiß ich nicht. Ich scheue den ersten Winter. Ich bin so neu, dass ich mich erst orientieren muss.*

Alexander, Carlos und Joseph besteigen die Kutsche nach Paris, wo Humboldt in der rue des Augustins im Faubourg St. Germain eine Wohnung mietet. Bonpland will zuerst nach La Rochelle reisen, um seinen Bruder zu besuchen. Auf diese Weise entgeht er dem sensationellen Empfang in Paris – und bringt sich vielleicht um den Teil des Ruhms, der ihm zugestanden hätte. Zum ersten Mal seit fast sechs Jahren sind Humboldt und Bonpland für längere Zeit getrennt.

Wilhelm von Humboldt, *Bill*, ist inzwischen preußischer Gesandter beim Vatikan geworden und lebt in Rom, aber Caroline, *die Li*, Alexanders Schwägerin, hält sich in Paris auf. Sie berichtet Wilhelm: «Alexander ist gestern angekommen, und seitdem geht es uns wie ein Mühlrad im Kopf herum. Er sieht sehr gut aus, ist fetter geworden. Er ist so unbeschreiblich immer noch derselbe in seinen Manieren, Mienen, Gestikulationen, dass ich meine, er wäre vorgestern erst von uns gereist. Er macht den größten Effekt hier, weil alle ihn haben wollen ... Er rechnet beständig sein Vermögen durch ...» An Kunth in Berlin schreibt Alexander: *Im Augenblick beschäftige ich mich sehr mit meinen Vermögensverhältnissen. Ich bitte Sie, mir mit der nächsten Post eine Übersicht über den gegenwärtigen Stand meines Vermögens und meiner Einkünfte zu geben.* Er wird feststellen müssen, dass er mehr ausgegeben hat, als er glaubt. Viel mehr.

Paris im Jahre 1804, das ist das geistige Zentrum der Welt, politisch, wissenschaftlich, künstlerisch, gesellschaftlich. Ein Hexenkessel der Begabungen, ehrgeizige und exotische Fremde, geistvolle und schöne Frauen. Humboldt wird gefeiert und als Entdecker des Casiquiare und Bezwinger des Chimborazo durch die Salons gereicht. Vor drei Monaten hatten die Gazetten zuletzt gemeldet, er sei gestorben, das gelbe Fieber habe ihn dahingerafft. Er erlebt Stunden und Tage des Triumphes. Er hat nicht nur die unglaublichsten Abenteuer erlebt, er versteht es auch hinreißend, davon zu erzählen.

Es sind die Monate vor der geplanten Krönung Napoleons zum Kaiser. Er wird sich, anders als die Kaiser vor ihm, nicht durch den Papst krönen lassen, sondern sich, als Gebender und Empfangender zugleich, selbst die Krone aufsetzen. Und den Papst, Pius VII., beordert er nur als eine Art Zeugen nach Paris, wo im Dezember 1804 in der Notre Dame de Paris diese einzigartige Feier stattfinden soll. Napoleon hat nicht nur über so viele Länder, europäische wie außereuropäische, die Schrecken des Krieges gebracht, er hat damit auch ununterbrochen die Pläne des jungen Humboldt durchkreuzt und verhindert, jahrelang. Schon 1797 war der Plan, in Italien die Vulkane zu erforschen, am dortigen Eroberungskrieg Napoleons gescheitert. Die Weltumseglung Baudins musste im folgenden Jahr, 1798, verschoben werden, weil das Forschungsgeld in die Kriegskassen floss. Der alternative Plan einer Reise nach Tunesien und Ägypten konnte nicht verwirklicht werden, weil Napoleon im Sommer 1799 mit einem riesigen Heer über Ägypten herfiel. Humboldt und Bonpland blieben in Marseille stecken und reisten verzagt nach Spanien, um dort den Winter zu verbringen. Napoleon wurde der «persönliche Dämon» Humboldts. Davon abgesehen ist es für einen humanistisch orientierten Gelehrten von Humboldts Zuschnitt unmöglich, diesen Machtmenschen zu achten, der über sich gesagt haben soll: «Ein Mann wie ich pfeift auf das Leben von einer Million Menschen.»

In der Zeit seiner Abwesenheit hat es zahlreiche neue Kriege, bedeutende Schlachten und gebrochene Friedensverträge gegeben, Ereignisse, an denen eine den Krieg verherrlichende Epoche sich berauscht: die Schlacht von Marengo, den Frieden von Luneville, den Frieden mit Russland, den Frieden von Amiens, die neuerliche Kriegserklärung Englands, die Ernennung Napoleons zum Konsul auf Lebenszeit, die britische Kontinentalsperre mit der Blockade der europäischen Häfen durch britische Schiffe, die Wiedereinführung der Sklaverei und der deshalb ausbrechende Aufstand auf Haiti. Dies alles, und unendlich viele Tote. Es stimmt Humboldt *melancholisch*, wie er sagt, und ein Ende der Konflikte ist nicht in Sicht. Im Gegenteil: Sie werden noch ein ganzes Jahrzehnt andauern und zehn Millionen Opfer fordern. Für die wenigen Menschen, die wie Humboldt ein zivilisiertes Europa herbeisehnen, stellt sich dieser Kontinent als ein nationalistisch verpesteter Konfliktherd dar, als das *unmoralische und düstere Schauspiel*, von dem er in Washington gesprochen hat.

Wochen vor der Krönung, im Herbst 1804, sind Humboldt und Bonpland zu einem feierlichen Empfang Napoleons im Palast der Tuilerien geladen, sie stehen nebeneinander, der Diktator kommt, sie zu begrüßen – er sieht durch Bonpland hindurch, als existiere dieser nicht, und wendet sich an Humboldt mit den sorgsam vorbereiteten Worten: «Ah, Monsieur Humboldt, ich hörte, Sie beschäftigen sich mit Pflanzen?» Alexander nickt irritiert. Napoleon sagt lächelnd zu seinem Gefolge: «Genau wie meine Frau.» Und geht weiter. *Der Kaiser war Bonpland gegenüber von eisiger Kälte und voll Hass gegen mich*. Gerade diese napoleonische Eifersuchtsattacke aber zeigt, wie berühmt Humboldt bereits ist. An Bill schreibt er: *Der Ruhm ist größer als je*. Trotz der Demütigung nimmt Humboldt die Einladung zur Kaiserkrönung in der Notre-

Dame an, er lässt sich sogar für enorm viel Geld, 70 Louisdor, sehr kostbare samtene Kleidung anfertigen: *Man muss nach einer solchen Reise nicht aussehen wie auf den Hund gekommen.*

Er ist von einem ungeheuren Enthusiasmus und Schaffensdrang erfasst, alle Mitglieder des Instituts haben seine Manuskripte und Sammlungen durchgesehen, und sie sind einhellig der Meinung, dass jeder Teil so gründlich behandelt worden ist, *als wenn ich mich mit diesem allein abgegeben hätte. Kurz: Es ist alles im Gang. Das Nationalinstitut ist vollgepfropft, wenn ich lese.* Der Chemiker Berthollet sagt über ihn: «Dieser Mann vereint in sich eine ganze Akademie», was Alexander sofort vergnügt seinem Bill nach Rom berichtet. Eine ihm in Berlin angebotene Professur lehnt er ohne Zögern ab. Er richtet sein altes Stoßgebet an die Götter: *Macht nur, dass ich niemals nötig habe, die Türme Berlins wiederzusehen.*

Jetzt ist er, was er immer sein wollte: ein anerkannt nützlicher Bürger. Und zugleich ein weltberühmter Reisender, der über sein Leben selbst bestimmt. Alexanders Jugendträume haben sich erfüllt.

EPILOG

Im September ist er fünfunddreißig geworden. Die beiden Porträts, die in dieser Zeit entstehen, zeigen einen sehr viel jüngeren Mann, der den Betrachter selbstbewusst und freundlich anlächelt, der Blick ist ganz offen, die lockigen Haare fallen in die Stirn. Gleich wird er aufspringen und nach irgendeinem Gegenstand greifen, einem Messgerät, einem Buch. Alexander hat noch fünfundfünfzig Jahre vor sich, ein langes Leben – und ein riesiger Stoff, der hier nicht erzählt werden kann. Die amerikanische Reise und ihre Aufarbeitung bilden die Grundlage dieses Lebens, das er in unermüdlicher Tätigkeit und zugleich lustvoll verbringt.

Ohne materielle Hilfe, doch auch ohne jede staatliche Einmischung, nur angetrieben von einem großen Traum und gestützt auf die Gunst eines großen Erbes, steht Humboldt einzigartig da in der Geschichte der Forschungsreisen. Es ist ihm und Bonpland keine Sekunde lang um machtpolitische Ziele oder Handelsinteressen gegangen, sondern nur um wissenschaftliche Zwecke. Um Erkenntnis. Auch deshalb, und nicht nur wegen der physischen Strapazen und Abenteuer, beginnen viele Menschen in Europa, diesen Mann zu verehren. Zwei oder drei Generationen junger Forscher, Darwin auf den Galapagosinseln, Heinrich Barth in Timbuktu, Lepsius in Ägypten, werden in ihm ihr großes Vorbild sehen.

Kaum hat er sich in Paris eingerichtet, beginnt er mit der Vorbereitung der künftigen Arbeit. Da er Bonpland als Mitarbeiter behalten will, der den botanischen Teil des geplanten Reisewerks redigieren soll, setzt er alles daran, für seinen Freund eine staatliche

Förderung zu erhalten. Er antichambriert, trifft wichtige Leute zu langweiligen Essen, macht den Gattinnen einflussreicher Politiker schmeichlerische Komplimente und schreibt einen Haufen Briefe: *Sehr geehrter Herr Staatssekretär, ich fordere nichts für mich, aber ich habe einen Freund* ... *Sehr geehrter Herr Minister, ich darf Ihr feinfühliges Herz an das erinnern, was mich am meisten beschäftigt, das Schicksal von Herrn Bonpland*...

Über sich spottet er: *Ich bin der zudringlichste Bettler von Paris.*

Er rühmt Bonpland als großen Freund. Niemals während der ganzen Reise sei einer von ihnen mit dem anderen unzufrieden gewesen. Aimé erhält schließlich von der Regierung eine jährliche Pension von 3000 Francs, nicht gerade viel, doch ausreichend für ein Leben in Paris. Alexander taucht in die Welt der Wissenschaften, der Forschungsprojekte ein, erneuert alte Freundschaften und schließt zahlreiche neue, etwa mit dem Physiker Jean Baptiste Biot, mit dem er über Erdmagnetismus forscht, und mit dem genialen jungen Chemiker Louis Joseph Gay-Lussac, der im September 1804 in einem Ballon in die sensationelle Höhe von 7000 Metern aufsteigt, um dort oben Proben der Luft zu nehmen. Der Physiker Dominique François Jean Arago, den er etwas später kennenlernt, wird der beste Freund für die nächsten Jahrzehnte. Der erheblich jüngere Arago, der viele Jahre lang mit Humboldt zusammenlebt, sagt, er liebe an Alexander zugleich sein «reines Herz» und sein «großes Lästermaul».

Humboldt widersteht der Versuchung, rasch einen Bericht über seine unglaublichen Abenteuer zu verfassen, über die er in den Salons durchaus gern redet. Es hätte ein Bestseller werden können, doch er will lieber *die Natur im Großen zeichnen* (das heißt die wissenschaftlichen Zusammenhänge darstellen) als seine und Bonplands Abenteuer erzählen. Er plant zunächst, in elf verschiedenen Werken das erworbene Wissen darzustellen, und zwar so, dass es *die Aufmerksamkeit von ästhetisch fühlenden Menschen gewinnt.* Am Ende, nach fast dreißig Jahren Arbeit, werden es 34 Bände sein.

Sofort nach seiner Rückkehr beginnt er in Paris mit Druckern und Verlegern zu verhandeln, mit Zeichnern und Kupferstechern, mit Wissenschaftlern anderer Disziplinen, die er für eine Zusammenarbeit gewinnen will. Außer Bonpland, der den botanischen Teil bearbeiten wird, sind da etwa Georges Cuvier für die Zoologie und Jabbo Oltmann für die Mathematik, also für die Berechnung der abertausend Ortsbestimmungen, die er in Amerika vorgenommen hat. Als Bonpland den Entschluss fasst, sich der praktischen Botanik zuzuwenden und Direktor der Botanischen Gärten der Kaiserin Josephine in Malmaison zu werden, ruft Alexander seinen alten Freund Karl Willdenow aus Berlin zur Hilfe; der lässt sich in Paris nieder und redigiert die weiteren Botanik-Bände. Nach seinem Tod setzt der junge Botaniker Carl Sigismund Kunth, ein Neffe von Humboldts altem Hauslehrer, die Arbeit fort.

Das gesamte Reisewerk mit dem vollständigen Titel *Voyage aux régions équinoxiales du Nouveau Continent, fait en 1799, 1800, 1801, 1802, 1803 et 1804 par Al. de Humboldt et A. Bonpland* erscheint in sechs großen Gruppen: in der Botanik mit den Bänden über die Pflanzen der Tropen, die neuen Gattungen und Arten, die kryptogamen Pflanzen der Höhlenbotanik, die Beschreibung der Kräuter der Tropen und mit dem Band über Mimosen; in der Pflanzengeographie mit Humboldts Ideen zu einer Geographie der Pflanzen; in der Zoologie mit den Bänden zur vergleichenden Anatomie; in der Astronomie mit den Bänden über die Geographie des Neuen Kontinents; in der Länderkunde mit dem Mexiko-Werk (*Essai Politique sur le royaume de La Nouvelle-Espagne*) und der Kuba-Monographie *(Essai Politique sur l'île de Cuba)* und in der allgemeinen Reisebeschreibung mit den drei Bänden der *Relation historique du Voyage aux régions équinoctiales du Nouveau Continent*, die zwischen 1814 und 1825 herauskommen. Die meisten dieser Bücher erscheinen rasch auch in spanischer und englischer Sprache, einige auch auf Deutsch.

Anfangs hofft er noch, einen Teil der Reisekosten *durch Schriftstellerei mir zurückzugewinnen,* doch das Gegenteil wird eintreten:

Die Schriftstellerei, sein ungeheures publizistisch-wissenschaftliches Werk, wird sein definitiver Ruin werden. Denn er zahlt die Kosten für die Zeichnungen und die rund 1000 Kupferplatten zum Druck aus eigener Tasche, ebenso die Honorare der wissenschaftlichen Mitarbeiter. Die Bücher werden in Inhalt und Ausstattung einzigartig: sehr prächtig, sehr kostbar – und viel zu teuer. Das gesamte Werk kostet später im Buchhandel etwa 10 000 Franc, mehr als das Dreifache einer jährlichen Pension, wie sie Bonpland bezieht. Der Forscher und Schriftsteller Humboldt ruiniert systematisch den Millionär Humboldt, bis vom großen Vermögen nichts mehr übrig bleibt.

An Cotta schreibt er, er wolle den ersten Teil des Werkes dem von ihm bewunderten Friedrich Schiller widmen. Er ahnt nicht, dass Schiller gerade demselben Verleger gehässig geschrieben hat: «Herr von Humboldt hat keine Gabe zum Schriftsteller, und seine Reise möchte leicht interessanter gewesen sein als die Beschreibung derselben ausfallen dürfte.» Schillers Tod im Frühjahr 1805 macht die Frage der Widmung hinfällig.

In einem der vielen lateinamerikanischen Salons in Paris, bei der Señora Fanny Dervieu du Villar aus Venezuela, lernen sie den jungen, gerade 21 Jahre alten Simón Bolívar aus Caracas, den späteren *Libertador* (Befreier) Südamerikas, kennen. Eine zähe Legende, vor allem in Amerika verbreitet, will wissen, Humboldt habe den jungen Bolívar davon überzeugt, dass seine Heimat Hispanoamerika reif sei für die Unabhängigkeit, und er habe damit dem schwärmerischen jungen Simón ein Ziel gegeben, dem er sein Leben widmete. Alexander sieht aber in dem lebenslustigen jungen Venezolaner durchaus nicht den künftigen Befreier. Er habe in ihm, wie er viele Jahre später sagen wird, nur einen Träumer erblickt, und erst bei Beginn der Kämpfe, 1810, habe er alles genauer verstanden. *Ich muss gestehen, dass ich mich geirrt habe, als ich ihn für einen unreifen Menschen hielt.* Sein Kollege Bonpland sei viel gescheiter gewesen, er habe an Bolívar geglaubt und ihn ermutigt. *Mir schien damals auch Bonpland irrezureden.*

Mit Bolívar werden sie durch alle lateinamerikanischen Revolutionswirren hindurch immer in brieflichem Kontakt bleiben. Bolívar wird Humboldt als den eigentlichen, den «Zweiten Entdecker Amerikas», bezeichnen, als den neuen Kolumbus, der jedoch viel friedliebender war als der erste. Viele Jahre später, im März 1826, schreibt Humboldt in seinem letzten Brief an Bolívar: *Eine innere Stimme sagt mir, dass wir uns in diesem Leben wiedersehen werden, in jenem Kontinent, wo ich meine Tage zu beschließen hoffe.* Daraus wird aber nichts. Bolívar stirbt im Dezember 1830, verraten und verlassen von den Seinen, im kolumbianischen Santa Marta, und Humboldt wird nie wieder einen Fuß auf amerikanischen Boden setzen.

Jetzt, wenige Monate nach der Rückkehr aus Amerika, im März 1805, reist Alexander zunächst nach Rom, um zum ersten Mal seit sieben Jahren seinen Bruder wiederzusehen. Er trifft dort auch andere alte Freunde wie Leopold von Buch. Gemeinsam mit Gay-Lussac besteigen sie mehrere Male den Vesuv, einmal ist auch der junge Bolívar dabei. Im November 1805 kommt Alexander nach Berlin, wo sein König, Friedrich Wilhelm III., ihn zu sehen verlangt, Berlin, das er vor fast zehn Jahren verließ. Prompt wird er wieder krank, Magenschmerzen, Zahnweh, Rheumatismus und Röteln. Und obendrein *eine schreckliche nervöse Depression*. Der König ernennt ihn zu seinem Kammerherrn bei 2500 Talern Gehalt (etwa 10 000 Francs), entbindet ihn aber zugleich von allen Verpflichtungen, auch von Lehrtätigkeit.

Zwei Wochen später tobt die Schlacht von Austerlitz. Preußen erklärt jetzt, in enormer Selbstüberschätzung, Frankreich den Krieg, und Humboldt sitzt in Berlin fest. Im großen unendlichen Reigen der napoleonischen Schlachten folgen Jena und Auerstedt, und Ende Oktober 1806 zieht die siegreiche französische Armee in Berlin ein. Der König ist geflüchtet, Schloss Tegel, Wilhelms Besitz, wird wie viele andere Schlösser geplündert. Es gibt Verhaftungen, Anklagen, Hinrichtungen. Humboldt versucht, den schlimmsten Auswüchsen der Besatzung entgegenzutreten, vor allem der Plünderung der wissenschaftlichen Einrichtungen Berlins. An seinem Bruder Wilhelm, der nach Berlin zurückgekehrt ist, erlebt Alexander das gefährliche Aufflammen der nationalen deutschen Leidenschaften, ein Gefühl, das er, ähnlich wie Goethe, nicht zu teilen vermag. Alexander ist zutiefst von der Schicksalsgemeinschaft der Deutschen und Franzosen überzeugt. *Ich habe mich nie so ununterbrochen unglücklich gefühlt.* Wie zu seinem eigenen Trost schreibt er seine *Ansichten der Natur,* das einzige seiner Bücher, das er auf Deutsch verfasst hat. Er widmet es *allen bedrängten Gemütern,* und er freut sich, dass es sofort ins Französische übersetzt wird und noch im selben Jahr in Paris erscheint.

Schließlich darf er doch wieder nach Paris reisen, als Mitglied der Kommission des Prinzen Wilhelm von Preußen, die in Paris über die Bedingungen eines Friedensvertrages verhandelt. An David Friedländer in Berlin schreibt er, dass sich *der trübe Horizont plötzlich zu erheitern beginnt. Wir sind auf dem Punkt, hier abzuschließen und unser unglückliches Vaterland wiederhergestellt zu sehen, keine Abtretung von Provinzen, keine schlimmen Geldbedingungen ...* Auch persönlich *erheitert* sich der Horizont für ihn, denn er kann es durchsetzen, nicht mit nach Berlin zurückkehren zu müssen. Und dieses Mal wird er es schaffen, der Stadt und ihrem Hof mehr als zwanzig Jahre lang fernzubleiben.

Er lebt in Paris, was nicht nur die Hauptstadt eines Landes, sondern der kulturelle Mittelpunkt einer Welt ist. Er glaubt, nur hier leben zu können. Er arbeitet an seinem Reisewerk – zuerst an der Pflanzengeographie und dem *Naturgemälde der Tropenländer* – und träumt bereits von einer neuen großen Reise als Ergänzung zu den amerikanischen Forschungen. Er will Vergleichsmaterial aus anderen Erdteilen sammeln. Außerdem hat man in Europa jetzt zum ersten Mal genauere Kenntnis von allerlei mysteriösen Weltgegenden wie dem Himalaya erhalten. Welche atemberaubenden Höhen, welche eigenartigen Kulturen! Die Europäer staunen, und Goethe sagt, sein Zerebralsystem müsste ganz umorganisiert werden («was doch auch schade wäre»), wenn sich Räume für derlei Wunder finden sollten. Alexander ist fasziniert. Es gelingt ihm, mit dem russischen Zaren eine Reise zu verabreden, die zunächst bis zum Kaukasus, dann in das Hochland von Pamir, zum Baikalsee, durch die Wüste Gobi und zu den Vulkanen von Kamtschatka führen soll. Danach will er über die Philippinen, Java, Kalkutta, Ceylon, Bombay, Teheran und Istanbul zurückkehren. Sieben bis acht Jahre soll diese Reise dauern. Doch genau jetzt beginnt Napoleon, der bisher noch jeden Reiseplan Humboldts verhindert hat, seinen Russlandfeldzug. Er mündet schließlich in die definitive Katastrophe und stellt den Anfang vom Ende des Kaisers dar.

Alexander sitzt wieder einmal fest.

1814 tauchen die siegreichen Preußen als Besatzer in Paris auf, und Alexander muss, wie acht Jahre zuvor in Berlin, wieder einmal die Forschungsinstitute und die Häuser seiner Freunde vor Plünderungen und Vandalismus schützen. Er hat keinerlei Hemmungen, den deutschen Soldaten dabei als bedeutender preußischer Edelmann entgegenzutreten. Einmal reist er nach London, wo er die britische Regierung für die Finanzierung einer Indienreise zu gewinnen versucht; man empfängt ihn mit allen offiziellen Ehren, doch der Plan scheitert an der einflussreichen britisch-ostindischen Company, die sich nicht in ihre dunklen Geschäfte gucken lassen will.

Nach dem Sturz Napoleons und in demselben Jahr, in dem Carlos Montúfar, Francisco José de Caldas und viele andere ihrer Freunde als Rebellen und Verräter in Südamerika hingerichtet werden, beschließt Aimé Bonpland, Paris und Europa endgültig zu verlassen. Er verwirklicht, wovon Alexander nur manchmal, in Krisenzeiten, träumt, er geht nach Südamerika. Zunächst wird er Professor für Naturgeschichte in Buenos Aires, dann versucht er sich als Arzt und Farmer auf dem Lande. Er mischt sich in die politischen Konflikte der Unabhängigkeitskriege in den Ländern des Río de la Plata ein und muss jahrelang als Gefangener des Diktators Francia in Paraguay leben. Viele europäische Berühmtheiten, allen voran Humboldt, aber auch etliche Regierungen wie die britische, setzen

Dieses Bildnis Aimé Bonplands entstand um 1830 (Holzstich nach einer verschollenen Daguerreotypie), als der französische Botaniker schon lange in Paraguay und Argentinien lebte. Während ihrer beinahe sechs Jahre dauernden Forschungsreise haben sich Bonpland und Humboldt «immer ausgezeichnet vertragen», wie Humboldt sagte.

sich für ihn ein. Schließlich kommt Aimé frei und wird mit Einladungen aus Europa, mit Orden, Medaillen und Ehrendoktortiteln überschüttet. Er will aber das Leben in Südamerika «nicht gegen die Oberflächlichkeiten der Pariser Salons tauschen». Mit seiner indianischen Frau und seinen vielen «Halbblut»-Kindern, wie man das damals in Europa nennt, lebt er bis zu seinem Tod 1858 insgesamt 42 Jahre lang in Südamerika.

Im Herbst 1826 erhält der 57-jährige Alexander von Humboldt in Paris einen ungeduldigen Brief seines Königs: «Mein lieber Herr von Humboldt, Sie müssen nun mit der Herausgabe der Werke fertig sein, welche Sie nur in Paris zu bearbeiten können glaubten. Ich kann Ihnen daher keine weitere Erlaubnis geben, in einem Land zu bleiben, das jedem wahren Preußen ein verhasstes sein sollte. Ich erwarte, dass Sie in kürzester Zeit in Ihr Vaterland zurückkehren.» Alexander reist sofort nach Berlin, um mit Friedrich Wilhelm III. über die Bedingungen einer Rückkehr zu verhandeln. Die Bezüge des Kammerherrn Humboldt werden auf 5000 Taler jährlich erhöht, er erhält außerdem die Erlaubnis, jedes Jahr bis zu vier Monate in Paris zu leben.

Auf dem Weg nach Berlin hat er, ein letztes Mal, Goethe in Weimar besucht, und der 77-jährige Dichter diktiert anschließend seinem Sekretär Eckermann: «Was für ein Mann! Er hat an Kenntnissen und lebendigem Wissen nicht seinesgleichen. Wohin man rührt, er ist überall zu Hause und überschüttet uns mit geistigen Schätzen. Er gleicht einem Brunnen mit vielen Röhren, wo man überall nur Gefäße unterzuhalten braucht und wo es uns immer erquicklich und unerschöpflich entgegenströmt.»

Dieser geniale Mann, der im intellektuellen Milieu von Paris mit seinem Charme, seinem frechen Witz und Esprit und mit seinem wissenschaftlichen Rang eine glänzende und bewunderte Figur macht, muss jetzt abends auf dem Potsdamer Schloss dem König und einer gelangweilten Hofgesellschaft als Kammerherr Geschichten vorlesen, wobei der König oft einschläft und laut zu schnarchen beginnt, obwohl Humboldt auch hier gezielt seine «shocking anecdotes» einsetzt, diesmal über verheiratete Priester, über Missionare inmitten nackter Frauen, alle ständig umgeben von gefräßigen Tigern und Krokodilen. Man hört ihm hingerissen zu, belächelt aber seine politischen Ideen; die herrschende Engstirnigkeit ist ihm schwer erträglich. Er wohnt für kurze Zeit «Hinter dem neuen Packhofe», dann zieht er in die Oranienburger Straße 67, wo er das restliche Drittel seines Lebens verbringen wird. Außer dem Schlafzimmer verfügt er über einen großen Bibliothekssaal (in dem sich schließlich 17 000 Bände ansammeln) und ein geräumiges Arbeitszimmer.

Es dauert eine gewisse Zeit, bis man in Berlin begreift, wer dieser Freiherr von Humboldt ist: er ist der berühmteste Gelehrte der Welt, ein Fürst im internationalen Reich der Wissenschaften. Auch sein Bruder versteht ihn nicht wirklich: Wilhelm setzt alles daran, ihm ein gediegenes Staatsamt zu verschaffen, Alexander soll Direktor der Berliner Museen werden. Doch Alexander, der stets alle Angebote zurückgewiesen hat, etwa preußischer Gesandter in Paris, Professor in Berlin oder gar Kultusminister zu werden, ist hell empört: *Ich soll also Paris aufgegeben haben, um Direktor einer*

Gemäldegalerie in Berlin zu werden? schreibt er Wilhelm. Das stünde diametral allem gegenüber, was mir in der Welt meinen Ruf verschafft hat. Das wäre zu erniedrigend. Als ich kam, war ich auf diese Gefahr nicht gefasst!

Die beiden Brüder, die oft als Kastor und Pollux, die zwillingshaften Söhne des Zeus, gesehen werden, sind in Wirklichkeit vollkommen verschieden: Der eine ist ein Weltbürger, der andere ein leidenschaftlicher Patriot, der eine ein Salonlöwe und geistreicher Spötter, der andere ein verschlossener Grübler. Alexander interessiert sich für Menschen aus allen gesellschaftlichen Schichten, Wilhelm beinahe nur für seine eigene, zum Kunstwerk erklärte Existenz. Wilhelm versteht seinen jüngeren Bruder nicht einmal am alles entscheidenden Punkt: «Man kommt der Natur nicht näher, wenn man aus der zivilisierten Welt herausgeht.»

Die Zeit vergeht. Manchmal träumt Alexander von Cumaná, von Quito, von Mexiko. Im Traum redet er spanisch.

Im Winter 1827/28 hält er an der Universität 61 Vorlesungen über den «Kosmos», eine ganzheitliche Sicht des Ineinanderwirkens aller Naturkräfte, wie er sie entwickelt hat. Die Hörsäle sind ständig überfüllt. Als immer mehr Nichtstudenten kommen und es sogar für die gehobenen Stände zur Pflicht wird, Humboldt gehört zu haben, entschließt er sich zu einem öffentlichen Parallelkurs. Diese Vorträge finden in der «Singakademie», dem größten Veranstaltungsort Berlins, statt, und es kommen jedes Mal 1400 Hörer. Zwanzig Jahre später verarbeitet er diese Vorträge zu einem Buch, das ihn in Deutschland auch beim normalen Lesepublikum berühmt macht: *Kosmos. Entwurf einer physischen Weltbeschreibung*, in fünf Bänden. Seinem Freund Varnhagen von Ense hat er über den *Kosmos* gesagt: *Ich habe den tollen Einfall, die ganze materielle Welt, alles, was wir heute von den Erscheinungen der Himmelsräume und des Erdenlebens, von den Nebelsternen bis zur Geographie der Mose auf den Granitfelsen wissen, alles in einem Werke darzustellen, und in einem Werke, das zugleich in lebendiger Sprache anregt und das Gemüt ergötzt.*

Seine geliebte Schwägerin Caroline, *die Li*, ist 1829 gestorben, Goethe 1832, Bruder *Bill* 1835. Noch liebt er einige Menschen in Paris. So oft es geht, besteigt er die Postkutsche, kleine zwölftägige Reisen auf holperigen Wegen, nichts Besonderes für einen Mann wie ihn, obwohl er die sechzig jetzt bereits deutlich überschritten hat. Einmal ist er für ein paar Monate in Russland, dann in Kopenhagen und mehrfach in Italien und London. Immer noch spürt er die *zentrifugale Krankheit*, das Fortgetriebenwerden. Doch Paris bleibt das intellektuelle und emotionale Zentrum seiner Existenz. Zum letzten Mal ist er im Winter 1847/48 hier, fast schon siebzig Jahre alt, es ist abermals eine revolutionäre Zeit. Abschied von den Freunden, wie jedes Jahr. Diesmal ist es das letzte Mal, er weiß es nur nicht. Im Februar ist er zurück in Berlin. Nach der Märzrevolution 1848 marschiert Humboldt demonstrativ ganz vorn im Trauerzug für die 183 von Soldaten getöteten preußischen Rebellen. Auf dem Balkon des Schlosses steht er neben dem König, als die unten versammelte Menge ruft: «Humboldt! Humboldt soll sprechen!» Der 77-jährige Mann mit dem völlig ergrauten, aber noch vollen Haar tritt vor, sagt allerdings kein Wort, verneigt sich nur tief vor dem Volk. Er ist enttäuscht von der Reformunwilligkeit des Königs (und dessen einflussreichen Bruders, des späteren Königs Wilhelm I.), er muss aber als alter und beinahe mitteloser Mann am Hofe bleiben.

Er ist jetzt zu betagt für größere Reisen. Doch mit der neuen Dampfschiffahrtslinie New York–Bremen kommen viele Amerikaner, die den berühmten Forscher besuchen wollen. Sein Diener Johann Seifert geleitet sie ins Studierzimmer zur «Exzellenz», überall sind Stapel aufgeschlagener Bücher, Kartons und Kisten mit Sendungen aus der halben Welt, Vitrinen mit mineralogischen Sammlungen. Humboldt weist seinen Besuchern ihren Platz auf dem grünen Sofa zu, direkt unter der riesigen Weltkarte an der Wand, er fixiert sie kurz mit einem Blick seiner berühmten graublauen Augen und kommt sofort zur Sache: Er ermahnt sie, sich gegen die Sklaverei einzusetzen oder für die in den USA jetzt sehr bedrohten Indianer, *diese Menschenrasse, die das gleiche Recht auf*

Existenz wie jede andere hat. Er spricht fließend Deutsch, Französisch, Spanisch und Englisch, leider manchmal auch durcheinander. *Die Leute verlassen mich mit Kopfschmerzen.* Er mischt sich mit scharfen Stellungnahmen zur Frage der Sklaverei in die Wahlkämpfe der USA ein. Kommen seine Besucher aus irgendeiner südamerikanischen Gegend oder aus Spanien, begrüßt er sie als seine «Landsleute». Seiner kosmopolitischen Haltung wegen wird er in Preußen heftig angefeindet: Wer nicht glaubt, dass Preußen das Beste aller Gemeinwesen auf Erden ist, gilt schon fast als Verräter. Währenddessen wächst sein Ruhm in der Welt. Er ist Ehrenbürger vieler amerikanischer Länder, und schon werden die ersten Städte, Flüsse und Berge nach ihm benannt, zuerst in Mexiko die Stadt *Ciudad Humboldt*, dann in den USA gleich dutzendfach. Er erhält und beantwortet mehr als zweitausend Briefe jedes Jahr.

Dabei ist er inzwischen so mittellos, dass er manchmal seinen Diener nicht bezahlen kann. 1857 muss der 88-jährige Kammerherr Humboldt seinen König bitten, seine Verbindlichkeiten beim Bankhaus Mendelssohn zu begleichen. Friedrich Wilhelm IV. spendet die nötigen 6726 Taler und schreibt liebenswürdig: «Ich hätte nicht ruhig schlafen können in der Besorgnis, es möchte mir jemand zuvorkommen.» In einer der letzten politischen Aktionen Alexanders, die durchaus nicht nur symbolischen Wert haben, setzt er ein Gesetz durch, nach dem jeder entflohene Sklave, der das Land Preußen betritt, sofort ein freier Mann ist.

Er geht jetzt auf die neunzig zu, ist aber immer noch hellwach und witzig, auch wenn er sich selbst als *Urgreis*, als *Fossil* oder *Ruine* bezeichnet. Er sitzt vor seinem Schreibtisch, die Bücherstapel um sich herum, schreibt aber auf den übereinandergeschlagenen Knien, eine alte Angewohnheit vom Orinoco; seine Schrift steigt immer steiler nach rechts auf. Er korrespondiert mit hunderten junger Forscher aus der ganzen Welt, lässt sich ihre Ideen und Erkenntnisse berichten, besorgt Forschungsgelder für sie, gibt seine Kommentare ab.

Nur ganz zuletzt hat er die Welt, auch die Welt der Wissenschaften, nicht mehr verstanden. Mit der Entdeckung der Teilung der tierischen Eizelle, der ersten Äthernarkose, den Arbeiten von Semmelweis zum Kindbettfieber, von Pasteur zur Gärung, mit Virchows Zellularpathologie, der Spektralanalyse, dem ersten Telegraphen zwischen Berlin und Frankfurt am Main und der ersten Omnibusbahn in Berlin, vor allem aber mit der industriellen Auswertung der neuen wissenschaftlichen Entdeckungen in den Fabriken von Zeiss, Siemens, Borsig, Krupp und Liebig – mit alledem hat ein Zeitalter begonnen, das nicht mehr seines ist. Man kann sich auch seine Reisen jetzt von Thomas Cook in London im Voraus organisieren lassen, sogar in die Tropenwelt. Und von der «Vermessung der Natur» ist man längst zu ihrer Beherrschung übergegangen und bereits auch zu ihrer Zerstörung im Zeichen des industriellen Fortschritts.

Aber viele junge Forscher bewundern ihn immer noch und schreiben ihm aus aller Welt. Sie halten an seiner Maxime fest, das Wissen solle möglichst allen Menschen, *die gleichmäßig zur Vernunft begabt sind*, zugänglich gemacht werden, damit sie, wie Kant es so schön formuliert hat, aus der «selbstverschuldeten Unmündigkeit» herausfänden. Charles Darwin sagt, er habe Humboldt immer bewundert, jetzt aber, nach seiner eigenen Forschungsreise, «bete ich ihn an». Mit Darwins Buch *Über die Entstehung der Arten durch natürliche Zuchtwahl* wird ein neues Wissenschaftsalter beginnen.

Es ist das Schicksal der sehr alten Menschen: Alle Freunde sind gestorben, zuletzt Gay-Lussac 1850, Arago und Leopold von Buch 1853. Und jetzt, im Juni 1858, erreicht ihn die Nachricht von Bonplands Tod in Paraguay. *Mein Freund Bonpland!* Der Herbst und der frühe Winter in Berlin sind kalt und feucht, und da erwischt ihn eine schwere Grippe, von der er sich nicht mehr erholt. Der Prinzregent, der spätere deutsche Kaiser Wilhelm I., kommt, um Abschied von ihm zu nehmen.

Am 6. Mai 1859, nachmittags um halb drei, stirbt er.

Die Blätter der ganzen Welt bringen Nachrufe. Berlin verab-

Humboldts Bibliothekszimmer in Berlin, Oranienburger Straße 67. Gegen Ende seines Lebens umfasste die Bibliothek siebzehntausend Bände. Nach seinem Tod sollte sie in London versteigert werden, fiel aber einem Brand zum Opfer (Lithographie nach einem Aquarell von Eduard Hildebrand).

schiedet ihn mit einer Trauerfeier, wie sie nie zuvor oder danach einem deutschen Gelehrten zuteil wurde. Zehntausende sind auf der Straße, folgen dem Sarg von der Oranienburger Straße zum Dom. Alexander wird im Familiengrab der Humboldts im Schlosspark zu Tegel beigesetzt, neben *Bill* und der *Li*. Allmählich beginnt seine Monumentalisierung. Hunderte von Statuen in aller Welt, von Venezuela bis China, die Ströme, Berge, Städte, Gletscher und Mondkrater, die Gesellschaften und Forschungseinrichtungen, die seinen Namen tragen – all das macht aus ihm die überlebensgroße Figur Alexander von Humboldt.

Aber wenn ich an ihn denke, sehe ich ihn unterwegs, ihn und Aimé Bonpland. Jung und erwartungsvoll stehen sie vorn im Bug einer Fregatte, den Blick auf den Horizont gerichtet. Die rosafarbenen Wolken im Westen hängen über einer Insel, und dahinter muss das Festland liegen, schroffe Gebirge, die aus einer grünen Landschaft aufragen. Dann sieht man schon die silbernen Königspalmen, Boote mit weißen Segeln, schwebende Albatrosse, Reiher in der Brandung, kleine Bambushütten hinterm Strand unter Rauchsäulen ...

Die Küste ist eine der malerischsten, welche wir je gesehen haben, sagt Humboldt. *Ich fühle, dass ich hier sehr glücklich sein werde.*

DANK

Im Laufe vieler Jahre bin ich Tausende von Kilometern auf den Spuren Alexander von Humboldts gereist, in Deutschland, Frankreich und Spanien, vor allem aber in Lateinamerika. Ein solches Projekt – und damit auch dieses Buch – wäre nicht möglich gewesen ohne die Hilfe vieler Menschen in den *Äquinoktialgegenden der Neuen Welt*, Buschpiloten am Oberen Orinoco, Bootsmännern auf dem Río Negro, Historikern und Forschern an lateinamerikanischen Universitäten, Bergführern in Ecuador und vielen anderen. Ich habe hundertmal, wie Alexander, die Erfahrung spontaner Hilfe und großzügiger Gastfreundschaft gemacht. Dank geht an die Freunde in Caracas, Havanna, Bogotá, Quito und Guayaquil, vor allem an Tato Quiñones, Mario Alvarez Zierold und Federico Kirbus. *Muchísimas gracias, amigos*. Für ihre Hilfe bei der Klärung einiger Details in Zusammenhang mit Humboldts Tagebüchern danke ich Frau Dr. Margot Faak in Berlin. Bei der ARD, für die ich etliche Filme über Alexander von Humboldt drehte, danke ich vor allem meinem Kollegen Fritz Breuer für sein aufmunterndes Verständnis. Unvergesslich bleibt schließlich die Geduld, die Kühnheit und Gelassenheit meiner Reise- und Arbeitsgefährten während der oft strapaziösen Dreharbeiten in Südamerika, Eigenschafen, die bei niemandem so ausgeprägt sind wie bei meinem Kameramann Wolfgang Baum.

LITERATUR

Hinweis zu den Quellen:
Alle in diesem Buch kursiv gesetzten Texte sind wörtliche Zitate Alexander von Humboldts. Sie stammen aus drei Quellen: dem von ihm selbst verfassten Bericht über seine Reise von Spanien bis zur Ankunft in Kolumbien (*Reise in die Aequinoctial-Gegenden des Neuen Continents*), den von ihm während der gesamten Reise geführten Arbeitsjournalen und Tagebüchern und schließlich seinen Briefen, vor allem den «amerikanischen Briefen», die er von unterwegs schrieb. Die Schreibweisen wurden jeweils behutsam modernisiert.

I. WERKE VON ALEXANDER VON HUMBOLDT

Der Haupttitel seines amerikanischen Reisewerks, das 34 Bände umfasst, lautet:
Voyage aux régions équinoxiales du Nouveau Continent, fait en 1799, 1800, 1801, 1802, 1803 et 1804 par Al. de Humboldt et A. Bonpland; rédigé par Alexandre de Humboldt, Paris 1805–1834, davon teilweise Neudrucke Amsterdam und New York 1974.
Alexander von Humboldt. *Studienausgabe in sieben Bänden*, hrsg. v. Hanno Beck. Darmstadt 1992.
Ansichten der Natur. Tübingen 1808. Neuausgabe Frankfurt am Main 2006.
Reise in die Aequinoctial-Gegenden des Neuen Continents. In deutscher Bearbeitung v. H. Hauff. 4 Bände. Stuttgart 1859–1860, neu bearbeitet Wiesbaden 1964. Neuausgabe. Frankfurt am Main und Leipzig 2004.
Die Forschungsreise in den Tropen Amerikas, Bd. 2 der Studienausgabe v. Hanno Beck. Darmstadt 1992.
Kosmos. Entwurf einer physischen Weltbeschreibung. 5 Bände. Stuttgart 1845–1862.
Pittoreske Ansichten der Kordilleren und Monumente amerikanischer Völker. Gesammelte Werke, Band 9. Stuttgart 1889. Auch: *Ansichten der Kordilleren und Monumente der eingeborenen Völker Amerikas*. Frankfurt am Main 2004.
Essai Politique sur l'île de Cuba, Originalausgabe als Teil des Reisewerks, dt. Ver-

such über den politischen Zustand der Insel Cuba. Gesammelte Werke, Band 12. Stuttgart 1889. Neuausgabe als Bd. 3 der Studienausgabe v. Hanno Beck. Darmstadt 1992.

Essai Politique sur le royaume de La Nouvelle-Espagne, Originalausgabe als Teil des Reisewerks, dt. mit d. Titel *Mexico-Werk* als Bd. 4 der Studienausgabe v. Hanno Beck. Darmstadt 1992.

Über einen Versuch den Gipfel des Chimborazo zu besteigen. Frankfurt am Main 2006.

TAGEBÜCHER

Reise durch Venezuela. Auswahl aus den amerikanischen Reisetagebüchern. Hrsg. v. Margot Faak. Berlin 2000.

Reise auf dem Río Magdalena, durch die Anden und Mexiko. Aus seinen Reisetagebüchern. Hrsg. v. Margot Faak. Berlin 2003.

Von Mexiko-Stadt nach Veracruz. Tagebuch. Hrsg. v. Ulrike Leitner. Berlin 2005.

BRIEFE

Die Jugendbriefe Alexander von Humboldts 1787–1799. Hrsg. v. Ilse Jahn und F. G. Lange. Berlin 1973.

Goethes Briefwechsel mit Wilhelm und Alexander von Humboldt. Berlin 1909.

Alexander von Humboldts Amerikanische Briefe. Hrsg. v. Ulrike Moheit. Berlin 1999.

Briefe Alexander von Humboldts an seinen Bruder Wilhelm. Stuttgart 1880, Neuausgabe 1980.

Alexander von Humboldt und die Vereinigten Staaten von Amerika. Briefwechsel, hrsg. v. Ingo Schwarz. Berlin 2004.

Der Briefwechsel Humboldts mit Bonpland ist erschienen unter dem Titel: Archives inédites de Bonpland. Tom I: *Lettres inédites de Alexandre de Humboldt* avec préface de Henri Cordier de l'Institut Jacobo Peuser, editor. Buenos Aires 1914 (Trabajo del Instituto de Botánica y farmacología – Facultad de Ciencias Médicas de Buenos Aires No. 31).

II. ÜBER ALEXANDER VON HUMBOLDT

Über Alexander von Humboldt sind im Laufe zweier Jahrhunderte viele tausend Bücher und Aufsätze erschienen. Ich zähle hier nur diejenigen auf, die mir bei meiner Arbeit wichtig waren.

a) Bücher

Agassiz, L.: *Address delivered on the Centennial Anniversary of the Birth of Alexander von Humboldt.* Boston 1869.

Beck, H.: *Alexander von Humboldt.* 2 Bände. Wiesbaden 1959–1961.

Biermann, K.-R.: *Alexander von Humboldt.* Leipzig 1980.

Bouvier, R. u. Maynial, E.: *Der Botaniker von Malmaison.* Aimé Bonpland. Neuwied 1949.

Brann, E. R.: *The political ideas of Alexander von Humboldt.* Madison 1954.

Bruhns, K. (Hrsg.): *Alexander von Humboldt.* Eine wissenschaftliche Biographie. 3 Bände. Leipzig 1872.

Caso, A.: *Los Calendarios prehispánicos.* Mexiko 1967.

Caldas, Francisco José de: *Obras completas,* publicadas por la Universidad Nacional de Colombia. Bogotá 1966.

Caldas, Francisco José de: *Cartas.* (Prefación: Alfredo D. Bateman, Jorge Arias de Greiff). Bogotá 1978 (Academia Colombiana de Ciencias Exactas, Físicas y Naturales).

Cioranescu, A.: *Alejandro de Humboldt en Tenerife.* Teneriffa 1978.

Colombres, A.: *A los 500 años del Choque de dos Mundos.* Buenos Aires 1989.

Eckermann, J. P.: *Gespräche mit Goethe in den letzten Jahren seines Lebens.* Leipzig 1848.

Ette, O.: *Weltbewußtsein.* Alexander von Humboldt und das unvollendete Projekt einer anderen Moderne. Weilerswist 2002.

Faak, M. *Alexander von Humboldt auf Cuba.* Berlin 1995.

Faak, M. (Hrsg.): Alexander von Humboldt. *Lateinamerika am Vorabend der Unabhängigkeitsrevolution.* Berlin 1982.

Foner, Ph. S.: *Alexander von Humboldt über die Sklaverei in den USA.* Berlin 1984.

Galeano, E.: *Las venas abiertas de América Latina.* Montevideo 1971, dt. *Die offenen Adern Lateinamerikas.* 12. Aufl. Wuppertal 1986.

Holl, F.: *Netzwerke des Wissens,* Dokumentation einer Ausstellung. Berlin 1999.

Instituto Cervantes (Hrsg.): *Un viaje del espíritu.* Alexander von Humboldt en España. Ausstellungskatalog. Madrid 2006.

Jahn, I.: *Dem Leben auf der Spur.* Die biologischen Forschungen Alexander von Humboldts. Leipzig, Jena, Berlin 1969.

Kahle, G.: *Simón Bolívar und die Deutschen.* Berlin 1980.

Labastida, J.: *Humboldt, ciudadano universal.* México 1999.

Leitzmann, A.: *Georg und Therese Forster und die Brüder Humboldt.* Bonn 1936.

McIntyre, L. A.: *Die amerikanische Reise.* Auf den Spuren Alexander von Humboldts. Hamburg 1982.

Meyer-Abich, A.: *Alexander von Humboldt in Selbstzeugnissen und Bilddokumenten.* Reinbek 1967.

Monegal, E. R. (Hrsg.): *Die Neue Welt.* Chroniken Lateinamerikas von Kolumbus bis zu den Unabhängigkeitskriegen. Frankfurt am Main 1982.

Paz Otero, G.: *Vida sentimental de Alejandro Humboldt*. Bogotá 1974.
Perez Arbelaez, E.: *Alejandro de Humboldt en Colombia*. Bogotá 1959.
Petersen, G.: *Sobre la ruta de viaje de Alexander von Humboldt en el Peru*. Lima 1960.
Schulz, W.: *Aimé Bonpland*. Alexander von Humboldts Begleiter auf der Amerikareise 1799-1804. Mainz und Wiesbaden 1960.
Terra, H. de: *Humboldt. The Life and times of Alexander von Humboldt 1769-1859*. New York 1955, dt. Wiesbaden 1956.
Vareschi, V.: *Geschichtslose Ufer*. Auf den Spuren Humboldts am Orinoko. München 1959.

b) Aufsätze

Arias de Greiff, J.: *El diario inedito de Humboldt*. In: Revista de la Academia Colombiana 13 (1969).
Arias de Greiff, J.: *Algo mas sobre Caldas y Humboldt*. In: Boletin de la Sociedad Geographica de Colombia 27 (1970).
Enzensberger, H.M. und Kluge, A.: *Gespräch über Humboldt*. Die Zeit Nr. 38, 2004.
Feilchenfeldt, K.: *Der liberale Humboldt*. In: DU, Kulturelle Monatsschrift 30, 1970.
Friis, H.R.: *Alexander von Humboldts Besuch in den Vereinigten Staaten von Amerika*. In: Schultze, H.J. (Hrsg.): *Alexander von Humboldt*. Studien zu seiner universalen Geisteshaltung. Berlin 1959.
Hein, W.-H.: *Alexander von Humboldt und Carl Ludwig Willdenow*. In: Pharmazeutische Zeitung 104 (1959).
Humboldt, A. von: *Über den Zustand des Bergbaus und Hütten-Wesens in den Fürstentümern Bayreuth und Ansbach im Jahre 1792*, neu aufgelegt Berlin 1959.
Holl, F.: *Alexander von Humboldt*. Geschichtsschreiber der Kolonien. In: Ette, O. und Bernecker, W. (Hrsg.): *Ansichten Amerikas*. Neuere Studien zu Alexander von Humboldt. Frankfurt am Main 2001.
Théodoridès, J.: *Alexander von Humboldt und Frankreich*. In: Bild der Wissenschaft 6 (1969).
Stevens, R.L.: *Humboldt als wissenschaftlicher Reisender und als Naturbeobachter*. In: Schultze, H.J. (Hrsg.): *Alexander von Humboldt*. Studien zu seiner universalen Geisteshaltung. Berlin 1959.
Mägdefrau, K.: *Vom Orinoco zu den Anden* (Gedächtnis-Expedition 1958). In: Vierteljahreszeitschrift d. Naturforsch. Ges. Zürich 105 (1960).
Terra, H.: *Alexander von Humboldt's Correspondence with Jefferson, Madison, and Gallatin*. In: Proceedings Americ. Philosophical Society 103 (1959).
Troll, C.: *Die Lebensformen der Pflanzen*. Alexander von Humboldts Ideen in der ökologischen Sicht von heute. In: Pfeiffer, H. (Hrsg.): *Alexander von Humboldt*. Werk und Weltgeltung. München 1969.

c) Archive, Museen
Alexander-von-Humboldt-Forschungsstelle der Akademie der Wissenschaften Berlin-Brandenburg
Colección del Banco Central de Ecuador. Quito
Museo Nacional de Ciencias Naturales. Madrid
Museo Nacional de Colombia. Bogotá
Palacio de Minería, Facultad de Ingeniería, Universidad Nacional, México D. F.
Real Academia de la Historia. Madrid
Real Jardín Botánico. Madrid
Stadtmuseum Berlin
Planetario Humboldt. Caracas
Humboldthaus. Bad Steben

d) Internet (Auswahl):
Katalog der Deutschen Nationalbibliothek: Literatur von und über Alexander von Humboldt
Projekt Gutenberg-DE: Werke von Alexander von Humboldt als online-Texte
Alexander von Humboldt im Netz: Ein Projekt des Inst. f. Romanistik, Universität Potsdam
Humboldt-Portal des Eichborn-Verlags

PERSONENREGISTER

Acosta, José de 229
Aguirre y Montúfar, Juan Pio 253, 255–257, 263
Aguirre, José 263 f.
Aguirre, Lope de 52
Aguirre, Vicente 260
Aldas, Felipe 260 f.
Altuna, Teresa 281
Amaru, Túpac 134
Anza, José Vicente de 310
Arago, Dominique François Jean 339, 350
Aristoteles 232
Arkwright, Richard 35
Ascásubi, Javier 260
Ascoli, Enoch 185
Atahualpa 286–288

Backet, William 185
Banks, Joseph 44, 93, 194, 210
Barnet, Miguel 207
Barth, Heinrich 338
Barton, Benjamin Smith 330
Baudin, Thomas Nicolas 79 f., 92, 209, 223, 261 f., 335
Bauza, Felipe 86
Beauharnais, Josephine de (französische Kaiserin) 340
Beck, Hanno 52, 59, 84, 121
Bellermann, Ferdinand 19
Bello, Andres (Bellito) 135

Benedictus, Alexander 109
Bernsdorff, Christian Günther von 68
Berthollet, Claude-Louis 337
Biot, Jean Baptiste 339
Bismarck, Otto von 37
Blumenbach, Johann Friedrich 23, 42, 187
Böthlingk, Nicolaus Diedrich 71 f.
Bolívar, Simón 132, 280, 341 f.
Bollmann, Ludwig 121
Bonaparte, Joseph 91
Bonaparte, Napoleon 34 f., 49, 64 f., 69, 73, 76, 79, 91, 328, 335 f., 344
Bonpland, Marguerite-Olive 292
Bonpland, Simon-Jacques 292
Borda, José de la 310
Borelli, Giovanni Alfonso 254
Bristol, Lord 75 f.
Boturini, Lorenzo 318
Bougainville, Louis Antoine de 35, 38, 52, 68, 78–80, 82
Bouguer, Pierre 254
Bourbon-Parma, Maria Luise von 200, 220
Buache, Philippe 181
Buch, Leopold von 48, 73, 75, 95, 211, 342, 350
Buff, Charlotte 48
Buffon, Georges-Louis Leclerc de 279
Burgdorf, Wilhelm von 69
Büsch, Johann Georg 46

PERSONENREGISTER 359

Cagigal, Manuel 12, 13, 92
Caldas, Francisco José de 224, 245, 250f., 262f., 266, 273f., 317, 344
Calderon, Felix 117, 132
Campe, Joachim Heinrich 35f., 44, 49
Carlos IV. (König von Spanien) 87–91, 200, 220, 229, 231, 310, 312, 318
Carpentier, Alejo 148
Cäsar, Julius 235, 313
Casas, Luis de las 201, 326
Castelblanco, Jorge 237
Castro, Manuela de 222f., 225, 231
Cavanillas, Antonio José 311
Cavendish, Henry 44
Caxigal, Brigadier M. von 127
Chaptal, Jean-Antoine 111
Chica, Ignacio 297
Chinchón, Anna 280
Chodowiecki, Daniel 39
Clavijo y Fajardo, José 246, 265
Clavijo, Rafael 92
Cologan, John 94
Conde, Pedro 135
Cook, James 32, 35, 43f., 52, 78, 94
Cook, Thomas 350
Cortes, Hernán 141, 313, 319
Cortes, José 256
Corvisart, Jean-Nicolas 79
Cotta, Johann Friedrich 341
Cousin, Miguel 146
Crusoe, Robison 11
Cruz, José (Joseph) de la 104, 127, 135, 153, 189f., 195, 225, 229, 246, 258–260, 264, 266, 269, 297, 302f., 313, 328, 334
Cruz, Marco 269
Cuvier, Georges 340

Dacheröden, Carolina von 57
Darwin, Charles 80, 338, 350
Delachampius, Jacobus 254

Delambre, Jean-Baptiste Joseph 193, 211, 261, 319
Delamétherie, Jean-Claude 193
Diezmera, Juana de 281
Diezmera, Ursula Xavedra de 281
Drake, Francis 219

Eckermann, Johann Peter 346
Elhuyar, Fausto d' 220, 315
Elhuyar, Johanna d' 315
Elisabeth I. (Königin von England) 220
Emparán, Vicente 16, 20, 105, 120, 122f., 130, 193
Ender, Eduard 182
Escovar, Juan 172
España, José 133
Espelde, Ramón 323f.

Fareras, Felix 190
Ferdinand II. von Aragon 185
Fidalgo, Joaquin Francisco 220
Fond, Joseph Aignan Sigaud de la 147
Forell, Philipp von 87f., 137, 246
Forster, Georg 32f., 36, 38, 42–46, 51f., 68, 178, 194, 222, 289, 315
Forster, Johann Reinhold 43
Forster, Therese 43, 315
Fourcroy, Antoine-François 193
Francia, José Gaspar Rodríguez de 344
Franklin, Benjamin 147, 330
Franz II. (Kaiser von Österreich) 69
Fraser, James 202, 210
Fraser, John 202, 317
Freiesleben, Johann Karl 47–49, 52, 54, 56f., 59–61, 66, 92, 211
Frémont, John 208
Friedländer, David 91, 343
Friedrich Wilhelm, Kurfürst von Brandenburg 34

360   PERSONENREGISTER

Friedrich Wilhelm II. 75
Friedrich Wilhelm III. 33 f., 319, 345 f., 348 f.
Friedrich Wilhelm IV. 349

Galeano, Dionisio 201
Galilei, Galileo 73
Gallatin, Albert 332
Galvani, Luigi 50
García Márquez, Gabriel 147
Gauguin, Paul 38
Gay-Lussac, Joseph Louis 149, 339, 342, 350
Geuns, Steven Jan van 43
Goethe, Johann Wolfgang von 38, 48, 57–59, 61, 66, 68 f., 92, 332, 343, 346
Góngora, Erzbischof 232
González, Juan 122, 210, 308, 324
Goya, Francisco de 89
Gray, Vincent 327
Guerra, Manuel Lino 322
Guevara y Vasconcelos, Manuel 130, 147

Haeften, Christiane von 63, 69, 73, 75 f., 327
Haeften, Reinhard von 59–63, 69, 71, 73, 75 f., 80, 86, 97, 126, 160, 327
Hardenberg, Karl August von 49 f., 55 f.
Hauff, Hermann 209
Hauff, Wilhelm 209
Heinitz, Friedrich Anton von 47, 49, 55 f., 61
Herrgen, Christian 86
Herz, Henriette 39 f.
Herz, Marcus 39
Heyne, Christian Gottlob 42, 45 f.
Heyne, Therese → Forster, Therese
Hildebrand, Eduard 351
Holwede, Ferdinand von 34–36, 63
Holwede, Friedrich Ernst von 34

Humboldt, Alexander Georg von (Vater) 33 f., 36
Humboldt, Caroline von 62–64, 69, 80 f., 315, 334, 348, 351
Humboldt, Marie Elisabeth von (Mutter) 34, 36, 41, 46, 51, 62–65
Humboldt, Theo von 81
Humboldt, Wilhelm (Bill) von 16, 20, 23, 35–37, 39, 42, 49, 57–59, 62–64, 68 f., 73 f., 76, 80–82, 92, 102, 108, 121, 126, 160, 195, 227, 246, 315, 317, 327, 334, 336 f., 342 f., 346–348, 351

Imhoff, Amalie von 68 f.,
Iturriaga, José de 68
Iturrigaray, Vicente de (Vizekönig) 310, 317, 320

Jacquin, Franz Joseph 71, 73, 75
Jacquin, Nikolaus Joseph von 71
Jefferson, Thomas 23, 102, 220, 330, 332 f.
Johnston, James Finlay Weir 254

Kant, Immanuel 39, 350
Karl August (Herzog von Sachsen-Weimar-Eisenach) 66
Karl V. 152, 313
Karsten, Dietrich Ludwig 49
Keutsch, Christian 68, 197
Keutsch, Mathias 68, 197
Kirbus, Federico 272
Kolumbus, Christoph 9, 15, 101, 173, 185
Körner, Christian Gottfried 66 f.
Kunth, Carl Sigismund 340
Kunth, Gottlob Johann Christian 36, 41, 46, 63, 77, 327, 334

La Condamine, Charles Marie de 68, 254, 260, 278, 283

Larrain, Mariqua 302
Larrea, Juan de 258
Larrea, Manuel 263 f.
Lavie, Pedro 133, 192
Lavoisier, Antoine Laurent de 44 f., 48, 71, 315
Lengefeld, Charlotte von 57
Lepsius, Karl Richard 338
Lessing, Gotthold Ephraim 39
Levin, Rahel → Varnhagen von Ense, Rahel
Lichtenberg, Georg Christoph 42 f.
Liebig, Justus von 75
Linné, Carl von 231 f.
Loder, Justus Christian 64, 68
Lozano, Francisco 108 f.
Lozano, Jorge 232
Lopez, Narciso 207 f.
Ludwig XIV. 141
Lülfing, Gisela 295
Luther, Martin 329

Madison, Dolly 332
Madison, James 327, 332
Malaspina, Alessandro 52
Malpighi, Marcello 254
Manterola, José de 139
Maria, Santa 200
Maria Theresia (Kaiserin von Österreich) 71
McIntyre, Loren A. 117, 157
Mendelssohn, Moses 39, 91
Messner, Reinhold 269
Meyer, Hans 269
Meyer-Abich, Adolf 183, 316
Montenegro, Mariano 224
Montes, Camilo 297, 299, 304
Montúfar, Carlos 255, 257 f., 262–266, 268 f., 273, 281, 297, 300, 302, 309, 313, 317, 328, 331, 344
Morus, Thomas 38
Muñoz, Juan Bautista 86

Mutis, José Celestino 86, 220, 223, 228, 230–234, 238, 244 f., 250, 262, 266, 274, 280

Napoleon → Bonaparte, Napoleon
Nariño, Antonio 224, 234
Nariño, Gregor (Gregorito) 224, 229, 234
Nelson, Horatio 80
Nicolai, Friedrich 39
Niebuhr, Carsten 52
Nollet, Floris 111
Nordenflycht, Fürchtegott Leberecht von 285

Olmedo, Vicente 280
Oltmann, Jabbo 340
Ordoño, Alvarez 307
O'Reilly, Pablo 200, 326
Orellana, Francisco de 173

Padrón, Antonio 212 f.
Parma, Maria Luisa von 89
Pasteur, Louis 350
Peale, Charles Willson 330
Peale, Rembrandt 256
Pichardo, José Antonio 313
Pino, Carlos del 15 f., 26, 104, 108, 112, 127, 135, 153, 186, 193, 195
Pius VII. (Papst) 335
Pizarro, Francisco 52, 286–288
Pombo, José Ignacio de 220, 223 f., 227, 245, 250
Pozo, Carlos del 147, 150
Pugnet, Francisco 246 f.

Quesada, Gonzalo Ximénez de 230, 235
Quiñones, Tato 207

Rabutin-Chantal, Marie de 141
Raleigh, Walter 152, 182

Ramón, Manuel 180
Reden, Friedrich Wilhelm von 49
Ricci, Hilario Pisani 101
Rieux, Louis de 222, 224 f., 228, 231
Río, Andrés Manuel del 48, 312, 315
Rizo, Salvador 232
Robespierre, Maximilien de 64
Rousseau, Jean-Jacques 35, 38, 142
Rush, Benjamin 330

Saint-Pierre, Bernardin de 38
Sánchez, Joaquín 257
Santander, Alfredo Rankin 213
Santos, Antonio 185
Scarpa, Antonio 61
Scherer, Alexander Nikolaus 211
Scheuchzer, Johann Jakob 254
Schiller, Friedrich 25, 57 f., 66–68, 92, 142, 162, 341
Schlegel-Schelling, Caroline 315
Schot, Josef van der 71, 73, 75
Seifert, Johann 348
Semmelweis, Ignaz 350
Serra, José 211
Sévigné, Marquise de → Rabutin-Chantal, Marie de
Skjöldebrand, Anders Fredrik 81
Smith, Margret 332
Solano, José 68
Soto, Nicolás de 153, 162, 174, 179, 183, 185, 187
Stein, Heinrich Friedrich Karl vom 49
Stern, Max 169

Thielmann, Max 269
Tinajero, Mariano 267
Tischbein, Johann Heinrich Wilhelm 69
Toro, Francisco José del 127, 201
Toro, Juan José del 127, 144 f.

Torres, José Antonio de 161
Tournefort, Joseph Pitton de 254
Toussaint L'Ouverture, François-Dominique 219
Tovar, Martin von 127, 142, 144, 201
Trasher, John Sydney 208

Urquijo, Mariano Luis de 21, 87–89, 92, 178, 200 f., 307
Urquinaona, Pedro 260 f.

Varnhagen von Ense, Karl August 41, 347
Varnhagen von Ense, Rahel 41
Vaughan, John 333
Villar, Fanny Dervieu du 341
Virchow, Rudolf Ludwig Karl 250
Volta, Alessandro 61

Waldenfels, Christiane von 60, 62
Washington, George 119, 220
Watt, James 35
Werner, Abraham Gottlob 47, 64, 86, 273
Whymper, Edward 269
Wilhelm I. (preußischer König und deutscher Kaiser) 348, 350
Wilhelm von Preußen 343
Willdenow, Karl Ludwig 41 f., 45, 48, 64, 85, 89, 96, 210 f., 222, 308, 317, 334, 340
Wistar, Caspar 330
Wolfius, Christian von 254

Yturbiri, Matias 104, 110

Zach, Franz Xaver von 65, 126
Zea, Bernardo 161–163, 165 f., 172, 174, 178–180, 183, 185
Zembrano, Manuel 267

BILDNACHWEIS

Archiv für Kunst und Geschichte: 19, 113, 150, 182, 206, 243, 270/71, 345
Bildarchiv Preußischer Kulturbesitz: 37, 72, 155, 177, 351
Dr. Richard Bitterling: 40, 96, 301
Stiftung Stadtmuseum, Berlin: 56, 116, 138, 233, 256, 277, 314, 331
Banco Central de Ecuador: 90

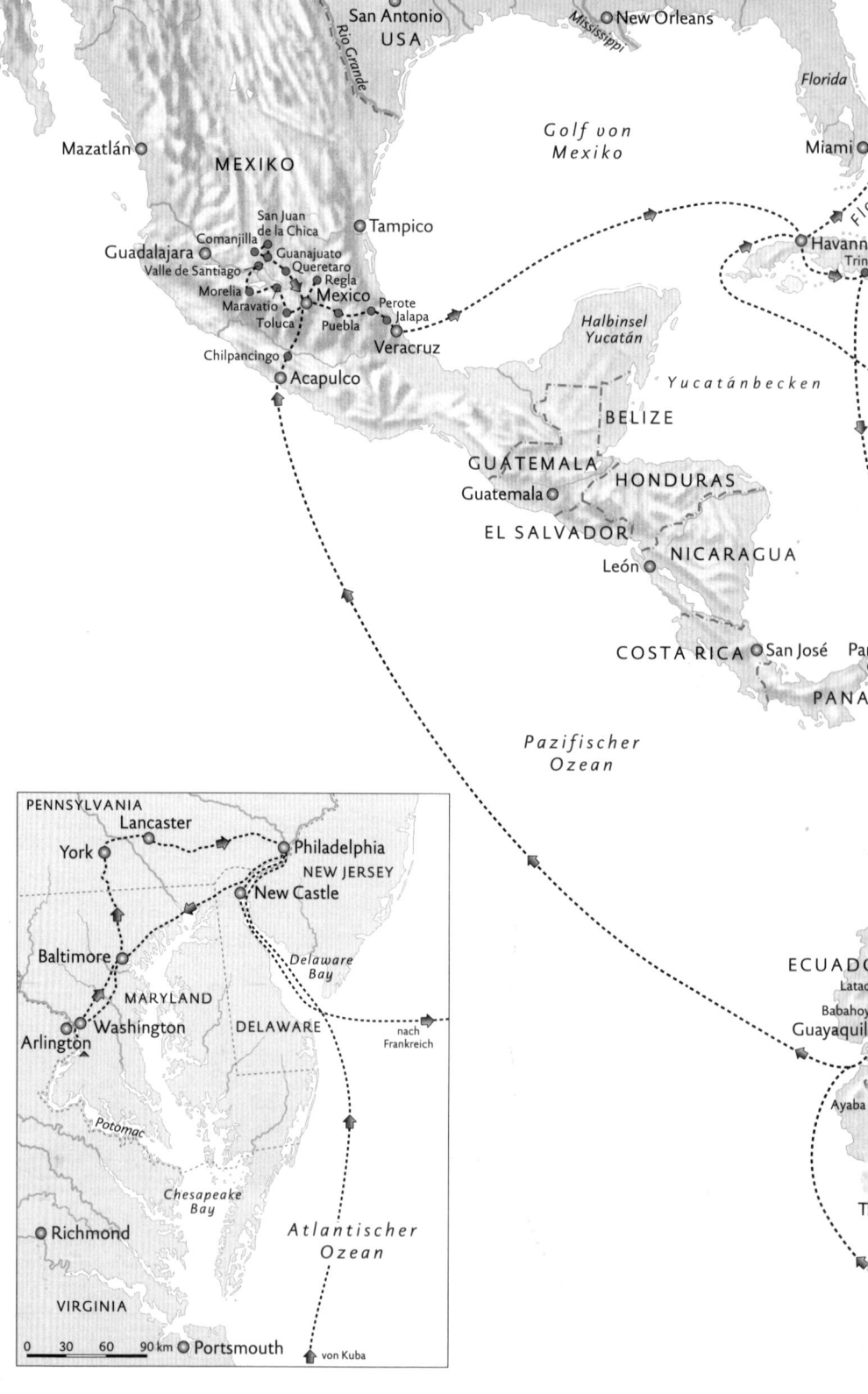